刘魁立文集

8

刘魁立译文集2

刘魁立 译著　李春园 编

黑龙江教育出版社

图书在版编目（CIP）数据

刘魁立译文集. 2 / 刘魁立译著；李春园编. -- 哈
尔滨：黑龙江教育出版社，2023.9
（刘魁立文集）
ISBN 978-7-5709-3953-4

Ⅰ. ①刘… Ⅱ. ①刘… ②李… Ⅲ. ①刘魁立－译文
－文集 Ⅳ. ①C53

中国国家版本馆CIP数据核字(2023)第193989号

刘魁立译文集2

LIUKUILI YIWEN JI 2

刘魁立 译著　　李春园 编

责任编辑　　张　鑫　李中苏
责任校对　　赵美欣
出版发行　　黑龙江教育出版社
　　　　　　（哈尔滨市道里区群力第六大道1313号）
印　　刷　　牡丹江市赢美教育印刷有限责任公司
开　　本　　720毫米×1000毫米　　1/16
印　　张　　28.25
字　　数　　418千字
版　　次　　2023年9月第1版
印　　次　　2023年9月第1次印刷

书　　号　　ISBN 978-7-5709-3953-4　　定　　价　　138.00元

黑龙江教育出版社网址：wwwhljep.com.cn

如需订购图书，请与我社发行中心联系。联系电话：0451-82533097　82534665

如有印装质量问题，影响阅读，请与印刷厂联系调换。联系电话：0453-6938118　6682299

如发现盗版图书，请向我社举报。举报电话：0451-82533087

2018 年 9 月，刘魁立先生参观莫斯科博物馆画展　　李春园摄影

2011年8月，中国俄罗斯访问团在俄罗斯科学院高尔基世界文学研究所访问，右五为研究所所长库杰林院士，右七为李福亲院士，右一为克廖斯研究员

刘魁立于21世纪初在俄罗斯做田野考察

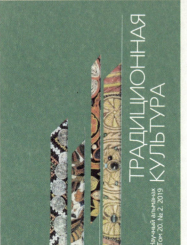

俄罗斯文化部《传统文化》杂志，刘魁立为杂志外籍编委成员

《东方各民族谚语俗语集》，刘魁立参与编辑

编 委 会

自　序

　　这部文集选录的文章是我从20世纪50年代开始至今，特别是进入21世纪以来所写下的部分文章。在这篇自序里，我想谈谈我同中国民间文化的情缘，我学习、研究的历程和感受，以及文集各卷的内容和写作初衷。

　　《十兄弟》的故事和民歌《小白菜，地里黄》，是我很小的时候就听过、唱过、十分喜爱过的。可是，我知道"民间文化"这个词儿，并且认真学习和系统了解这方面的知识，却是二十岁以后的事情。

　　童年时代的生活不堪回首。我一生下来看到的就是侵略者统治的天日。家里的老人不识字，整天为生计而劳苦奔波，我不记得他们对我有过什么直接的民族主义的、爱国主义的教育，只是他们关于关内家乡的甘甜的回忆和不能归去的苦味的遗憾，有时使我感到某种困惑。身在其中的年节习俗和深感有趣的婚丧礼仪，"孟姜女哭长城""牛郎织女""嫦娥奔月""屈原投江"等传说、故事，以及说话、识字和偶尔看到但又不甚了了的几出戏文，差不多囊括了我关于祖国文化的全部知识。

　　1945年，11岁的我才有了祖国，之后才感受到祖国的可亲可爱。1950年初中刚毕业，就怀着赤子之心，接受祖国的召唤，投身到一个解放军部队系统所属的学校学外语，随时准备着到炮火连天的战场上去卫国保家乡，那时才刚满16岁。1953年烽火甫熄，我毕业留校，担任外语语法教员。工作不久，就被派往苏联留学。

　　正是这个生活上的转折，使我在感情深处，从感性到理性，开始热爱起民间文化。

　　一年级的课程很重很重，时间排得满满的，有的时候从早上九时到晚上九时连续上课。在所有的课程里我最爱听的是拉慈克教授的古希腊罗马文学和契切洛夫教授的俄罗斯民间文学。由于对民间文化的迷恋，因而在二年级时我坚持完成了以民间故事为题的学年论文。我还利用假期参加了民间文学考察队。这在各国留学生中也没有先例，因此在办出差手续时还出现了一些麻烦。

带领我们下乡的是年过半百的鲍米兰采娃教授。行前的准备很充分、很细致、很周详。因为中国学生的声誉好，所以她把一台新配置的录音机交给我携带、管理和操作。这台四五公斤重的机器当时算是最袖珍、最先进的民用录音设备了。我们要考察的地方是当时苏联最著名的民间故事家科洛里科娃的家乡伏罗涅什州安娜区老托以达村。

回校后，我便着手整理我在搜集工作中的体会，并参考我从出国以来就一直订阅的《民间文学》杂志上的文章，写出了《谈民间文学搜集工作》的长文。文章寄出后，很快就刊登在1957年6月号的《民间文学》杂志上。

没想到，这一篇讨论民间文学搜集工作的文章，在很短的时间内竟引发出那么多的批评，乃至形成了一场关于民间文学搜集整理的大讨论。当然也有隐约地持赞同观点的，但持反对意见的居多，以至我不得不在1960年另写一篇文章重申我的观点，并对我不同意的见解给以总的回答。虽然这两篇文章今天看来显然不乏偏颇、幼稚主观、生硬的地方，但在我本人来说，基本观点并未改变。

1957年，在一个大的政治运动背景下，在民间文学搜集问题上，民间文学界曾经批判过"一字不动论"。被当作"一字不动论"代表而受到批判的钟敬文先生后来对我说，只有你的文章里写过搜集要"一字不移"，我是代人受过。这虽是一句玩笑话，但却饱含着无数的辛酸。我当时作为一个尚未入门的学生，认为搜集与出版是两回事，出版由于目的不同又当分作若干情况。但不管怎样，在最初记录的时候，都要准确忠实，一字不移，这应该成为一条原则。此前我虽读过一些书籍、文章，但限于当时的条件，没有系统地学过中国民间文学课程，对中国民间文艺学的历史所知不多。当时，在国外，读了批判"一字不动论"的文章，还以为真有那样的应该受到批判的"反动"主张，无论如何我也没有和自己联系起来。过了很多年，知道事情是由我的文章引起，殃及一位老学者代我受过，心里有说不出的愧疚和不安。

留学期间，我多次参加考察队，到边远的农村，进行民间文学调查，搜集作品；还到过邻近芬兰边境的卡累利亚地区，寻访过接近消亡的民间史诗的踪迹。多次的下乡考察，以及我选修的托卡列夫教授的《世界民族学》、梅列金斯基教授的《史诗原理》《神话诗学》等课程，是那样强烈地吸引着我，以至使我在由大学本科生转为研究生时，选定了民间文学作为专攻的方向。1958年，我回国参加了中国民间文艺研究会第二次代表大会，看到祖国欣欣向荣、热火朝天的情景，看到新民歌运动的蓬勃场面，更加坚定了我学习民间文学专业的决心和信心。

起初，我忙于应付不易通过的副博士基础考试，对如何做研究工作，茫然不知。我曾就此请教过导师契切洛夫教授，他笑着对我说，我告诉你一个秘密——我也没有掌握这方面的诀窍。我们可以试着做，我指给你几本书，你读过一本，这一本就会引导你去读另外三本，那三本又会引导你继续向前走；当然，研究工作不光是读书，还有其他的实践活动，不过道理是一样的。

在苏联读书期间，我真的是嗜书如命。而且见了好书就买，所有的助学金，除了吃饭，其余的全部买书了。买新书自不必说，旧书店我也常去光顾。《原始文化》《金枝》《拉法格原始文化论集》《作为文艺批评家的恩格斯》《赫哲人》《历史诗学》等，乃至本专业一些十月革命前出版的旧书，都是我在旧书店淘到的。

在读书的过程中，我有时也会把中国的学术发展道路同俄国民间文艺学的历史进程进行比较。我发现，中俄两国的情况是很不相同的。俄国由于斯拉夫学派和西方学派两种思潮的激烈斗争，在民间文艺学界，神话学派和流传学派便特别活跃，但人类学派却没有得到充分的发展。中国则不然。鉴于中国文化思想发展的特点、中国的国情，以及英国学术思想的影响等原因，使得人类学派的学术观点在中国民间文化研究的各个领域大有市场，渗透广泛。鉴于这种情况，我对人类学派的原著，以及它的发展状况便十分留意，后来我还特意选定了《俄国民间文艺学中的人类学派》作为我专题论文的题目。

令人痛心的是，时隔不久，契切洛夫教授因心脏病发作，英年早逝。后来便改由民间故事研究专家鲍米兰采娃教授担任我的导师。她征求我的意见，写论文是选关于俄国文学的题目，还是选关于中国文学的题目？我想既然要学真知识就不要怕困难，要学导师最独到、最有成就的部分。于是我选定俄国农奴制改革时期的民间故事作为研究对象。最后在进行学位论文答辩时，题目便是这时期的民间故事中的现实与幻想问题。

完成答辩并获得学位后，我返回祖国，回到我的母校黑龙江大学担任教学工作。

我讲授过一年中国民间文学课，后来受全国形势的影响，这门课停授，我被分配讲授"当前文艺评论"课程。这期间使我受益终身、永远不能忘记的是，在黑龙江省文联的支持下，我多次到省内各地进行民间文学调查和搜集工作。当时我们的计划是很有规模的，我曾经设想，在若干年内，要按地区、按民族、按职业，把全省民间文学蕴藏和流传的情况都考察一遍。我们曾经对满族、朝鲜族、回族、赫哲族进行过民间文学调查，还专程搜集过抗联的传说。当时的条件很差，能够用的只有笔和纸。记得我们曾经借到一台美国20世纪二三十年代制造的录音机，是用钢丝录音的，机器有十几公斤重。扛到乡下，电压不稳，录音机快快慢慢、转转停停，几乎没法工作。于是又在专区借了一个稳压器，这个大铁疙瘩比录音机还要重。我同一位年岁比我大的先生，拿了一根四五寸直径的长木杆子，抬着这两个"宝贝"，身上还背着行囊，就这样一村一村地采访着、调查着。在我所在的黑龙江省的范围里，居住着那么多的少数民族同胞，他们的传统文化又是那样的丰富多彩，这使我非常惊异、非常兴奋，好像在我面前打开了一座收藏着无数奇珍异宝的宝库。这些调查使我实际地观察和了解到中国民间文学现实存在的状况和环境，使我更了解了创造和保存这些文化遗产的人民群众。

进入20世纪70年代，一种想做些有益事情的强烈情绪，在时时躁动，最后驱使着我仍旧回到原来钟爱的领域，开始偷偷地翻译起拉法格的原始文化论著。我在我的译稿本上写过一段感想，其中一句是："愁苦灯下译旧书，相寄难言隐。"后来，我还翻译了《列宁年谱》，车尔尼雪夫斯基描写农奴制改革前夕俄国思想斗争的小说《序幕》等著作，总共有两百多万字。

1979年春，我从黑龙江调到中国社会科学院文学研究所工作。一到北京，我就有幸参与了恢复中国民间文艺研究会、准备文代会等重大活动的部分工作。看到贾芝、王平凡、毛星等几位前辈为恢复中国民间文艺研究会而精心筹划、四处奔走，我深受感动。通过起草文件、筹备会议的具体工作，通过亲自参加"中国民间诗人歌手座谈会"和第四次文代会以及中国民间文艺研究会代表大会，我接触到了全国知名的故事家、歌手、搜集家、理论工作者。他们心中有一团火，烧得很旺；文化创造的激情，如奔腾的马群、如澎湃的春潮，不可遏止。看到这些，我感到有很多事要我去做，而且感到能够做这些事是愉快的、幸福的。

1980年我协助毛星编撰《中国少数民族文学》一书，这使我有机会较为切近而且较为深入地观察和了解生活在新疆、云南、贵州、四川、湖南等省区的民族以及他们的文化历史，特别是他们的文学、艺术。我全身心地投入到这项工作中，跑了很多地方，结识了非常多的朋友，学到了很多很多新鲜且有益的知识。那段时光是永远值得珍藏、永远不能忘怀的。通过实地调查、访谈，以及同各民族学者一起研究问题、讨论提纲和修改书稿，我的面前展现出了一个全新的天地，这比起当年听托卡列夫教授讲世界各民族文化课程时像看电影、看画图似的纸上谈兵，不知要亲切多少倍、具体生动多少倍。

在新疆，为了撰写俄罗斯民间文学概况，我们特地把俄罗斯族同胞邀集在一起，他们像久别重逢的亲人，那么冲动、兴奋，他们唱起久已不唱的民歌，跳着热烈火热的民间舞蹈，每个人都心情激动、如醉如痴。

在西双版纳，我们参加了一位傣族同胞新房落成的庆贺仪典，新建好的竹楼尚未打隔断，像是一个大礼堂。屋内摆放着十几张小方桌，周围坐了几十个人，桌上摆着酒、肉和其他傣族食品。许多品级不同、技艺有别的民间演唱家——"赞哈"，分散地坐在各自的听众中间，拿着纸扇遮住脸，为大家演唱。据说从前的听众是用投币的方式表示喝彩，所以民间艺人的纸扇以破为佳。那天，各位"赞哈"的演唱虽也有比试高低的意味，但未见有听众投币的场面了。过了一段时间又开始立灶石的仪式，所有宾主活跃而激动，虔诚而严肃……夜半之后，回到住宿的竹楼，我听着远处仍然狂放不歇的歌声，辗转反侧，思绪万千。虽然我赶了一天的路，困乏到了极点，但无论如何也睡不着。一阵无声的润雨像轻风一样飘过，空气是清新的，我的心绪也是清新的。我想，我要把世世代代流传的文化遗产搜集起来，加以整理、研究，让这些优秀的传统得以传承和发展，这也是我们共同的历史责任。

《中国少数民族文学》付排以后，我便有时间放开思路考虑问题。我感觉到，我们要运用科学的辩证唯物主义和历史唯物主义的理论和方法，深入实际，全面掌握和分析民间文化的现实状况和真实材料；同时还要总结和借鉴人类智慧之光已经照亮的科学发展道路，包括中国学者和外国学者已经走过的探索历程。有鉴于此，我开始研究欧洲民间文化研究史问题，并着手撰写这方面的系列论文。评论神话学派、流传学派、人类学派经典等文章就是这样写成的。

为了认识和分析当代国外的五光十色的新理论、新观点，我认为有必要以简捷的办法和较快的速度追溯其历史，明了其根源，这样才不至于在一些时新论调的绚丽的外衣和炫目的光彩面前感到困惑莫解。于是，1985年开始，我策划主编了一套《原始文化名著译丛》，希望能把欧洲民间文化研究最基本的理论著作介绍给国人，尽快填补这一空白，免去学人再在二三流著作上花费更多的精力和时间。我希望我国学界能在较短时间内迎头赶上，充分利用我国的优越条件，做出贡献，在广泛的国际学术对话中发出更高更强的声音。

策划和组织《原始文化》《金枝》等一系列名著的翻译，花去我很大精力，但我觉得是值得的。我还认为，我有责任把自己关于这些著作的认识和分析陈述出来，供读者参考。《泰勒和他的〈原始文化〉》《论〈金枝〉》等文章写出后便以序言的形式刊印在各部著作之前。写这些文章我是当作研究工作来做，而不是当作一般的介绍来写的。尽管这样做更费气力，而且也并不容易得到认可，但心里却是踏实的、快慰的。

自20世纪80年代开始，我国的民间文化研究事业进入了一个前所未有的新的历史发展阶段。民俗学经过几十年的消歇之后重新振兴，这是学术界一件值得庆幸的大事。顾颉刚、钟敬文等几位知名教授的大声疾呼，既是这一历史潮流的具体体现，也为这一学科的振兴提供了助力。钟敬文先生提名，中国社会科学院领导责令我协助筹备成立中国民俗学会，在不算很长的时间里，草拟章程、筹建组织机构、发展会员、制定工作规划、申请经费——一切工作准备停当，1983年5月21日在北京召开大会，宣告中国民俗学会成立。在以后的几年里，作为第一任秘书长，在学界前辈诸位理事长的领导下，我协同秘书处各位同仁，筹划并开展了一系列研究和普及、学术讨论和队伍建设等工作。陶立璠教授和已故张紫晨教授具体负责的全国民俗学讲习班活动，便是这些工作中的重要一项。后来分布在全国各地从事民俗学研究和教学工作的人员，有很大一部分是经过这些讲习班培养训练的。本文集所收的《民俗学的概念和范围》一文，就是我在首届讲习班授课的录音记录。

在我早年学习的时候，就曾利用一切机会关心和涉猎民族学、民俗学的研究和发展状况，尽量多地选修和阅读，觉得这些是认识人类文化历史不可或缺的学科。在这一学科幸得复兴之后，看到学人身上迸发出来这样高涨的热情，也使我感到有些吃惊了。

这期间，学术界的文化热来势不弱，很多人学会了从更多的角度，更宏观、更悠远地看待事物。结合人民的文化创造，我想到文化层次的问题，同时还想到各种层次之间的关系问题。作为社会文化基础的民间文化素来不被重视，没有得到很好的研究，我们虽然生活在其中，但却知之甚浅。"不识庐山真面目，只缘身在此山中"，为了宣扬优秀的民间文化，1989年我组织策划出版了一套《中国民间文化丛书》，这套丛书一版再版，颇受读者的欢迎和专家的好评。

我一直认为，术语体系的严整规范程度是学科发展水平高低的标志之一。我觉得，现在时机已经成熟，可以谈民间文化学的学科建构问题了。以往，我们也是囿于传统，把有关民间文化的各个门类统统放在"民俗学"的范畴里来观察、认识和研究，这或多或少地影响了关于民间物质文化、民间社会生活、民间精神生活中诸如民间建筑、民间技术、民间社会组织及亲族关系、传统伦理道德、民间文学、民间艺术等许多门类的本体研究，也使得对这些门类的观照多偏重"传统惯习"的侧面，而不能涵盖某一民间文化具体门类的全部本质、特点和功能等。当把一系列理应独立门户的分支学科总揽在"民俗学"的旗帜之下时，研究工作会不由自主地重视对象中的传承的因素、稳定的因素，而在一定程度上忽略创新的因素，变革的因素，时代的、因时因势而变异的因素；会不由自主地重视集体的因素、整个社会的因素，而在一定程度上忽略人的因素、每一个个体的因素。是否可以让民俗学专注于民间习俗的研究，而不使其"越俎代庖"，去统领其他学科分支呢？把涉及整个民间文化领域的所有基本理论问题交由民间文化学来研究，这样既"解放"了民俗学，也"扶正"了民间文化领域的其他分支学科。这个简单表述的学科建设的构想虽然是来自对民俗学、民间文艺学以及有关学科发展历程的观察和认识，但是这构想的科学性和现实性还需要长期的、严肃的、艰苦深入的实践活动来验证和体现。

20世纪80年代中期，我受命参加《中国民间故事集成》总编委会的工作和担任中国社会科学院少数民族文学研究所的领导工作，此外，还有许多不得不完成的其他工作。大量的行政事务和各种会议分去了我相当多的时间和精力，但也开阔了我的视野，使我在观察、分析和解决问题的方法和能力方面得到了一定的锻炼。参与中国民间文学三套集成的策划工作时，民间故事集成各省卷的初审、复审和终审以及此前编辑原则的制定和不断增补、修正，给了我极好的机会，更全面、更真实地了解了全国各省区各民族民间故事的实际状况。通过从事《民族文学研究》杂志的主编工作，我可以不断跟踪民族文学研究的发展进程。而几度为北京师范大学民俗学博士生讲授《欧洲民俗学史》课程，则逼着我重读和新读了很多书，重新认识了欧洲民俗学的历史道路，并且结合我国的实际，思考了一些问题。20世纪八九十年代，通过《中国少数民族文学史丛书》课题的启动，我们组织和团结了全国各兄弟民族的数十位学者，大家奋力攻关，撰写出四十余部民族文学史，这是一项具有历史意义的文化工程。在这项工作中，我作为课题负责人，费时很多，当然心得和收获也极多。此后所写的其他文章，如神话问题的探讨、《文学和民间文学》《历史比较研究法和历史类型学研究》《关于民族文化》《福乐智慧的象征体系》《和平与劳动的颂歌》等，也都各有各的故事，其中也不免有些"急就章"，是应各种形势之需要而赶写出来的，这里就不细说了。这期间，让我极度感念、难忘的是和叶涛、巴莫曲布嫫、尹虎彬、施爱东、林继富、张雅欣等几位青年才俊在一起切磋学问，那真是一段一心向学的快乐时光。

　　进入21世纪，我作为中国学者，与韩国、日本的民间故事研究权威专家崔仁鹤教授、稻田浩二教授一道，共同发起成立了"亚细亚民间叙事文学学会"，开展三国民间叙事的比较研究。三国学者的交流合作，多年来在民间传说故事的研究方面，做出了一定的贡献。

　　从21世纪初开始，从国际到国内，掀起非物质文化遗产保护传承的大潮，我出于对传统的民间文化的热爱，全身心地投入到这一广泛兴起的浪潮中。2003年、2004年所写的文章《培育根基 守护灵魂——中国各民族民间口头和非物质文化遗产概述》《关于非物质文化遗产保护的若干理论反思》《非物质文化遗产及其保护的整体性原则》，全是这种内心情感的积极外现。当时，由文化部的一位行政单位领导来统筹规划、具体领导非遗保护传承工作。2005年，国务院办公厅发布第一个非遗保护工作指导性文件《关于加强我国非物质文化遗产保护工作的意见》。我有幸参加了这一文件的起草工作。自此为始，我就积极参与文化部非遗司主持的国家级非遗代表作名录、代表性传承人名录、文化生态保护区名录，以及向联合国教科文组织申报人类非物质文化遗产代表作名录候选项目等的评审工作。近二十年时间所思考的问题、所写的文章，也几乎全都是以"非遗"的保护与传承为主题。这期间的思考和研究，实地调查和读书学习，让我仿佛进入了一个新的民众知识、传统文化的大课堂，让我活得饶有兴味，深受教益，很充实，很乐观，打从心底热爱中华民族的先人们祖祖辈辈留给我们的文化财富。

现在，呈献给各位尊敬的同行和亲爱读者的这部文集共分8卷。每卷各有单一书号，各卷彼此独立，以方便不同读者选择参阅。

《刘魁立民间文学论集》——本卷选录的民间文学研究文章，基于文献阅读、田野调查而撰写，意在挖掘本土文化的深厚蕴藏，借以推动学科前沿的理论构建，其中包括20世纪50年代提出的"忠实记录、一字不移"的田野考察理念，以及为关注口头叙事语境而提出的"活鱼要在水中看"的研究理念。20世纪80年代以来，结合经典案例，重新阐释和应用诸如"母题""情节""类型"等学术概念；提出"民间叙事的生命树"的理论范式；借鉴中外学术发展成果，整理和探索口头叙事作品的共时和历时研究以及类型研究、形态研究等的方法和路径；此外还讨论民间文学与民俗学的关系等问题。本卷文章，也在一定程度上约略地映射出中国民间叙事学走向现代化的发展历程。

《刘魁立民俗学论集》——20世纪80年代以来，我作为晚辈有幸协助钟敬文等学界前辈参与筹建中国民俗学会的工作，在学会安排下，担任首任秘书长，后来又相继担任过副理事长、理事长和荣誉会长。在相当长的一段时间内，推动中国民俗学的学科建设、促进中国民俗学会的组织发展，成为我的主要工作内容之一。本卷选录了我在学会成立当年举办的首届民俗学培训班上宣讲的民俗学基本原理讲稿，以及数篇有关中国民俗学会发展的报告和总结等，还有相当一部分文章，是我在民俗学领域陆续发表的专题研究成果，比如对欧洲民俗学神话学派、流传学派、人类学派等各学派代表人物、学术观点、历史地位及意义影响的梳理、分析和评论，以及涉及历史比较研究法和历史类型学等研究论文，希望这些文章能对拓宽中国民俗学的学术视域和促进本土理论发展产生一些积极的影响。

《刘魁立非遗保护论集》——作为我国非遗保护工作的志愿者，我始终要求自己能在非遗及其保护的理论建设方面有所贡献。在深度参与国家非遗保护制度建设、法规制定、项目评审和大量实地调查等工作的同时，在过去约二十年的时间里，我还尽量提炼和阐释了一些有关非遗研究的关键性理论命题，诸如非遗的共享性与基质要素守护、整体性原则、传承人问题、公产意识和契约精神、传承与传播、文化生态保护区建设等问题，希望对非遗保护的实践走向和有关非遗的基础理论建设，能带来一点积极的作用。本卷收录的文章大致勾勒出了我在中国非遗保护实践与研究中的个人足迹，同时在一定程度上也反映了中国非遗保护事业的时代剪影。

《刘魁立节日节气论集》——传统节日和二十四节气是中国人时间制度的重要组成部分。数十年来，我和中国民俗学会同仁不仅对新年、端午节、中秋节等重大传统节日及二十四节气进行了有深度的专题研究，还从中外比较、时代流变等视域出发，比较深刻地阐释了中国节日、节气体系与结构、内涵和意义等，努力推动中国生活方式中时间制度研究。我们组织完成了"民族传统节日与国家法定假日"课题，推动民族传统节日——清明、端午和中秋纳入国家法定假日，鼎力呼吁切实保护传统节日和二十四节气，深度参与了"二十四节气"人类非遗代表作申报工作，与中国农业博物馆相关领导、专家共同推动二十四节气整体性系统性保护。这本论集选录的文章，呈现了我在传统节日、二十四节气保护实践和在理论研究方面所做的一些工作与学术思考。

《刘魁立序跋集》——本卷选录自20世纪80年代至今我应邀写作的50余篇序跋，内容涉及民俗学、民间文学、少数民族文学及非物质文化遗产等学术领域。"中国民间文化丛书""中国少数民族文学史丛书"等大型学术丛书的序言，介绍了我对学科建设的一些努力和想法；"原始文化经典译丛"总序及相关中译本的序言，目的是促进中外学术对话，以助力中国本土理论的发展；《钟敬文民俗学论集》《东亚的时间：岁时文化的比较研究》等论著的序言，除了学问的探讨议论，还有尊师敬贤、虚心求教，与志同道合者的学术情感交流。这些序跋记录了我敞开胸怀与读者交流鉴赏这些作品的真实心路，也希望它们能够为亲爱的读者提供一条通往这些论著"内里"的门径。

《刘魁立访谈集》——本卷辑录的是20世纪80年代至今的部分访谈内容，主要分为访谈、发言、报道和回忆四类。这些年受相关报刊、电视广播媒体，以及高校和研究机构的邀请，做过一些涉及民间文化的采访和发言，主题相对来说比较驳杂。特别是一些现场问答或即兴发言，可能有时会显得比较随性，但大多也是我的认知和情感的自然表达。20世纪下半叶，我的精力主要是在民间叙事的理论探讨和欧洲民俗学的研究等领域。21世纪以来，我有幸参与到非遗保护的工作中来，切实感受到祖国文化遗产的丰富浩渺和价值非凡。深刻地了解了人们生动的社会生活，这让我深受感动，获益良多。这本访谈集，记录了我的一些经验总结和学术思考，也有我对于中国民俗学长者、智者、善者发自内心的敬重，以及与学界同仁和社会公众交流民间文化保护传承的个人情感和生活记忆。

《刘魁立译文集1》——本卷收录了20世纪七八十年代我的部分译作，包括恩格斯青年时代创作的《科拉·迪·里恩齐》，这部诗体剧作展现了14世纪中叶罗马封建贵族和商业、手工业平民的斗争。法国和国际运动活动家、马克思主义理论宣传家拉法格的《母权制》论文，分析了母权制在家庭范围的衰落和被父权制替代的过程，以及其引发的一系列争讧、犯罪和荒诞的闹剧。《列宁年谱》（4卷）收录了列宁革命事业和多方面生活的数万条史实，并注明事件的参加者和地点，书中仅摘录了第二卷1905年1月至5月末列宁的活动纪事。《俄罗斯民间文学选辑》概述了俄罗斯民间口头创作的各个门类，并选译若干代表作品，以供赏析；列·雅基缅科的《论肖洛霍夫的〈被开垦的处女地〉》，是俄罗斯肖洛霍夫研究的权威专家对社会主义现实主义经典作品的独到见解。

《刘魁立译文集2》——19世纪俄国著名作家和文艺评论家车尔尼雪夫斯基创作的《序幕》是一部现实主义文学作品，反映了俄国19世纪50年代末、60年代初错综复杂的政治斗争，尖锐地提出了社会改造和农民革命问题，塑造了一批优秀革命民主主义者的形象。我所译的《序幕》中译本1983年由外国文学出版社出版，包括两卷：《序幕的序幕》和《列维茨基一八五七年日记摘抄》。第一卷揭露了当时所谓的"改革"，是政府为了平息广大人民的不满情绪所作的欺骗性让步，是必将到来的伟大人民革命的"序幕"。至于国内各派力量围绕着改革所进行的政治斗争，更是"序幕的序幕"。第二卷所描绘的贪赃枉法的法庭和地主的没落中的庄园，则是农奴制行将崩溃的缩影。

以上所述，敬请批评。

这里，我要对为《刘魁立文集》的出版花费心血、竭诚相助的诸位尊敬的朋友，表示最衷心的感谢，感谢他们对我的一贯关心、呵护和帮助。生活在这些青年、中年朋友中间，时时领受着他们的深厚友谊和热情关照，我感到温馨、快乐、幸福。他们是：

叶涛、施爱东、巴莫曲布嫫、张雅欣、林继富、刘晓峰、李春园、宋颖、李瑞祥、陈华文、孙冬宁、张晓莉、陈学荣、张玮、张建军、杨秀、朱佳艺、王晓涛、萧放、高丙中、陈泳超、陈连山、陈勤建、朝戈金、贺学君、周星、张立新、刘伟波、赵婉俐、刘丹一。我还要特别感谢李春园老师，是她负责本文集各卷的繁重的后期编辑工作。最后，我还要特别感谢黑龙江教育出版社及其编辑团队为文集出版付出的关爱和辛劳；特别感谢对文集出版给予大力支持的上海世久非物质文化遗产保护基金会。

絮絮叨叨地写了上面的话，希望能为本书的读者提供一点背景材料。我冀盼于尊敬的读者的，不是对匆忙和不当之处的谅解，我虚心以待的是您的批评和匡正，以及有益的学术对话和深入的学理讨论。如蒙赐教，是我所幸。

"谁道人生无再少"，现在，继续前行的召唤，仍旧响在我的耳边。

2023 年 7 月

揭开序幕的序幕——《序幕》译者前言

19世纪中叶,沙皇俄国的农奴制严重地阻碍着社会发展,进而危及沙皇政府的统治。人民生活极度贫困,农民运动此起彼伏。这使许多人看清了农奴制改革势在必行。

1856年,沙皇亚历山大二世曾向莫斯科省的贵族宣告说:"现存的领有农奴的制度不可能长此不变。与其等待有朝一日农奴制开始从下面自行废除,不如从上面废除它。"沙俄政府为了实行这种自上而下的改革,组成了专门的委员会,起草法规草案。地主和资产阶级的各派力量,都想通过这次改革来达到自己阶级的目的。

广大农民则自发地要求平分地主的土地。革命民主主义者代表广大农民的利益,极力反对政府的不彻底的改革。列宁曾经说过:"虽然若干世纪的奴隶制把农民群众压得这样厉害,使他们这样愚昧无知,以致他们在改革的时候,什么都不能做,只能进行分散的、零星的起义,甚至可以说是缺乏任何政治意义的'骚乱',但是那时俄国已经出现了站在农民方面的革命家,他们看出了臭名昭著的'农民改革'的全部狭隘性,看出了它的贫乏的内容,看出了它的农奴制的性质。当时这些为数极少的革命家是以车尔尼雪夫斯基为首的。"[①]

车尔尼雪夫斯基和涅克拉索夫、杜勃罗留波夫三人主办《现代人》杂志,抨击农奴制度,进行革命宣传活动,在俄国知识界具有广泛而深刻的影响。这使政府惊恐不安,恨之入骨。1862年政府勒令该杂志停刊八个月,同年七月逮捕车尔尼雪夫斯基,并立即把他关进彼得保罗监狱的单人牢房。但他在恶劣的条件下并没有放弃斗争,除完成了大量的翻译工作外,还创作了长篇小说《怎么办?》。小说发表后产生了巨大的社会影响。

---

① 《列宁全集》,第十七卷,第104页,人民出版社。

1864年,政府伪造罪证,判处车尔尼雪夫斯基七年苦役,终身流放西伯利亚。1867——1870年,他在涅尔琴斯克(尼布楚)矿区亚历山大厂服役期间,构思并部分地写成了三部曲《陈年旧事》《序幕》和《白厅故事》。这三部曲经历了许多磨难,最终只有一部,即我们现在所读的这部《序幕》保存了下来。

《陈年旧事》描述19世纪40年代伏尔加河流域一个城市的生活,表现革命思想在俄罗斯腹地的进步青年当中产生的过程。在西伯利亚的政治犯当中,有很多人听过车尔尼雪夫斯基朗读这部小说。1866年,作者把小说手稿寄给了他的表弟、彼得堡大学教授佩平。然而佩平(也可能是另外一个自由派分子)因为害怕警察当局,将手稿烧毁了。第三部《白厅故事》描述自由派在改造现实的斗争中妥协、背叛,进步青年建立激进组织,逐渐走向政治斗争中心。1863年波兰起义失败后,俄国青年组织被彻底摧毁。在凄风苦雨之中,一个与进步青年有联系的富裕的俄国家庭(列维茨基曾经寄居的家庭,显然是指伊拉东采夫一家)迁往意大利。流亡的进步青年在国外所进行的建立理想社会的斗争仍无成效。小说在结构形式上与《十日谈》相类似,斗争的参加者讲述一个个完整独立的故事。车尔尼雪夫斯基没有写完全书,一部分流放的政治犯曾听他讲述过《白厅故事》,据他们回忆,一次在宪兵搜监之前,他为了不使手稿落入敌人手中,被迫把它烧毁了。

三部曲中仅存的第二部《序幕》分为两卷,即《序幕的序幕》和《列维茨基一八五七年日记摘抄》。车尔尼雪夫斯基将全部手稿寄给在彼得堡的妻子,请她转交佩平。作者认为第二卷《列维茨基一八五七年日记摘抄》还没有最后修改完成,他想将来有时间再重新加工,现在寄出,仅仅是为了请家人传阅和保存。他在手稿邮包的清单上给佩平写过这样的话:"小说《序幕的序幕》为此前寄去的《陈年旧事》的续篇。此书的开头是独立的,不读《陈年旧事》也能完全明白……《列维茨基一八五七年日记摘抄》是《序幕》第二卷的开头,我已舍去不用。"车尔尼雪夫斯基希望佩平无论如何要设法使第一卷《序幕的序幕》在俄国或国外刊印问世。

他在给佩平的信中写道:"尽量依据书报检察机关的条件出版这本书,即使能保住一半也是好的。我在写作的时候是想用法文和英文来翻译出版。

在俄文版里应该把与沃尔金文学创作活动有关的一切都删掉,在适当的地方添上两三句话,说明他是商务法庭的一名律师。"

可是,佩平接到《序幕》手稿之后,却决定把这件事隐瞒起来。他想尽量缩小车尔尼雪夫斯基在群众中的巨大影响,以换取政府对作者的宽容和赦免。

在车尔尼雪夫斯基将《序幕》手稿寄给佩平之前,和作者同时在亚历山大厂服役的革命者米·穆拉夫斯基,曾经根据手稿抄录过一部副本。当他离开流放地时,便将副本带出流放地,交给了著名作家乌斯宾斯基。

在车尔尼雪夫斯基流放期间,国内外曾经有很多人设法营救他,但均未成功。与马克思有过交往的俄国革命者洛巴金于1871年因营救计划失败而在西伯利亚被捕,在他越狱逃往国外时,乌斯宾斯基将保存的《序幕》手稿副本交给他,最后他又交给了侨居伦敦的革命家拉夫洛夫。1877年,拉夫洛夫不顾佩平等人的坚决反对,在伦敦刊印了《序幕》第一卷《序幕的序幕》。为了作者的安全,没有标明他的姓名。但是任何一个注意俄国社会生活的读者,都会知道这是车尔尼雪夫斯基的作品。

作者在这部优秀的现实主义作品中深刻地反映了俄国19世纪50年代末、60年代初错综复杂的政治斗争,尖锐地提出了社会改造和农民革命问题,塑造了一批优秀革命民主主义者的光辉形象,他们有着伟大的抱负、高尚的情操、坚忍的毅力和勇敢献身的精神。车尔尼雪夫斯基把他对祖国的热爱、对人民的同情、对信念的忠贞以及对时代的忧虑和慨叹,都融入这部作品之中。

车尔尼雪夫斯基在写《怎么办?》的时候,为了避免审查机关的刁难,争取合法出版的机会,不得不通过一个家庭的生活故事,借用隐喻、暗示和梦幻的方式,来表达他的政治信念。《序幕》则是他在十分隐秘的情况下进行创作、寄出流放地并留存副本的,作者准备匿名出版这部书。正因为如此,他在本书中才能使用较为明确的语言刻画反动势力的代表和资产阶级自由派的头面人物,直接揭露沙皇专制政权的农奴制度。

涉及这部小说,列宁曾经说过:"车尔尼雪夫斯基懂得,俄罗斯农奴制的官僚主义国家没有能力解放农民,就是说,没有能力推翻农奴主,它只能闹出一场'丑事'，使自由派利益(赎也就是买)和地主的利益达到一种可怜的妥协，这种妥协以温饱和自由的幻影愚弄农民，事实上却使他们破产并受地主宰割。所以他反对这种改革，咒骂这种改革，希望这种改革不能成功，希望政府纠缠在它那向自由派和地主两面讨好的把戏中而一败涂地，从而把俄国引上公开的阶级斗争大道。"①车尔尼雪夫斯基认为，这场改革并不像当局和自由派吹嘘的，是"伟大的解放运动"，而仅仅是政府为了平息广大人民的不满情绪所做的某种欺骗性的让步，是必将到来的伟大人民革命的一个"序幕"。至于国内各派力量围绕着改革所进行的政治斗争，更是"序幕的序幕"。这就是全书以及其中第一卷的题名的含义。

车尔尼雪夫斯基的现实主义创作特点，在这里得到了最充分的体现。小说的矛盾、冲突、故事情节和人物形象都建立在坚实的现实的基础之上。

小说描写了三派政治力量。一派是以恰普林伯爵、留胡子的老地主等人为代表的反动农奴主势力，车尔尼雪夫斯基淋漓尽致地描绘了他们的丑恶、贪婪、凶残和顽固。

另一派是具有较大欺骗性的自由派，揭露他们是本书的主要锋芒所向。萨韦洛夫作为政府的官员，极力维护统治阶级的根本利益，然而却以恪尽职守的政治活动家、为公众服务的正人君子的面貌出现，在个别场合竟被误认为是反对农奴主的人物，而实际上他却在施展权术，甚至出卖自己的妻子，以博取有权势的恰普林伯爵的垂青。作者通过沃尔金娜痛斥萨韦洛夫卖妻求荣的谈话以及萨韦洛夫在地主集会时的演讲，极其深刻地揭露了自由派分子的政治面貌和道德品质。自由派的另一个代表是彼得堡大学法学教授梁赞采夫，他作为彼得堡社会活动的中心人物，八面玲珑，左右逢源，他以具有民主思想和倾向革命来自我标榜，然而在关键时刻却露出了自己资产阶级的真面目，向政府当局和农奴主献媚。沃尔金曾一针见血地指出，"他们在为人民着想的同时，也愿意真心地为贵族着想。"农奴主也明白其本身和自由派是休戚相关的："我们误会了……他们在我们面前摇尾巴呢，他们怕我们。"正如列宁所说："自由派过去是现在还是资产阶级思想家，他们不能容忍农奴制度，

---

① 《列宁全集》，第一卷，第260页。人民出版社。

可是又害怕革命,害怕能够推翻君主制度和消灭地主政权的群众运动。因此,自由派只限于如何在农奴主和资产阶级之间瓜分政权。"①《序幕》中,与农奴主和自由派相对立的是革命民主派。车尔尼雪夫斯基直接称他的主人公沃尔金为革命者。在农奴主的眼里,沃尔金"代表着许多可怕的观点……这些观点很可怕,但却是俄国的庄稼汉生来就有的,这一群庄稼汉什么也不懂,就知道要求庄稼汉的彻底平等,而且随时准备去当共产主义分子。"沃尔金认为革命是不可避免的,需要进行不懈的斗争,但是他对俄国社会有深刻的了解,认为革命阶级的力量暂时还不够强大,革命高潮暂时还没有到来。他痛苦地意识到"俄国人民不可能有自己的斗士,这是因为俄国人民不善于支持为他挺身而出的人。"列宁援引过《序幕》中的话,他说:"我们记得,献身于革命事业的大俄罗斯民主主义者车尔尼雪夫斯基在半世纪以前说过:'可怜的民族,奴隶的民族,上上下下都是奴隶。'大俄罗斯人中的公开的和不公开的奴隶(沙皇君主制度的奴隶)是不喜欢想起这些话的。然而我们认为这是真正热爱祖国的话,是感叹大俄罗斯人民群众缺乏革命性而倾吐出来的热爱祖国的话。当时这种革命性是没有的。"②正因为沃尔金无限地热爱人民,所以他才对政府准备实施的农奴制改革毫无兴趣。他最关心的问题是传播进步思想,积蓄和保存革命力量。他和列维茨基初次见面,彼此就有了很深的印象。他读过列维茨基的文章后,认定列维茨基是自己的同志。他为了革命的长远利益,宁愿一个人承担被捕的危险,宁愿损害自己的健康而夜以继日地工作,千方百计把列维茨基送到乡下希望他在革命高潮来到的时候,作为一支号角,去鼓动前进的人们。列维茨基在他的教导下逐渐懂得,"重大的时刻终将到来,人民利益的问题终将提出,需要有人替人民讲话,我应该为迎接这一时刻而保存自己。"

《序幕》第二卷《列维茨基一八五七年日记摘抄》所描绘的贪赃枉法的法庭和杰丘辛的没落中的庄园,就是行将崩溃的农奴制的缩影。在小说第一卷《序幕的序幕》中,沃尔金极力抨击的正是这吃人的社会。第二卷虽然没有写

---

① 《列宁全集》,第十七卷,第104——105页,人民出版社。

② 《列宁选集》,第二卷,第610页,人民出版社。

完,但是我们可以从中约略地看出,车尔尼雪夫斯基如何匠心独运,使第一卷和第二卷前后呼应。

在第二卷里,列维茨基在首都彼得堡和远离中心的乡下,看到了沙皇制度和地主阶级的腐朽和没落,深切地认识了这个社会的黑暗,深切地感受了它的令人窒息的霉烂气息。列维茨基在思想上逐渐趋于成熟。他是一个富有同情心的人,他想拯救一个被侮辱和被损害的年轻女子,把她教育成有一定觉悟的人,然而事情做到一半,这姑娘便按照社会灌输给她的小市民的生活准则,去寻找自己的幸福生活了。他又想改变一个在极端堕落的地主家庭中成长起来的少女的生活方式,然而这也成了泡影。他还希望一个聪明、美丽、有胆识、有毅力的姑娘成为高尚纯洁的、摆脱私利观念的新人,而她仍然没有成为这样的人,这给列维茨基(乃至给姑娘本人)留下了无限的遗憾。腐朽的社会给这三个姑娘打上了深刻的、难以更改的烙印。列维茨基观察社会,探求它的病症所在,不断修正自己的不准确的、有时是天真的认识。他在成长,在努力积蓄力量。当革命高潮到来的时候,他将以自己锻炼得十分稳健的手,向这个窒息了无数可珍爱有才智的生命的社会,掷出有力的投枪。

《序幕》是根据作者的艺术构思而创作出来的现实主义作品,但是它带有自传体小说的性质,许多人物和事件都以真实人物和历史作为依据。沃尔金的肖像、他的神态、他的口头语、他对妻子和儿子的热爱、他对崇高信念的忠诚,所有这些都有着作者本人的印记。车尔尼雪夫斯基把杜勃罗留波夫的某些事迹,把他和杜勃罗留波夫的亲密的、诚挚的、大公无私的战友关系体现在列维茨基的形象上。

车尔尼雪夫斯基以20世纪五六十年代自由派分子,历史和法学教授康斯坦丁·德米特里耶维奇·卡维林作为原型,来塑造梁赞采夫的形象。卡维林在农奴制改革期间赞成反动的专制政策,反对革命民主主义运动,列宁称他是"极其卑鄙无耻的自由派代表人物。"[1]车尔尼雪夫斯基被捕后,卡维林在给赫尔岑的一封信中写道:"逮捕并不使我感到惊异,而且我承认,也不使我感到愤慨。革命政党认为可以采取一切手段来推翻政府,政府也就采取一切手段

---

① 《列宁选集》,第二卷,第420页。

来自卫。在卑鄙的尼古拉统治下的逮捕和流放却是另外一回事。人们为自由的思想、信念和言论而死。我但愿你能站在政府的地位，使我能看到你如何对付那些暗地或公开反对你的政党。我爱车尔尼雪夫斯基，我非常非常爱他，但像他这样一个brouillon（爱好寻衅、爱好争吵、性情乖张、到处惹是生非的人），这样不善于随机应变、自以为是的人，我从来也没有看见过。人们死得毫无意义！确实毫无意义！几次的火灾都和那些宣传品有关，现在是不容怀疑的了。"

卡维林向官府献媚的嘴脸，同小说中梁赞采夫在关键时刻维护沙皇统治、讨好地主阶级、出卖人民利益的丑态，出奇地相似。列宁针对卡维林之流的可耻论调痛斥说："这就是奴颜婢膝的教授的深谋远虑的典型！一切都是这些革命者的过失，因为他们如此自以为是地咒骂空谈的自由主义者，如此热衷于暗地和公开进行反对政府的活动，如此不善于随机应变地陷入彼得保罗要塞。他这个自由主义的教授一旦掌握了政权，也会采取一切手段，来迫害这些人的。"[①]

车尔尼雪夫斯基根据尼古拉·阿列克谢耶维奇·米柳亭的某些特征塑造了萨韦洛夫的形象。米柳亭伯爵自1859年起任副内务大臣，他曾经主持制定1861年2月19日的农奴制改革法令。资产阶级史学家对他的"功绩"进行过无耻的吹捧。它代表着贵族中的资产阶级的利益，极力主张实行自上而下的改革。

萨维洛夫的妻子萨维洛娃，则完全是车尔尼雪夫斯基根据小说艺术构思的需要而创造出来的。车尔尼雪夫斯基通过塑造这个形象，把资产阶级自由派，萨维洛夫的利欲熏心、道德沦丧、政治伪善、玩弄权术等品质表现得淋漓尽致。萨维洛娃同尼韦利津的恋爱，表现了她对抱怨的丈夫的愤懑和对自己的无权地位的怨恨，同时也反映了她对纯洁情感的追求和怀念。然而当要她做出决断的时候，却不能抛弃那醺醺的浮华和屈辱中的享乐。她"背叛"了自己的感情（姑且叫作"背叛"吧，因为在这感情中虚幻的成分要比真实的成分多得多）。这次事件教育了沃尔金，使他更深刻地认识到社会事物有它难以

①《列宁全集》，第五卷，第27页。

移易的规律。任何改变不合理的现实的良好愿望，都只有在历史规律的范围之内才能实现。

恰普林伯爵的形象也有其原型，那就是20世纪60年代反动农奴主的最重要的代表米哈伊尔·尼古拉耶维奇·穆拉维约夫伯爵。1857——1861年间他曾任国家产业大臣。他疯狂反对废除农奴制。后来，他在担任维尔纳总督期间又极其残暴地镇压了1863年波兰、立陶宛和白俄罗斯的起义，因此在民间得到了"刽子手"的绰号。

波兰革命者谢拉科夫斯基是《现代人》杂志的撰稿人，在俄国、波兰和立陶宛积极参加革命活动，被沙皇政府逮捕和流放过。他返回彼得堡后，成了车尔尼雪夫斯基的朋友，曾为废除军队中的体罚而奔走。他一度在革命民主派和自由派中间动摇、徘徊，终于成为一个坚定的革命者，并在1863年波兰起义中被俘，最后被穆拉维约夫判处绞刑。车尔尼雪夫斯基以这个人物的许多特征作为素材，创造了索科洛夫斯基的形象。索科洛夫斯基勇于行动，勇于牺牲，然而他对现存社会有许多幻想和糊涂观念，他企图给沙皇写请愿书以"挽救"改革，还想利用地主对改革的畏惧，以达到改善农民处境的目的，如此等等。但他处处碰壁，这就使他逐渐清醒，一步步地接近沃尔金，从而可能走上正确的道路。

自这部书首次出版，已经过去了一个多世纪，它在俄国和许多国家产生了很大的影响。历史在不断发展，读者也在代代更迭，但是一切向着更加美好的未来继续奋发前进的人们，总能从这部书中得到有益的教诲和鼓舞的力量。

序　幕

车尔尼雪夫斯基　著

刘魁立　译

目 录

第一卷　序幕的序幕

第一章 ……………………………………………………………………3

第二章 ……………………………………………………………………50

第三章 ……………………………………………………………………83

第四章 ……………………………………………………………………129

第五章 ……………………………………………………………………168

第六章 ……………………………………………………………………185

第七章 ……………………………………………………………………225

第二卷　列维茨基一八五七年日记摘抄

五　月 ……………………………………………………………………251

六　月 ……………………………………………………………………263

七　月 ……………………………………………………………………296

八　月 ……………………………………………………………………326

第一卷

序幕的序幕

献给

将被认出是沃尔金娜的

那位女士*

第一章

1857 年初春时节,彼得堡一切有教养的人都在赞赏着他们的美妙的初春。已经是第三天了,天气不十分冷,也不十分阴,有时候甚至会使人觉得,似乎就要放晴了。彼得堡有教养的人们怎能不啧啧赞赏呢?如果根据平素对彼得堡春天的印象来评论这些人现在的心情,那么他们的赞赏是有道理的。

然而,他们一面赞赏着春天,一面却继续按照冬天的办法,躲在安着双层窗子的屋里过日子。他们这样做同样是有道理的:拉多加湖的冰排还没有流过呢。①

上午十一点多钟,在弗拉基米尔广场向阳的那一面,在通往涅瓦大街的路上,走着一个黝黑皮肤的女人和一个面色苍白、长着稀疏难看的栗色胡须的男人,他们是一对夫妇。男的大约二十八岁或者三十岁,长得既不俊俏,也不机灵,看上去像是一个很冷漠淡泊的人。他戴着金边眼镜,用一对暗淡无光的灰色眼睛,在凝神沉思中望着自己的妻子。妻子兴致勃勃地望着前方,无忧无虑地挽着她伴侣的手臂,但是看样子却很少想到他。然而,当她发觉他在目不转睛地注视着自己,就嫣然一笑说:"看了三年了,还没看够。"说过

---

* 这部小说是作者献给自己的妻子——奥丽加·索克拉托夫娜·车尔尼雪夫斯卡娅的。

① 流经彼得堡市区的涅瓦河,十二月初封冻,四月中旬解冻,涅瓦河本身的冰排流过之后,过十至十五天,位于彼得堡东北方向的拉多加湖的冰排漂来,经涅瓦河流入芬兰湾。

之后,仍旧不再注意他了。

"你说得对,亲爱的,"丈夫略略思忖了一下,无精打采地表示同意,随后叹了一口气说,"亲爱的,你知道我在想什么吗?等到什么时候你才能有自用的马车呢?"

"别再唉声叹气惹人笑话了,我的朋友。现在我们过得很好;过些时候,你的收入会多一些。那时候我在为自己买马车。但是现在,你倒要改掉你的习惯,别再目不转睛地看着我:这太可笑了。"

"你说得对,亲爱的。"他回答说,接着便漫不经心地左右张望。过了一会儿,他怜悯地笑了笑。

迎面走来一个留着平整的淡褐色长发的大学生,他同这个有黝黑皮肤的女人的伴侣一样,既不俊俏,也不机灵,同样是有些驼背,只是他驼得更明显得多,因为他的身材很高;他也是面色苍白,也有一对暗淡无光的灰色眼睛,也戴着金边眼镜。他凝视着这个皮肤黝黑的女人,神色却依旧平静而冷漠。正因为这一点,黑皮肤女人的丈夫才忍不住怜悯地戚然一笑:终于发现了一个比他自己还不如的人。年纪轻轻,竟这样心灰意冷!黑皮肤女人的丈夫说不清楚,这个大学生在他心目中是更可笑些,还是更可怜些。

"这个年轻人长着一张极聪明的脸,"大学生走过之后,黑皮肤的女人说,"异乎寻常的聪明的脸。"

丈夫思忖了一下。的确,大学生的脸不单是冷漠的,而且也是聪明的。

"你说得对,亲爱的,很可能是个聪明人。然而也是一个没有情感的家伙,比我还不如。"

"为什么这样说呢?是因为他没有爱上我吗?"

"别开玩笑,亲爱的,"丈夫回答说,"这回是我说对了。"

"你这人真好笑,我的朋友。"妻子大声笑着说。

"根本不是我好笑,亲爱的,难道这是我自己杜撰的吗?根本不是;你知道,我说这话主要是根据舆论,不是我个人的看法。大家都对我这样说。我有什么过错呢?"他有气无力地反驳着,"我不过是一个局外人,我说的是别人的话,别人的这个看法应该说是有道理的。对的就是对的。"

"别说了，我的朋友，你的话有些烦人了。"

"好的，亲爱的。"他表示同意，随后就不再说什么了。过了一会儿，他喃喃地哼起歌曲来，起初是轻声轻气的，后来声音越来越大，而且用的是一种任何乐曲里都不曾有过、也不可能有的调子。"就在我家大门口，嗨溜哩，大门口，一群姑娘在跳舞，嗨溜哩，在跳舞。"他深信，这个妙不可言的曲调绝不是他本人的创作。

"别唱了，我的朋友，"妻子说，"你大概忘记了，你不是一个人在走路。"

"啊，对的，亲爱的。"他表示同意，并且感到有些羞惭。他了解自己唱歌的才能，因此平常只是为了自娱自乐才一显身手。此外，妻子还多次告诫过他，说在街上走路的时候唱歌是很不雅的，他心里总想着应该记住这一点。

"和你在一起又难为情又好笑，我的朋友。"

"这没有什么了不起的，亲爱的。"他以哲学家的镇静态度回答说，同时用更加专注的神情环顾四周，免得由于粗心大意再哼起小调来。

"你听我说，亲爱的，"他过了一会儿说，"你让我回去吧，真的，让我回去吧。哎，为什么不让我回去呢？我散步散够了。你自己去给我买几支羽毛笔好了，真的，你会买的。不然的话，下次买也可以，我手头还有几支。"

"你说这话也不害羞？总共才走了二十步，就说散步散够了！"

"不是二十步，亲爱的，而是二百步，或许还要多，真的。"妻子对于这种辩白丝毫不予理会。

"嗯，那好吧，亲爱的。我只不过是说说罢了，走一走我还是很乐意的。真的，为什么不乐意呢？难道我不明白，你逼着我跟你一起散步全是为我好，不是为了你自己散心？"

"既然明白，又何必气我呢？跟你在一起比跟沃洛佳在一起要无聊多了。"

"亲爱的，你知道吗？你所以要这样做，是因为你觉得我总坐着对身体有害。可我并不是总坐着呀，我有时也躺一躺。我为什么一定要走路呢？"

这一番议论并非毫无道理。然而，妻子一味缄默着，并不回答。丈夫深沉地叹了一口气，重又向四周张望起来，他那无动于衷的神色同他在一声叹息中所表现出来的沉痛心情，并不很协调。

路的这一面有一间小店铺，接着是一个鞋匠挂的招牌，再过去就没有什么好看的了。另一面是人行道旁的一个个铁桩，接着是一辆天蓝色的出租马车，接着又是铁桩、铁桩、铁桩……再从这面望去，也是铁桩、铁桩；路的那一面是一间小店铺、一间店铺、又一间小店铺，接着是一座阔绰的门道，两扇雕花的橡木门，镶嵌着铜饰。

丈夫悠然自得地走着，细心地望着这一切，为的是排遣心中的忧郁。

"啊，亲爱的，"他开口说话了，"如果我稍微聪明一点儿的话，你现在就会有自己的马车了……"

他和妻子正走近那辆马车，这才使他想起了这个新的话题。

"你想不到，我做事有多么笨。"

"别说了，别惹我生气。"

"嗯，好的，亲爱的。"他同意地说。继而向左望了望，之后便向右面望去——恰好正对着马车的窗子。

马车窗子上的布帘是放下来的，只有一角微微掀起。那只掀起窗帘的手，急匆匆地放下了。可是黑皮肤女人的丈夫还是看清了那张急于隐蔽起来的脸。这是一张三十五岁左右的男人的脸，刮得干干净净，并不丰满，也许正相反，有些消瘦，但是清新而健康；圆圆的，五官清秀，侧面看去很漂亮。深色的头发剪得很短，因而高高的前额就显得更高了。一双浅棕色的眼睛盯着五十步开外的那座安装着雕花橡木门的门道，——这辆车就停在离它不太远的地方。

"亲爱的，你看见了吗？这是一个多么狡猾的家伙！"

"我看见了，我不能让他得逞。我要到这个门道里去，弄清那个女人在什么地方，一定找到她。"

"很难找到，亲爱的。顺楼梯上去，我想会有十来户人家。她所在的地方，一定关照过用人不给开门。"

"没什么难的。"

"你说得对，亲爱的，"丈夫立刻断定说，"门道很阔气，所以住宅一定很宽大。先向看门人打听一下所有住户的情况。所有住户差不多都是有家小的……"

正在这个时候,门道的门开了,走出来一个身材健美的年轻人,身穿灰黄色大衣,帽子外面露出几绺栗色头发,微微卷曲着。脸长得很动人,并且没有女人气,这在漂亮男人的脸上是少见的。黑皮肤女人的丈夫面带着殷勤的笑容(因为他是一个八面玲珑、彬彬有礼的人,就像他是一个歌唱家一样),举手脱帽,微微地点一点头,其姿态之优美,只有所有的熊和极少数的人才能做到。然而这一番交际礼仪完全没有派上用场:年轻人出了门,立即折向涅瓦大街的方向,根本没有发觉这个殷勤的、彬彬有礼的人这一番"美妙"的礼仪。这个殷勤的、彬彬有礼的人戴上帽子,继续发表他那被交际礼仪打断了的议论。

"住户差不多都是有家小的人,用不着到他们那里去找。要找的住户也就是一家,最多两家。至于佣人说:'没有哪一位女士到这儿来过。'那也不要紧。听口气就能知道,说的是不是真话。一定会是这样,亲爱的。"

"好的,我相信会是这样。你认识这个年轻人吗? 他的脸长得很动人! 我很喜欢他。你请他到我们家来作客吧。"

"亲爱的,我在梁赞采夫家常常遇见他。的确是一个品德高尚的……"

"你听我说——别左顾右盼,我的朋友,如果你再傻呆呆地张望,车里的那个人就会看出来,我们是在注意他和那位情人。那样我就很难去帮助他的妻子,或者他的妹妹,或者他的别的什么人了。而我不愿意对这件事撒手不管!"

"嗯,对的! 我听见了,亲爱的。"

等年轻人稍稍走远了一点,出租马车也启程了。黑皮肤女人的丈夫虽然并不以灵活机智见长,而更多的是审慎认真,但也看出了这辆马车是在跟踪方才没有跟他打招呼还礼的那个年轻人。

"原来这个坏蛋是在监视他呀! 大约是自己的妻子处事谨慎,不好跟踪,所以他就来跟踪这些年轻的朋友! 你看,我就说嘛:这是一个狡猾的家伙! 亲爱的,你刚才说过,他的妻子,或者他的妹妹,或者他的别的什么人,可见你并不知道他是结了婚的,也就是说,你并不认识他?"

"不认识。我的朋友,他究竟是谁呀?"

"事情也还是发生在那位梁赞采夫的家里!我对你说,这实在令人惊叹,在那位梁赞采夫家里,什么人物都能遇见!有一回只有我一个人在他家做客,这个坏蛋走了进来,梁赞采夫介绍说:萨韦洛夫!我自然立即告辞:见他们的鬼!"

"这么说,他就是那位可爱的萨韦洛娃的丈夫了?啊,能为她出一把力,我该有多高兴啊!我在一次音乐会上见过她,那时我对她一见倾心,我没怎么听音乐,只顾欣赏她了!那一回她丈夫不在,她是同另外一个人一块儿来的,那个人比她丈夫年纪大些。啊,她多么美呀!我的朋友,这才叫美人哪。深蓝色的大眼睛,娴静而温柔,她的皮肤是白嫩白嫩的,细腻极了,啊,我真想亲亲她!我真高兴能给这样一个可爱的人出一把力。"

穿灰黄色大衣的年轻人走得很快。跟踪他的马车赶过了黑皮肤女人和她的丈夫。

"雇一辆马车来,我的朋友,"黝黑皮肤女人说。她的丈夫雇来了马车。"你也坐上来。"

"好的,亲爱的。带上我更好些,或许有用到我的地方。"

"不是的,我的朋友,我是想让你给我讲一讲那个年轻人。我的朋友,他和萨韦洛娃可真是天生的一对儿。啊,我真高兴她有这样一个情人。他们俩都漂亮极了!我要把他们两个人都吻一下,也吻她,是的,也吻她!"

"啊,亲爱的,她会答应让你吻她自己,至于要吻这个年轻人,那她就不那么愿意了。""这好啊!她会这样!如果我有这么一个情人,我也不会让她来吻他的,但是,像她这样的温柔可爱的人,我要让她怕我!"

"噢,亲爱的,我可知道这些美人!"审慎认真的丈夫摇了摇头,"我见识得多了,亲爱的。过去我住在彼得堡的时候,常去听歌剧——见识过她们。说是什么美人!你知道,亲爱的,依我看,算了,等你让我见识见识你的萨韦洛娃吧,让我见识见识。我预先就猜得到:不过寻常而已。"

"哼,我可不喜欢你这样信口胡说。最好还是给我讲讲他吧。假如我有这样一个丈夫或者这样一个情人的话——啊,我会多么爱他哟!"

"唉,亲爱的,现在还不知道他是不是值得爱呢。"丈夫一本正经地反驳说,"那些曾经向你求婚的人并不比他逊色呀,为什么你没有嫁给他们呢?"

"唉,不是的,没有像他这样的人! 你不能这么说他。他美极了,美极了! 关于他你到底知道些什么,快说呀! 啊,假如能够从萨韦洛娃手里把他夺过来的话,那有多好啊! 那我就去夺过来,夺过来,我的朋友! 可是,为什么萨韦洛娃要比我长得更漂亮呢? 不然的话,我就能从她手里把他夺过来! 一定能的,一定能,我的朋友! 好了,你最好还是讲一讲这个年轻人吧,不然我要哭出来了,唉,多么遗憾哪!"

丈夫摇了摇头。说实在的,真使人奇怪,这个肤色黝黑的女人怎么会这样想她自己呢? 无论在什么时候、什么场合,她都没有见过能够同她媲美的人。她到剧院去的时候,那些卖弄风骚的或者端庄骄矜的绝代佳人一个个都嫉妒得脸色发青或者发紫。只有她一个人不愿理会,不在意她所造成的这种强烈印象。但是她的丈夫却丝毫不以此为怪:活泼的天性使她没有余暇去观察自己是否给别人造成了强烈印象。在舞会上她就只注意舞会,只顾跳舞、谈话;在歌剧院就只顾听歌剧、同坐在她身旁的人谈话。更主要的是,每见到一个略有姿色的金发女郎,她都要赞叹不已,她是那么羡慕金发女郎,以致忘掉了自己,甚至不喜欢自己:为什么她长得不是这样白皙呢,为什么她没有长一双蓝眼睛呢? 当人们要她注意,男人的眼睛是怎样把所有的女人,包括金发女郎和黑发女郎都抛开不顾而只注视她的时候,她就说:男人都是傻瓜。而且过不了一刻钟她就忘掉了他们,只顾欣赏随便哪一个金发女郎去了。总之,就是在大家多次向她指明她在大庭广众之中给人留下的强烈印象以后,她还是很少想到自己。可是现在,当她刚刚开始在社交界露面的时候,这位萨韦洛娃的情人便成了在彼得堡第一个使她一见倾心的人。妙龄少女的年华已经逝去,如今她回忆那些日子就仿佛是回忆孩提时代,从那时以来,她这是第一次在想,她的容貌是否漂亮。她内心十分懊恼,甚至想大哭一场,为什么她不是一个金发女郎呢?

"我的朋友,你说我这是怎么了?"她开口说道,一半嬉笑着,一半有些感伤。"这么大的年岁,难道我又变成一个傻丫头了? 难道我会爱上谁吗? 这太可笑了,我的朋友。"

"我不知道怎么对你说才好,亲爱的,"丈夫一本正经地回答。

"可是我好像觉得,我真的会爱上什么人……我这样如醉如痴——不是太可笑了吗?"

"至于说到这一点,亲爱的。"丈夫意味深长地答道,"显然,这还不能说明什么。你跟我谈话,谈到兴头上,就海阔天空地幻想起来。这没有什么了不起的。"

她陷入了沉思。"你还是给我讲一讲,关于他,你知道些什么,"她又笑着说,"我是不能从萨韦洛娃的手里把他夺过来了,只好如此。可是真想爱上一个什么人,你瞧着吧,我一定给自己找个情人。"

"好,我们等着瞧吧,亲爱的,祝你找到一个比这一位还要好的人。说实在的,他也是一个好人,且不说他长相好不好。"丈夫无动于衷地开了一个玩笑,接着就一本正经地讲起来。

这个青年人姓尼韦利津。黝黑皮肤女人的丈夫在梁赞采夫的家里常常遇见他。梁赞采夫是当时彼得堡进步人士当中很有声望的人。这个青年人在彼得堡自由派头面人物当中从未想出人头地,所以黝黑皮肤女人的丈夫仅只同他交谈过几句而已,倒是从梁赞采夫的口里听到了不少关于他的事。

"梁赞采夫经常夸奖尼韦利津,显然这是有道理的,是的,是有道理。"一本正经的讲话人想了一下,肯定地说,"至少有一点是千真万确的:尼韦利津是一个非常好的人,一个绝对诚实的人。不,不仅如此,还是很有才气的人,并且非常谦虚;是的,非常谦虚,他谈到自己的时候总说还要多多学习;他总是听人家讲,很少开口,为什么呢? 因为在那里发表议论的尽是一些睿智超群的人! 梁赞采夫和其他人——都是学者、名流,只能听他们发表高论。他是个谦逊的人,很少说话,但是只要一开口,总会讲得头头是道。"

他是一个地主,相当富有。他的父亲,一个身居高位的将军,把儿子送进了近卫军军官学校。儿子当上军官以后,还想继续学习。父亲认为没有必要。父子意见相左。儿子坚持己见,进了总参谋部军事学院。当时对于贵族说来,这是很不体面的事。父亲大发雷霆。但是,儿子已经是颇有名气的、前程远大的军官了。父亲只好迁就。儿子擢升很快。但是父亲一死,他立即呈请退了伍。他是数学家和天文学家。他作为一个学者受到大家的尊敬。他的著作常常发表在科学院通报上。

过去他曾经是个风流人物。也不能不这样:上流社会的女人都缠着他不放。这也很自然:应当承认,他相貌非凡,仪表堂堂。是啊,他着实风流过一阵。但是后来他感觉到,沉湎于温柔之乡是可鄙的,于是就尽量回避上流社会。他开始对社会问题感兴趣,这一点大大促成了这次转变。

他回到自己的庄园。他把自己同农民的关系安排得公正合理,不惜减少自己的进项,以免受良心的谴责。是的,他是那种把公正的思想付诸实践的为数寥寥的富人之一。

这时候,尼韦利津已经走过了阿尼奇克桥,折到涅瓦大街上,萨韦洛夫乘坐的马车也驶过了阿尼奇克桥。

尼韦利津走进一家豪华的时装商店。萨韦洛夫的马车没等走到商店门前就停住了。

"靠右边的人行道停下,"黝黑皮肤女人对马车夫说。"你可以坐车回去了,"她告诉丈夫,"你乐意吗?"

"当然乐意,亲爱的;嗯,我先在这里看着你走过去。"

"唉,你真是一个怪人,我的朋友!比任何一个求婚的人都更可笑。""你觉得可笑,这倒算不了什么,亲爱的。"他完全郑重其事地反驳说。

她走进商店。丈夫告诉马车夫赶车回去,马车夫把马车拐了过来。

"先生,请允许我向您打听一件事。"人行道上有人用刚毅、平和的声音说。黝黑皮肤女人的丈夫环顾了一下。一个高高的、面容冷淡的大学生走了过来。

"噢,是您哪!请问吧,什么事情?"黑皮肤女人的丈夫很善于进行这一类高深莫测的交谈:他不露声色,装作不知道他要问起谁的样子。

"那位姑娘是谁?"

"哦,您也没有猜对!是的,谁都猜不出来。她已经结婚三年了。"

一般来说,皮肤黝黑的女人看上去总要比实际年龄老一些。可是所有的人都把这个女人当作一个非常年轻的姑娘,虽然她结婚已经三年,而且在出嫁的时候就已经二十岁了。当她说她已经结婚,人家就回答说:"您真会开玩笑。"当她说她早已结婚,并且有了一个儿子,人家就完全肯定她是在故弄玄虚;当她说她已经过了二十三岁,这时人家的反应则是向她郑重其事地表白对她无限敬爱,向她提出求婚,因为对于这种不高明的故弄玄虚已经根本不需理睬了。

"是的,先生,她早结过婚了。"这个狡黠的人继续说道,同时用最机智俏皮的措辞来加强他谈话时那种高深莫测的气氛,"我可以向您担保,她的确早就出嫁了,因为我本人曾经参加过她的婚礼。"

大学生的脸上似乎掠过某种淡淡的阴影,但只是一刹那,并且很难觉察到。"她是您的夫人吗?"

"是的。这么说,您大约是打算爱上她吧?"狡黠的人原来不只非常狡黠,而且还是一个开玩笑的行家。玩笑开得得体也罢,不得体也罢,聪明也罢,愚蠢也罢,根据情况时而这样,时而那样,他所关心的仅仅是在他看来好笑就行。"但是,不要因为我而烦恼。我并没有想到她会同我结婚。原来我并没有爱上她,年轻人,那个时候,我比您更有理智,不过,那个时候我已经二十五岁了。在您这个年岁不理智是情有可原的。"

"您在开玩笑,但您的确说得对,"大学生回答说,他早已恢复了原来冷淡的神情,"如果有别的女人,还要偏偏爱上她这样的女人,那是不明智的。对她这样的女人只应该顶礼膜拜,我想我不会忘记这一点,唉,我从您的话里感觉到,我给人的印象仿佛是一个有几分痴情的人,但是即使您没有看错,那么这种感情也完全是微乎其微的,因为我是一个淡泊寡情的人。"

"这正是我的印象,不然我怎么会开起玩笑来呢?"

"我没有想到她已经结婚了,我刚才找您是想知道怎么才能认识一下她的家人,现在我想请您允许我到您家里去做客。"

"我要坦率地告诉您,在这方面我所能起的作用是很小的,到我家里来好了,如果她对您有好感,那当然好;假如不是这样,那么我本人——请恕我直言——是不会邀请您来的,坦率地说今天,我不想结交朋友,但是我觉得她会喜欢您。您大概是个很聪明的人,因为她有这样的感觉。请您,"他掏出一张自己的名片,"请您光临。"

"您就是阿列克塞·伊万内奇·沃尔金?"大学生看了一眼名片,略带兴奋地说。

"是的,先生,"黑皮肤女人的丈夫无动于衷地回答道,继而便用刺耳的、近似最高女高音的尖声唱起来,甚至震得附近的玻璃窗都吱吱作响,"嘻——嘻——嘻——哈——哈——哈——呵——呵——加拿大。啊,空气。嗯,呵"奇妙的华彩乐段从刺耳的高音转成了大提琴的低沉的吼声。这声音压过车马的嘈杂声,使整个大街都嗡嗡作响。"呵——呵——呵——哈——哈——哈——嘻——嘻——嘻!"华彩乐段再次升高成为刺耳的尖叫。"嘻——嘻——嘻!""我看您好像非常崇拜我?这可真是一大发现!非常难得!在整个俄国就只有这么两个人:阁下和鄙人。好,再会!请光临寒舍。我想,我妻子是会喜欢您的。再会。等一等,请问,您在大学几年级?"

"我是师范学院的学生,不在大学。即将毕业。"

"您看,我忘了问一声,险些干出蠢事来。您即将毕业,那还是先毕了业再说,就要考试了,或许已经开考了吧?用功吧!先毕了业,再来做客。再会。等一等,我又在干蠢事:又没考虑好。毕业之后谁知道会把您从彼得堡派到哪儿去呢?您还是现在就来吧。"

大学生思忖了一下。"不,毕业之前我不到您家去。过后我将带一篇文章去见您。在去找您之前,需要准备准备。"

"好吧。但是,假如把您派到什么地方去呢?"

"不会的。我将留在彼得堡。"

"您那位混账校长喜欢您?"

"不,是副部长认识我,他答应过的。"

"咳!这可靠不住:他是个窝囊废。"

"另外,我还在伊拉东采夫家里教书,他是一位大人物。他希望我继续教下去。"

"如果是这样,那就另当别论了。他去求情,您就会留下来,这确是事实。

现在真的该再会了。哦,我又忘了,您姓什么?"

"列维茨基。"

"好,再会。嘻——嘻——嘻,我的崇拜者,呵——呵——呵——嘻——嘻——嘻"他又用正常人的喉咙可能发出的和不能发出的号叫和吼声,发出刺耳和狂怒的喊叫。

他对自己华彩乐段曲调的优美毫不感到惊异,但是他自己怎么也不明白,他唱起来之后,这尖叫和狂号竟会这样震耳欲聋。平时他说话嗓音很轻,可是一旦忘乎所以,开始放任自己的喉咙,那时就谁都不能预料,他的声音居然会盖过公鸡和狗熊。

"我到您这儿不是来买衣服的,"沃尔金娜听女店主说她很荣幸认识一位新主顾,便回答她说:"我要同您说几句话。"

女店主脸上的殷勤探问的表情换成了悉听尊便的谦恭。"敝店完全为您服务。我敢向您保证,不会辜负您对我的信赖。您请,"她打开了自己住室的门,"我们到我的会客间去谈会更方便。"

"那当然好。"沃尔金娜说。她们穿过镶着华美的穿衣镜的大厅,走进一间富丽堂皇的会客室。

"您请吧。我们在这里可以完全随便地谈。"她们坐了下来。

"我到这儿来是为了提醒刚刚进来的那个穿灰黄色大衣的青年人,有一位先生在跟踪他,那位先生的名字他大约能猜得出来。尼韦利津从家里一出来,一辆蓝色马车就跟在他后面,他没有发觉。请您转告他,这样不谨慎很不好。那辆马车现在就停在您的门口。他能看得见。请他马上离开这里。"

"噢,天哪!这多么不幸啊!Monsieur Saveloff①手眼通天,他会毁了我的!"女店主拍着双手,霍然站起来就要往外走。

"我请您听我说完,您把这一只手套交给他,"沃尔金娜将右手的手套脱下,"让他从这里走出去的时候,玩弄着这只手套。过一会儿我就出去,也从那辆马车旁边走过。显然,马车里的那位先生等就是尼韦利津的情人,我把伞掉在地上,正一正帽子,总之,那位先生会发现,我一只手戴手套,一只手

_____

① 法语:萨韦洛夫先生。——译者注

- 14 -

没戴,他会发现,尼韦利津玩弄的就是我那只手套。拿去,交给他,您倒是拿去呀!"

女店主的诡谲的、丑陋的脸变得诚实起来。

"不,我不能拿您的手套。我不能让您这样败坏自己的名誉。他从这里走开,这就足够了。"

"不,这还不够。马车还会等下去,并且会等出个结果来的。您自己说过,这位坐在马车里的先生最会报复。他对他所怀疑的那位女士要狠狠地报复,比对您还要狠。要让那位先生确信他怀疑错了,尼韦利津是为了我才到这儿来的,不然的话,如果那位女士先闯到这里来,那她就彻底完了。我不想见尼韦利津先生,但是我可以给那位女士留下我的地址,让我们一起考虑一下,看她今后怎么办。"

"您不认识 Madame Saveloff①吗? 您就这样为了一个不认识的人毁了自己的名声吗?""您倒是去不去呀?""您真的不认识 Madame Saveloff 吗?"

"不认识也罢,认识也罢,随您的便好了,您还是快去吧!"

"假如您不认识她的话,您怎么会知道,她现在还没有到这里来呢?"

"您真让我生气!"沃尔金娜不耐烦地说,"谁不知道,赴约会总是男的先到,如果他还没有厌烦这位女士的话,至于说我怎么知道他现在还没有厌烦这位夫人,那您以后再问好了。现在请您快去吧。"

"您不认识这位夫人,也不认识,或者是仇视这位年轻人,因为您不想见他,但同时却为了这位夫人毁了自己的名誉!"

"看来您已经开始在怀疑,我是不是别有用心? 这完全是多余。您到底是去还是不去? 我可以不用您帮忙。"沃尔金娜皱起了双眉,"您去不去?"

"我去,我去。"时装店主人匆促地站起身来,连连说道。

"拿上手套啊,您忘了。"

时装店主人快步跑去,过了一分钟又转回来,说:"他恳求您把自己的名字告诉他。他一定要知道,他应该无限感激的这个人究竟是谁……"

"用不着恳求,他迟早会从那位夫人那里知道的。我叫沃尔金娜。让他

<hr/>

① 法语:萨韦洛娃夫人。——译者注

赶快走吧。"

时装店主人跑了出去，又气喘吁吁地跑回来，说："他不认识您，但认识您的丈夫……我真找不出恰当的词语来彻底表达我对您的感激。您拯救了敝店的声誉，我太珍视这店铺的声誉了。请您相信，我同意了 Madame Saveloff 的请求，这是绝无仅有的一次。我和这位非常非常可爱的年轻夫人那么亲近，我没有足够的勇气回绝她任何事情。仅仅是出于这个原因，也仅仅是为了她，我才打破了本店断然回绝一切类似请求的严格规定……"

沃尔金娜笑了起来，说："这一切都好极了。但是我要对您提出一点小小的批评。为什么您要谈到 Madame Saveloff 呢？我可没有提起过任何一位 Madame①来。我仅仅说到了 Monsieur Nivelsine②。"

"我同意，这的确是我的疏忽。但实际上也并非过于莽撞。显然，您肯定知道她究竟是谁：你明明看见是哪一位先生在跟踪 Monsieur Nivelsine。"

"我完全可能看见有人在跟踪他，但并不知道这个人究竟是谁。现在，我想，尼韦利津已经走出去很远了，我可以走了。"

听妻子讲过这段小小奇遇的结局之后，沃尔金陷入了深思，因为他是一个很善于思考的人。

"很好，亲爱的。请你告诉我，你和这位女店主交谈是用俄语呢？还是照我的推想，用了法语呢？"

"用的是法语，我的朋友。我还以为，我完全忘掉了法语。可是，我还能说，虽然说得并不是很好。"

"不，亲爱的，我想的是别的事：她是怎么同你谈话的？是称呼'您'吧，根据你刚刚谈的应该是——'您'……"

"是的，是称呼'vous'（'您'），这有什么？'vous'。"

"嗯！是啊，是啊！"

"这有什么大惊小怪的？"

"没有，我不过随便问问，亲爱的，没有什么。"他开始思索起来：法国人同

---

① 法语：夫人。——译者注

② 法语：尼韦利津先生。——译者注

不相识的妇人谈话不用"vous"这个词,而是说"madame"("夫人"),看来女店主也认为她是一位非常年轻的少女,所以才误解了她,同她争辩。如果沃尔金把自己的这一番推想都讲出来的话,妻子一定会懊恼地说:"你真有兴致向我讲这些混话!"因此,他避而不谈自己关于 vous 和 madame 的这一段推想,转而去思考另外一件事了。

"哦,亲爱的!你那时对她说:'这位夫人还没有来'根据是赴约会时总是男的先到,如果他还没有厌烦这个女人的话,我同意,是这样的。但是,你怎么会知道萨韦洛娃没有让他感到厌烦呢?啊!说实在的,我可真笨得出奇!"他高声喊了一句,并且由于自己的惊人发现而无比兴奋,他一口气不停地说,"这是不言而喻的事,看到他赴约会的时候怎么走路就一目了然了!他不是对过路的女人左顾右盼地张望,而是不管不顾地向前急走。是的,他非常爱她。这是显而易见的。请你相信这一点,亲爱的。"

"我相信,"她笑了笑说,"好了,我要走了,我不再打扰你的工作。这场散步和我的这些废话已经夺去了你很多时间。可是,还得让你同尼韦利津认识一下呢。"

"啊,"他又因为有了一个新的想法而惊呼一声,"可是你,亲爱的,为什么当时不愿意见他呢?难道你真的想过最好还是不认识他吗?这算得了什么呢,亲爱的!"

"我不是刚刚说过了吗?我们会认识他的,而且我觉得很抱歉,还要迫使你在他身上花费些时间。你太健忘了,我的朋友。"

"你说得对,亲爱的,"喜欢深思的丈夫表示同意,"可是为什么说他会占去我的时间呢?怎么会呢?他是你的客人,又不是我的客人。我不喜欢自己有客人。至于你的客人对我又算得了什么呢?他们加到一起能妨碍我多少呢?你自己说说看,能有多少妨碍?"

"我的朋友,他可不像我的那些客人。他要比他们年纪大些,是个学者。你对他不能像对那帮孩子一样不讲客套。"

"你说得对,亲爱的,"他表示同意,"其实,这也无关紧要。可是,你到底为什么不愿意见他呢?"

"我当时想，应该先见一见萨韦洛娃，因为我总觉得这里面好像有些蹊跷：从他们双方来说，未必是真正的爱情。"

"亲爱的，你怎么会这么想呢？当然，这也是非常可能的事，"他登时动起脑筋来，因为他的思维是很敏捷的，"这非常可能，亲爱的，因为，请你相信，通常说'爱''爱'，如果想一想，也的确是真心实意，可是结果呢，全是一些空话。请你相信，亲爱的。"

"我相信。"妻子笑着说，"你还是工作吧，我不再妨碍你了。"

"是的，你说得对，亲爱的，"他赞同地说，"的确是这样，今天我是要稍微工作一会儿了。"

"可不是嘛，'今天''稍微'"她叹了口气说，"我的朋友，你要累死自己啊。"

"哎，这算什么，亲爱的，这完全不算什么。"他紧接着她说。

第二天早上，沃尔金躺在床上，用手捋着自己稀稀落落的栗色胡须，只有在处境窘迫的时候，他才这样做。如今处境确实窘迫，闹得他连工作都做不下去；躺下来读点东西也读不下去。一刻钟之前，妻子进屋来问，他是不是要坐车出去，她好载他一起去，反正无所谓，她想出去兜兜风。——不，他不需要到什么地方去。"既然这样，那也好，我的朋友。说不定萨韦洛娃会来，而且请你接待一下，我很快就回来，我只到商场转一转。"他没有料到会委派他这么一件差事。"其实，这又有什么大不了的呢？"他宽慰自己说，"说不定，她今天不会来呢，或者说不定在她来以前，莉季娅·瓦西利耶芙娜先回来了。就算不是这样，那又有什么大不了的呢？"

"阿列克塞·伊万内奇。"女佣人报告说，"萨韦洛娃来了。我遵照莉季娅·瓦西利耶芙娜的吩咐，请她进来了，并且告诉她说，莉季娅·瓦西利耶芙娜很快就会回来，现在您在家。请您会见客人吧。"

"没关系。只要沉住气、举止得当就万事如意。"他扎上领带，脱掉睡衣，穿好外衣，没有丝毫的畏缩。

"我的妻子向您道歉，"他走进会客间，非常随便地说着，同时毕恭毕敬地鞠了一躬，事先没有看一下女客人在房间的哪一个位置，也不管鞠躬的方向是不是对，"我的妻子向您深表歉意，她并不知道您今天肯定会来；她很快就……"解释的话到此中断了。仪态大方的主人在深深一躬之后直起身来，眨了眨眼：他领悟到，匆促间他说了些很不得体的、不可饶恕的话，这些话表明，他知道这位女士要到他妻子这儿来，并且知道她为什么要到这儿来！他有多么愚蠢哪！这位女士会怎么看莉季娅·瓦西利耶芙娜呢？莉季娅·瓦西利耶芙娜有什么权利把人家的秘密泄露给他呢？这些思绪闪电般地在他脑际掠过，因为他是一个思维非常敏捷的人。他失望地眨了眨眼，但是失望的心情却给了他勇气，他把举起来要将胡须的手摆了一下，他不再眨眼，而且直盯盯地望着女客人的双眼，急促地说："您不要怪罪莉季娅·瓦西利耶芙娜：她对我也是会保持缄默的。但是，发生这件事的当时我也在场，我们在一起散步。我认得出来您的丈夫。我不至于不明白，这是怎么回事。请您不要担心我：我虽不够机敏，但请您相信，我并非完全没有良心的人。"

他直盯盯地望着萨韦洛娃的眼睛。但是一般说来他不善于观察，加之他现在正由于自己的困窘以及尽力替妻子辩白而心情不安。因此，他完全没有察觉萨韦洛娃面部表情的变化。或许，她茫然不知所措；也有可能感到惊恐。可是，关于这一切他只能去推测：用眼睛看，他是什么也看不出来的。然而，他倒也把一切都看得很清楚，一切都同莉季娅·瓦西利耶芙娜所描写的毫无二致：他看到，萨韦洛娃身材修长，非常年轻——二十一二岁，皮肤白皙而细腻，一双深蓝色的眼睛；他看到，像她这样的妇女，通常都被称为富有魅力的俊俏女郎，这好极了，尤其是莉季娅·瓦西利耶芙娜还认为她是风流妩媚的绝代佳人，就算是这样吧，他退一步这样想。

"您是说沃尔金娜夫人很快就会回来吗？我等一等她。现在我先同您谈谈，沃尔金先生。我们坐下谈吧。"

这很好。一旦坐下来，他就不必再面对面地看她了。他开始俯视地板，心里想着与此事有关的一些念头。他并没有察觉到她说话的声音里有任何激动，而仿佛觉得，她心情十分平静，就像是为了最寻常、最微不足道的一些小事来结识新交一样。因此是不是可以说，社交场上的那种精心伪饰的风度把她心中所有的真挚和崇高的感情都磨灭殆尽了呢？很可能是这样。然而，如果是这样，也不是她的过错；她这样年轻，自己还不至于甘心沉沦。

这当儿他并没有忘记主人的责任。他能够看得清她的衣服。他细心地观察,等她坐好。他想,坐定之后他又应该看着她了。她坐下来,理了理衣裙的褶纹;从她肘臂的动作推断,她大约摘掉了帽子,整了整头发。如果她自己想出一个话题来,那就太好了;假如要他本人来想,那么,谈点什么呢?她又理了理衣裙的褶纹,因为摘帽子时,把衣裙的褶纹稍稍弄乱了……现在已经理好了。想一个什么话题谈呢?……想不出来。她会想出来的,她惯于交际,心情又这样平静。只要再望望她,她自己就会谈起来。主人把目光从地板移到她的脸上。

她坐着,若有所思地低垂着头,满面羞涩。她的双颊泛着红晕,艰难地喘息着。

顿时,他深深地被打动了。

"您应该指责我,沃尔金先生。"她气喘吁吁地说。

"指责?不,请您不要这样想!您怎么会这样想呢!"他握住她的手,抚摸着,"请您不要这样想!您怎么会这样想呢!您这是从何说起呀?"

"我看得出,沃尔金先生,您很怜悯我。我谢谢您。"

"请您原谅我,我完全是一个不懂怎样待人接物的人。"他说着,因见她呼吸较为平静,便想到,抚摸她的手已经够久了,可以松开了,"我的确不知道如何待人接物。莉季娅·瓦西利耶芙娜总是笑我在社交场合的举止。这当然算不了什么。如果您和莉季娅·瓦西利耶芙娜能商量出什么办法来,那就太好了。"

"是的,我真不知道我该怎么办。您给我出出主意吧,沃尔金先生。"

"最好等一等莉季娅·瓦西利耶芙娜,"他回答说,"我对自己的意见毫无把握,甚至在一些我认为很简单的小事上也是如此。"

她大约也看得出来,他更擅长于同情别人,这一点她的确是看到了。她坦率地回答他提出的一些充满友好同情的问题。尽管有时她没有把话讲完,或者她本人并不完全知道内情,但是,不善猜度的沃尔金却能很容易地对她的历史和她的性格有一个十分准确的印象。

她的父亲是一年前去世的御前侍从将军阿加丰诺夫的弟弟。沃尔金听说过御前侍从将军阿加丰诺夫这个人。他是个铁腕人物,老单身汉、赌场上的常客、挥金如土的家伙。他举行的宴会从来少不了珍馐玉馔。他死后,在所有他能够弄到钱的银行里都留下了相当可观的欠款,此外还留下许多别的债务。

但是她父亲同这位兄长素无来往。年轻时他们就分道扬镳了。那时,一个当科长,另一个是什么大尉。等到这位兄长当上了举足轻重的将军之后,就更没有心思想到他从来也不喜欢的弟弟了。实际上,除了他自己,很难说他在什么时候喜欢过什么人。

她父亲是一个非常谦恭温顺的人,并且像她说的那样,由于心地善良,或者像沃尔金心里想的那样,由于胆怯和无能不可能接受贿赂。"因此,在那个年代他也不会飞黄腾达,步步高升。"沃尔金脱口而出补充道。是的,两年前他不过是省政府的一个普通文官。

萨韦洛夫当时还不像现在这样有权有势,然而他已经博得新任部长的信任。部长派他到这位女士的父亲任职的那个省去视察工作。部长对萨韦洛夫说:"如果你认为非要免去省长的职务不可,那就把他免职,尽管他有一些重要的关系;对待其他人,我就更不想客气了。"萨韦洛夫建议省长和副省长提出辞呈。对于其他没有送交法庭的人也照此办理。说实在的,所有这些人都罪有应得:他们或者自己就是强盗,或者包庇过强盗。在整个省政府机关里,唯有她的父亲一个人硕果仅存。

有一天萨韦洛夫对他说:"您被任命为副省长了。"当时这位女士的父亲以及他们全家受宠若惊和欢喜欲狂的情景真是难以描述。在这之前,萨韦洛夫从未到他们家去过。这姑娘和她并不相识。即使萨韦洛夫偶然听人说起她,也未必能记得有这样一个姑娘活在世上。他们不可能在什么地方相遇。萨韦洛夫根本不会参加省城的舞会。而这位姑娘在省城上层社会里,也几乎没有露过面,因为她父亲手里的钱太少了。有一次在盛大的沙皇节,她在教堂里看见了萨韦洛夫。当时她站在靠近贵宾席的那群人的后面。萨韦洛夫当然不会注意到她。如今萨韦洛夫经常到他们家里来做客了。他很喜欢她。她同样也喜欢他——至少当时她心里觉得是这样。她会有这种感觉,可能她并不真正理解自己的感情。确实,当时她已经20岁了,但她差不多完全没有见过世面,当时却也有人向她求过婚,但那是些什么人呢?或者是已到中年,或者是人虽年轻,但太平庸了。她在自己周围还没有遇见过可以同萨韦洛夫比试高低的年轻人,萨韦洛夫是个英俊男子,风度潇洒,人家说他心肠冷酷,但说这种话的人尽是些受贿的家伙,所有廉洁正直的人都称赞他。就他在彼得堡的权势而论,他在他们省城里差不多被看作是天神了,当还没有想到他可能来提婚的时候,她的爸爸妈妈总谈论他,谈论摆在他面前的远大前程。在这种情况下,她能不觉得自己喜欢他吗?当他提出求婚的时候,她能不认为自己非常幸福吗?

　　她这样陈述着,就连迟钝的沃尔金也不难从这些话里理解她的性格,不难理解她是受什么感情支配才出嫁的。那些爱做诗意冥想的人,或者有一套坚定不移处世准则的人,可能把她想得很卑鄙,然而沃尔金,尽管心地单纯,但毕竟知道人们总喜欢过分地美化自己,所以他就特别珍视她的坦率。他既没有编造说父母逼她出嫁,也没有编造说自己爱得发狂。就算她出嫁时考虑利害得失多于听从内心情感的呼唤,可是她既没有对另外的人表示过倾心,也没有对决定嫁给的这个人抱有反感,那么凭什么要鄙视他呢?可能她会以为,炽烈的爱情之火不过是诗人的杜撰,或者是某种癫狂。假如她没有涉足这个灯红酒绿、纸醉金迷、骄奢淫逸、百无聊赖、尔虞我诈和拈花惹草的社会,说不定她会毫无爱恋之情,默默度过自己的一生。在沃尔金的眼里,她是一个性情温顺、气质并非热烈的女人;也许她迷恋于在彼得堡出出风头,渴望成为一位显赫的贵妇人,而这个未婚夫既不是老头儿,又不丑。恰恰相反,他的确是一个俊秀优雅的男士。沃尔金并不怀疑,除掉利害得失外,她对他确有爱慕的一面,尽管不是十分深沉或者不那么富有诗意,而她自己也没有用华丽的辞藻来谈自己的倾慕之情。沃尔金喜欢这种朴实和正直,他从来都把具备这两种品格的人称为好人,并且随时准备为了这两种品格而宽恕一些相当严重的缺点。

　　"您并没有爱过您的未婚夫吧?"他问道,为的是检验一下,是不是他过于相信这位女士性格中的朴实和正直了。萨韦洛娃知道,他对自己的出嫁有看法,于是就脸红起来。他仿佛觉察到她有些犹豫,不知如何回答好。但是,如果说她真的犹豫过,那么最终还是摆脱了矛盾心理,保持了自己的尊严,至少,在他看来萨韦洛娃的回答维护了她的尊严。

"不,"她低垂下眼睛说道,"我并没有爱上他;我也没有爱过任何人,直到……直到……您晓得……"她没有哭出来。但是可以看得出,让眼泪尽情地流出来要比强忍眼泪会使她轻松得多。

"她还是一个相当聪明的女子,至少是很善于回答问题,"沃尔金想道,"因为她再次打动了我。"

她沉默良久。然后就谈得相当平静了。她的话依然是那样朴实,以致沃尔金并不难从她的叙述中了解全部真相。当然,这真相也是非常显而易见的。

她并没有爱过萨韦洛夫。但是她对他曾经有过好感。要使这种感情能保持下来、巩固下来,全靠萨韦洛夫。但是,他是个心肠冷酷的人。在这方面妻子并无苛求:因为她不曾对丈夫爱得发疯,所以也根本不需要让丈夫对她本人爱得发疯。可是她对萨韦洛夫确曾有过好感,所以一旦体会到丈夫对她完全冷漠,就不会觉得自己幸福了。"我说的是他的心,"她说道,"如果对他来说妻子只是一个乏味的生物,那他为什么还要娶妻呢?他还是给随便哪一个从马路上找来的女人租一套小房间更便当些,更好些。他这样做比娶妻子要少许多花费。他不能理解,结婚并不意味着只是养活一个女人。他的心不懂得缱绻之情。"

"我相信,他是很依恋您的,人们都说您是一位美人。"沃尔金说道。

"在马路上他可以找到非常漂亮的情妇,"她答道,"无论这个女人还是那个女人,对他来说都一样,只要她年轻、漂亮就行。啊,我在说些什么呀?他对我是忠实的,而我……哦,他使得我处于如此难堪的境地!我应该承认,他在我面前是无辜的,而我在他面前是有罪的!……"

她泪流满面。沃尔金断定(这样断定是完全有道理的),他做得不太好,竟让她痛哭起来。

"看到您这样,叫人很难过:您竟为了一些无谓的小事感到难为情。请您原谅我,您可能已经看到,我不会委婉地讲话。您为什么不愿意正确理解您同丈夫的真正关系呢？他为什么要娶您呢？您说是他喜欢您。这我同意。但是您自己也说，马路上的任何一个漂亮女人他都可能认为很合适，而且破费可能少得多。这也就是说，他需要一个妻子并不是为了自己，而是为了交际。他为什么偏偏选中了您呢？那个时候是不会有人把一个贵族女子嫁给他的——我指的是真正的名门望族的贵族女子；当然，那些自命为贵族的小家碧玉也许会有人嫁给他，但是这种联姻能带来什么好处呢？他所希求的是成为真正有权有势的贵族圈子里的一员。他暗自盘算：'她的伯父在这个圈子里是个头面人物。他很自私，不愿替自己的亲戚做任何事情。但是让这位伯父看见他的侄女给一个不需要他庇荫的人做了妻子；让她伯父看见她是一位姿色出众的年轻女子。那时她伯父就会像对待一件最令人愉快的、新发现的珍奇物件一样来对待她：让她来点缀伯父的午宴、晚会好了。'事情果真是这样吧？伯父对您的态度很不错吧？请您在他的午宴和晚会上做女主人了吧？"

"是的。"

"事实正是如此。于是您就踏入了贵族社会，对吗？"

"是的。"

"那么您的丈夫呢？"

"当然了，同我有交情的那些门第对他也不可能不热情接待。"

"事实正是如此。这一招儿真不坏，既同贵族交上了朋友，同时又没有中断当他的民主派。单靠他自己怎么能钻得进去呢？第一，人家根本就不会让他钻进去；第二，如果死乞白赖地往里钻，就会把他的民主派的声誉败坏干净。现在，您知道，一切都讲改革；民主派也需要改革。要的是既爬进上层圈子，又保住他的名声，可见他是一个很能干的改革派。正像您所看到的，他居然成功了。我想，他在向他的民主派朋友表白的时候会说，'同这班贵族打交道是违背我的心意的，我一如既往仇视他们。'梁赞采夫就这样认为，大概这不是他的凭空猜想，很可能是听萨韦洛夫说的。好极了。您给人以强烈印象；大家都向您献殷勤；而您又是一个很聪明的女子。结果怎么样呢？自然是：'我求求你，我的心肝儿，你对这一位要亲切一点，我用得着他。''我的心肝儿，我求求你，你要使那一位的妻子，或者妹妹，或者姑母，觉得你非常可爱，我用得着他。'请允许我问问您，是不是这样？其实这也用不着问。那么，这件事的实质究竟怎么样呢？那就是，'mademoiselle①，我娶您，把您变成一位madame，让您来帮助我干事情。'您帮着干了。此外他还需要什么呢？什么也不需要了。"

门铃响了。根据拽铃的方式判断，沃尔金知道是妻子回来了。

"正好，这是莉季娅·瓦西利耶芙娜。是啊，夫人，他还需要什么呢？需要您的好感吗？哼，他真就那么需要它！如果这种好感对他来说关系重大的话，他会让它保持下去，这您自己说过。凭什么他要自讨苦吃呢？难道他是一个小孩子？难道他事先不明白？如果一个女人身边围着一群崇拜者，而她又对丈夫失去了好感，那她就会对别的人产生兴趣。那么为什么他不珍重您对他的好感呢？这就是说，他自己打定了主意：'我的心肝儿，如果妻子对别人感兴趣，这对丈夫来说当然不愉快，但是你看，我有不少利害攸关的事情要比这重要得多呢。我没有工夫哄着你玩儿，我的心肝儿。我知道你正在对一个什么人感兴趣，但是，我的心肝儿，你还是继续尽心帮助我干那些对我来说更为重要的事情吧。'现在，您看……"

沃尔金娜走进屋来。萨韦洛娃当即扑过去拥抱她。在萨韦洛娃紧紧拥抱着莉季娅·瓦西利耶芙娜，眼泪沾湿了她脸颊的当儿，沃尔金捋着胡须想：不打一下招呼就离开，这是否合适呢？特别是他正怀着热烈的同情心说到半截儿。不合适。但是，现在正是不辞而别的好时机。不然就要郑重其事地打招呼！是的，如果错过这个时机，就必须告辞才行。于是他退着走到门前，顺利地隐遁而去。

昨天，萨韦洛娃战战兢兢地回到家里。在商店里尼韦利津用铅笔匆匆忙忙写了一张纸条给她。"他起了疑心。但危险已经过去，应当感谢沃尔金娜。"女店主也安慰她。然而她仍旧感到惶恐不安。这完全不必要。沃尔金娜的手套大奏奇功。妻子想花一段时间好歹安定一下慌乱的心绪，就拜访了几家朋友，等她回来的时候，萨韦洛夫已经在家了。丈夫一反常规，起身迎接她：

① 法语：小姐女士的称呼。

可把她等回来了！这又使她大吃一惊。丈夫非常温存地拥抱她,同时她似乎觉得,丈夫并未发现她的窘态。她鼓起勇气,抑制住了内心的局促不安。但是她还是弄不明白,应该怎么理解他的温存和愉快的心情。是不是他在装模作样,以便更好地继续监视她?但是当她回到自己的房间脱衣服的时候,在梳妆台上发现了一个新的小盒子。这是一只非常贵重的手镯,以她丈夫的收入而论,这件东西是过于贵重了。为了装模作样,也不可能赠送这么贵重的礼物:显然他真的异常高兴,快乐得忘记了精打细算。如今她不再疑惑了。但是,为这件礼物,为这件由受骗的丈夫赠送给骗人的妻子的礼物,她是多么难于向他道谢啊!……

她以真挚的感情述说着,在丈夫面前作假使她感到内疚。她竟然因为忠贞而受到奖励!在这一场新戏当中,丈夫是很轻信的。在妻子面前他甚至觉得问心有愧。如果她愿意的话,她还能让丈夫坦白承认,他曾经怀疑过她,他要请求宽恕!然而,她的心情本来就够沉重的了:她是由于忠贞而受到奖励啊!

"就算他不再怀疑了,但这能持续很久吗?"沃尔金娜开口说道,"这种让人担惊受怕的关系不能再继续下去了。"她刚刚提起这件事,萨韦洛娃就哭起来了。

"您要我做什么呢? 让我不爱尼韦利津吗? 让我不再同他相见吗? 我做不到。"

沃尔金娜对这个可怜的女人怀着同情,但这几句话使沃尔金娜很反感。她凭什么以为,会要让她抛弃尼韦利津呢? 沃尔金娜必须竭力克制自己,才不至于回答得很生硬。但她再也不能勉强自己用原来的温和态度说话了。她不会装腔作势,她所能做到的仅仅是克制自己而已。

"我并没有说让您抛弃尼韦利津。"她说道,"我只是说,再也不能这样继续下去了;您自己应当明白:再也不能了。您的处境非常危险,并且非常艰难。您打算怎么摆脱这种困境呢?"

萨韦洛娃没有察觉她的态度有什么变化。哭着哭着又扑到她的怀里拥抱她。沃尔金娜抑制住了自己的懊恼心情。

"我听说尼韦利津是一个非常好的人,这是真的吗? 我还听说他不再做那种风流韵事了，因此我倾向于认为他真心爱您，您也觉得是这样吗？或许是我想错了吧？"

萨韦洛娃热情洋溢地谈起尼韦利津来。

"您说的关于他的这番话我都相信，也相信他爱您是出于真心。但是我在等您回答，您究竟决定怎么办？"

萨韦洛娃又哭了。"您帮帮我吧！"

"您已经看到，我没有经您请求，早已在帮助您了。"

"请替我拿个主意，我到底应该怎么办。"

"您听我说，像这样至关紧要的事情不能根据别人的主意办。还是请您自己决定究竟怎么办吧。"

萨韦洛娃哭泣着。"我不知道究竟怎么办才好……他老早就劝我，让我抛弃丈夫……请您帮帮我，替我拿个主意吧……"

"哦，原来是这样啊，"沃尔金娜懊恼地说，但又一次抑制住了这种心情，"他劝过您！为什么您没有打定主意呢？您并不相信他的爱情是牢固持久的吗？"

"不，不是！……我知道，他爱我！"她继续哭泣着。

"您帮帮我，替我出个主意，我该怎么办呢？"

"替您出主意我办不到。您不是小孩子。帮忙吗？这是可以的。您知道，这件事不能再这样继续下去了。假如您不能下决心抛弃丈夫，那么我可以让我丈夫去告诉尼韦利津，要他今后不再见您。您说过，尼韦利津是一个高尚的人，并且真心爱您，我也认为这是事实，既然如此，那您就不必怀疑，他会懂得必须照您的吩咐行事……"

萨韦洛娃听着这些话，像死人一般。突然她战栗起来，并且激动地大喊一声："我下决心抛弃丈夫。"

"如果这样，那我很高兴。"沃尔金娜说，"我对您都快没有耐心了。"她开始鼓舞萨韦洛娃，而且又变得亲切温存了，她鼓舞她，夸奖她。萨韦洛娃也极度兴奋起来，并为自己能当机立断而感到无限的幸福。

"亲爱的，你知道吗？"妻子送走萨韦洛娃，回到沃尔金的房间时，沃尔金从办公桌前转向妻子问道,"你知道,我很喜欢她:说实在的,她是一个很不错的女人。她想抛弃丈夫吗?""是的,尼韦利津曾经向她提出要她这样做。只是须要你到他那里去一趟,告诉他,说萨韦洛娃同意了。你曾经对我说过,领取出国护照需要等三昼夜。"

"这是按常规办事,亲爱的。如果想快的话,还可以再快一些。"

"这一点你早已说过,我记得。但我已经告诉她了,三天……"

"如果可以更快一些,亲爱的,为什么你要告诉她'三天'呢?"沃尔金忍不住脱口而出。凡是他自己不能解释的事,他就一定希望别人能解释给他听。

"说来话长,我的朋友:你必须赶快到他那里去一趟。顺便说一句,我所以那样告诉她,就是因为完全没有必要由于到处奔忙而闹得满城风雨。"

"你说得对,亲爱的。"丈夫同意道。

"另外我还有一个理由,这等以后有了时间再谈。也许是我想错了。但是现在没有工夫长谈。我对她说,她现在不能再和他见面、不能再和他通信了。你……"

"当然是这样,亲爱的,"丈夫随即解释说,"他们两个人现在必须加倍谨慎,免得引起新的怀疑。也就是说,我必须告诉他:不要寻找机会见面,也不要写信。"他拿起帽子,"那么是怎样约定呢?他给自己办一个护照,再给某位女士办一个,自然不填她的名字,亲爱的,是这样吧?当然是这样,非常明显:嗯,比如说,某个女裁缝,是法国人,想要出境。这个我明白。那么,就剩下时间和地点了。"

"星期四,晚十一点……"

"很好,亲爱的,"沃尔金不能不加以解释,"十一点,已经是夜晚了,如果再早些的话,天还亮着呢。"

沃尔金娜的每一句话几乎都要被他的解释打断,但她终于说完了其余的细节。

那个时候,从彼得堡到西方边境还没修铁路。不愿意等轮船的人就坐邮车走。尼韦利津将在萨韦洛夫住宅附近,坐在马车里等她。

"好极了,"沃尔金在逐一地解释过所有的细节之后,用一句总的解释断定说，"好极了，亲爱的。再说她也很讨我的喜欢。"

"你快去吧。你放心，我知道她讨你的喜欢。不用你向我一再重复。"

"哦，亲爱的，你总是拿我开玩笑。"丈夫说完就唱起了华彩乐段，那隆隆的吼声甚至从楼梯上还能传到沃尔金娜的耳朵里。

尼韦利津在他那间当书房用的屋子里踱来踱去。他十分惶恐地迎接沃尔金。沃尔金放开喉咙，哈哈大笑，这是他许多可爱的习惯之一："看来您有些惶恐，怕我教训您吧？为了您昨天的不慎行为，倒是应该教训您一通。本来您应当知道您是在同一个什么样的人物打交道。您应该私下里仔细观察一番。咳，事情已经过去了。现在……嗯，请您告诉我，她的名字和父称是什么？我还保留着过去的好习俗，不知道名字和父称我没法说话。嗯，您的称呼好像是帕韦尔·米海雷奇，对吧？她呢？"

"安东尼娜·德米特里耶夫娜。但是，我恳求您，快些告诉我，您是为什么来的？关于她您知道些什么？"

"马上就说，您别急，您首先还是请我坐下才对，"沃尔金特别赞赏自己这句有风趣的话，于是又唱起了他那华彩乐段："哈——哈——哈！""好了，现在可以谈了。安东尼娜·德米特里耶夫娜刚刚到我们家里来过，"他转而严肃起来，"莉季娅·瓦西利耶芙娜送走她之后立即派我来告诉您，让您做好出国的准备。"

"我就知道会这样。"尼韦利津说着，坐了下来，像被一声巨雷劈过一样。

"您这是怎么了？当然是和她一起出国去！她拿定主意了。"

"她拿定主意了！您是说，她拿定主意了？"他欣喜若狂。

"这还用说嘛。她拿定主意了。"沃尔金陷入了沉思。"安东尼娜·德米特里耶夫娜是一位非常好的女人，帕韦尔·米海雷奇。"他用异乎寻常的谆谆告诫的口吻说。

"她终于明白了我对她的感情！"尼韦利津一往情深地说，"这对我是多么大的信任啊！她知道她不会认错人！"

"对不起，帕韦尔·米海雷奇，"沃尔金打断他说，"您在说什么信任？为什么您要把自己想得那么低呢？好像可以随便把您说过的话不当话。"

"我说过什么话?"这次是尼韦利津自己不得其解了。但沃尔金却能够想象得出其中的奥秘,因此他回答得十分巧妙,至少他在内心深处对这巧妙的回答很是自鸣得意。

"当然是这样,帕韦尔·米海雷奇。从一方面来看,您讲得很对。她把自己的幸福全部寄托在您的身上,这怎么能说不是信任呢?"

尼韦利津心情很激动,所以没有发觉沃尔金金蝉脱壳的妙计。他不太了解这位老谋深算的外交家,但是他知道他是一个羞涩腼腆的人,常常由于心不在焉和难为情而说出一些荒唐透顶的话,闹得驴唇不对马嘴。大抵他就是这样理解沃尔金的挑剔和退让的,至少他是放过了这些话,没有引起特别的注意。

"她对我寄托了最大的信任,她这样信任我,使我在自己的心目中都变得高大起来!"他继续说道,并且长时间地、非常热烈地讲述这个话题:萨韦洛娃对他的信任确实非同一般,他非常自豪,因为萨韦洛娃竟这样深切地理解了他的感情。

沃尔金十分机警,并且同样非常善于动脑筋,他此时已经完全明白是怎么回事了,在尼韦利津同萨韦洛娃两人之间从来没有谈起过她现在打定主意将要采取的这最后一步。尼韦利津从未提出过让她抛弃丈夫。她仅仅是有一个一般印象,仿佛他不仅准备为她的幸福贡献自己的一生,还准备为她去死。但是除了那些充满热烈爱情的空话,他从未对她说过什么。而这些话并没有什么确定的含义。或者更确切些说,根本没有什么含义。

"这可真是开玩笑,"沃尔金心里想,"这玩笑是怎么出现的呢?"因为他很善于思考问题,所以不难向自己解释究竟是怎么出现的。而且他还敢于用脑袋担保他的推断并不错。只是这种推断在很大程度上改变了他原来对萨韦洛娃性格的看法。

"是的,我很喜欢她这个人,"他说,他感到有义务对情绪高昂的尼韦利津表示一下他的同情,因为尼韦利津一再兴高采烈地肯定说,他整个一生都将不断地关怀"尼娜"(他这样称呼萨韦洛娃)的幸福。"您知道,我不是见多识广的人,但是,连我也能一眼看出,她是个温柔和顺的女人,从不卖弄,是个非常好的女人。"

"您没有看错。"尼韦利津赞同地说,并且完全沉浸在热烈的情绪之中,同时也相信谈话对方对他深感同情。沃尔金确实很高兴这一颗向他敞开来的心这样正直诚笃,他深为感动,但同时他在深沉地思索着:他总在思索,总在深思。

她确实是个温顺的女人!只要听一听她怎么谈论那些嫉妒她的人就行了:她从来没有说过其中任何人的一句坏话;即使她不能做到以德报怨,至少她也会保持沉默,她确实是个谦恭有礼的女人!只要听一听那些嫉妒她的人怎么谈论她也就够了:她们再冷酷无情,也不得不承认,她丝毫不卖弄风情。她们懊丧得发狂,至今居然抓不到一点小小的把柄,好给她编造几句谣言,因此只能说她是个冷冰冰的、没有心肝儿的女人。尼韦利津拿自己同她相比,该怎样为自己的过去感到羞愧啊!他把自己年轻纯洁的心灵浪费在多么庸俗的情欲之中了!

直到前不久,他还是个庸俗的人。他身上唯一的优点就是他爱科学。什么科学呢?抽象的科学,可以锻炼思维的、替人赚取学者名声的科学——仅此而已;这种科学没有使他的心灵变得纯洁高尚,而他思考问题的方法依旧是浅薄的、僵死的、丑陋龌龊的。他没有想到过人民,没有想到过人们的幸福,祖国对他来说不过是一架威震四方徒有其表的官办机器。他为这个祖国服务过,并且想过,只要他尽力来协助这架压制人民的机器增加力量,就算是他克尽了自己做公民的全部职责。他勤勤恳恳地用自己的知识为这个怪物服务,过后便认为自己可以心安理得地不去想任何事情了,除非那些最低级粗俗的享受。他把自己的庄园看成是用以换取享受的资金的来源,把女人看作卖笑的、做交易的女商贩。他这样看待那些他所染指的女子是有道理的。当时他还是一个少年,在上流社会还没有占一席地位,他曾经同那些出卖自己、直接换取金钱的女人寻欢作乐过。等他踏入上流社会之后,便迷恋上另外一些较为娴雅的女子:要买取这些人,必须用上流社会的耀眼光辉使情敌黯然失色,也同样要大把地撒钱,只是不直接撒在她们手里,而是撒在车马上,撒在一切可以讨她们欢心的荒唐事上:直接塞给她们本人的不是钱,而应当是献媚奉承,这样她们就和那些普通的卖身的女人毫无二致,同样地易于顺从,同样地怀着内心的情欲……

"噢,对不起,帕韦尔·米海雷奇,您说得过于黯淡悲观了。"沃尔金以他不可改变的严谨态度反驳道,并且非常公正地解释说,甚至连最不可救药的风流女子也常常怀有某种发自内心的柔情,因为她们也是人,所以她们也有某种爱恋的需求;至于那些穷困的、被迫出卖肉体的女人则较少表现这种人的感情。同时还应该想到,有相当多的女人爱恋尼韦利津的确相当真诚,因为他本人很可能讨人喜欢,且不论他的富有或者善于献媚的本领。

"当然也曾有过这种情形:她们是在真心地爱恋,我也爱过这一个或者那一个,"尼韦利津表示同意,"但是双方的感情是那么淡薄,那么短暂,那么庸俗龌龊,那么易于消逝,只消某种机遇或者某个新念头使我们一分手,就算完了。"

"您又来了,您没有理由为了自己而格外惭愧,"沃尔金解释说,"确实,您为人处世的方式并非正派,因为最初的那些青春年华您是在花天酒地之中度过的。但是那时所有有钱的年轻人的品行都不比您强,当时就是那么一个缺乏理性的时代。"

"我想,我比别人更加不可原谅。他们是没有知识的人。"

"是啊,但是您自己已经正确地指出过:那时候的科学是僵死的科学,因此它不能够使人变得高尚纯洁。社会对于人除去庸俗再也不要求别的了。"

"正是我自己不能从这庸俗当中清醒过来,所以我才感到十分痛苦,"尼韦利津说,"当整个社会都觉醒了,我才睁开眼睛看清了自己的生活,并且认识到自己的责任。"

"关于这一点已经有人说过了,帕韦尔·米海雷奇:

那时节太阳神阿波罗不要求诗人做神圣的牺牲①。"

沃尔金朗诵后,又哼起华彩乐段,为了这妙趣横生的引证而十分得意。

"太阳神阿波罗,就是社会;所谓诗人,应该理解为任何一个个人,说得更简单些就是,在战场上一个战士不能算是队伍,帕韦尔·米海雷奇,因此就连

①引自普希金的诗《诗人》。——译者注

最好的战士也可能放下武器,从事那些和他的强悍性格不相称的营生。"他又高声大笑起来,因为这句新的俏皮话在他看来也是很不错的,随后他陷入了沉思,接着叹息一声,"'整个社会都觉醒了!'不,您说过头了,帕韦尔·米海雷奇!"他摇了摇头,又叹息一声。

"至少是已经开始觉醒。"尼韦利津说。当时他才看清摆在他面前的许多问题,由于思虑这些问题,他的头都快裂开了。应该怎样解决它们呢?他意识到,在一切活生生的知识领域里他自己是个完全无知的人,但有一点他很清楚:为了自己的庸俗行为他在挥霍着别人可能不仅是用汗水,而且是用鲜血换来的钱财。这是非常可能的,因为他并不了解他庄园里的农民是怎样生活的。于是他就到庄园去了。

"结果呢?您在那里干得很好,梁赞采夫提起过。"沃尔金称赞道。

的确,梁赞采夫夸奖过。事实也正是这样,他在农村住了将近一年。对农民,对自己都不无好处。如果问是什么帮助了农民,那恰恰是他对于农民生活和要求的一无所知。这种无知使他不能有任何空想来根据自己的安排对农民施以恩典。他只能问他们,他们希望些什么。问过之后,他便去做那些他们认为的好事。结果他们当然满意。但习惯于赤贫生活的人们究竟能有多高的欲望呢?十分可怜的富裕生活,他们所理解的富裕生活!如今他们甚至害怕解放!要想满足那些害怕解放的人们的欲望,难道很困难吗?

"那么他们过去的状况怎么样呢?一贫如洗吗?"沃尔金问道。

"按他们自己的说法,过去生活得也很好。很好!说实在的,他们的回答也有道理:'怎么会不好呢?难道左邻右舍比这过得更好些吗?'"

"为了改善这种过去的好生活,破费了您很多钱吧?收入的一半?"

"是的,差不多。"

"是比一半还多吗?"

"就凭这两三年,还不能做出准确的统计来,"尼韦利津说道,"总而言之,我在努力尽量少想我的农民的好日子,想起来很伤心,而亲眼看一看——就令人尤其不愉快。因此,在乡下没待上一年我就忍耐不住了,虽然我心里非常想在那里多住些时间:任何娱乐都没有,我只能尽量地读书和思考。但看见农民那种满足的神情实在叫人难以忍受。"

他出国去了。在巴黎住了半年左右。他在那里过得很不错。

他未曾领略过巴黎花天酒地的一面：他厌恶那种庸俗的生活。对于希望学习的人，巴黎是个好去处。巴黎人民的手中掌握着欧洲的命运。仔细研究巴黎人民未来的建树是很有意思的事。但巴黎工人的情绪十分低落。就其要求的范围来说，他们仿佛是农奴制度下的俄国农民。区别仅仅在于：俄国农民从来就没有过更广泛的要求，而他们却有过，但是被扼杀了。这更加使人感到忧伤。他待在巴黎没有超过半年，便回到彼得堡来了：无论如何，我们这里的生活还是在日趋觉醒，而不是在逐渐窒息。令人高兴的事毕竟更多些。

糟蹋他既往岁月的那个社会，当然已经不能再吸引他了，他开始同彼得堡的进步人士交往。其中，某些人他认为是只会空发议论的清谈家，另外一些人却博得了他的爱戴和尊敬，特别是梁赞采夫，在这个人身上，聪明睿智、渊博的学识同追求真理的激情、同对人民事业的深切的忠诚都融会在一起了。他因为取得了梁赞采夫的好感而觉得非常荣幸。萨韦洛夫时而也到梁赞采夫家里去。尼韦利津在那里认识了这位卓越的人物，他前程远大，这真是俄国进步事业的幸运。

"瞧您把他说得天花乱坠，"沃尔金插言道，"坦率地说，我没想到您会这样说。"

尼韦利津回答道，如果需要的话，他随时准备同萨书洛夫像正派人对正派人那样决斗，但是他必须承认萨韦洛夫是一个非常卓越的国务活动家。作为一个改革派，他是绝对真诚的。他有坚韧不拔的毅力。尼韦利津对这位高尚的农奴解放运动的推动者表示敬佩。

他开始到萨韦洛夫家去做客，但并不十分频繁，因为萨韦洛夫的时间很宝贵。但也不是偶尔才去一次，因为萨韦洛夫很希望同他接近，希望把他培育成自己的助手。是的，这的确是真实情况。已经暗示过了，并且非常地明显。萨韦洛夫同他谈论公事，请他读各式各样的草案，请他提出有关这些草案的意见。还说，等到解放农奴的事决定下来之后，尼韦利津就必须"结束自己游手好闲的生活"了。尼韦利津到萨韦洛夫家，通常是来吃中饭。吃中饭，这差不多是萨韦洛夫唯一的休息和空闲的时间。他生活很俭朴,没有财产,并且廉洁奉公。部长多次提议给他增加薪金,他始终表示拒绝。如果不是怕人认为虚伪的话,他甚至想把他收入的一半都退掉。通常他们吃中饭是三个人,偶尔有一位同萨韦洛夫一直工作到中饭时间,并且中饭以后还要留下来继续工作的官吏,还有一位上了年纪只会谈公事的枯燥无味的客人,他更不经常来。有的时候,中饭以后,萨韦洛夫留下来同妻子和尼韦利津多坐一会儿;更多的时候是他没有时间,只有尼韦利津一个人留下来陪女主人闲谈。萨韦洛夫从来没想过要防备尼韦利津。部分的原因也许是他认为尼韦利津是一个正直的、严肃的,而主要是对风流韵事厌烦透了的人;然而更多的原因是他对任何人都不加防备:他完全信任自己的妻子。

萨韦洛娃对这一点是当之无愧的。如果她不是当之无愧的话,像萨韦洛夫这样的丈夫是不会相信她的。尼韦利津回到彼得堡之后,几乎完全不再涉足于上流社会了。但是他和他们还有些老关系。尼韦利津对萨韦洛娃的声誉早有耳闻。一些青年人原来曾是尼韦利津在风月场上的同伴,其中有些人至今还是他的朋友,因为他们也在一定程度上朝好的方面转变。在这些人看来,这个女子确是一位奇特的人物。在上流社会的无数搔首弄姿的女人当中,在众多真心实意喜爱风流的女人当中,确有一些忠实于丈夫的年少妇人,虽然她们为数不多。但这些少妇,甚至连欺骗丈夫的那点聪明也没有,或者是长得奇丑无比,没有谁愿意去勾引她们,或者是一些没有心肝儿的女人、冷酷无情的利己主义者、耍弄心计的巧伪人、专爱拈酸吃醋的凶狠女人,她们认为必须用自己的贞操凌驾于其他女人之上,因为她们既不能以美貌,也不能以风姿取胜。但是尼韦利津的朋友们在贵族圈子里没有见过像萨韦洛娃这样的女人。她温柔和顺,天资聪慧,论容貌,很少有人能同她媲美;论风度,就更少有人能够与之匹敌。崇拜者一窝蜂似的簇拥在她的周围;她允许他们说些恭维话,只要这些话里不包含奢望。假使恭维话一旦超过了随便闲聊的界线,她就会迫使对方住口,她这样做并不显得忸怩作态,并没有装成是受侮辱的样子,也不把自己打扮成纯真无邪的天使或者呵护美德的复仇女神。对于那些纠缠不休的、冥顽不灵的人,她要从此疏远。尚能知趣的人,抛开奢望以后还可以继续同她保持友谊。这些人过后对她说，真不能理解她，这时她回答说："我还没有那么蠢，非要相信这一套不可；我也没有那么风流，在我不相信的时候还故作多情。"对那些同她特别友好的人，她还要加一句："我需要广泛交游，而且也喜欢广泛交游。但交游的目的在于保持应当加以珍惜的那些联系，同时也乐得舒心地玩一玩，而丝毫不是为了卖弄风情，这不是什么好事；交游的目的更不是为了爱上谁。爱——意味着内心痛苦和受到屈辱，我既不希望前者，也不希望后者。"起初，一些冥顽的傻瓜还有勇气传播某个卑鄙的嫉妒女人编造的谣言。但是他们的话却引起了不那么愚蠢的同伴的哄堂大笑和鄙视，于是他们就羞愧地闭上了嘴巴。已经有很长时间没人试图给萨韦洛娃编造谣言了：那些风流少妇也相信，她不会从她们任何一个人的手里去争夺任何一个情人；那些贞节的复仇女神也确信，没有人会相信新的毁谤了。

尼韦利津知道，她不会容许有人追求她；尼韦利津自己也没有心思去追求：对他来说，轻浮地讨取女人欢心的时代已经过去了。但是萨韦洛娃给他留下非常好的印象，这除开她的美貌，还因为她聪颖、善良。当丈夫吃过中饭去工作的时候，他很高兴留下来同她在一起。她也很高兴让他留下来：在这以前她经常不得不单独一个人消磨从中饭到贵族晚会开始的这段时间。他们继续交谈着，谈话的方式和内容都如同丈夫在场一样。有的时候他们也读点什么。他们彼此很友好。

这种状况本来可以持续很长时间，或许可以持续到尼韦利津最终爱上另外一个女子——当然是未嫁的姑娘，因为他自己觉得除了抱着结婚的目的，他再不可能有其他的爱情了。有一个情况使得他的感情朝着他意想不到的方向发展：他看到，萨韦洛夫对待自己妻子的态度是不能令人称赞的。对于她的丈夫来说她充其量不过是一个办例行公事的公务员。这种公务员必须恪尽职守。其中一项，并不是最重要的，就是要代行女管家的职务；另一项则带有较为隐秘的色彩。但更为重要的是第三项：通过结识极有权势或者十分显贵的朋友，帮助他步步高升。对于这些人说来，美丽而富有风韵的少妇所献出的最微不足道的殷勤，也要比男人最卖力的逢迎拍马更容易使他们迷恋,而且依依不舍。萨韦洛娃无可指摘地完成了头两项职责,第三项也很成功,因此她很受丈夫的恩宠。丈夫从来没有因为家事和饭菜申斥过她,相反地,常常对这一道菜或那一道菜表示赞赏。他从未去找过任何卖笑的女郎,并且为使自己的这位合法的姬妾感到无限荣幸,他称自己为幸福的丈夫。因为她很好地完成了有关在社交场上对某人该采取某种态度的一系列操作规程,丈夫对她表示万分感激。有一回,她终于博得一位难以攀附的位居要津但性情暴戾的老太婆的欢心,这位丈夫高兴极了,甚至十分虔敬地吻了一下妻子的手,他的奖赏还不止于此,他还深情地说:"你真是无法取代的好妻子。"他的确是一个"很仁慈宽厚的上司",尼韦利津好长时间没有看透。在社交场上众口一词地断定,她很爱丈夫否则她的举止不会这样无懈可击;而他也没有情妇怎么能说妻子没有占据他的心呢,何况妻子还是这样一个美人?当然,她本来是可以占据他的心的,如果丈夫真的有一颗心的话。

尼韦利津不可能想象萨韦洛夫是不懂爱情的人。一个高尚的公民在私生活中怎么能是个冷酷无情的利己主义者呢?尼韦利津至今也不明白,这怎么可能。他只看到,在萨韦洛夫身上确实如此。他本来很难发现这一点,因为这是不可思议的事情。

但是,当他确信萨韦洛夫对妻子没有一星半点儿温情时,他不能不领悟到,这位善良而温柔的女人并不很幸福。但是,在她的心中确曾有过爱的要求。

尼韦利津觉察到,自己过于痛切地怜悯她了。他自己已不是毫无经验的孩子,他不会不清楚,同情一位在他心目中脸蛋儿姣好的女子,这背后会隐藏着一种什么样的情感。他没有犹豫:他对一个冷酷心肠的人不会保持个人的亲密关系,但他深深地敬重萨韦洛夫,把他看成是一个高尚的国务活动家。

"哎呀,您哪!"沃尔金打断他,并且摇了摇头,沉思了一会儿,随后以加倍的深情重复说,"哎呀,您哪! 真应该把您和梁赞采夫捆住两条腿,一把推下水。"他唱起华彩乐段,表示很欣赏自己的俏皮话,而且是用了一句顺口溜。

"笑话并不能驳倒人,"尼韦利津说,"事实还是会替我和梁赞采夫说话。"

"好。我不争辩。事实如此。"沃尔金说着,摇摇头,又变成了一个规规矩矩的听众。

尼韦利津没有犹豫。他对萨韦洛夫说,他决定不接受任何正式职位。"起初我以为您并不反对担任公职,只要对社会有益,"萨韦洛夫说。"我本来很愿意担任,但我发现,我才疏学浅。"萨韦洛夫开始说起,如果解放农奴的事情有所进展的话,就成立一些咨询委员会,委员会的这些委员可以有完全的独立性。尼韦利津回答说,他不会接受任何委任,因此他使萨韦洛夫非常扫兴。

"您整整一个星期没到我们家里来了。"萨韦洛娃对他说。

他向萨韦洛娃重述了上次同她丈夫的谈话。"以前我和他都想,我们彼此可能会有些用处,现在我发觉,我既不可能对他有什么好处,也不可能从他那里得到什么益处。"

"但是他将永远珍视您的友谊。"

"是的。我也珍视他的友谊。但这并不能成为理由,使我像过去一样继续占用他的时间。"

"如果您不愿占用他的时间,那么您可以尽量来占用我的时间。我的时间很多。"

过了几天,萨韦洛夫来了,用车把他拉到自己家里,说这是妻子吩咐的。

又过了几天。萨韦洛娃在歌剧院看见了尼韦利津,把他叫到包厢里,对他痛加责备,说尼韦利津把她给忘了,而她,她没有尼韦利津就感到很寂寞。她刚才还一直在想,没有他很寂寞。尼韦利津看得出,萨韦洛娃很爱他。假如他不是以为她已经不可能再爱任何人的话,他早就会看出这一点了。萨韦洛娃得到了他的承诺,他明天来他们家吃中饭。

这一天晚上他想了很多。他的头脑开始发热。他给她写了一封信。在这封信里他对她说,他不应该再见到她,并且恳求她哪怕只写一个字来安慰安慰他。第二天早上,他的头脑略微清醒了一些,但已经迟了:在头脑发热的那天夜晚,在夜色将尽、即将黎明的时刻那封信已经交给仆人送出去了。他为自己的软弱、为自己的自私而深感内疚;但也很庆幸,因为他再也无法改变这种莽撞行为了。

她写来了回信。她说,他的信使她感到惊诧,然而她并不生气;还说,她同他告别,但并不是永别。她请他冷静下来。他们过去是很友好的。他激动的心情将会平息,那时候他们将重新友好相处。

他写去回信。她又写来回信。他们开始通信了。假如尼韦利津的信落到她丈夫手里,这些信恰好是她最有力的辩护。尼韦利津恳求与她会面。她说,这是鲁莽行为。他服从了,只是希望哪怕从远处看看她,因此他又重新出现在社交场上,在这里是能够遇见她的。她请他也不要这样做:只要他的感情冲动还没有平息,他们就根本不应该彼此相见,即使在社交场上也不应该。对这一点,他也听从了。她夸奖他很听话、很理智。她安慰他说,过一段时间他们还会是好朋友……她的信上有的时候布满了泪痕,但她的感情却始终是那么冷静。

他俯首听命于她的温柔的意志。但他理智的力量正在消耗殆尽。时而有些疯狂的设想占据他的脑海。有时他想象,他可以向萨韦洛夫提出挑战,并且想出了挑起争论的各种借口。有时他又幻想,似乎他要对萨韦洛夫说:"您不可能爱任何人;您的伟大的心,除了对伟大的事业,对造福民众、争取荣誉的向往,对一切都是冰冷无情的。我爱她。我等待您做出符合您身份的决断。请您对她说,您允许她成为一个幸福的女人。"他耻笑这些不着边际的幻想,但耻笑中却包含着疑惧:他感觉到,他对自己的理智已经开始失去控制的能力。

任何开心的事他都做不来。他尽量用消耗体力的办法来分散自己的注意力。他在一条条大街上走来走去,直到两腿走不动、站不住为止。那时他就可以睡觉了。

他听说,后天在宫廷举行一次盛大的舞会。

"她会去的,"他遐想起来,"在人群之中她不会发现我。"

第二天早晨他又遐想:"我要在舞会上同她谈话。她的丈夫也会参加舞会,我走到他跟前。我要请求她让我到他们家里去做客。她的丈夫会说:'瞧您说的,您都快把我们全给忘掉了!明天我们恭候您。'"

他沿着涅瓦大街散步。在前面很远的地方,在商队街那面,出现了她的马车,马车走过百余步,在时装店的门前停下了。她从车里出来,没有看见他:他离得很远。

直到他的手抓住商店门上冰冷的铜扶手,他才清醒过来。"去还是不去呢?"他心里想,"去。不管怎样见面,反正我总要同她见面的。"

见到尼韦利津,萨韦洛娃不禁愕然。"只同您谈一分钟,然后我还像过去一样按照您的意志行事。"他说。"您疯了! 我还以为,您会尊重我。""您害怕了?"他笑着说,"您害怕我吗? 您知道,您不应该怕我。"他笑着,眼睛里却满含泪水。"我信赖您,尼韦利津,"她说,"您不单爱上了我,您还是我的朋友。""Madame,您是否赏光,请到商店后面的一个房间里试一下衣服?"商店的女主人并不了解内情,谦恭地说道。

这次会面持续了不止一分钟。但是任何一位母亲、姊妹都可以参加这次会面。萨韦洛娃克制住自己。尼韦利津也听命于她悄声的提醒:"亲爱的保尔①,过去我信赖你,请你继续做一个值得我信赖的朋友吧。"

尼韦利津恳求她同意再次会面。她相信自己,也相信他。她第二次来会面的时候,并无顾虑。的确,这次她既没有错误地估计自己,也没有错误地估计尼韦利津。

一次次会面继续下去。当然,这些会面不能长此保持最初所具有的那种完全理想的性质。她逐渐习惯于越来越多地信赖自己,信赖尼韦利津的俯首听命。她忘记了谨慎小心。她看到尼韦利津面色苍白,就替他担心,就放任他越来越热烈地表示缠绵之情。

"我并不怪罪你,亲爱的保尔。"她说道。当她从忘乎所以之中清醒过来的时候,发现自己已经成了他的情妇。"我本不想使你成为我的情人,但你很幸运,保尔;我也很幸运,因为你再也不会以为,我不是那么深切地爱你了。如果我丈夫知道了我们会面的事,那么我不是现在才毁了自己的:第一次会面我就毁了自己。"

从沃尔金向尼韦利津转达萨韦洛娃的决定算起,三天已经过去了。这天天气晴和。沃尔金娜想趁这样一个好天气外出去找别墅。她派人去雇车。娜塔莎,一个年纪轻轻的姑娘,即所谓莉季娅·瓦西利耶芙娜的女佣人,被派去完成这件差事。她回来的时候非常自豪地宣称,她雇车花的钱比莉季娅·

---

① 法语称帕韦尔为保尔。——译者注

瓦西利耶芙娜原来想得便宜了半个卢布，车是最漂亮的车，马是最漂亮的马。

但是，沃尔金娜还需要把自己在派人雇车的时候开始做的事情做完。

她在会客室里，站在两张桌面全部打开并排摆放的呢面牌桌旁边①。桌子上摆着丝绸衣料。沃尔金娜拿着一把剪子。她在剪裁衣服。有一位金发女郎，从她的衣着看，像是一位小姐，但是，看她那种过分的活泼劲儿又不像小姐，她注视着剪子的动作，兴奋得有些忘乎所以了。

"假如您晚来五分钟的话，您就遇不上我了。"沃尔金娜裁完上身和袖子，只剩下裁裙子的时候（这种活计不需要精神特别集中），开始说话了。"您听到了吧？车子已经雇来了。我要是走了的话，那也不是我的过错：我告诉过米罗诺夫，说在十二点以前等您。"

"我一直在挑选衣料，莉季娅·瓦西利耶芙娜，"金发女郎回答道，"钱不多，但总想选一块好点的衣料。"

"您会比着这一件来改裁别的衣服吗？"

"我不知道，莉季娅·瓦西利耶芙娜，也许会吧。"

"这就是说，您不会。那么至少您不至于懒得重新做衣服吧。根据您昨天穿的那件和您现在穿的这件来看，所有的衣服都需要改做一回。这一件您穿着也有些肥，像一个大口袋。"

"我不会偷懒的，莉季娅·瓦西利耶芙娜，我非常感激您。"金发女郎如闪电地躬身吻了一下沃尔金娜的手。

"达莎，您这是怎么了，疯了吗？我要是为您这种愚蠢行为揍您一顿呢？"

"莉季娅·瓦西利耶芙娜，您待我这么好，比您向彼得·伊里奇答应过的还要好，您怎么忍心呢？您想把所有的衣服都改裁一下，可是我整整有七件呢！"

"我想改裁吗？整整七件吗？我愿意全部重裁！达莎，您很聪明，您再猜猜看，我是不是还愿意另外对您有所关照呢？"

"莉季娅·瓦西利耶芙娜，怎么不呢？您会吩咐，要我做好这件衣服，然后改好另外一件，就到您这儿来，给您看看合身不合身。"

---

① 一种专门供玩牌用的桌子，平时桌面可以叠起一部分，使用时才全部打开。——译者注

"请您赏光,达莎,我真高兴看一看,如果需要的话,我还可以再改一改。但我相信,一次就会很合身的。给您这样匀称的腰身裁衣服很容易,您的身段很美,达莎。"

金发女郎带着恰到好处的羞涩神态深深地垂下了眼睛,看来她甚至于想羞红自己的脸。但这个想法并没有实现。不过,她的眼睛却低垂得再好不过了。

"达莎,在举止行为方面您同样也要成为一个非常美好的姑娘。您要谨慎从事,不要任性,不要追求排场。我告诉过米罗诺夫,让您把那件和他一块散步时穿的衣服拿给我改裁一下,可是您却买了这件新衣料。请您记住,达莎,米罗诺夫没有那么多钱;即使他能够多挣钱,现在也不是他应当多承担课程的时候。您要知道,暑假过后,他就要读大学最后一年了,他要尽量多用功,准备毕业考试。这可能对他一生都有影响。请您不要忘记这一点,达莎,我的好姑娘。"

"您可不要这样想我,莉季娅·瓦西利耶芙娜,"金发女郎回答说,"除了这只小手镯,"她微微举起手来,让对方看见那只大约值二十卢布的手镯,"我没有接受过彼得·伊里奇的任何东西,这只手镯也是在相识之初送的。我还会向他要什么东西吗?正相反,莉季娅·瓦西利耶芙娜,如果他有困难的话,我是情愿帮助他的。"

"是这样啊!那么这件新衣服又是谁给的呢,达莎?"

"啊,我的天哪!我还以为他都告诉您了呢!"金发女说道,她茫然不知所措,脸涨得通红。

"这样就更好了,达莎,"沃尔金娜笑了笑说道,"既然是这样,您就不该挽着米罗诺夫的手到处走了:老天保佑,人家会看见的,看见了——您会遭殃,也会使米罗诺夫破产。"

"哼,让他看见好了,那个肥头大耳的混蛋,他算不了什么宝贝,他要抛弃我,我也不会哭,"金发女郎回答说,开始她想垂下眼睛,后来感到这完全不必要,"反倒是我自己在想,要不要甩掉他。少有的守财奴,您要是知道就好了,莉季娅·瓦西利耶芙娜!其实,您根据我必须自己动手做衣服,就会判断出我过的是什么日子了。可是他有那么多的钱哪!真的,我非甩掉他不可,莉季娅·瓦西利耶芙娜！您也许会同意:我也应该为自己的前途想一想了,我不能一辈子总年轻啊。跟他在一块儿过,能过出个什么名堂来呢？不过是我有一颗善良的心罢了！说实话,任何一个聪明人都会说我是傻瓜,我自己都觉得害臊。只有一件事还值得夸一夸他:他不喝酒。所以还少一些不痛快的事。天哪！男人们怎么会有这么个毛病呢:离开酒就没有开心的事了！但也不是所有的人都这样！说实话,即使老天不开恩,没有更好的人,我也愿意,我也还是出嫁得好。真的,我就出嫁,告别自由自在地当姑娘的日子,气死他活该,这个肥头大耳的恶魔、吝啬鬼。"

"达莎,出嫁？这么说您都有了未婚夫了？"沃尔金娜说着,又笑了起来,继而严肃地说,"是个好人吗？这不会是您的错觉吧？他以后该不会责备您吧？如果真是这样,那倒是比跟这个败类在一块要好得多,因为所有像他这样的人都是败类,达莎,他们没有良心。如果有良心的话,他们就不会让年轻的姑娘感到害羞。如果他们喜欢同姑娘一道生活,他们就会同她结婚,而不会找借口说没钱娶她,但在实际上却有钱养活她。他们没有良心。达莎,比起跟这个败类在一块儿生活,那还是结婚好一些,即使是嫁给一个并不富有的人,但要有良心,有真正的感情。"

"是一个好人,莉季娅·瓦西利耶芙娜。也用不着瞒着他:他都知道。他说:'如果您嫁给我的话,达丽娅·伊万诺夫娜,我到什么时候都不会怀疑您。'就是嘛,到那个时候他有什么可怀疑的呢？既然出嫁了,如果还有一点点良心,就该懂得:出嫁的女人就要有出嫁女人的言谈举止。再说,还能顾得上别的吗,您说说看？人总希望生孩子,有了孩子,想法还能跟过去一样吗？……哎呀,莉季娅·瓦西利耶芙娜,我有件事想求求您……"活泼的金发姑娘变得结结巴巴,羞怯起来,"莉季娅·瓦西利耶芙娜,彼得·伊里奇告诉我说,您在保护着娜塔莎。我可以凭我的天神向您发誓,她决不会从我嘴里听到任何难听的话。您马上要出去了,请允许我留下跟沃洛佳玩一会儿吧,我非常喜欢小孩,莉季娅·瓦西利耶芙娜;彼得·伊里奇同我讲起过您的这位小家伙,说他……"

"是米罗诺夫来了吗？刚提到他,他就来了。"沃尔金娜说,"大概是来找您的吧？噢，不是他，他不这样拉铃。这是另外一个人。"

"不可能是彼得·伊里奇，他会等着我。我跟他说过，从您这里出来就到他那儿去。"

娜塔莎打开了房门。

"哦！"沃尔金娜轻声说道，一丝阴影在她的脸上掠过，"您同沃洛佳玩吧，达莎，我非常高兴。您为什么以为，我会把您看成是一个不好的姑娘呢？"

这时萨韦洛娃走进屋来。

萨韦洛娃的白嫩、绯红的脸蛋儿变得十分苍白；它不再是绯红的了，而是红里泛着蜡黄色。眼睛也深陷下去。看得出，这可怜的女人一夜没怎么睡觉，尽在哭，她的面色完全是激动过后留下的那种红晕。

沃尔金娜揣摩着她哭泣的原因。如果不是可怜她，沃尔金娜一定会说："您大概走错门了吧？这不是尼韦利津的住处。您可能正急着去找他？如果是这样，那可好极了。"但是，怜悯之心占了上风。假如可能的话，沃尔金娜甚至会在语调里、眼神里再次流露出送达莎时的那种温存。但是，她所能做到的仅止于不让态度变得严厉而已。

对萨韦洛娃来说，这也就足够了。迷离的泪眼把怜悯当成了赞同。萨韦洛娃扑到沃尔金娜的怀里，又哭起来。

"帮帮我吧！"

"这是我的责任。既然我卷进你们这件事里了，不办到底我就不会罢手。"如果沃尔金娜能够随心所欲地让说话的声音具有这种或那种音调的话，那么这句话她一定说得十分温柔。但是她所能做到的只是说话真诚。"您不要哭了。您不能爱您的丈夫，因为他除了自己，不会爱任何人，您爱上了别人，这只是他一个人的过错。任何聪明和正直的人都不会因为您不愿继续受蒙骗而责备您。当他看到不能加害于您的时候，他自己也会表现出他是一个高尚的人。他会答应离婚。尼韦利津无限地爱您。我丈夫同他谈了很久，对他非常满意。他要为您的幸福贡献自己的一生。您哭什么呀？您的一切行为都是可以谅解的，唯有您的哭泣使人无法谅解。"萨韦洛娃仍然在哭。

"别哭了。您想一想，如果您再哭下去，您这红肿的眼、您这蜡黄的脸会给尼韦利津什么印象呢？'难道她这样难以决定吗？'他一定会想，'她这样伤心是为什么呢？难道她不怎么爱我吗？'告诉我，您对他是并不怎么爱吗？"

"他？我并不怎么爱？"萨韦洛娃惊叹道，随后她说了一些充满真诚和激情的话语。

这可怜女人的真挚的感情又唤起了沃尔金娜对她的好感。沃尔金娜又有了安慰她的力量。

"既然您这样爱他，那您就别哭了。您要坚强些。"沃尔金娜吻了她一下，"您要聪明起来，我亲爱的。您是怕自己没有足够的决心，那就留在我这儿好了。"

萨韦洛娃扑向前去拥抱沃尔金娜。"好的，我留在您这里！"

沃尔金娜像对待一个小女孩那样继续抚爱她，宽慰她，鼓舞她。终于，萨韦洛娃好像是成了一位坚强的女子。

"现在您能向我担保，您不再哭了吗？"

"是的，现在我再也不会背叛自己和他了！"萨韦洛娃热情地回答。

"您会幸福的，我的好人，我的亲爱的。咱们再见吧。我该走了。我正准备出去找别墅。我到几个岛①上去转一下，也许到列斯诺依区去。我不在的时候，一切都请您随便好了。如果到四点钟我还没回来的话，您就招呼开饭。"

"您带我一块儿去吧。"萨韦洛娃带着乞求的目光说道。

"不，我不在，您要留下来主持家务，"沃尔金娜开着玩笑，但又决然地回答道，"您用凉水洗洗脸，休息一下。您累了，您还要走远路。等我回来，您应该满面绯红，您那双迷人的眼睛要亮晶晶的，充满欢乐。也应该如此，虽然我不喜欢温存，可那时我倒要吻一吻您。我们一块儿吃中饭，四点钟我就回来，即使没跑完各个岛，也一定回来。我要看到您是那么可爱，那么娇艳，完全可以让尼韦利津来欣赏。我们一道吃中饭，同时派人去通知他，让他吩咐套车。我们吃完中饭站起来时，他会走进屋来，我把您送上车，再吻您一次，匆匆告别——于是就再会了。"

---

① 彼得堡部分市区坐落在涅瓦河三角洲的许多岛上，其中有瓦西里岛、克列斯托夫岛、叶拉金岛等。——译者注

四点半钟左右,沃尔金来到尼韦利津的家里。在前厅放着两个手提包和一个皮箱。书房里办公桌上和书架上的什物全都清理过了。尼韦利津在房间里踱来踱去。

　　"看来,一切都收拾停当准备上路了,帕韦尔·米海雷奇?"沃尔金无精打采地坐到沙发上,有气无力地说,"既然一切都已准备停当,那就好了。马匹租来了吗?像那天您说过的那样,一大早就准备好了吗?车也准备好了吗?"

　　"马拴在马厩里。车是新买的,也运来了。您要瞧瞧吗?非常平稳,非常轻便。"

　　"不用看了,我想一定是上乘的。送您走的时候,会看到的。请您吩咐套车吧。"

　　"还早呢。"

　　"不早了。"

　　"她在您那儿?在等我吗?"他拉了拉铃,吩咐赶紧套车。

　　"是的,她到我们家来了。您还是坐下吧,这样好些。"他把尼韦利津拉到自己跟前,强迫他坐在身边,"我自己不喜欢走来走去,我觉得别人最好也坐下来。"因为他说了一句俏皮话,至少他自己认为是这样,于是就哼起华彩乐段,而后又沉思起来,"我为什么要叫您坐在我身边呢?为的是让您处在我的掌握之中,而且在把您送走之前,我要牢牢地抓住。否则是不行的,因为对人们不能寄托希望,必须牢牢把他们掌握在手中。"这句俏皮话丝毫不比前一次逊色,为了这句俏皮话,沃尔金也该唱一句华彩乐段来奖励自己。但是这次他免去了对自己的鼓励,他沉吟片刻,叹了口气,摇摇头,开始说:"是啊!应该把您紧紧地掌握在手中。确实,她到我们家来了,这是早上的事,她激动得……"

　　"她从一大早就在您家里吗?您为什么不派人告诉我?早上十点钟我就把护照准备好了。"

　　"还没听我说完,就发起火来了,咳,您哪!"沃尔金懒懒地说,"您听我说完。我告诉您,她很激动……"

　　"萨韦洛夫知道了?大闹一场?她病了吗?"

"丝毫没有，全都不是。她很健康，到现在为止她的丈夫什么也没怀疑。您最好还是听我说，别打断我。说实在的，没有什么大不了的事情，您不必担心。任何大不了的事都没发生。一大早她就来了，很激动。莉季娅·瓦西利耶芙娜安慰她，的确没有什么可怕的，后来妻子告诉我不要离开家。好吧，我坐下来，写东西，费我什么事？当然，我坚信萨韦洛夫不会来，再说他也没有怀疑什么；即使他来了，也没有什么难办的事：'非常荣幸，您请到书房，非常荣幸。'这时我就会抓住他的衣领，把他按在沙发上，堵住他的嘴，好吧，这回你躺在这儿吧。我已经想好了怎么干这件事情。我从小就学会了厮打，别看长得不怎么样；您知道，小的时候我淘气得很呢！嗯，让她一点动静都听不到。因此我心里很坦然，再说，我非常清楚，这一切都不会发生：他不会来，他不知道，也没怀疑。所以我仍旧坐下来，当然是写东西。好了。我听到莉季娅·瓦西利耶芙娜回来了。我听到她走进自己房间，我听到她又往我的房间走来。自然，我知道她为什么而来，她会说：'快去，告诉他——也就是您——让他吩咐套车。'就像我刚才对您说的一样。不言而喻，我等的就是莉季娅·瓦西利耶芙娜说这句话。可是她却问：'萨韦洛娃走了很久了吗？'走了？怎么走了？自然，我目瞪口呆……您要坚强些。"沃尔金用手搀住唉声叹气的、摇摇晃晃的尼韦利津，"您要坚强些，帕韦尔·米海雷奇！您这是怎么啦，千万不要这样！好像您不该不知道，这是可能发生的事，甚至是非常可能发生的事。只有我这样不懂人情世故的人才不了解她的性格，才会不相信莉季娅·瓦西利耶芙娜对她的性格的疑虑。而您却应该料到这一点。如果不然，那您为什么不早提出来要她抛弃丈夫呢？您在第一次会面的时候就应该提出来！不，不是第一次会面，是第一次写信的时候！可见，您虽然已经头晕目眩，什么也看不见，但还是本能地感觉到，您不能提出来，她不会抛弃丈夫。可以想见，她还是很爱您的，但是，只有在能够不抛弃丈夫的情况下，她才爱您，对她来说丈夫要比您重要得多……"

沃尔金可以非常自如地阐发他的条理严谨的推论，同时还搀扶着尼韦利津，免得这个被开导的人从沙发上跌下来。被开导的人在严谨的思想家的搀扶下，坐得规规矩矩，但严谨的思想家直到最后才恍然大悟：他这位听众什么也没听见，因此也就不能采纳他的种种合乎道理的见解了。

于是他蛮有道理地想着："不管怎样，我到底还是一位出神入化的大师！我这一通讲得真漂亮，就像拿锤子敲了他的脑壳一样。反正他一定会清醒过来的，没关系：他年轻、健康。"沃尔金用这一番显然是正确的推断一本正经地夸奖和安慰自己。他扶好尼韦利津，让他靠在沙发的一角，然后自己慨叹一声，摇了摇头，抽起烟来，等待着尼韦利津清醒过后做倔犟的反抗。沃尔金非常善于深入地剖析人的心灵，因此他确信，尼韦利津醒来之后一定会变得十分顽梗，一定要生出种种荒唐念头。但事实是非常明显的。因此，沃尔金作为一个非常严谨的思想家毫不怀疑，他能够制服这个"少年"（他在自己的机敏的想象中这样称呼尼韦利津），无论如何也要叫他上车，也要把他顺利地送出彼得堡。

"她在哪儿？"尼韦利津用低沉的声音问道，"为什么让她一个人留在家里？"

"为什么莉季娅·瓦西利耶芙娜让她一个人留下？原因就在于，帕韦尔·米海雷奇，可以劝说、鼓动一个人，但必须给他时间，让他自己想一想；原因就在于，帕韦尔·米海雷奇，不能强迫一个人成为我们所理解的幸福的人，因为不同的人有不同的性格，比如有些人认为爱情就是幸福，但有人却认为爱情只是一种愉快的感受，有比它更宝贵的东西；原因还在于，帕韦尔·米海雷奇，即使对待不懂人情世故的姑娘也不能强迫她们成为嫁娘，因为这样既不能使她们幸福，也不能使她们的丈夫幸福。而萨韦洛娃绝不是一个不能理解别人、不能理解自己的傻丫头：她能够比我们所有的人都更准确地理解什么是她的幸福。她已经向您表明了她是如何理解幸福的：她爱您，但同丈夫在一起，她却有锦绣前程。她丈夫现在已经是举足轻重的人物了。无论到哪里，她都受到尊崇；她丈夫很快还要当部长——他又是什么样的部长呢？我们还从来没有过这样的部长。那些部长算老几！他们之上还有皇室，他们都微不足道。可是他却要根据社会需要，以改革的名义和国家利益的名义，掌握大权。是的，他所希冀的绝不是成为像那些小人物一样的人，到那时候在最显赫的贵族当中，有哪一位敢不在这位神通广大的第一部长的夫人面前卑躬屈膝呢?"

尼韦利津霍然站起,匆促走向办公桌,打开放在桌上的公文包,把椅子移近桌前。沃尔金以他一贯的机敏省悟到,在此以前尼韦利津一直都因为受了打击而神智昏聩,没能很好地领会他的一番合情入理的议论,但是现在这位"少年"清醒过来了,开始变得蛮横,并且会十分倔强。

"您要做什么,帕韦尔·米海雷奇,您想给她写信吗?"尼韦利津默然不答,从公文包里取出纸笔等文具。

沃尔金以闪电般的速度从这沉默中领悟到,他的关于这"少年"将十分倔强的推想是丝毫不差的。然而,作为严谨思想家的沃尔金,也毫不怀疑无论如何总能把他塞进车里,事实非常明显地说明:蛮横是没有用的。无论这"少年"怎样执拗、反抗,最终还是要俯首听命的。

第二章

时间过去一个多月了。沃尔金娜早就住进靠近彼得宫的一所别墅里。这个地方很不错,至少在各个岛上再也没有比这里更干燥的地方了。如果不是为了丈夫办事方便,沃尔金娜自然不想在岛上找别墅:离彼得堡再远一点有的是比近郊区更好的地方。沃尔金通常是在别墅吃中饭,但大部分时间却要在彼得堡度过。时而有两三天的时间他不在别墅里露面,别看别墅离得这么近。

大约有两个星期,他就这样时来时往地住在别墅里,隔上两天、三天,在吃中饭前后待上几个小时。现在他终于忙到头了,可以清闲一阵。

他赶回来吃中饭;中饭好了,在等他吃。

"工作干完了,累坏了吧?昨天夜里又没睡觉?不用向我保证说睡过了,保证也没用。肯定是累极了,别看你故意装模作样,回来的时候带着一副胜任愉快的样子。"妻子一面说,一面领他去吃饭。

"你知道,亲爱的,我非常高兴把工作都处理完了,而且能有两三个整天不用进城。但这还不是主要的。还有一桩顶好的事。应该向你承认,对这件事我原来都已经不抱希望了。总而言之,亲爱的,我可以解脱掉一部分工作。现在你该可以放心:我不会再开夜车了,虽然过去开夜车也比你想象的少得多,但总还是开过的。今后再也不会出现这种情况了。"

"你找到了一个能像你所要求的那样进行写作的人?"沃尔金娜兴高采烈地说,眼睛里炯炯有光。

"找到了一个这样的人,是的,找到了,亲爱的。你想想看,早就让你给猜着了。你还记得吧?那时你发现了萨韦洛夫,他在暗中监视。是的,就在这之前,在弗拉基米尔广场,我们碰见一个大学生,你记得吗?那时你说:'一张非常聪明的脸,这样聪明的脸很少见。'你记得吗?哎,就是他。他姓列维茨基。昨天傍晚他送来一篇文章，不算长，我读着，感到这完全不像所有那些糊涂虫写的东西，我一面读，一面想：'难道真的碰上一个有头脑的人了？'我往下读，对，对，是的，是有头脑。后来就同他交谈。说实在的，正是因此才没睡觉。不能睡，我的朋友，你不会为了这个来责怪我。同他一直谈到三点多钟。这可是个人物，亲爱的，有头脑的人。他会来工作的……"

"现在我想起来了，"当丈夫一口气讲完自己的高兴事之后，沃尔金娜随声说道，"高高的个头，有些驼背，淡褐色的头发，不漂亮，也不算丑，但不能说漂亮。现在我想起来了。可他还完全是个年轻人，我的朋友。他居然能极有见地地理解那些据你所说没有一个著作家能够理解的事物？"

"是的，他还不满二十一岁。思辨能力特别强，亲爱的！文笔很好，不像我似的。简洁，明快，有文采，这虽然都是优点，但不言而喻，还只能算细枝末节。关键不在这里，关键是看如何理解事物。他善于理解。一切都理解得很透彻。他才二十一岁，竟然有这样冷静的眼光，竟然有这样独立思考的能力，而在这般年纪，所有的人一个个还都像醉汉一样呢！不，比这还要糟：醉汉终究能醒过来，而糊涂虫却永远不能。啊，提起糊涂虫来我顺便说一句：昨天梁赞采夫来了。我想你大概以为我会像平常一样把事情给忘了，事实上我没有忘记告诉他，说我很关心尼韦利津，说如果他听到什么消息的话，就来告诉我一声。我也以为我可能忘记，可是你看，我并没有忘。有人在罗马见到过尼韦利津——自然是身体很好。那位见到他的先生说，他多少有些忧郁，但又说不要紧。他打算离开罗马以后到巴黎去。"

"感谢你没有忘记告诉梁赞采夫。这位梁赞采夫真是一个好心人！大概一听到尼韦利津的新消息，就立即告诉你了。"

"是个好心人，亲爱的。"

"并且喜欢你，我的朋友。这一点能看得出来，虽然我很少见到他。据说他的夫人也是一位很好的女人，据说也很标致，很年轻，虽然已经结婚十年了。你听我说，我的朋友：既然你这么喜欢列维茨基，那么你把他带到家里来好了。"

"好的，亲爱的。"沃尔金说完，便慢慢沉思起来，同时脸上浮现出微笑。

思索一会儿之后便摇摇头，最后竟哈哈大笑起来："哈哈，亲爱的，哈哈！刚才我想起我怎么把尼韦利津塞到车上去了！不错！费了九牛二虎之力！我真是好样的，亲爱的，请你相信。哈哈哈！啊，亲爱的！"沃尔金又慨叹一声："可是这又算是什么难事呢，你倒说说看？换另外一个人有半个小时就能叫他茅塞顿开，可是我在他身上却不知花费了多长时间！真是莫名其妙，亲爱的，我该是一个多么没有出息的人哪！他在胡说八道，可是我却同他争辩。实际上我本应该拉住他，把他拖进车去，因为如果连说话的人自己都不知道他在说什么，那别人怎么可以听他说昏话呢，你倒说说看！可是我却傻呆呆地听着、反驳着！真是莫名其妙！"

"你非常有耐心，我的朋友，可是很少交际，对人们了解不多，你不习惯同他们打交道。另外，你以为别人可能很容易就强迫他离开，这也未免夸大其词了。也不会那么容易，我的朋友。你多余嘲笑自己。"

"你比如说，亲爱的，为什么当时我什么都不懂呢？我是讲整个这件事。比如说，萨韦洛娃第一次来，我屏息出神地听她说：'我爱，我爱'，看来非常清楚：那么，尊敬的夫人，您为什么不同您的丈夫离婚呢？二者必居其一：或者是您那位可爱的先生不希望这样，就是说您还爱那个对您并无爱情的坏蛋，或者您自己不希望这样。那么，请问：什么原因使您对您的丈夫恋恋不舍呢？的确，有的时候依恋要比任何情欲还强烈。有的女人很可能对丈夫比对情夫有更强烈的好感，尽管对情夫怀着狂热的爱，而对丈夫却缺乏那种炽烈的感情。但是您对丈夫并没有任何好感。到底是什么使您对他恋恋不舍呢？看来非常清楚。可是我却坐在那里听她唱：'我爱，我爱！'真是莫名其妙，亲爱的！从我这方面来说，这是很蠢的事，亲爱的，请你相信，不可饶恕的蠢事，不可饶恕！"他恼恨地摇着头。

"还是那个结论，我的朋友：在待人处世方面你是个孩子；你应该多参加些社交活动。"

"好的。再比如：你当然是一眼就看明白了，但是，在你看来她是个美人儿，并且总的来说，你是可怜她的，所以你心里想：'我试试看，也许她只是胆怯，或许她还没有完全堕落到不可救药的地步。'后来你对我说：'我跟她约好三天以后动身，你去通知尼韦利津。三天！'当我告诉你，花三天时间领出境护照是按常规办事。如果求人帮忙，过几个小时就可以离境。'亲爱的，为什么要三天呢？'十分明显，本来可以理解为什么。但是我却没有理解。你说：'让她有一段时间好好想一想，让她考验一下自己，我对她有点怀疑。'可是我却说：'亲爱的，她是一个好女子，她很爱尼韦利津。'真是莫名其妙！莫名其妙！"他以加倍恼恨的口吻重复说，"后来等她第二次又来找你的时候，我说：'亲爱的，我可怜她，为什么你要走开，而不带上她呢？她在请求你，亲爱的。她这个可怜的人深深感到一个人留下来会很难过。亲爱的，发发慈悲吧，把她带上吧。'真是莫名其妙！你说：'如果我不是认为有必要让她单独一个人留下来，那就没有什么好等待的，我早就叫你去找尼韦利津了。我估计他已做好一切动身的准备了。'而我却说：'亲爱的，我真可怜她。那么，至少你允许我去看看她，比如说过一个小时，比如说去一小会儿，总可以给她些力量。'真是莫名其妙！亲爱的，小孩子为了这样的蠢事应该挨鞭子，可是像我这么大年岁的糊涂虫，应该怎么处分呢？是的，你若是真的听信了我的话，那萨韦洛娃可真要感激你了！""我想，她早就该诅咒自己的命运了。""尼韦利津也会觉得非常愉快！""他们俩会一同来感谢你！""不，亲爱的，你不要为我辩护，说我很少参加社交活动。我简直就是一个废物。我要对你说，亲爱的：我自己也不明白，我怎么会这么蠢，会成为这样一个废物！真是莫名其妙！"沃尔金咬紧牙关，把狂怒的目光投向餐巾。"亲爱的，你看见了吗？这块破布，"他抓起餐巾，"这就是我。"

"如果这里坐着一个外人的话，他会笑死的，我的朋友。我都觉得好笑，我的朋友，尽管我已经看惯了你这些古怪的举动。难道可以为这些小事动这么大的肝火吗？"

沃尔金深深地叹了口气。"唉，亲爱的。"他忧伤地摇摇头，接着便用通常的软绵绵的语调说："比如，亲爱的，你会说，我还算机灵，有些人要更蠢。这能有什么好结果呢？"

"啊，你又在为社会伤心了，好啊，你等着瞧，我要叫你知道知道拿我的命令当耳旁风会有什么下场！我对你说过没有，让你多想想你的妻子和小儿子,而不去想你们那些被你们称之为社会问题的蠢事? 你自己就对我说过这是蠢事,完全不值得去想。你为什么不听我的话呢? 你知道我为了这个要怎样处罚你吗? 我和沃洛佳,还有娜塔莎,我们去划船。我命令你,陪我们上船,咱们一块去。"

"啊,你啊,亲爱的,亲爱的! 你知道这件事对我该是多么重要吗? 我非常高兴去,请你相信。"沃尔金果敢地反驳说。

"好,我相信。我要让你改掉老毛病,不再用你那些对于未来的重重忧虑叫我烦恼。我的朋友,关于那些蠢事你的确想得太多了,这实在很可笑。人们愿意怎么生活,就让他们怎么生活好了。首先让他们先聪明起来,哪怕是一点点也好,到那时再说别的。如果像你说的,整个社会都这么愚蠢,那还值得为它大动肝火吗?"

"显然是不值得,亲爱的。"沃尔金又沉思起来,"当然不值得。"

"娜塔莎! 你和沃洛佳在哪儿啊? 她没听见。你来喊一下,我的朋友,千万别那么大声,别震聋了我的耳朵。"

沃尔金用适度的嗓音喊了一声,然后叹了一口气。"亲爱的,你是想打发他们去找那位老头儿,把桨送到船上去吗? 你真的把我也带上吧。今天晚上我可以什么都不做。"

"啊,我的朋友,我要是常常能听到你这样说,那该多好啊! 是的,今后会常常听到,你答应了。"

"今后我会有很多空闲时间,亲爱的。但是我要请你好好劝劝列维茨基,亲爱的。"

"那还用说!"沃尔金娜愉快地回答,"既然你这么喜欢他,我相信他也一定值得我喜欢。"

过了大约一星期,或许还多一些。沃尔金又有了比较多的空闲时间。日暮黄昏的时候,沃尔金娜去河边散步,同时拉上了丈夫。

彼得岛的这一地段,尽管是离市区最近的别墅区之一,尽管在几个岛中是一块最干燥的地方,但那时却是十分荒凉的地段,或许现在也仍然如此。当时,散落在成百个简陋的,甚至是寒碜的别墅当中,也许有那么三四座是阔绰人家的,但是就连这寥寥几座别墅也并非属于豪华的一类。在记忆之中,几乎所有的别墅都是破旧的、摇摇欲坠的样子。有这样一座外观破败不堪而又显得气势非凡的别墅,就坐落在小涅瓦河的河岸附近,距离沃尔金夫妇居住的舒适住房有一百俄丈(1俄丈长度相当于2.134米)左右。这幢别墅离河岸只有几十步。它有一座小花园朝向河岸。

"看不见娜塔莎和沃洛佳,"沃尔金娜环视一下自己的小花园之后说,"也许她领着沃洛佳到河沿去了。我忘记问你了,我的朋友:为什么你没把列维茨基领来呢?"

"我也忘记向你说了,亲爱的:他探亲去了。"

"该不至于去得太久吧?"

"当然不会太久,一个半月,最多两个月。"

"这也够让人不愉快的了。"

"自然是不愉快,亲爱的,但是又不便阻拦,他们有四年没见面了。"

"我似乎记得你说过,他没有什么近亲,仅有一个弟弟和一个妹妹或者全是妹妹,他们还很小,由一位表姑抚养,是这样吧? 我似乎感到,你并没有察觉出他打算在夏天去探望他们。从你的谈话中我感觉到,好像他并没想去探亲似的。那么他为什么突然产生这样一个念头呢? 你曾经考虑过,想现在就把一部分工作交给他,从这个月起就交。"

"唉,只好迁就他,"沃尔金说,"反正一样。"

"不,并不一样,我的朋友;在别墅多住些时候,对你是很有好处的。可是娜塔莎跑到哪儿去了呢?"

说话的时候,他们夫妇已经走到河沿上来了。沿河的街上像平日一样几乎是空荡荡的。散步的行人屈指可数,他们远远地在街道两边漫步。

"随她到哪儿去吧,反正到晚上吃茶点时自己会回来的,"沃尔金说,"我看沃洛佳非常喜欢她,亲爱的,是这样吧?"

"'是这样吧?'真是一个好爸爸! 比起你来,当然是更喜欢她。""不过,也不能把孩子交给你:你太灵巧了!"沃尔金借此机会哼起一段华彩乐段,惹得妻子笑起来。"她很温柔,很和顺,我对她很满意。还是一个天性聪敏的女孩子:很听话,她知道如果制止她做某些事也是为了她好。将来可以给她找个好丈夫,她确实是一个很朴实的姑娘。啊,这是怎么回事?"沃尔金皱起眉头,加快了脚步。"我正在夸她,说她听话,可是她呢,哎呀,你这个傻丫头!我给她下了严格的禁令,不许她同这一幢讨厌别墅里的任何人说一句话。你瞧这个聪明伶俐的姑娘!居然和那个坏老头子的什么宝贝儿好起来了!"

"亲爱的,她在什么地方呀?"沃尔金说,紧紧眯起双眼,他戴着眼镜仍然看不清远处,"啊,是的!透过槐树,我看清了,在拱门下面,正是她的衣服,天蓝色的。"

"还说她的衣服呢!她本人长得什么样儿你能认得出来吗?我看在这半年里你还没有认清呢。还自以为好像是记得她穿的是什么样的衣服!她没有天蓝色的衣服,从来也没有过。那个穿粉红色衣服的才是她。好啊,你瞧着我怎么骂她吧!光骂还不够,我要罚她整个一个星期坐在家里——不许跨出花园一步!"

"这样很好,亲爱的。你多说她两句:不许她再这样,这是为了她好。请你相信。"

"她也好,你也好,你们都不用诉苦,我要把你们两个好好骂一顿,"沃尔金娜说着笑出声来,"为了你们好,要多多关照你们一回。咿,我的朋友,事情好像不是我想的那样:这不可能是那老头儿的什么宝贝儿。"

一个穿淡蓝色衣服的姑娘,正在那幢破败不堪的阔绰别墅附近,在那用去掉枝叶的槐树做成的拱门下面,同娜塔莎攀谈着,这时,她一面谈,一面迎着沃尔金夫妇走来。

"她是谁呢?"沃尔金娜轻声说道,并且悄悄地告诉丈夫,"等她走近的时候,你仔细瞧瞧她,一张非常惹人喜爱的脸蛋儿,我的朋友。"

"像你的那个萨韦洛娃,或许也是金发女郎?"

"萨韦洛娃很迷人,因为她长得很漂亮。可是这个姑娘却不然,这个脸蛋儿太让人喜欢了;当然,长得也很漂亮,但最主要的是脸上的神采。"

这姑娘穿一件用便宜的薄布做的浅蓝色衣服,没有什么豪华的装饰,做工也极为平常,她是一个十七八岁的姑娘,淡黄色的头发具有我们常见的那种浅褐色调,不是浅灰或金黄的色调,也不是那种惹人注目的色调,然而那头发却是浓密的、非常美丽,那一绺绺卷发低垂着,舒展自如。姑娘手里拿着自己的草帽儿,举在沃洛佳头上,娜塔莎抱着的沃洛佳,还在玩弄着这普通草帽的布带儿。就连观察力和想象力与众不同的沃尔金也能看得出,并且懂得:这个金发少女的衣着这样朴素大方,是应该另眼相看的。娜塔莎抱着孩子,在她两只手下面大约四分之一俄尺(1俄尺长度相当于0.711米)的地方,有一个闪闪发光的极小极小的圆圈似的东西在摆动着。沃尔金猜想,这当然是这个姑娘的表,是一只非常小巧的、嵌满钻石的表。很可能,沃洛佳在觉得帽带儿好玩之前曾玩儿过这只表。沃尔金以他惯有的深思熟虑做出推断,认定这个姑娘是高贵门第出身,因此便对她的朴素谦逊表示赞赏。当这姑娘走到近前,近视的沃尔金能够看清所有细节的时候,就完全证实了他的猜想和推断:那只表的确很小巧,而且非常非常贵重,但在这姑娘的脸上却看不见一丝一毫傲慢的神情。

这金发女郎款款自如地,甚至是勇敢地,或者用更好的说法是非常信赖地走到沃尔金娜近前,但她脸上微微泛起羞涩的红晕,她请求"不要责备娜塔莎"。娜塔莎看见莉季娅·瓦西利耶芙娜之后,着实害怕起来。娜塔莎告诉她说,沃尔金娜太太的名字是莉季娅·瓦西利耶芙娜,娜塔莎绝对不想违抗莉季娅·瓦西利耶芙娜的话,她长时间不愿走近栽着槐树的围墙旁边。因为沃洛佳一定要揪着布带儿玩儿,所以要把帽子摘给他;为了不让太阳晒着,就得躲进树荫里,可是沿河街上的那些树又一点树荫都没有,所以经她再三请求,娜塔莎才移到那边树荫里。也是她自己来找娜塔莎的,娜塔莎原来就坐在这棵树旁边,娜塔莎没有过错……事实上她也看到,莉季娅·瓦西利耶芙娜并没有生娜塔莎的气。她姓——伊拉东采娃……

沃尔金忽然用手指捋住自己的胡子。或许这样做对于保持胡子原有的端庄是完全必要的,很可能这样,因为沃尔金突然绊了一跤,但他很灵巧地站稳了身子,咳嗽了两声,很快又健步如初了。他心里想:"说实在的,这又有什么了不起的呢? 她是伊拉东采娃就让她是好了,于我有什么相干? 我什么都不知道。大约她也什么都不知道。列维茨基同她父亲一道出走的时候,那时她还没有来到彼得堡呢。非常有可能她要提起她的弟弟和这位家庭教师①来，但我想，她未必知道这位家庭教师姓什么。即使她知道，即使她说出来，那又有什么大不了的呢？这个姓实在太常见了，莉季娅·瓦西利耶芙娜是不会怀疑的，即使莉季娅·瓦西利耶芙娜问起这里的情况，我也可以简单地回答：我不知道，他对我说他要回农村去，我就以为他探亲去了。就这么说。有什么了不起？"由于沃尔金善于以闪电的速度思考问题，所以他跌一跤，咳嗽两声便是很自然的事，而且在此之后他像没有发生任何事情一样心地坦然，这更是十分自然的事，因为经过思考之后结论是非常宽慰人心的。沃尔金临危不惧的本事丝毫不亚于他才思敏捷的功夫。

"你怎么了，我的朋友？绊了一下？他这个人太灵巧了，我必须时刻准备着，他不是扭伤了手，就是跌坏了脚。"沃尔金娜对金发女郎解释着这奇怪的场面。沃尔金在其他任何人都不可能跌跤的平平整整的大道上突如其来地绊了一下，迫使她们三个，甚至还有沃洛佳，都大吃一惊。"你没有跌坏了脚吧，我的朋友？"

"没有，亲爱的。没什么。"勇敢的丈夫宽慰地说。

"原来您就是伊拉东采娃，关于您的家姓，我有过耳闻。那么您的名字呢？"

"娜杰日达·维克托罗夫娜。"娜塔莎在一旁帮着说。

"我也知道您的家姓。我没有见过您父亲。如果我没有弄错的话，那位长期生活在国外的御前侍从官伊拉东采夫就是令尊大人吧？"沃尔金说。他这样说一方面是因为他完全放心，另一方面是因为当一个人知道不可能出现什么大危险的时候，最合适不过的办法就是迎着危险前进。

"是的，我是他的女儿。"这姑娘回答。

"您若是晚些回答就好了，或者最好是我不发问，而直截了当地从我所了解的御前侍从伊拉东采夫的情况谈起就好了。"沃尔金说道，"但是现在再说这些已经晚了，不好意思说了。令尊大人真是一个好人。是的，是个好人。无须说，他是一位贵族，也无须说，他是一位有万贯家财的富翁，但他确确实

---

① 指列维茨基。

实是个大好人。"沃尔金已经不是在鼓着勇气说这些话,他说来很自然。

这姑娘由于心情愉快,脸颊上又出现了淡淡的红晕。"是的,我看到有很多人很喜欢他,在我们那些村子里所有的人都喜欢他。"

"您怎么到了这里,到了这幢别墅? 而且,可能是一个人吧?"沃尔金娜问道,"这里住着一个老头儿,除了像他那样的老人,再没有别的客人来过。我听说,他完全是个孤老头子,他没有亲戚。"

姑娘回答说,这个老头儿是她姨母的一个远房亲戚,她的姨母也姓捷尼谢娃,究竟是什么亲戚,她说不太清楚。姨母没有说过。姨母想坐车到城外来兜兜风,她高高兴兴地出来了。可是突然间她又想起要到这幢别墅来:她想起这里住着她的一个多年未见的亲戚,这个亲戚见到姨母,又惊又喜。姨母把她介绍给他。他正在吃中饭。中饭过后姨母就出去了,她要去看看住在克列斯托夫岛和叶拉金岛上的几个熟人。后来这位亲戚捷尼谢夫也出去了。只留下她一个人在这一幢空荡荡、阴森森的大房子里。她很寂寞。不,不是寂寞:如果仅仅是寂寞的话,那大概可以随便找一本书来读读,或者到花园里散散步,哪怕是一个人,也会驱散寂寞的感觉。但是她所感到的却是某种奇异的恐怖或者忧伤,她自己也不知道该怎样形容这种感觉才好。大抵,这种感觉之所以产生,是因为这幢房子的一切太奇特了:百孔千疮,积满灰尘,乱得一塌糊涂;用人也很奇怪,姑娘们的穿着很阔气,但不整洁,莫名其妙地互相讪笑着,又粗鲁无礼,又低声下气,一切全都有了,而男佣人呢全都是些老头子,很老很老的,满面皱纹,哭丧着脸,样子似乎很凶,穿得又很破,肘部都开花了,许多地方打着补丁 ……她在花园里散步,但心中仍旧怅然不快。当她看见河边有一个年轻的保姆带着一个小男孩,那保姆对孩子那么温存,本人又那么天真活泼,她心里非常高兴。在同娜塔莎闲聊当中,时间不知不觉地过去了……

"您不高兴一个人待在空旷的房子里,那就跟我们一块散步好了。"沃尔金娜说。

"但是我不知道……"伊拉东采娃开始推托,显然她自己也不希望真的推托掉。

"既然您能在我面前替娜塔莎辩白,那么我更可以找到理由在您姨母面前为您辩白了。"

"您的姨母会听到莉季娅·瓦西利耶芙娜说……"沃尔金想进一步解释下去,但又想到,如果莉季娅·瓦西利耶芙娜认为有必要把开导她姨母的话告诉给伊拉东采娃,那么她自己会告诉的。

"您的姨母是一位年轻的夫人吗?"沃尔金娜问,"很年轻吗?"

伊拉东采娃面颊绯红,眼望着沃尔金娜,像是乞求宽恕似的:"您是在指摘姨母。可是,您要是见到了她,您一定会喜欢她。她那么善良,我甚至都不知道她会不会生气,或者会不会说凶狠的话。我这话的意思并不是说她不会批评我。谢天谢地,我和你们在一起!即使不是你们,我也不担心会受她的批评。我可以按自己的意愿行事,我是完全自由的。她急着去会见她的熟人,这也是很自然的事:我们刚从国外回来,到乡下去……"

"这并不能成为一种理由非要把您一个人留下来忍受寂寞不可。"沃尔金振振有词地反驳说。

"您说得对。这当然不能成为一种理由,如果您愿意的话,或者还可以说,不能因此而宽恕她把我扔下来忍受寂寞。但是,姨母想不到我会寂寞的。她不可能想到这一点。她不愿意扔下我一个人,但我几乎总是拒绝外出拜访,拒绝到不熟识的人家去做客。在彼得堡我差不多谁都不认识:我还没在社交场上露过面呢。可是这些天来,我并没有感到寂寞。我想,如果和她一块儿出去倒是会很苦闷的。我自己并没有想到这幢别墅会给我带来这么沉重的感觉。我们刚刚来到这里,我还没有来得及熟悉一下周围的环境,姨母就动身走了。如果我想到的话,我会跟她一道去的。"

"您没想到,这很自然,但是她应该替您想到,这幢别墅会给您一种不好的印象。"沃尔金说。

"为什么她就应该预见到这一点呢?难道因为我习惯了豪华的居室吗?是的,我是习惯了,但我也习惯住非常简陋的居室呀。在普罗旺斯,我和Madame Lenoir[1]、露伊莎,还有约瑟菲娜就住在一幢非常简陋的房子里——那时

---
[1] 法语:勒努阿夫人。

我是多么幸福啊!"

"您是从小在国外受的教育吧? 俄语还说得这样好?"

"这位勒努阿夫人是您的家庭教师吗?"沃尔金娜问。

"您住在普罗旺斯?"沃尔金加问了一句。

"既然是在法国受的教育,那为什么不可以在普罗旺斯呢?"沃尔金娜对丈夫说,"好像普罗旺斯的气候在法国是最好的了,是吗?"

"但是那里的语言却有些不同,不是通常学的那种。"沃尔金回答说。"主要的区别在于北方法语的词尾不清晰,所有的词都连成一气,而南方方言就像意大利语和西班牙语一样,词的形态保存得更完整、更齐全。比如……"

"你行行好,不要举例了。再说,我也想起来了。"沃尔金娜笑着说,"您看,娜季娜①,我们这位真是一个大学问家。实在烦死人。什么也不能问他:可以用两句话回答的事,他一定要宣读一篇学位论文。当然,我是不会听完的。只有用这个办法我才能躲过灾难去。不然的话,早就委任我去当大学教授了。还是您来谈谈,您为什么住在普罗旺斯,在那里生活得怎么样?"

她住在普罗旺斯是因为勒努阿夫人很愿意在法国这个地方生活。勒努阿夫人确实是她的家庭教师,但不只是家庭教师。母亲去世的时候,曾经嘱托勒努阿夫人代替她做孩子的母亲……从她母亲出嫁的时候起,勒努阿夫人就是他们家的好友。这种友谊的建立,是由于勒努阿夫人和她的父亲在以前就很要好。勒努阿先生是巴札尔②的好友;她父亲在年轻时也和巴札尔相识。

沃尔金所知的关于伊拉东采夫的情况还没有这样详细过。"嗯! 巴札尔!"他哼了一句,"令尊大人和巴札尔曾经相识! 嗯!"

"勒努阿夫人曾经告诉我,同时,我自己也在书刊上读到过,有不少人说巴札尔的坏话。"娜季娜说,"但是,我常常听勒努阿夫人说,巴札尔把整个一生都献给了大众的事业……"

"您误解了我的意思,娜杰日达·维克托罗夫娜。"沃尔金说。

---

① 娜杰日达的爱称。——译者注

② 巴札尔·圣阿曼(1791——1832),法国空想社会主义者,圣西门的信徒,波旁王朝复辟时期,曾领导法国烧炭党人的秘密团体。——译者注

她父亲年轻的时候和巴札尔相当要好,并且在他家里认识了勒努阿先生。她的父母举行婚礼之后迁往巴黎,勒努阿先生也已成了家,她母亲很敬重勒努阿夫人。过了不久,勒努阿先生被杀——那一天是五月十二日,她记得很准确,因为每到这一天勒努阿夫人总是哭得很厉害。但是,她不能准确地告诉沃尔金这是哪一年发生的事,好像是一八四〇年。

"是一八三九年。"沃尔金说。

"你怎么都记得这么清楚。"妻子说。

"这件事不会记不清,亲爱的。"他回答说,但并没有弄明白妻子的话究竟是什么意思,"这不是一件微不足道的小事,这是一次重要事件,是巨大的错误,也是惨痛的教训,自然,这场教训毫无结果。你看,在路易-菲力浦①执政之初,共和党人发动了几次起义,都失败了。他们想:'再等一等,等积蓄了力量再说。'于是几年之内保持平静,积蓄力量。但还是缺乏足够的理智和耐心,又发动了起义,这次付出很大的代价,好久都不能恢复元气。为什么要去惹事呢? 如果有足够的力量可以取胜的话,那么不用打仗,就可以平平安安地得到一个又一个的让步,甚至可能赢得对手的默许而掌握政权。当对手看到力量强大时,他们就不敢挑战了,就会变得客客气气,十分乖巧。唉,没有耐心! 唉,异想天开! 唉,过度狂热!"沃尔金摇了摇头。

"勒努阿夫人还说过,她丈夫不同意这样做,曾经预言非失败不可。"

"如果你是怀着这些想法记住了这件事,那就没有什么关系了,我的朋友。"沃尔金娜说,"那么,这位巴札尔又是一个什么样的人物呢?"

"是圣西门主义者当中一个重要人物,亲爱的,更准确地说,一个最有才干的人物。安芳登②在他们的社团里占据了上风,因此更有名气一些。但是,安芳登的头脑里有很多糊涂观念,依我看,他过于喜欢卖弄了。可是巴札尔却不这样疯疯癫癫,他是一个绝对诚实的人、高尚而伟大的人,精明强干。你不要以为是他或者是一般圣西门主义者发动了这次起义:在这以前好几年他

① 路易-菲力浦(1773——1850),1830-1848为法国国王。——译者注

② 安芳登(1796——1864),法国空想社会主义者,圣西门的信徒,圣西门死后为该学派的领导者之一。——译者注

就死去了,圣西门主义者的团体解散得就更早了。好,够了,不然你又该烦了。"

"你自己知道要停住不讲,真该谢谢你。娜季娜,现在我看得出,您的父亲一定是位非常诚实善良的人:非常有钱,但却和另外一些人交朋友,他们所关心的是如何能不再出现穷人和特别富有的人。"

"勒努阿夫人也这样说。"伊拉东采娃说,由于心情愉快脸上又微微地出现了红晕。

丈夫去世后,勒努阿夫人变得一贫如洗。姐姐和姐夫(他们也住在巴黎)叫她搬到他们那里去住。她说,他们都是很好的人,但是他们自己也不富裕。她说,因此她就很乐意接受自己这位有钱的女友提出的建议,要她搬到她那里去住。

伊拉东采娃的母亲临终时,请求勒努阿夫人不要扔下孤儿不管。伊拉东采娃那时刚刚七岁。所以她很少记得母亲,关于母亲的事,大半是通过父亲的讲述,特别是通过勒努阿夫人的讲述才知道的。沃尔金娜问她更像谁,更像父亲还是更像母亲? 她说更像父亲。

后来有人告诉伊拉东采娃,说她在很小的时候,管勒努阿夫人叫老奶奶。母亲告诉她说自己同这位老奶奶岁数相当,这时,她哭了起来,说:"你不是老太婆。"勒努阿夫人给她一个老太婆的印象,是因为勒努阿夫人的头发都白了。丈夫死后,她的头发就都白了。她没有穿丧服,但伊拉东采娃却记不得她什么时候穿过浅色的衣服。不,穿过,在伊拉东采娃一家临去英国的前夕,勒努阿夫人穿的是浅色衣服。但来到英国的时候,她又穿上了深色衣服。

或许,这个小孩把勒努阿夫人当成自己的老奶奶,不仅因为她满头白发,还根据父母对待这位白发女人的态度吧。父亲说过,她母亲所有的事都要同勒努阿夫人商量。

当勒努阿夫人独自一个人的时候,她总是很严肃,大约也总是很忧伤。和别人在一起,她也从来不露笑容;如果有人谈笑风生,说个没完,她便沉默不语,或者走开。但是她十分愿意让伊拉东采娃感到愉快。后来,当和两个外甥女生活在一起的时候,勒努阿夫人也有办法让三个女孩子都高高兴兴的。她们如果要她一起玩儿,她也奉陪。

二月革命以后,伊拉东采夫带着女儿和儿子(那时她弟弟还很小)出走英国。勒努阿夫人为他们送行,她决定留在巴黎。分手未久:两个月之后勒努阿夫人就到伦敦来了。她对伊拉东采夫说:"我和您都估计错了。不会有任何好结果。还是像以往一样,又没有耐心,又不果断,又轻信。"父亲尽管因勒努阿夫人的到来而为女儿高兴,但却痛苦地感到惋惜,连这个刚刚九岁的小姑娘也哭了起来,她自己也不明白,究竟是为了什么。

他们在英国住了一段时间。而后,伊拉东采夫被召回彼得堡,很快就退休了。于是,他们就时而住在彼得堡,时而住在伊拉东,这个地方离伏尔加河不远,在塞兹兰和赫瓦伦斯克之间。她非常喜欢住在伊拉东:在那里,他们有一座大花园,附近有一片美丽的森林,在伊拉东,人们都非常爱戴她父亲,并且也爱戴勒努阿夫人。勒努阿夫人在第一个夏天就学会了俄语。由于父亲和勒努阿夫人的缘故,那里所有的人也都喜欢她。

三年前,勒努阿夫人收到一封信,说她的姐姐去世了。

姐姐扔下了两个女儿——一个和伊拉东采娃同岁,另一个比她小两岁。他们失去双亲,完全成了孤儿。作为姨母,她要去照看她们。伊拉东采夫央求她,只是去一趟,把她们接来。但是她不同意,她说:"她们没有任何财产,她们将来只能嫁给并不富裕的人,因此就不应该养成过豪华生活的习惯,就是在近处看到这种生活也不应该。"

"是啊,豪华生活腐蚀人;比如说,就把您给腐蚀坏了。"沃尔金说着顺口哼出一段华彩乐段,以表示对自己幽默的赞赏,哼过之后,对妻子说:"怎么样,亲爱的? 你看到了吧,好一个上流社会的人物!"接着他又把这乐段重复一遍。

"娜季娜,请您问问这位上流社会的人物,他是不是很乐意和您待在一起,"妻子说,"关于我自己,我就不问了:他天天都对我说他很乐意和我在一起。"

"这是从何说起呢,亲爱的,你应该看得出,我是不是喜欢娜杰日达·维克托罗夫娜。"沃尔金回答道。"娜杰日达·维克托罗夫娜,您笑什么? 亲爱的,娜杰日达·维克托罗夫娜为什么笑啊?"

"请你相信,笑的绝不是你的上流社会的风度。也许,仅仅是因为和你一样心情愉快吧。娜季娜,您喜欢划船吗?"

"是的,喜欢。"

"说真的,是多么好的黄昏哪,风平浪静。"沃尔金满心赞同地说。"这么说,叫老头儿去准备吗? 亲爱的!"

"当然。你去找他,回头再取两件大衣来,我一件,娜季娜一件,娜塔莎会给你的,你自己也穿上大衣。"

"唉……亲爱的……"沃尔金心情沮丧慢吞吞地回答,又非常恳切地补充道,"亲爱的,最好我还是照看一下,按时把茶准备好,等你们……"

"娜季娜,这会儿您可以看清楚,他不仅乐意和您待在一起,也愿意和我待在一起了。"

"啊,你呀,亲爱的! 这么说,在我哈哈大笑的时候,你就悄悄告诉娜杰日达·维克托罗夫娜了,好啊,亲爱的!"

"您看,娜季娜,不仅要向他学习待人的殷勤态度,而且要向他学习骗人的狡猾本领:他甚至能编出理由,说是为了我们,他才留在家里。你照看一下茶吧! 茶准能不错! 你倒是去找老头儿啊,别等着把所有夸你的话都听完。派管院子的人到捷尼谢夫的别墅去告诉一声,说娜季娜在我们这儿。"

沃尔金叹了口气,但还是向靠近小码头的一间矮房疾速走去。码头上系着一条小渔船。一个老渔夫拿着块儿相当大的地毯从矮房里走出来,他把地毯在船上铺开,铺平整。这时,沃尔金飞也似的向家里跑去,一路上用手按住帽子,免得跑掉了,他跑起来显得很笨拙,但效率很高,恨不得一步跨出两俄丈去。

"多好的地毯啊! 我们坐在上面准会像坐在垫子上。"伊拉东采娃同沃尔金娜一起走近小船时说,"既然渔民能买得起这样的地毯,那么,在这里打鱼一定很赚钱了。"

"还算可以,感谢上帝,凑合着过日子,小姐。"老头儿回答说,"可是,这块地毯可不是我的,是莉季娅·瓦西利耶芙娜的:一直放在我这里。像我们这些渔民哪配有这种东西。"

"当然,渔民不愿意买这种东西,但是,如果他真想买的话,只要上个星期不把三十个卢布喝光,他就能买下这么一块地毯了。"沃尔金娜严肃地说。

"哎呀,莉季娅·瓦西利耶芙娜,我就不喜欢您这一点:您太严厉了。"老头儿仿佛是在开玩笑,但是却无法掩饰埋怨的口吻,"那么,小姐,请您给我们做个裁判官:整个夏天当奴仆,听莉季雅·瓦西利耶芙娜使唤,除了先前得到的三个卢布的定钱,从她这里分文没见,她还说:'永远也别想见到,放在你们老太婆那里更有好处。'那么,这样一来我算个什么人呢? 是自己老太婆的长工! 可让人有什么办法呢! 莉季娅·瓦西利耶芙娜就是这么一个固执的人……"

这时候,沃尔金连奔带跑地走过来。沃尔金娜把自己最好的黑丝绒大衣披在伊拉东采娃身上,随后小船儿就顺着河边,沿着缓缓水流荡起的微波,飘然驶去。

"多么美的夜晚啊!"沃尔金娜说,"娜季娜,普罗旺斯的傍晚几乎整年都这么好吗? 有半年比这还要好,这是真的吗?"

"是的。"伊拉东采娃回答说,随之便回忆起,在普罗旺斯该是多么好啊,尤其在她们那小小房舍里,在她们那一段山谷里,更是十分惬意!"勒努阿夫人的小房舍,就坐落在 Mont de l'Etoile①的一个山谷中,靠近从埃尔到马赛的铁路线……"

"Mont de l'Etoile,"沃尔金用一种世界上前所未有的法语腔调说,"Mont de l'Etoile 我不记得了;我也不知道,埃尔是在马赛的哪个方向。但是,过去我好像是读到过,说从埃尔到马赛的路上要经过一些风光绮丽的山谷,那美景就是在普罗旺斯也不多见。那么,这个 Mont de l'Etoile 是一座很高的山吧? 小房舍是在山的哪一边呢?"

"房子在山南,这座山相当高。"

"这样说来,就太好了;也就是说,密斯特拉风②吹不到山谷里。"

"密斯特拉风是什么?"沃尔金娜问,"是北风吗?"

---

① 法语:星星山。

② 地中海北岸的一种干冷的北风或西北风。

"是的,亲爱的,赶上哪一年,这种风一刮起来,那些朝北地方的橄榄果就全完了。这种风还经常刮,尤其是在罗讷河流域,因为,你是知道的,罗讷河在那里的流向正是从北向南。所以,普罗旺斯人就把密斯特拉风叫作冷风,而我们这里……不过,算了吧,亲爱的,你又要教娜杰日达·维克托罗夫娜笑话我了。"

"是的,勒努阿夫人的房舍所在的山谷确实是个景致迷人的地方。"伊拉东采娃继续说下去。伊拉东采娃的父亲亲自物色了买房子的地方。勒努阿夫人拒绝把外甥女们带到俄国来,于是他就请求勒努阿夫人把他女儿带到这个新的家庭去。他想自己也搬到法国,就住在附近……勒努阿夫人说:"不,如果娜季娜要和我的外甥女们生活在一起的话,您就不应该住在我们附近。我的外甥女们在自己周围不应该看到任何豪华的生活。"这种条件对他说来是太苛刻了。但他不得不承认她说的有道理。于是说:"那就照您的意思办吧。但我要送你们去,安顿好你们在乡下的生活。为了在宁静的气氛中进行教育,乡下的空气要比巴黎好多了,而搬到普罗旺斯,从来就是您所向往的。"勒努阿夫人意识到,他准备送她这件礼物,但是她又不便回绝。在这以前她从不愿意领她应该得到的薪水,她手上又毫无积蓄,外甥女们也一无所有,因此她只坚持一点:房子要小,附属的地块也要很小。伊拉东采夫从巴黎出发,前往普罗旺斯,又返回来,把她们送进新居,看了看她们那里安顿的情况,就走了。那以后他又来过两次,两次都只住几天。勒努阿夫人不准他待得更久。"我不想让您宠坏了我的外甥女。"

她们的生活很俭朴。土地的收益有两千法郎左右。她们四个人就靠这些过日子,因为勒努阿夫人说过:"如果您希望娜季娜和我生活在一起,那么和我的外甥女们相比,她不能有任何特殊的地方,她也不需要钱。"她们自己要做许多活计,因为她们只有一个女佣人,而这幢房子却有一片园子,种着葡萄、果树。伊拉东采娃回忆起这两个小朋友,回忆起和这两个很好很好的姑娘共同生活的时光,不禁高兴得忘记了周围的一切……她们三人彼此相亲相爱,也很爱勒努阿夫人……忙着料理家事,无休止地游戏……散步郊游,有时是三个人,或者同勒努阿夫人四个人在一起;有时是和附近的农村姑娘和小伙子搭伴;有时也和马赛来的某些客人同行……

伊拉东采娃沉浸在遐想之中。

"您有四年(也许是三年?)生活在普罗旺斯,"沃尔金说,"我估计,您说法语的口音并未因此而受到影响,因为您是生活在一个全都是巴黎人的家庭里;再说我也没有听见过您说法语,就是听见了也不能判断。可是,您的俄语说得这么好,就像根本没出过国一样,这一点可怎么解释呢?"

"我们住在巴黎的时候……我们家里说俄语……爸爸、妈妈……我还有一个俄国保姆……后来我们又生活在……俄国。我随勒努阿夫人出国的时候已经十五岁了……"伊拉东采娃停顿了好长一段时间,"勒努阿夫人同我讲俄语……她的发音很不好,但是她说得很流利……"伊拉东采娃又停住了。

沃尔金用乞求的目光望着妻子。但是沃尔金娜却默默不语。

"是的,娜杰日达·维克托罗夫娜,您是说,勒努阿夫人把讲俄语的事一直放在心上。"

"是的……一直放在心上……为此她甚至于还同意……把我的女仆……原来我的保姆的孙女儿——玛丽①带了去……玛莎非常喜欢我……所以同意一块儿侍候我们三个人……"伊拉东采娃又停住不说了。

沃尔金再次以乞求的目光向妻子望去,但仍旧毫无结果。难道她真的没有发现吗?

小船已经驶出很远了,而且摇曳得相当厉害。伊拉东采娃着迷似的回忆着勒努阿夫人和普罗旺斯,她没有发现这一点,所以一切都还好。可是当沃尔金重新和她谈话时,她的话语时断时续、说说停停,沃尔金认为这一点是很值得思索一番的,他以通常的机敏揣摩到,伊拉东采娃现在想得更多的是风浪,而不是谈话。莉季娅·瓦西利耶芙娜又不愿意注意丈夫的眼神。但他很善于发明各种绝妙的招数,所以就不难想出该说的话来。

"亲爱的,你看,我们最好还是回去吧。前面的风浪会更大。"

"你问我是否知道你是个胆小鬼吗?我还能不知道!我想,连娜季娜也看得出这一点。我的朋友,你看看她,你就会感到羞耻了,她的脸色丝毫没有

---

① 即玛莎、玛丽亚。

变。你比任何一个姑娘都不如,我甚至想,连一个小女孩都不如。"

"我们常常到马赛去,在海里划船。我很清楚,这风浪不单没有危险,而且微不足道。您要求回去是因为觉得我有些害怕了。但是我知道,不会有任何危险。大约您觉着我的脸色有些苍白吧,这是因为我们坐了好一会儿了:刚才可能是走路走得脸有点红。现在已经退了。再说,天气也开始有些凉意。在普罗旺斯的时候,我一向是喜欢凉爽天气的。我穿着这件大衣觉得身上很暖和。您看,"她从大衣里伸出手来,摘掉了手套。"手很暖和,是吧?"

"手是很暖和。"沃尔金表示同意。

"我们刚才说什么来着? 是的,谈的是玛莎。我们现在称呼她玛丽。她非常喜欢我。当年我们住在巴黎的时候,是她父亲管理我们在彼得堡的房子。他原来是我父亲的仆人。等到我们迁回俄国的时候,这位姑娘就成了我的使女。她比我大四岁。勒努阿夫人说过,她是一个非常聪慧的姑娘。根据我的判断,这的确是真的。后来,勒努阿夫人要到法国去,还要带上我,那时候她不愿意我另外专有一个使女。可是玛丽却说,她也一样侍候她的外甥女。这样,勒努阿夫人就同意把她带上了。更何况勒努阿夫人本人也很喜欢这个姑娘,也很高兴有人同我说说俄语……大家都很满意这个姑娘……可是后来她不和我们住在一起了……她住在巴黎……只在我临行前不久,她才回到我们那里……她非常喜欢我……您看我真糊涂:这在你们听来是丝毫没有意思的……"

显然,她说这些话仅仅是为了说说而已;她不再说下去,也是由于她感到难以把握住自己的思绪。船儿摇晃得越来越厉害了。现在沃尔金已经清楚地看到,伊拉东采娃的脸色很苍白。

苍白固然苍白。但她仪态安详。沃尔金望了望妻子,那神情仿佛在说:"亲爱的,她的精神实在可嘉。"

沃尔金娜笑了起来:"娜季娜,您看,这位上流社会的人物该是多么同情您啊。说真的,的确不能不称赞您,娜季娜。您是一位很有性格的人。"

"我真为自己感到难为情。"伊拉东采娃回答说,"我明明知道,丝毫危险都不会有。我好像讲到玛丽同我们一起到了普罗旺斯,勒努阿夫人对她非常满意。她穿的、住的都必须同我们的另外一个女佣人,附近乡村的老太太一样,对此她丝毫不感到为难。可是,她同我们住在一起没有超过半年。随后就到巴黎去了。我们在去普罗旺斯的路上,曾经在巴黎逗留一个半星期,等候爸爸买下房子,安顿停当。这期间,玛丽在巴黎交了些她认为有用的朋友,因为她是一个非常聪慧的姑娘。她离开我们到巴黎去,是因为有人延聘她在一家美容店里当办事员……勒努阿夫人不愿意放她走……因为她同我说俄语……还因为她们都喜欢她……当然,我也喜欢她……"

伊拉东采娃又停住不说了。一时间,船还继续向前划着。几点浪花溅进船来。

"划回去吧,"沃尔金娜对老船工说,"娜季娜,即使我们划到喀琅施塔得或者划过喀琅施塔得,也不会有什么危险。但我是个吝啬的人,我身上穿的这件大衣不仅不怕溅水,就是下暴雨也不怕。只是您身上穿的这件丝绒大衣实在太可惜了。这样的大衣在巴黎值多少钱?我想五十卢布,或者也要少一点?可是我却花了七十卢布,这还是因为我和时装店的女主人是好朋友,她的两个女儿,两个可爱的德国女孩和我亲近得不得了。"

"我觉得自己很可笑,也很难为情,"伊拉东采娃说,"我知道没有任何危险,也丝毫不觉得可怕。但还是要花很大力气才能控制住自己不颤抖。我为自己的胆怯感到特别害羞,因为本来在海上划船我不是这样胆小的。"

"这不是什么胆小,娜杰日达·维克托罗夫娜,"沃尔金反驳说,"只是您生来适于过恬静的生活而已。您刚才讲到了您的使女。"

"我觉得,对您说来这是很乏味的。"

"不,这很有意思。亲爱的,是这样吧?"

他心里想,这个使女可能是个很危险的姑娘。有人请她从普罗旺斯到巴黎去当办事员!在巴黎很少有人愿意当办事员。显然,她到那里是去冒险。

"您看啊,娜季娜,凡是同您有关的事,他都感兴趣,"沃尔金娜说,"如果您知道他是怎样一个腼腆的人,您一定会因为他能同您谈话而感到吃惊。您看,这个奇迹使我这么高兴,甚至我都不参与你们的谈话,我想,除了读书、写作、干蠢事,即他们所谓的公众事业,也应该让他慢慢习惯于同别人谈点什么。"

"那么为什么她又回来做您的使女呢?"沃尔金问道,"她在巴黎时运不好吧?"

大约是完全相反。当然,她并没有吹嘘她在巴黎的红运。但也没有因倒霉而怨天尤人。一般说来她很少谈起她在巴黎的生活。可是,她从那里回来的时候,带回不少衣服、很多贵重物品。毫无疑问,玛丽回来只是因为非常喜爱她,想念她。

勒努阿夫人接待玛丽态度十分冷漠。好长时间不同意让她担任原来的职务……

"勒努阿夫人大概以为,玛丽回到你们家里并非受感情的驱使,而是出于自私的考虑。"沃尔金说道,虽然他心地单纯,但自认为,玛丽在巴黎的一番作为是瞒不过他的:显然勒努阿夫人已经获知,玛丽在那里是个行险侥幸的女人。"我认为,勒努阿夫人是对的。"他接着说道。

"这会儿我算明白勒努阿夫人担心的是什么了。"伊拉东采娃说,"是的,是的,她担心将来在我们迁回彼得堡的时候,玛丽会欺骗我,会骗走我的钱财、礼物! 可是,那时我怎么也解释不清,为什么勒努阿夫人要极力反对玛丽。我替玛丽求情,她只回答说,她不喜欢玛丽,可是我心里想:这是怎么回事呢? 难道因为玛丽在两年前没有按她的意见行事,这么久了,她还记仇,还要报复玛丽吗? 我很高兴,这件事您向我解释清楚了,只有这件事我并不认为勒努阿夫人是完全正确的。毫无疑问,是的,毫无疑问,勒努阿夫人应该为我的衣物、钱财担心。她的怀疑是完全自然的! 当了办事员又回来做使女,这的确很难叫人立即相信是受感情的驱使,而不是存心要在我身上打主意。"

但是,玛丽终于消除了勒努阿夫人的误解。玛丽事先对她说:"不论我有什么缺点、错误,我一定会使您对我重新产生好感。"说过之后就搬到马赛去住了。她们常常到马赛去,她们在那里有好多熟人。过了几个月,勒努阿夫人说:"玛丽是个好姑娘。她变得甚至比离开我们之前还有出息。那个时候她有点过于顽皮,现在可庄重多了。"

"这是不是给勒努阿夫人的一种假象呢?"沃尔金心里想,"显然,玛丽是个非常狡猾的姑娘。但是也可以看出,她有坚强的毅力。很难想象,一位深知玛丽为人的聪明女人,会被伪装的反悔迷惑住。很可能玛丽真的变得老成持重了。但这是无稽之谈。问题不在于这个玛丽顽皮还是不顽皮。问题在于她既狡猾又聪明。如果她存心要为个人的盘算而牺牲伊拉东采娃的幸福的话,她是能够毁掉这个柔弱的生命的:因为伊拉东采娃看不透任何坏心肠。伊拉东采娃有一大笔非常可观的陪嫁。只要她在上流社会一露面,就会有成百个坏蛋蜂拥而上。使女得到伊拉东采娃的信任,她有经验,有计谋,是个顶顶重要的伴当。在所有坏蛋当中那个最机灵的,也就是最没良心、最卑鄙的,将会买通使女为他唱赞歌,于是就操办婚礼……。纵然伊拉东采夫是个好人,但是父亲总代替不了母亲。姨母很显然是个最浅薄的女人……"

"你在想什么心事吧,我的朋友。"沃尔金娜说。

"你看,亲爱的,我想坦率地告诉你:娜杰日达·维克托罗夫娜是一位非常好的姑娘,我很喜欢她。"

"那么,这有什么好犯愁的呢? 你接着说下去啊:你是因为她有好大一笔陪嫁而替她担心吧?"

"是的,亲爱的,你从来都知道我在想什么。"

"要猜透你的心思实在困难极了。希望你在给娜季娜提出什么建议之前,先同我商量一下。你一向都同意我的意见,而我并不总是同意你的意见。"

一个新的问题使沃尔金沉思起来:莉季娅·瓦西利耶芙娜不会不知道他要给伊拉东采娃提出什么忠告,自然是"您同莉季娅·瓦西利耶芙娜交个朋友吧,不是现在,现在您无须这样轻信于人,我是说以后,永远。"难道莉季娅·瓦西利耶芙娜真的就不愿意做这个漂亮姑娘的大姐姐吗?

这时间,伊拉东采娃讲述着:她父亲写信来说,姨母即将来接她回家,她的心情非常矛盾。她又想早些看见爸爸和弟弟,又舍不得离开勒努阿夫人和她的外甥女们。姨母已经动身了,她们等她到来,但一等等了两个月也不见人来,她们甚至想,是不是姨母病了。但是父亲告诉她们不要担心,他来信说,姨母在巴黎,身体无恙。

伊拉东采娃自己也弄不明白自己希望怎样:是让姨母快些来接她呢,还是希望姨母在巴黎长久住下去。最后,她终于来了。啊,那会儿流了多少眼泪啊!勒努阿夫人说,等她把外甥女们打发出嫁之后,就搬到伊拉东来住。她爱上了俄罗斯人民,并且说:"在我们法国很少有人真心实意为人民的利益着想,但不管怎样,在每个地方都还能找到这样的人。而你们那里,人民根本找不到可以为他出主意的人,听不到有人说句好话。但这是过去的事,这三年来你们那里有很多变化。从杂志上看得出来,娜季娜。"她们在普罗旺斯订了一些俄国杂志。"从杂志上看得出来,娜季娜,你们那里开始关心人民的事了。当然人数还很少,所以我不会是没有用的。"她还感到惋惜:她的这个学生回到乡下以后就再没有女伴了。真可惜,不是在普罗旺斯,不是在勒努阿夫人家里,而且是在半路上,在意大利,才接到父亲的来信,说有一个年轻人同意和他一道到乡下去,做尤里卡的家庭教师。她还抄下来原信的一段,那里讲……

"令尊对您弟弟的家庭教师真的这样满意吗?"沃尔金说,"我非常高兴,因为我和这个年轻人的一个同姓远亲(他也是个年轻人)很要好。因此,我也就知道了一点儿您父亲的情况,知道这位也姓列维茨基的熟人的亲戚做了您弟弟的家庭教师。"

除此之外,别无出路,必须果断行事。早已被沃尔金忘记了的危险,突然降临到他头上。再说上两、三句话,伊拉东采娃就会说出这位家庭教师的名字来。然而,这就是所谓勇敢和机智!现在这危险已经彻底化为乌有了。沃尔金自鸣得意。现在让伊拉东采娃去讲她弟弟的那位家庭教师好了,随便讲什么都行,随便讲多少都行,再也不碍事了。最使他感到惊奇的是(沃尔金总会有可惊奇的),为什么那个时候,在刚刚遇见她的时候,脑子里没有想出这种防止危险的简便办法来呢,这样的话,他就大可不必用绊跤和咳嗽来吓唬妻子、儿子、娜塔莎和伊拉东采娃了。

她把父亲来信中讲到尤里卡的家庭教师的那一段抄给了勒努阿夫人。父亲相信,她会喜欢列维茨基。父亲把他说得很好,不能不让人喜欢。勒努阿夫人会非常高兴他们家里有了这么一个新人,这么一个聪明、俊秀、高尚的人。现在,勒努阿夫人可以放心了:她在乡下不会寂寞了。再说,她在那里也许还能找到女伴呢;勒努阿夫人说过:"这三年来你们俄国人的思想感情有了很大的变化,或许你们的许多邻居,从前出于某些奇怪的想法对你们敬而远之,而现在会很高兴地听你父亲说话。"从前,她父亲不能够、也不愿意和任何邻居有所交往。他同那些人的思想分歧太大了。如果勒努阿夫人的愿望果真成为现实的话,那么,父亲自然会受到热情的对待,而她也会找到女伴……

"既然您在路上收到了令尊的信,显然您和姨母在回俄国的路上走了很长时间。"沃尔金说。

"是的,姨母从普罗旺斯动身,转道意大利,我们在佛罗伦萨逗留了相当长的时间……"

"看样子她姨母很可能是一个特别喜爱玩乐的人,"沃尔金推断着,"在巴黎她还嫌玩得不够,还要去逛一逛佛罗伦萨。听说,要消遣玩乐没有比佛罗伦萨更随心如意的地方了。""正是这样,"沃尔金开口说道,"我的朋友列维茨基同我谈起过尤里卡的家庭教师,说他有一个多月,天天都准备着同您父亲一道动身离开彼得堡——但就是走不了。您父亲一直在等,等你们到彼得堡来。等到最后,收到一封信,说你们将路经敖德萨直接到乡下去。于是他就赶到乡下去,想在那里见到你们,可是现在呢,他按照你们信里说的,刚刚离开彼得堡,你们又到彼得堡来了。是啊,不能不承认,您这位姨母真行!"

如果沃尔金先生能够同她姨母结识的话,他就肯定不会生姨母的气了。因为姨母的心地非常善良。当然,姨母考虑问题多少有些变幻无常,这也是实情。姨母让她给爸爸写信,说她们从佛罗伦萨出发去维也纳,然后取道敖德萨,直接到乡下。可是后来姨母突然想起来要去观赏一下日内瓦湖。于是,她们就在日内瓦湖边盘桓数日,随后沿莱茵河而行,又经过柏林、斯德丁①。自然,因为不能在彼得堡遇见父亲和弟弟,她心情惆怅。再说,她父亲在乡下看不到她们,也会为她们担心。不过,她已经写信去告诉父亲了,现在已经没有什么关系了:父亲会放心的。她确实非常想早些赶到父亲和弟弟那里,但是有什么办法呢? 姨母不和老相识叙叙旧,是不能离开彼得堡的呀。

"亲爱的,娜杰日达·维克托罗夫娜的姨母为人极好,你说是吗?"

① 波兰西北部城市,现名什切青。——译者注

"你说什么,我的朋友? 娜季娜的姨母? 她怎么了?""你根本就没听我说话?"

"我在想沃洛佳。看到娜季娜这样勇敢,真叫人觉得又好玩,又高兴,我们的确划得很远了……我的小宝贝儿,他睡下了没有呢? 喂,你说娜季娜的姨母怎么了?"

沃尔金又重新叙述一遍,娜杰日达·维克托罗夫娜的姨母怎样把事情搞乱了。伊拉东采娃替姨母进行辩白。沃尔金娜漫不经心地听着。船儿驶过了克列斯托夫桥。沃尔金娜向彼得岛的岸边张望,沃尔金同伊拉东采娃争论着。

"莉季娅·瓦西利耶芙娜? 是您吗?"娜塔莎在很远的岸边喊道。

"沃洛佳怎么样了? 睡着了吗?"

"睡着了,莉季娅·瓦西利耶芙娜;我在等你们,给你们准备茶炉。"娜塔莎向家里跑去。

用过茶点之后,伊拉东采娃请求沃尔金娜派人送她回捷尼谢夫的别墅去。

"您以为我会放您回去,让您一个人住进那幢连白天都使您感到厌烦的房子里吗? 等您姨母回来,她自己会来接您的。"

"但愿她还没有忘记,她把外甥女带到别人家的一幢空房子里,而且让她一个人待在那里,"沃尔金添上这么一句,他无论如何也不能原谅她的姨母,"我要退席了,亲爱的,你不是不放娜杰日达·维克托罗夫娜走吗? 不用我去送她吧?"

"你去吧,去工作吧。但是两点必须睡觉,听见没有?"沃尔金走了。沃尔金娜继续同伊拉东采娃闲聊……时钟敲过十一点。伊拉东采娃再次请求沃尔金娜派人送她回捷尼谢夫的别墅去。

"不要再说了,娜季娜。您姨母到现在还没回来,准是在哪儿留下来参加晚会或者舞会了。"

"是的,我想她两三点钟以前是回不来的……我们就得在这位捷尼谢夫的别墅过夜……嗯,也许她会早一些回来……"

"她愿意回家去过夜吗? 就算她愿意吧。她让您等着她,她自己也可以等到我们明天早上吃完早点。"

"不,请您放我回去吧……"

"您是怕受申斥吗?"

"不,她不会申斥人。可是我自己不愿意……"

沃尔金娜并不回答她,而是伸手摘下了她的发卡。"我的上帝!"这姑娘感到难为情,甚至有些惊异,连忙用手捂起自己一绺绺浓密的卷发。"我的上帝!"沃尔金娜模仿着姑娘温柔尖细的腔调,说着又摘下了她的另一个发卡。"唉,为什么我的头发不是这样的呢!"她十分遗憾地说。

"您的头发比我的密多了。"伊拉东采娃说。

"但却是黑的! 我为什么不是金发女郎呢! 真叫人遗憾! 娜塔莎总觉得很奇怪,我怎么能不照镜子就把头梳好! 出于无奈,非学会不可呀! 说实在的,现在自然是无所谓了。走吧,到我卧室里去。该睡觉了。沃洛佳专会把人闹醒。他的嗓子好极了,和他爸爸一样。"沃尔金娜几乎强行把伊拉东采娃从椅子上拽起来,拉着她走。她很不情愿地离开了原来的地方,但又非常欣慰地说:"啊,我真高兴,您没有放我回去! 我一个人待在那幢潮湿的、龌龊的大房子里可真是又难受、又害怕!"

"沃洛佳不会吵您,他很健康,夜里不哭,可是八点钟准会把您叫醒。娜塔莎,把沙发上的单子换一下,用我的单子,把我的枕头也拿一个过去。"

"那我在什么地方睡呢? 莉季娅·瓦西利耶芙娜。"

"唉,你这个傻丫头! 占了她的沙发,她都要哭了!"

"不,莉季娅·瓦西利耶芙娜,"娜塔莎用肯定的口吻反驳说,"我无所谓,只是我不知道,您吩咐我睡在哪里:是在这儿,铺上一个褥垫子睡在地板上,还是到厨房里去睡?"

"我吩咐你干脆别睡:到客厅去,在窗前坐一个通宵。"

"为什么呀? 莉季娅·瓦西利耶芙娜。不睡觉?"娜塔莎非常扫兴地问。

"不睡觉。你就坐在那里,祷告上帝,让我也成为一个有慈悲心肠的人,像你所喜欢的娜杰日达·维克托罗夫娜一样。"

"那好……"娜塔莎刚要说,还没说完,就改了主意,"原来您是开玩笑啊,莉季娅·瓦西利耶芙娜!"

"到厨房去跟阿夫多季娅做伴;如果你一个人不害怕就睡在客厅里,或者你就在这屋里睡,随便在哪里还不是一样? 到什么时候你才能不这样傻,不像阿列克塞·伊万内奇一样,用这些废话缠得人心烦呢?"

"不,莉季娅·瓦西利耶芙娜,阿列克塞·伊万内奇可不像我,阿列克塞·伊万内奇是个最聪明的人。米罗诺夫和所有的人都这样说。您为什么要在娜杰日达·维克托罗夫娜面前装作完全不了解这一点呢?"

伊拉东采娃忍不住了,就大笑起来。"娜塔莎,你就睡在这儿吧,给我讲完那个克里特①的小公主玛丽娅·玛列夫娜的故事吧。"

"你看,这会儿她变得多么敢作敢为了! 居然在我的家里像女主人一样发号施令!"

"说真心话,从我离开勒努阿夫人以来,还没有这样心情舒畅、自由自在过呢。"伊拉东采娃用略微有些忧郁的口吻说。

"您父亲心地和善,娜季娜;跟他在一起您又会觉得心情舒畅、自由自在了。"

"啊,是的,是的。"伊拉东采娃欣喜地说。

第二天早晨,沃尔金来吃早点,在餐厅里只看见妻子一个人。"亲爱的,伊拉东采娃到哪儿去了? 姨母真的已经派人把她接走了? 还不到十点呢! 鬼知道这个老疯婆子在哪里游荡到深更半夜,难道又爬起来游荡去了?"

"伊拉东采娃起床之后就走了。她不想等吃早点。是阿夫多季娅送她回去的,阿夫多季娅说,那位不疯不傻的姨母还在睡着。快五点的时候才回来。"

"到舞会跳舞去了,也许是饮酒作乐去了。"沃尔金很有把握地说,"这个伊拉东采娃真是一位好姑娘。"

"的确很好。你昨天甚至想过让我一定关照她,是吧? 照顾沃洛佳和你,就已经够我操心的了。"

"我根本没有想,亲爱的,"丈夫用令人信服的真诚口吻说,"请你相信,的确没想过。"

---

① 地中海的一个小岛,属希腊。——译者注

"没想过！在你为她的陪嫁发愁的时候,如果不是我及时觉察并且打断了你的话,你当时就要向她建议,让她从乡下回来以后无论什么事都找我商量。"

"亲爱的,这又有什么不好呢？很明显,各式各样的坏蛋都会出现,可是,她能识破这些坏蛋吗？这当然是很可怜的:她自己一个人,没人开导她。"沃尔金有一点长处,就是在他拒不承认有这种想法之后,居然能毫不羞愧地进一步说明自己的这种想法。

"完全正确,我的朋友。但是我不想继续同她密切交往。咱们没有那么多钱维持这种交往。而我又不愿意到比咱们地位高的人家去做客。你应该记得这一点。"

"是的,这都很对,亲爱的,应该这样,但是,对她应该打破先例。"

"好的,我答应你打破一次先例。我去散步,你留在家里,好吗？"

"亲爱的！这个老疯婆子一睁眼就会跑来感谢你好心照顾她外甥女！你不在家,倒让我在家!"

妻子笑了起来。

"我是到咱们的花园里去散步。我要给她上一课,我自己不想错过这个好机会。"

"不叫我来陪她？"

"是的,不叫你,你不用害怕。我只是没有兴趣进行多余的交往,而你连交往的时间都没有。"

半小时过后,沃尔金娜从花园回到丈夫屋里。"把你为印刷所写好的东西交给我。我到城里去,正好去那一带,娜塔莎这个傻丫头忽然想起没完没了地纠缠我,让我给她买一对金耳环:伊拉东采娃昨天赏给她三个卢布。"

"那么你准备给这位老疯婆子上什么课呢？娜塔莎可以等一等嘛。亲爱的,你吃过中饭去好了。"

"吃过中饭就没时间了。米罗诺夫昨天没来,想必是今天来吃中饭。说不定我的朋友里还有谁来。如果车多的话,我就雇一辆四轮马车或者两轮敞篷车,到巴尔果洛沃区去一趟,我还没到过那里呢。"

"娜塔莎可以等到明天吗。"

"她等不了,所以才缠着我。在木匠们住的那一幢别墅里今天有庆祝活动,就是到咱们家来修理家具的那一个,他二嫂过生日。娜塔莎一心想戴上金耳环出出风头。"

吃中饭的时候沃尔金娜对丈夫说,伊拉东采娃同她姨母到他们家来过,留下一封短笺,还说姨母和她后天过来拜访。

但是,第二天中饭之前,伊拉东采娃家的仆人又送来一封短笺。姑娘代表本人并代表姨母表示歉意,她们明天不能到莉季娅·瓦西利耶芙娜家里来做客了:今天早上她姨母突如其来地感到有必要立即动身到乡下去。再过十五分钟她们就要赶到车站。姨母很晚才告诉她,行色匆匆,字迹潦草,十分抱歉。姨母还嘱她代笔,说再回到彼得堡时,首先就到莉季娅·瓦西利耶芙娜家里来拜访。

姨母在只有十来个字的短短附笔中,用法语重申了她的歉意,并保证一定先来拜访他们。她讲到自己的时候,用的是jait和javait[①],正像沃尔金用他一贯的幽默口吻所形容的,这是根据俄国贵族夫人和巴黎马路天使的语法写的。沃尔金为自己的俏皮而洋洋得意,少不了又唱一回华彩乐段。

"姨母的诺言并不十分可怕:等不到那个时候,她会忘掉我五百次。可是,伊拉东采娃在没有未婚夫之前大概会时常跑来的。"

"那也就是说,这段时间不会太长。"沃尔金以他惯有的胸有成竹的神态说道,"至于说到她姨母,请你相信,亲爱的,她一定急着要赶到乡下去,和当时她非要扔下外甥女跑到鬼知道什么地方去游荡,是完全一样的。她的脑袋里有一股狂风在旋转:风一吹,她就会东奔西跑,请你相信我的话。"

又过了两个月,或者还多一些。秋天就要来临了。大约,贵族在那些石筑的别墅还没有考虑搬回城里去。沃尔金娜却已经在考虑了。但是,挨过两三天坏天气之后,天又好起来,所以沃尔金娜想趁此机会换一换市内住宅的糊墙纸;丈夫的收入很快得到了改善,上个星期他的月薪比前一个月多一百卢布。新年以前,他每月的收入都会有这么多。新年以后将要按新的规定计

---

① 法语,正确的写法是"j'ai""j'avais"——"我现在""我曾经"。

算报酬,对他会更有利。

"真是美极了,我们的住房会变得非常可爱,非常令人赏心悦目!"她去城里挑选糊墙纸回来后对丈夫说。她连最小的细节都毫不遗漏地向丈夫描述,哪间屋子糊哪种墙纸。"总而言之,你知道,所有的房间都是浅颜色的糊墙纸,只有你的书房不是,是蓝色的:这对眼睛有好处……唉,我的朋友,我真担心,你会累坏了眼睛!"

"多余担心,亲爱的。我的眼睛很近视,但却十分健康。可以说,多少年来只有在睡觉的时候,我才闭上眼睛不看书,可是我从来没有觉得眼睛很吃力。特别近视的眼睛常常会有非常持久的耐力。"

"不管你的眼睛有怎样的耐力,反正我很担心。我把你写好的东西送交戈特利布·卡尔雷奇的时候,他正在喝咖啡,我也坐下来喝了一杯,真是好咖啡,我们谈了一会儿。他说:'没有一个著作家这么能写。我也好,别的排字工人也好,没见过谁写过这么多东西。'"

"这不能说明任何问题,亲爱的。我写东西不假思索,一挥而就,甚至都不再看一遍。别人是反复思考,而后又再三修改。有些人坐办公桌的时间或许比我还长也说不定。""不管怎么说,你也要少写一点。现在你的收入已经超过我的需要了。"

"咳,亲爱的,离收入超过需要的时候还远着呢。你想一想,你需要一辆马车、两匹马,什么时候才能拿到这样一笔收入呢?也许过一年半才能攒够钱。但是,亲爱的,重要的绝不在于你的需要如何。过去,开始找工作的时候,的确是考虑你的需要,那时我很想表现一下自己能下笔千言。可是现在,亲爱的,完全不同了。是良心,你看,我甚至把良心也扯到这些蠢事上来了!不言而喻,这是无稽之谈;但是,既然我这么想了,你对我的这种糊涂观念又能有什么办法呢?如果我不写这个,就会写一些混话。而写这个,自然就会把所有要写的都写到,真是写不胜写。"

"为什么你的列维茨基这么久还没回来呢?你说过,他会去两个月。他早该回来了。你最好给他写封信,催一催。"

"你说得对,亲爱的。我写。"

"你会忘掉的,我知道！我自己替你想着。明天我到市里去的时候,会问你,写好了没有,如果还没写,我就让你当着我的面写,或者我来替你写,你看好吗？我会写。用不着你告诉我怎么写。你只把地址告诉我就行了。"沃尔金娜说着,已经坐在丈夫的办公桌前,拿出信纸来。"你不用告诉写什么,我自己知道。哈,我会写得非常好！肯定是妙极了！我写好了,甚至都不给你看,说什么也不给你看。"

现在已经无可挽回。只好向她解释,为什么寄信的地址是伊拉东采夫的乡村。当然喽,列维茨基会说,他去的是一个极偏僻的村子,那里没有邮局,所以给他写信,就要由这位在伊拉东采夫家当家庭教师的亲戚转交。

妻子把信叠好,放进信封里。"通信地址,我的朋友。"

"亲爱的,地址是:哈尔科夫,三一大教堂,列维茨基府邸,弗拉基米尔·阿列克塞伊奇。列维茨基收,这你知道。"

为了挽回这无法挽回的局面,沃尔金只消十分钟就够了。他特别满意列维茨基府邸和三一大教堂。哈尔科夫,这还算不了什么:卡卢加也好,奥廖尔也好,随便哪个城市都可以用。但是,既然他去探亲,难道还有比"列维茨基府邸"更自然的住址吗？难道还有比"三一大教堂"更简短、更明了、更无懈可击的地方吗？

"我真高兴,总算是多少帮了你一点忙！啊,真想帮你做些事情！但是我不会做,我的朋友;什么都没学。现在整天想的是沃洛佳,学也晚了！我坐下来读书,突然发现:什么也没读进去,只想沃洛佳了……我真高兴,想到了替你写信！今后所有的信我都替你代写,你看好吗？我会写好的……"

她因为帮了丈夫的忙而欢喜雀跃！沃尔金却感到非常惭愧,竟然在她面前采取了两面手法:她可说不出"三一大教堂、列维茨基府邸"这种话来。

"我的亲爱的,你坐在我身边听我说,听了也不要伤心。你知道,我生性多疑,又畏首畏尾,因此你对我的话不要怎么重视,你知道,我们现在一切都平安无事,我之所以想到将来,仅仅因为我是一个怯懦的人。我想象的事或许完全不会发生。你知道,我为人行事很谨慎。假如我不是怯懦的话,那我就不用想着你、想着沃洛佳了。你知道,我并不考虑我的眼睛、我的身体。关于我的身体和我的眼睛你多余担心，请你相信我。只有一件事会对你和沃洛佳有所影响，就是怕一万一情况发生什么变化。俄国人民的境况非常糟糕。如果是现在发生了什么事情，那对于我和你还不会怎么样。现在还没有人惦记上我。可是，我的声望越来越高，过两三年就要把我当成一个有影响力的人物看待了。天下太平的时候，还不要紧。但是，正像我说过的，你自己也知道，俄国人民的境况非常糟糕。在我们结婚之前，我就对你讲过，我曾经想，我讲的都是些蠢话。可是，随着时间的推移，看得越来越清楚，那么事先向你讲明白是必要的。我不认为现在会发生任何对你来说不愉快的事情。但是我不能不看到过一段时间之后……"

"原来你要说这些呀！"她面色苍白。"你别说了，不许你说这些！"她霍地站起来，用手捂住丈夫的嘴。"不许你说！你别说了！我听过一回，已经够了。不许你再说！"她跑出屋去。

显然，那个时候她还听得进去，因为那时她还没有想到和沃尔金的感情会这样深。显然她现在听起来要困难多了，因为同他在一起生活了三年；再有，她现在已经明白，这种事情是可能发生的，而那个时候却不懂得。的确，现在完全没有必要重提这件事了。或许，这还是必要的吧？

他出去追她。

妻子正紧紧地把儿子抱在怀里，俯在他身上痛哭："沃洛佳，咱们会变成孤儿寡母啊！"

要想彻底说明他为什么不得不编造三一大教堂、列维茨基府邸，现在还不是时候。于是他就说，他有些言过其实，妻子没有必要把他的话放在心上，因为妻子很清楚，他的性格一向多疑、怯懦。她到了疲惫不堪的时候，才平静下来。

后来她责骂丈夫：为什么要提起这件事来呢？已经说过一回了，足够了，她会记得，但是她并不想记住。为什么要记住呢？最好是到任何时候都不再向她提起这件事，而且自己也不去想。他之所以想，是因为他向来喜欢凭空编造。这都是无稽之谈。这种事是不会发生的。

她心平气和地同沃洛佳玩起来，傍晚时，又变得愉快了。

第三章

　　不仅那些住在根据意大利气候设计的木建别墅里的人们迁回了市里,就连贵族也都纷纷迁回来了。大家开始议论起即将来临的戏剧季节①,而后,首场演出的广告也张贴出来了。

　　沃尔金娜和梁赞采娃关系甚好。她们彼此不常见面。夫人的聚会每次之间往往要隔很长的时间,但是她们通过米罗诺夫,不断地交换着各自的新消息。梁赞采夫在大学当教授,米罗诺夫是最好的学生之一。那个时代,俄国的进步人士很热爱俄国青年一代。青年一代也热爱他们。梁赞采夫对米罗诺夫颇有好感,因而梁赞采娃也对他颇有好感。事实不能不这样,因为梁赞采娃非常信赖自己的丈夫。她不能不信赖,因为她非常爱他。她也不能不爱他,因为他值得爱。

　　梁赞采夫在彼得堡进步人士当中是一位当地的重要权威。那时候,彼得堡的进步人士数不胜数。无论是谁,只要有可能,就拼命往梁赞采夫家里钻。每逢星期二,梁赞采夫的家就让这些进步人士给挤得水泄不通。他们挤满了所有接待客人的和不常接待客人的房间,甚至还闯进育儿室。梁赞采娃只好哀求他们不要高声叫喊。所有的人,只要有机会,都认为能替梁赞采娃效劳是自己莫大的荣幸。假如她想抛给女歌星博西奥②一束鲜花,那么就有人给她送来五十束最贵重的鲜花。可是,她现在只是想买四楼的剧票。有十个进步人士,吵得震耳欲聋,争着说要搞到二楼的、一楼的、二楼包厢的剧票。梁赞采娃好不容易才让他们明白过来:是她不愿意多花钱。这时,有二十个进步人士争论起来,看谁有此荣幸,为她买四楼的剧票。

---

① 按欧洲习惯,戏剧季节自秋季开始,入夏即告结束。

② 博西奥(1824——1859),意大利女歌唱家,1856——1859年曾在彼得堡演唱意大利歌剧。

在首场演出的这天早上,她派米罗诺夫来告诉沃尔金娜,说拿到剧票了。沃尔金娜非常高兴。她去问丈夫,是否跟她同去。他不能去,他今天要在印刷所待一晚上。沃尔金娜因此有些沮丧,心想,根据他平素的习惯,这只是一种托词。但是他说:"我说的是真话,亲爱的。"凭他这句话,沃尔金娜无论何时都会相信,他没有说谎。沃尔金娜对米罗诺夫说,带他一起去。

印刷所就在科洛姆纳区,离歌剧院很近,因此叫了一辆四个座位的马车,顺便把沃尔金拉到印刷所。沃尔金到了印刷所,马车继续向歌剧院驶去。

沃尔金走进印刷所时才发现,他早到了整整一个小时。当然,也可以马上开始工作,但是,即使这样,过一刻钟后还是要等着。他怎么消磨这段时间呢?歌剧院离这里只有百步远。到那里走走岂不很好?这会叫妻子分外高兴。

他来到剧院,登上楼梯。但是往哪里去呢?就说上四楼吧,那么,是多少号呢?只有在上楼梯的当儿,他才醒悟过来,他不知道包厢的号码。他停下脚步,想了一想:这可怎么办?等他确信这个难题无法解决之后,便朝楼下走去。他一边下楼,一边在想,突然想出了一个好主意:既然这样,我可以做另外一桩事情,让自己也开开心。他走到售票处:"劳驾,买两张边座的票,一张这一侧的,一张那一侧的。"售票员说,边座的票一张也没有了。售票员见他很难过的样子,穿着并不寒酸,戴着金边眼镜,于是就补充一句说,剩下的票最便宜的是池座第六排。沃尔金思忖一下,太贵了。但是,贵就贵吧,随它去。然而主要是:在池座里莉季娅·瓦西利耶芙娜会发现他。不行。他从售票口走开,用手指摆弄着自己浅褐色的胡须。他的想象力是无穷无尽的,他瓮声瓮气地"嗯"了一声,表示对自己智慧的赞赏,随后便走上台阶。他想起了他在大学最后一年搞不到边座票时所采用的办法。那时,他多少是个音乐迷。

但是现在他已经没有当年那种兴致了!他不是要听音乐,而是要进行一番巡视,彻底地、全面地巡视。为了全面巡视他才要买两张票。"你们这里有好的望远镜吗?"为了彻底巡视,他向边座的检票员问道。老头儿递给他一个很不错的。"没有比这再好一些的吗?""这个已经很好了。""我要更好的。""如果您需要最好的,我叫小女儿到楼下跑一趟,给您取来。"小姑娘拿来一个望远镜,的确是最高级的。"很好。"沃尔金说完就同这人讲起价钱来,为的是能放他进去在座椅之间站一会儿。

他首先开始一排接一排地依次巡视池座,想验证一下:是不是池座里的望远镜大都扭过镜头,朝着楼上并只对准一个包厢。果然不错,东南西北,方向各异,但是大部分都望着楼上,望着一个包厢。自然会是这样,他就说过嘛,理应是这样。而且不能不是这样,他说过的。而后,他又开始巡视剧场与他相对的那一侧,从一楼包厢看起,到二楼包厢,到二楼排座。这里也是这样;不能不是这样,他知道,本来就应该是这样。由于他专心致志地进行彻底巡视,所以紧紧地蹙起双眉,然而却禁不住怡然自得地微笑。他不能不怡然自得,因为他巡视得十分仔细。当然,这番观察是多余的。但是为什么不来看一看,证实一下眼前的事实确和他所知道的全然一致呢? 既然他有空闲时间,为什么不来观察一番呢? 当然,看是无须看的。但是,为什么不看呢?

朝对面一侧巡视过后,他退到走廊,告诉检票员,说他要到对面去。他拿着望远镜,留下押金,证明他不会把望远镜拿跑,就到边座的另一侧去了。他估算好,是哪一道门正对着从舞台数第九号包厢,他就花钱买得检票员的同意,进门去站在第二排的两个椅子之间,着手结束他的巡视。不言而喻,从这一侧看也还是那样。巡视完毕,便去看四楼的九号包厢。过不久,他发现他的眼镜渐渐蒙上了一层云翳。于是他放下望远镜,开始擦拭眼镜,并且利用这段间歇时间沉思起来。他所思索的是,从根本上说,莉季娅·瓦西利耶芙娜的见解显然是对的,她自己曾经说过,如果她同意嫁给别人的话,她就不会幸福。并且也不能不同意,当初她没有听从沃尔金的意见自然是很恰当的。她觉得她的生活无论如何要比嫁给别人好多了。她这样说,的确也是实在话。沃尔金总因为沃尔金娜同意嫁给他而感到内疚,对沃尔金来说,这种感觉实在也很愚蠢。沃尔金的思考永远是这样细致而周密,以至他自己也不得不常常暗自承认,他思考问题是很有道理的。因此,他现在就只剩下一个未解的疑难了:他擦眼镜是否擦得很自然,而没有引起周围男女观众的注目呢。因为,如果有人发现他的举止多少有些古怪的话,他心里从来是很不舒畅的。他戴上眼镜,扶扶正,随后便把周围的男女观众扫视一遍:好像没有人注意到他。这位年轻人没有注意,他大约是个官吏;那位也没注意,他大约也是个官吏;还有这位姑娘,她大约是那位的妹妹;还有这位太太,她很可能是他们两位的母亲,那个人也没有注意,他可能是个小商人;她也没有注意,她可能是那个人的妻子;还有这一位……真是意想不到,这一位是谁呀?

"您怎么会在这儿? 会在边座这儿?"沃尔金用手按了按"这一位"的肩膀,贴近他的耳边,轻声说道。"这一位"原来就是尼韦利津。

尼韦利津回过头来:"沃尔金! 是您! 我们能在这里会面,真叫我感到意外。您怎么会钻到边座来了? 塔涅奇卡请您原谅,我要同沃尔金先生叙谈叙谈。"他对坐在他旁边的一位女士说。沃尔金还没有来得及数到这位女士呢。"沃尔金先生,但愿您不至于有那么大的兴趣非要听前奏曲而拒绝同我谈几分钟吧? 再会,塔涅奇卡。"

"您去吧,请便好了。就像我不明白似的!"这姑娘说话的口吻中戏谑多于惋惜。"快到包厢里去找您的朋友吧。"

"我不会到包厢去找梁赞采夫夫妇。您将会明白,您错怪了我。说实话,我确实需要同沃尔金先生谈一谈。您会看到,我将坐在池座第四排。"

"我们等着瞧吧。您若是不到他们包厢里去,那自然很好。既然如此,也就没有必要告别了。您同沃尔金先生谈完话就会回来的。"

"要是我回到这里的话,塔涅奇卡,那将有损于您的名声。到了休息时间,熟人肯定会在休息厅里看到我,这以后我怎么还能躲起来呢? 他们会盯着我,看我跑到哪里去。"

姑娘莞尔一笑:"Oh,traitre! Oh,monstre! ①那您为什么不早告诉我,说您在这里只待到第一次中间休息呢? Oh, monstre! Voyez comme il sait mentir! Mais je vous assure que vous etes un monstre!"②

"这是我自作自受。"尼韦利津同沃尔金来到走廊时说。

"我和塔涅奇卡是朋友,她曾经同我的一个熟人同居过。我刚进剧院的时候,遇见了她,我问起这个熟人的情况。我昨天刚刚回来,任何人都还没有见到。在我旅行期间,这位熟人结了婚。您看,她很可爱,同她也还可以谈一

---

① 法语:哼,变了心的人! 哼,恶魔!

② 法语:哼,恶魔! 看他多会撒谎! 我对您说,您真是一个恶魔!

谈,她还能读点法文小说。"

"于是您就同她到边座来了?"

"您说这话是什么意思?我没有对任何人表示过倾心,我没有想过要结婚。"

"那么,现在您在想,是吗?"沃尔金哼出一句华彩乐段,使得走廊里的服务员猛然战栗了一下。"您这是什么时候决定的呢?可是,我想我该走了。我是到印刷所去的,就在附近,因为时间还早,所以就到这儿来了。"他掏出怀表。"时间到了。您什么时候到我家来呢?我妻子一定很高兴见到您。"

"最近几天。"

"吓!说得倒好:'最近几天'——明天!"

"也可能是明天。"

"哼,真不错,'也可能是!',就是明天,一言为定。来吃中饭。您知道,我是真心诚意地邀请您。还有什么犹豫的呢?这样真心诚意对待您的人,您能数出很多来吗?梁赞采夫家,我想也就数到这里为止了。那就这么定了,明天怎么样?"

"我很久以前就很尊敬您。大约您也觉察到了,我们在梁赞采夫家见面的时候,我总是想接近您……"

"难道我回避了吗?当然,我没有空闲时间。可是我既然请您,那就是说对您有好感。还有什么值得怀疑的吗?明天吧?"

"好,明天。"尼韦利津应该体会到在这膈腴人的憨气十足的亲热态度里,确实包含着许多好感。

"嗯,好极了。应该到印刷所去了!还要把望远镜送回去!完全忘记了!"沃尔金说着便一步跨过两三磴,从楼梯跑下去了。

当剧场渐渐坐满人的时候,沃尔金娜望着观众,现在她早已把他们置于脑后了。

"尼韦利津回来了!"梁赞采娃对丈夫说。"他刚刚进来,在第四排。"

"啊!非常高兴!非常高兴!我们倒要听听,他带回些什么消息来!"梁赞采夫高兴地直搓手。

"尼韦利津,在池座四排?"沃尔金娜说着抬头望了一眼。"一点不错!"她耸了耸肩膀。

"您认识他吗?"梁赞采娃问。

"我能认出他来,但我们彼此还不认识。"

"我还以为在他动身以前你们就认识了呢。因为在那一段时间里,他好像和您丈夫的关系很密切。"

从梁赞采娃的言谈中既不会听到尖刻的挖苦,也没有什么模棱两可的暗示。如果她这么说了,她一定觉得别人对这种话是无动于衷的。那么她想要说什么呢? 难道尼韦利津和萨韦洛娃的关系大家都知道了吗?

"您为什么会以为,在尼韦利津动身以前我丈夫就和他关系密切呢?"

"我们也略知一二。"梁赞采夫拦住妻子的答话,匆忙地说,显出十分得意的样子,又搓了一下手。"据我们所知,正是阿列克塞·伊万内奇派他出国的。"

显而易见,所有这些话并无丝毫恶意。

"阿列克塞·伊万内奇派他出国? 这件事真使我产生了很浓厚的兴趣。"

"在我们面前用不着遮遮掩掩。"梁赞采夫继续搓着他的手,同时把声音放得很低,凑在沃尔金娜的近旁说。"也许,尼韦利津本来要出国,但是他不可能走得这么急促。即使阿列克塞·伊万内奇没有特意派他走的话,那么至少让他把行期提前了。"梁赞采夫完全贴近沃尔金娜的耳边,悄声说:"阿列克塞·伊万内奇派他到伦敦去完成某些使命。"①

沃尔金娜松了一口气:他们并没有怀疑到那件事,而是在说胡话。不管胡话的内容如何,反正和萨韦洛娃毫无关系。"到伦敦去? 完成使命? 老板们才派人到伦敦去完成使命呢,成百万地买进或者卖出。啊,我真是万分荣幸,阿列克塞·伊万内奇居然有了上百万的财富! 我可要从他手里全都夺过来。"

"小声<u>些</u>,别人会听见的。"梁赞采夫带着十分钦佩的神情悄声说道,"您王顾左右而言他,但却枉费心机。"

"噢,既然您告诉我,让我说话别叫外人听去,那我现在明白了! 我完全

---

① 梁赞采夫认为沃尔金和在伦敦从事革命活动的赫尔岑、奥加辽夫等人有联系,并且派了尼韦利津去完成特殊使命。

忘记了,原来在伦敦住着一些我们的人。可是您又怎么能断定是阿列克塞·伊万内奇派尼韦利津去找这些人呢?阿列克塞·伊万内奇不会去说这些。难道是尼韦利津这么告诉您的吗?"

"这种事情只能意会,不可言传,"梁赞采夫以赞叹的口吻轻声说,"一个人根本没有想去旅行。可是他突然宣布:后天我要出国。然而,就在前一天的晚上,阿列克塞·伊万内奇到他家去过。这个人要走,只有阿列克塞·伊万内奇一个人知道他启程的时间,还去送他,一直送到马车跟前,彼此拥抱,大概两人还落了泪,亲吻告别,阿列克塞·伊万内奇送他坐进车去。我们知道的就是这样一些事实。只要您把事实告诉我们,我们就能靠着自己的一点小聪明尽量悟出其中的道理来。嘿,嘿,嘿。"他从内心深处发出笑声。

有天晚上沃尔金娜被丈夫关于将来的思虑搅得激动不安,如果当时她听到这种解释的话,她就会怀着激动的心情悉心听取梁赞采夫所讲的这番话。但是她不喜欢垂头丧气;她不喜欢事先用一些可怕的事来折磨自己。丈夫的预言可能破坏她的情绪,但仅仅是几个钟头而已。第二天早上她一起床,所思考的依然是这次忧虑之前的那些想法:疑虑很重的人所担心的事情,并不会全都发生,而在这类人当中她丈夫又是最爱杞人忧天的一个。她坚信:只要谨慎小心,就几乎永远不会发生危险。因此,梁赞采夫的话,虽然并不完全让她感到愉快,但却叫人觉得可笑。

"真是胡说八道!"她笑着说,"您亲自告诉我丈夫,说他到了罗马;既然这个人到了罗马,并且住在那里,而后又到了巴黎,又住在那里,那怎么能说急速地派他去伦敦了呢?不是您亲自对我丈夫说,他只是在返回俄国的途中才想去英国吗?"

"看,看,看!"梁赞采夫悄声说,狡黠地眯起眼睛,并且欣喜若狂地搓着双手,"看,看,看!从俄国出发,两周以后到达罗马,这当中会有时间去伦敦一趟的!阿列克塞·伊万内奇做事比我们这些肉眼凡胎要精明多了。若是我们派人,就直接去巴黎,直路抵达伦敦。但是他却取道意大利!谁有兴趣去跟踪一个去意大利的人呢?从半路上一拐——然后又回到意大利,整个过程神不知鬼不晓,无懈可击!是啊,我们所有的人都要拜阿列克塞·伊万内奇为师！只有一点遗憾:这样做,花费太大了！只有在为数很少的极端重要的情况下才可以耗费这样多的钱。"

"您自己不知道您在胡说些什么！我丈夫和尼韦利津会笑破肚皮的。"

"您非常坚定地为他们辩护,但是我们马上进行一次小小的侦讯,就可以拿到罪证。"梁赞采夫说着,调皮地挤了一下眼睛,"尼韦利津大约要到这儿来,我们给他来一次审讯。一次小小的审讯!"

"您是说您和尼韦利津并不相识吗?"梁赞采娃说,"可是我却以为,您也和他关系很好呢。当您看了他一眼,耸了耸肩,他顿时面红耳赤起来。

"或许,他理解了我为什么要耸肩。如果他到这儿来,他就会知道,我是非常喜欢训斥人的。"

"您为什么要训斥他呢?"

"因为他换了地方。"

"他换了地方了? 原来他在什么地方来着? 他在追谁呀?"

"瞧您这好奇劲儿! 您太不谨慎了! 您的丈夫在听我们说话呢,您忘记这一点了。"

"我在听着,这不假;但是我什么也没有听见。我是一个模范丈夫。"

"别这么开玩笑,我亲爱的丈夫:我还当真有那么一点儿钟情于他,别看我已经二十八岁了。可怜的女人! 从我们点首致意之后,他还一眼都没看过我呢!"

"主啊! 人们凭什么要钟情于这种冷酷的人呢?"米罗诺夫用激动人心的语气说,"凭什么不钟情于我呢?"他开始用拳头擦拭自己的眼睛。"钟情于我吧,我不会冷酷无情! 我有一颗多愁善感的心!"说着便嘤嘤啜泣起来,一直持续到两个歌手把一段冗长的、任何人都不爱听的对唱唱完为止。他用自己的啜泣相当精彩地模仿着两个歌手糟糕透顶的调子,以至于博得了隔壁包厢里的三位很漂亮的女士的悄声喝彩:妙极了! 他把手轻轻抚在心旁,向她们行礼致意,继而紧紧地握住他的学生佩剑的把手,把一种狂怒的目光投向坐在那个包厢里的两个男人,使得他们一本正经的面孔也露出了笑容。

"我坐累了。"第一幕演出完了,梁赞采娃说,"我们到走廊上去走走吧。"

"好的。"沃尔金娜回答说。

她们俩刚刚走了几步,尼韦利津就跑过来了。他走到梁赞采娃近前说,他昨天刚刚回来,由于事情繁忙,不能脱身,他还一次都没出来拜访呢,因此梁赞采娃应该原谅他。

梁赞采夫同米罗诺夫一道,在后面走着。为了使尼韦利津能回过头来看一下,他郑重其事地咕噜了一声,随后说道:"您同阿列克塞·伊万内奇·沃尔金已经会过面了吧?"

"是的,我见过他。"

"嘿,嘿,嘿,您同他会过面了。"梁赞采夫狡黠地眨了一下眼睛。"我们毫无怨言。"他以严肃而赞许的口吻继续说,"重要的事情当然要先于琐碎的事情。我们充分理解,您必须首先同他会面。"

这位心地善良的人洋洋得意:他进行了一次"小小的审讯",并且"拿到了罪证"。沃尔金娜感到不能就此罢休,因为尼韦利津自然以为,梁赞采夫说这番话是由于他窥知了他同她丈夫接近的真正底蕴。应该让他清楚,梁赞采夫对那件事是一无所知的。

"尼韦利津,请您说一说,您是在哪儿看见我丈夫的?"尼韦利津望着她,无限惊诧。

"请您告诉格里戈里·谢尔盖伊奇,您是在哪里看见我丈夫的。他在凭空臆想,仿佛有人委托您,让您回到彼得堡之后立即就去见他似的。"

"我是刚才,在这儿,在剧场里,见到沃尔金先生的。我们相遇完全是出于偶然。"

梁赞采夫一败涂地。但是瞬息间他的脸上显出了恍然大悟的、洋洋得意的神色,同时还透着某种近似于虔敬的仰慕神情。

"我再也不刨根问底了。"他十分诡秘地压低嗓音说道,"本来就没有必要会面。你们在剧院相遇,完全出于偶然。在剧院里能有什么紧要的事呢? 在剧院里能有什么正经的话要说呢? 不管这个主意是谁出的,我对这个人深表敬意,并且从此保持沉默。"

很明显,他把这一切理解为,沃尔金行事远比他的想象、远比派人取道奥地利去伦敦还要精明百倍。但是在沃尔金娜看来,最要紧的仅仅是不让尼韦利津误认为,他同萨韦洛娃的私情被人揭穿了。尼韦利津现在会看得明白,梁赞采夫所谈的rendez-vous①和情人的幽会风马牛不相及。这对沃尔金娜来说,就已经足够了。而现在尼韦利津自己会迫使梁赞采夫道出他的推想,并且自己会向他说明这种臆断是荒唐无稽的。

"嘿,嘿,嘿! 我保持沉默。我们再不谈这个话题了。我也不再好奇地探问您究竟给阿列克塞·伊万内奇带来些什么,"梁赞采夫继续诡秘地悄声说道,"可是您给我带来些什么呢? 仅仅是敬礼和致意吗? 还是另有一些托办的事情呢? 他们在那里生活得还好吧? 是不是很想念祖国?"

"给您带来一些信件。信里没有什么特别紧要的事。我没有料到能在这里遇见您,所以没有把信带在身上。明天一早我就给您送去。等一会儿到包厢里我再同您叙谈。"尼韦利津撇开梁赞采夫,走到梁赞采娃近前:"安娜·亚历山大罗夫娜,我想和您说几句话。"

"密谈吗? 那我的丈夫会怎么想呢? 莉季娅·瓦西利耶芙娜,我想事先给您打个招呼:这位是一个不可救药的风流客。至少可以说,在过去,在没有成为我的忠实不渝的崇拜者之前,曾经是一个风流客。我来给您介绍一下,他姓尼韦利津。"

"我们多少有些认识。"沃尔金娜说着,把手伸给了他,"等您把您的秘密向安娜·亚历山大罗夫娜倾诉过后,我也要秘密地向您提出一项批评。"

梁赞采娃放慢了脚步。

"她是谁?"等他们稍稍落后了几步,尼韦利津便轻声问道。

"您从谈话当中应该知道她是谁了。她是沃尔金娜夫人,我把她的名字也告诉您了:莉季娅·瓦西利耶芙娜。"

"在我来到你们这里之前,我就非常清楚地知道,她不可能是沃尔金娜夫人。请您告诉我,她究竟是谁?"

"您是中魔了吧,尼韦利津?"

"这非常可能。如果是这样,那就更没有必要拿我开心了。看在上帝的

① 法语:会面。

分上,她到底是谁?"

"拿您寻开心? 您真是中魔了。"

他沉默不语,脸上显出一副勉强忍耐的懊丧神情,仿佛要使那些存心戏弄他的人彻底明白,他完全看穿了这一套鬼把戏。

"我可以肯定地告诉您,她的确是沃尔金娜夫人,您甚至都不屑回答我吗? 您要知道,您确确实实是中了魔了! 如果您不愿意相信我,就问她本人好了。莉季娅·瓦西利耶芙娜,"她大声唤道,"请您猜一猜,我们在谈论什么呢?"

"问谈论什么,我不知道;要问谈论谁,那倒很清楚:你们在谈论我。"

"他认为,您不可能是莉季娅·瓦西利耶芙娜·沃尔金娜。"

"为什么我不可能是呢?"

"您自己去问他好了。他疯疯癫癫的,顽固得很,甚至觉得没有必要同我争辩。"梁赞采娃笑着,走到丈夫和米罗诺夫那里去了。

"尼韦利津,您以为,我们串通好要戏耍您吗? 的确,您可能看见了,我们在您移到池座之后总在不停地笑着。您可能以为,他们也知道了您移到池座去的原因。然而,您错了。您看,他们甚至根本没有想到我丈夫曾经来过这里。也就是说,他们没有朝那个方向看,也没有看见您在那边待过。他们什么都没有看见,尼韦利津。"

"在我移到池座之后,您和他们是不是曾经笑过,对此我毫无所知。"

"您做得很对,在您刚才向他们行礼致意的时候,言谈举止都非常得体。何必授人以柄呢? 如果有人拿您取笑的话,我会觉得很遗憾。然而现在,尼韦利津,他们的确在笑您。一向举止很得体,但是突然之间开始想入非非,让人家看出来,您像刚刚成年的孩子一样迷醉于情爱。尼韦利津,让他们拿您开心,这完全是不必要的。"

"既然您也同意参加这一场捉弄我的把戏,他们又怎么能不开心呢?"

"尼韦利津,您忘记了一点:如果说梁赞采娃同您交往颇深,可是我和您还不相识呢。如果我答应她,让她利用我开这么一个玩笑,那未免是过分地迁就了别人的意愿。更何况,我怎么能够断定您会认不出我来呢? 是的,您现在倒使我想起来了,当初那一次您确实没有注意到我丈夫向您点头致意,您没有看见他,也没有看见我。那个讨嫌的女人还关上了我所在的会客间的门,所以当您穿过大厅的时候,也没有看见我。然而,这些细枝末节不可能使我在这么长的时间里仍然记忆犹新,我完全想不起来了,所以我竟以为,您当时看见了我,因为我看见了您。现在,我想,您会相信,我就是把自己的手套转交给您的那位女士了吧?"

"我看得出,您确实得到沃尔金娜夫人的完全信任。您是她的妹妹,因为您知道我回来之后还没有到他们府上去过呢,您和他们住在一起。您是她的妹妹或者是她的近亲。"

"啊,如果我丈夫听到这些话,那该多好啊!他会哈哈大笑,吓跑整个剧场的观众。但是我对您说,我宽恕您,仅仅是因为您对我的为人还很少了解。即使沃尔金娜夫人有一位妹妹的话,她也只能向妹妹诉说自己的秘密,但绝不会向她透露别人的秘密。"

"您不要再取笑我了。"他感伤地说。

"您应该有所感觉,我的态度已经变得很严肃了,因为您多少有些使我感到恼怒,仿佛我真可能随便向谁泄露别人的秘密似的!不是的,我可不像您这位梁赞采夫,他什么都知道,并且什么都说。我什么都不会说,因为我什么也不知道。您知道他了解什么吗?您受我丈夫的派遣,带着重要的秘密使命前往伦敦!我求求您,您一定要把他这种荒诞的想法从他脑袋里清除干净。我不能同他继续谈论这个话题,我不能讲您出走这件事:因为我不可能知道您出走的缘由,也不可能做出任何推断。请您随便找个理由,向他解释清楚您为什么要出国,并且最要紧的是,向他证明,您是直接到了意大利,您要把您从彼得堡出发到达罗马,直到给他写信为止这一段时间的每一天、每一小时都向他报告清楚。"

"我一定做到。但是我恳求您,请您告诉我您的姓名,告诉我您和沃尔金娜夫人或沃尔金先生是什么亲戚,告诉我您到底是谁。"

"我的上帝!您必须丢掉那种似乎有人在拿您开心的错误想法。现在我们谈话的基调这样严肃,已经不适于再开玩笑了,仅就这一点您就应该明白。"

"您故意赋予我们的谈话这样一种基调,为的是让我更容易轻信。的确,您讲了很多细节,关于这些事只有沃尔金娜夫人和沃尔金先生才知道底细;您还那样着重地讲道,为了沃尔金先生的安全需要做些什么事情,这样一来,假如我不知道您不可能是沃尔金娜夫人的话,就肯定会把您当作沃尔金娜夫人了。"

"究竟为什么我不可能是我自己呢?尽管我很严肃,但您又要惹我发笑了。您怎么会知道我不是我呢?"

"我知道沃尔金先生已经结婚三年了。一位出嫁三年的女士不可能只有十七岁。不满十六岁是不准结婚的。"

"哦,我有时倒也听见人家这么说,都认为我比实际年龄小。如果我愿意的话,七年前就可以给我举行婚礼了。因为,我敢向您夸口,七年前就有几个向我求婚的人了。"

"您是想对我说,您已经二十三岁了!"

"我从内心里厌恶'二十三岁'这几个字,避之唯恐不远。然而非常遗憾!这是真的,尼韦利津,我确实已经二十三岁了!"

"您没有很好考虑就回答问题,所以您说了一些不可能的、令人难以置信的事。如果您要说您十九岁,那么,虽然勉强,倒还可以让人相信。"

"我倒很乐意这样说,尼韦利津,但是十分遗憾,我再也不能这样说了。不过,如果您愿意的话,您尽可以认为我只有十九岁,这对我来说是很愉快的事,哪怕说我十七岁、十六岁——那就更好了。"

"除掉您没有沃尔金娜夫人那么大的年龄,她还在彼得堡居住了三年,就我所知,沃尔金先生在这里已经住了三年;而您却很晚才来到彼得堡。在上一个演出季节您还不在彼得堡呢。"

"您同我丈夫的看法一样,认为所有的人都应该注视我!"她朗朗地笑起来,"我很欣赏这种看法!但是请您不要像我丈夫一样把这种看法引入极端,免得像他那样变成一个滑稽可笑的人。您没有注意他在这里做什么吗?在观察所有的少女和所有的年轻夫人,为的是告诉我,说他端详了所有的人,而我比所有的人都更美。噢,我的上帝,我真没见过这么滑稽可笑的丈夫!"她又笑了起来,"至于彼得堡为什么在此之前不可能完成我丈夫赋予它的这项任务,其原因是不难解释的。第一个冬天,我和我丈夫手头很拮据。我甚至不得不卖掉我随身带来的那五六件绸衣服。当我没有钱,当我的衣着打扮比别人逊色的时候,我是不愿到社交场上来抛头露面的。后来又因为给沃洛佳喂奶,我既不能出来看戏,也不能参加舞会。只是从今年春天才开始……"

"您还有一个儿子?"尼韦利津耸耸肩膀。

"是的。"她笑起来,"但是,请您注意,尼韦利津,"她又神情严肃地说,"自从我渐渐参加这里的社交活动以来,我发现彼得堡的年轻人也像我们外省一样,都很荒唐可笑。他们所谈的同样是那些话题,尽管他们会使用不那么陈腐的辞藻。我承认,您很善于非常巧妙地恭维人,所以听这些恭维话我感到很惬意,这一点我并不想掩饰。好了,适可而止吧。因为这种惬意仅仅有几分钟的工夫,仅仅限于初交的时刻而已。时间一久,就索然无味了。与其长时间地听人家恭维,莫不如让我来做些训斥,我可是善于做冗长的训斥,啊,冗长得很呢!您放心:您再也不必琢磨新的恭维方法了,因为要您说的话题是足够多了。比如说,请您讲一讲,坐在您身旁的那位标致的、非常标致的姑娘是谁呢?您应该认识她,您同她攀谈了那么久。她是谁?您脸红了?您为什么要脸红啊?是因为您在追求一个穷姑娘吗?一个门第寒微的姑娘吗?还是因为您追逐她让我给看见了?唉,就算是这样,您也不必如此。即使我没有看见,我也会知道,您必定是在追着谁,不是今天,就是明天。我要责骂您,并不是因为您在追谁。虽然我的丈夫说过,追逐异性是一种深重的罪孽。从他的角度来看,他确有道理:他是一个学者,他在考虑如何改造社会,为了使所有的人彼此之间互不为害,并且不至于在自己的心目当中丧失尊严。他应该对一切不良的现象进行苛刻的非议。然而我不是学者,我不认为自己有权成为这样一个苛刻的人。另外,他也说过,不应该因为一个人仅仅做了人人都做的事,而过多地责怪他。我知道,一切有钱的青年人都在追逐长得俊俏的、没人保护的穷姑娘。我……"这时候,奏起了音乐,所有的人都走进各自的包厢。她匆匆说完最后几句话:"我不责怪您。但是我要请您回到她那里去坐。再见,要说的话我以后再对您说。"他跟在她后面向包厢走去。

"您发疯了? 您以为我是在使性吗? 以为我说这些话是为刺您一下吗? 甚至可能是出于懊恼,出于嫉妒吗? 您应该听得出来,我说话的语气完全不是这样啊。我仅仅是要告诉您应该怎样做。等下一次休息的时间您再来。如果您现在敢闯进包厢的话,那我就要生气了。我会叫您出去。我已经对您说过了:快到她那儿去吧。"

她随手关上了包厢的门。

第二幕结束了。"我要去看看,我的这位尼韦利津是不是还健在。"沃尔金娜说道。

"这才叫我心爱一个人呢! 一时看不见他,就以为他会遇上种种的不幸! 可是我却坚信他还没死,因为我听到有一个人在包厢外边的过道里踱来踱去有很长时间了。"

"莉季娅·瓦西利耶芙娜,请允许我出去买一双新皮靴,以您的名义送给他吧。"米罗诺夫说。

"想通了吗,尼韦利津? 我根本没有生您的气,而只是对您提出忠告,您应该怎么做,关于这一点您想明白了吗? 或许还没有明白? 至少您该看得出,我现在说话并不带有丝毫的怒气吧? 但现在却有更多的理由生气了。您怎么敢不按我说的话行事呢? 我警告您,我很不喜欢别人不听我的话。我不喜欢发号施令,倘使我真的发号施令,那就是说,我认为这样做非常必要。您刚才在什么地方游荡来着? 一直在坐着吗? 还是在走廊里踱来踱去呢? 真是妙极了! 我想您没有在检票员和他们的孩子们的眼里成为一个滑稽可笑的人物吧? 我想,您是到休息室去了吧?"

"是的,我吸烟去了。"尼韦利津回答着,他依旧茫然不知所措,像一个小孩子站在训斥他的家庭女教师面前一样。

"那个姑娘是谁? 我发现,她并不怎么富有,人家不尊敬她,她也习以为常。我不是问,她是不是那种备受母亲和十来个姊妹、表姊妹、姑母姨妈爱护的、有一大笔嫁妆的千金小姐,假如有人胆敢侮辱她,整个上流社会都要起来保护的。我是问您:您是不是她的情人? 您昨晚刚刚来到,大约您还没有来得及使她成为您的情妇吧,要么您已经向她求过婚了? 或者她已经看出来,您正在考虑向她求婚? 这两者几乎是没有什么区别的。您把她抛在那里,这样做对她太不礼貌了,这太使人难堪了,尼韦利津。现在您该明白,您为什么必须回到她那里去了吧? 您要改正您这种不礼貌的行为。如果您想同她分手的话,您就应该让她日后想起您的时候,有一个愉快的回忆。这个可怜的姑娘有朝一日(如果这一天还没来到的话)考虑起自己生活的时候,是不会有很多愉快的回忆的。"

"我这就回到她那里去。如果您要我这样做,我将继续同她保持朋友关系……我……我……我的青年时代过得很荒唐……我……我……"沃尔金娜不得不搀扶他一下,因为他的脚步已经有些跌跌撞撞了。

"您必须冷静下来,尼韦利津。我得把您交给梁赞采夫。他正急不可耐地要向您打听他的伦敦朋友的消息呢。我和您还会有时间攀谈。我让您送我回家。您还是一个年轻的孩子,虽然您已经浪荡了许多时光。一看到您我就喜欢您了。现在更加喜欢。"

她凑到梁赞采娃和米罗诺夫身旁。这时,梁赞采夫抓到了尼韦利津,开始同他进行神秘的谈话。

幕间休息时间结束了。尼韦利津截住走在其他人后面的米罗诺夫。米罗诺夫因为突然有人拽他,吓了一跳。他根本没有想到,尼韦利津为了刨根问底,会来拽住他。

"米罗诺夫,只谈两句。请您告诉我,这位姑娘是谁?"

米罗诺夫板起一副非常严肃的面孔:"梁赞采娃夫人已经告诉过您这位女士是谁。她还对我说,您以为我们大家串通一气蒙骗您。我真奇怪,您的脑袋里怎么会钻出这样一个荒唐的念头来!"米罗诺夫做出一副可怕的样子,耸了耸肩膀。

"继续蒙骗下去是毫无意义的。您怎么也不能让我相信实际上不可能的事情。"

"她是沃尔金娜夫人,这为什么不可能呢?"米罗诺夫问道,同时愈发显得神情严肃。

"沃尔金娜夫人至少应该有二十五岁,而她最多不过十七岁。并且她自己用最不可思议的杜撰彻底揭穿了这个骗局。她居然对我说,她有一个儿子。"

"'不可思议?'难道那种似乎不可思议、但确属事实的事还少吗?'不可能!'难道那些看上去不可能的事还少吗?"米罗诺夫对尼韦利津的论据嗤之以鼻。然而,他愈装得神态严肃,就愈使尼韦利津明显感到这是在故弄玄虚。

"还有一个事实,米罗诺夫。沃尔金曾经到剧院来过。我同他谈过话。"

"但是,他总不会对您说这不是他的妻子吧?"

"他没这样说,这因为我并没有问他。但是,当包厢里还空着一个位子的时候,他竟然需要给检票员一些钱,好让他在排座中间能站一会儿,在这种情况下还有必要去问他,坐在包厢里的是他的妻子吗?"

"既然您不愿意相信我所说的话,那又何必来问我呢。再见。您已经耽误我很长时间了。现在就要开始演唱一段我非常不愿意错过的合唱了。"

"您不对我说实话,我就不放您走。"尼韦利津抓住米罗诺夫的臂膀。

米罗诺夫拉起架势,要挣脱自己的臂膀,但是感觉到,尼韦利津抓得很紧,他盘算着,可以再多用些力气来挣脱:他仿佛用全身的力量挣扎着,随后便装成是被制服了,脸上露出垂头丧气的样子。

"尼韦利津,您不要扭伤了我的臂膀。放开我吧。"

尼韦利津看到,他准备屈服,然而未作回答,于是便继续紧紧地抓住他的臂膀。这时从剧场里传来合唱的歌声。米罗诺夫又做了一个假动作,仿佛想出其不意地挣脱出去,但这次仍未成功。

"好吧,我都告诉您,但您要放开我。她的确是沃尔金娜夫人,但她是一个寡妇。她的丈夫是您认识的那位沃尔金的表叔。他年纪很大。同这女士的祖父很要好。他很疼爱她,就像对待自己的亲孙女一样。她是一个孤女,生活贫困。这位老人有一笔为数不大的家产。当他预感到死期将至的时候,心里想:'让我来做一件善事吧。'于是让人用座椅把他抬到教堂,人们搀着他,说得更准确些,是人们架着他,绕诵经台走了一周。看上去,他的行为很有些乖戾。然而,他的继承人,他的亲侄子们,都是些为富不仁、贪得无厌的吝啬鬼,是些天不怕、地不怕、专爱惹是生非的人。如果立下遗嘱使外人得到好处,他们就会对遗嘱的有效性提出异议。所以他有必要在遗嘱里把这姑娘说成是自己的妻子。不然的话,我已经说过了,就会闹出一场无休无止的讼案,把全部遗产吞光。这次婚礼是今年夏天举行的。她成为孀妇之后,就到她姐姐,也就是阿列克塞·伊万内奇的妻子这里来了。这就是全部真相。您该放开我了。"

"她叫什么名字?"

"索菲娅·瓦西利耶芙娜。"

"谢谢您,米罗诺夫。"尼韦利津思忖了一下,便走上楼梯,到边座去了。

米罗诺夫非常想把拇指按在自己的鼻尖上,伸直其他几个指头①,来向他道别,但最终没有这样做,只微微吐出舌头而已。他走进包厢之后,迫不及待地等着蹩脚的歌手开始他们刺耳的尖叫。

"莉季娅·瓦西利耶芙娜,您知道您是谁吗? 我把您说成是一个寡妇了,您的名字是索菲娅·瓦西利耶芙娜。有一位老人,您的祖父的至交,在临终之前,让人把他抬到教堂,同您举行了婚礼,为的是不让他的那些无赖侄子们从您手里夺走一笔小小的家产。"

"您怎么会编出这样的故事来呢? 您可真让人生气。"

"我怎么会编得出来?"他回答着,并没有因为她紧蹙双眉而有所顾忌,"当然了,我不会在一刻钟之内编出一部长篇小说来;我的创作仅限于我把我小的时候从老人那里听来的笑话略加润色而已:他们对我说,在他们城里曾经发生过这样一件事。您多余感到气愤,您看,心地和善的人都在笑呢。"

的确,梁赞采夫在嘻嘻地笑,而梁赞采娃也忍俊不禁。

"他老态龙钟,站都站不稳,就这样跌在地上。"米罗诺夫跪倒在包厢深处。"他的嗓音是颤巍巍的,"米罗诺夫学着老人颤抖的口气说,"索涅奇卡②,我的小宝贝儿,你爷爷是我的至交,我想让你生活有保障,让你能自由、能独立……"

① 这是一种嘲弄人的动作。——译者注

② 索菲娅的爱称。

"真是一个小丑！把我都逗乐了,没法再生气了。"

"索涅奇卡,我的小宝贝儿,你来做我的寡妇吧！满足这个就要入土的老头最后一个请求吧！让他高兴一回吧！索涅奇卡,你成了他的寡妇并不是你的过错,是他自己在小丑米罗诺夫的协助下编想出你这么一段故事来的。你如果不答应我的最后请求,那么小丑米罗诺夫就不会停止他的滑稽表演。你如果不快些答应,那会出现什么结果呢？你看,你已经在笑了,安娜·亚历山大罗夫娜笑得更响些,格里戈里·谢尔盖伊奇已经在按自己的腰了；小丑米罗诺夫会弄得你们大笑不止,所有的人都会听到,所有的人都会对你们表示不满,他们心里想:听歌剧的时候这样高声大笑太不雅了,你看那些爱动感情的听众听着歌剧都要哭了,小丑米罗诺夫也感动得流出眼泪来了……"他嘤嘤啜泣起来,并且做出一副哭相,"莉季娅·瓦西利耶芙娜,您也来开他一个玩笑吧？"他继续用自己原有的嗓音兴致勃勃地说着,心里已经确信,她会同意的。

"这倒的确很有趣。可是,米罗诺夫,您为什么一定要把我说成是一个寡妇呢？我不愿意做寡妇。最好您还是让我像他想象的那样做一个姑娘吧。"

"办不到啊,莉季娅·瓦西利耶芙娜:您过于泼辣了。连寡妇和出嫁的女人也不容易找到这样的。不行啊！您不能扮演姑娘的角色。"

"说得真好！我做姑娘的时候,比现在还要泼辣,因为我完全不懂得什么叫产生爱情,我不断地想象着自己已经有了爱情,可是却感到这非常可笑。说实在的,这种看法还颇有道理:确实是非常荒唐可笑。太孩子气了,天真烂漫的孩子气。"

"正是为了这一点,就须要惩罚他一下,谁让他痴呆呆地爱上您来着,莉季娅·瓦西利耶芙娜,"米罗诺夫半开玩笑半认真地说,"阿列克塞·伊万内奇说得很对,谁也不该爱上您。我比尼韦利津年轻些,但我没有爱上。照理说他应该比我更聪明些,而不是更愚蠢。我请您好好地教训他一回。让他再敢爱上您！我都想捶他一顿,真的！"

"这会很有意思,米罗诺夫。但是,您说我是寡妇,虽然是开玩笑,我还是很不高兴。我不愿意当寡妇,我愿意做一个姑娘。"

她不再说话了,看上去像是在认真听唱歌。但过了一分钟又回过头来冲着米罗诺夫重复说:"米罗诺夫,我很不高兴您把我说成是寡妇。"

米罗诺夫仿佛是为了更好地看到台上的表演,而多次把位子移向包厢前面的隔墙,偷偷地从侧面去观察她的脸色。但再也不敢重新搭话。

歌剧散场了。沃尔金娜戴上帽子,朝米罗诺夫看了一眼。

"您为什么这样愁眉苦脸呢?您以为我还在生您的吗?我的亲爱的彼得鲁什卡①,您的确破坏了我的情绪。"

米罗诺夫任何时候都有兴致开玩笑。尤其是现在:他非常想让沃尔金娜再高兴起来。"莉季娅·瓦西利耶芙娜,请您带上他吧。我相信,他马上就要飞到这里来送您。莉季娅·瓦西利耶芙娜,您是一位好心肠的人,您带上他吧。"

"我已经告诉他了,说要带上他。"

"您带上他,我可要快些到您家去,赶在前头,教一教娜塔莎,还有阿列克塞·伊万内奇,如果他在家的话。娜塔莎要称呼您索菲娅·瓦西利耶芙娜,要告诉您,说您的姐姐莉季娅·瓦西利耶芙娜已经睡下了……"

"好吧。"沃尔金娜漫不经心地应了一声,漫不经心地同梁赞采夫夫妇道别,向走近前来的尼韦利津点首致意。米罗诺夫匆匆离去。

"我对待新相识是很热情的,"她默默地走过两段或者三段楼梯之后说,"但是,如果从我们一开始认识就让您知道,和我在一起您有的时候会觉得枯燥无聊,这样会更好。当然,我并不永远都是这样。平素我倒是个乐天派。"

"我按照您的吩咐做了。"

"我看见了。"她重又沉默起来。

她默默地等待马车驶近;她默默地坐到车上。

"啊,多么烦人啊!"当马车从剧院周围车水马龙的混乱中驶出时,她说了这么一句,"然而我不愿被这种情绪所左右,我愿意做一个乐天派。我不喜欢烦闷。您说点什么好笑的吧,尼韦利津,让我能笑一笑……可是,我怎么能说让您开个玩笑,讲一些可笑的故事呢!我想,您的思绪比我的还要乱……当然会是这样。因为您把我的沉默理解成腼腆,理解成我在想自己和您。您一

---

① 俄国民间木偶戏里的主要喜剧人物。

定会这样想，因为您可能已经发觉，我很喜欢您，如果您还没有发觉的话，那么我现在已经告诉您了。然而，我并没有想自己，也没有想您，我在想我可怜的丈夫……唉，真是非常遗憾！当着您的面，当着一个刚刚认识的人，我竟擦起眼泪来了！真是遗憾，车里并不很黑，您能看见我是一个多么可笑的人！因为想到我是一个寡妇就哭起来了！这太可笑了！这的确很可笑！哭我是一个寡妇！"她大笑起来，"让我们说点高兴的吧，尼韦利津，我愿意忘掉原来所想的……您怎么不作声啊？是的，我又忘记了，您现在不可能有心思让自己发笑或者引人发笑……我大约也不能聚精会神地听您讲话，即使您讲最有趣的笑话。那么，在我既没有心思自己说话，也没有心思听人说话的时候，最好还是让我们沉默吧。"

她沉默起来。

"尼韦利津，您是一个很知道分寸的人，"过了十分钟左右，她开始说，"在最适于沉默的时候，您很会沉默。我这样忧郁，您会以为很奇怪，甚至以为很可笑。啊，我自己都想对自己的忧郁嘲笑一番！我是要嘲笑一番的。阿列克塞·伊万内奇一直要我相信，说我多余害怕。我不知道、我不明白，究竟我们俄国在发生什么事情，将来的结果如何。我应该相信他，我要相信他。"

她重又沉默起来，她再说话的时候就冷静多了。

"可是我自己还有为他担心的事。这些事凭他怎么说也不能解除我的忧虑。因为这种事我自己能够明白，每一个人都能明白。长期这样工作下去，身体会怎么样呢？一清早去叫他吃茶点，他却坐在那里写东西。他告诉你说，他刚刚醒来。回头吃茶点的时候，他连眼皮都睁不开；这怎么能让人相信他睡过觉呢？常常是这样啊，尼韦利津，月月如此。从来都是一整天、一整天地工作，起身之后就工作，一直到深夜。连用茶点、正经吃午饭的时间都没有。抓起茶杯就走，去做他那该诅咒的工作，甚至还把没有最后吃完的饭菜连碟子一起都端到他那间该诅咒的书房里去。如果有人来拜访，或者他要去拜访别人，这就算是休息了，可是有的时候，这更使我叫苦不迭：白天有两三个小时没做工作，他就到夜里去补做，因此我甚至很少强迫他陪我出去走走，或者坐车逛一逛。我心里想这样才能让他休息一会儿，可是实际上只能使他更劳累。什么样的身体能经得起这样的生活呀？'没什么，亲爱的，我工作得并不像你想象的那样多。'是我在想象！或者是另外一种回答：'亲爱的，不这样工作不行啊，就这样我还做不完应该做的事情呢。'真是一个没有良心的人！他让我伤心，他自己倒不以为意！他干吗要拿这些工作把自己累死呢？为的是让我手头宽裕一些！他自己什么也不需要。每回给他定做一件新衣服，都要跟他吵架。他嘟嘟囔囔、嘟嘟囔囔：'亲爱的，这有什么用啊？'这完全是多余，亲爱的！'就这样说来说去、争来争去，直到惹得我发火为止。每一次都要闹到我吵骂才算完事。为了每一件小东西都要这样，为了一条领带，为了一顶冬天戴的暖和的帽子！每一回都让人很伤心。高高兴兴地给他买点什么，不行，他准叫你很伤心。这个人真是糟透了，他的脾气使人不能忍耐，一点良心都没有！他甚至什么都不爱。他竟然能抛弃所有的欲望。他不喜爱任何好吃的东西，您以为这怎么样？他还非常固执：只要发现是特地为他准备的，他就故意不吃他爱吃的菜。当他不知道的时候，他还吃。他并不特别机灵，他对什么都不十分注意，只有这一点还让人可以忍受。当他没发现的时候，他吃，等他发现这道菜是为他做的，那就完了：'我不爱吃，亲爱的。''为什么你不爱吃呢？''不喜欢，亲爱的。''怎么会不喜欢呢？你爱吃这个。''从来没有爱吃过，亲爱的，我不知道为什么你会这样认为。'争啊，争啊，直到我忍耐不住为止。那时候他就会唱一个新的调子：'那么，好吧，你说得对，亲爱的，过去是喜欢过，现在不喜欢了。'您说说看，可怎么办？无论怎么骂他，都不管用：他就是不吃。你扔到一边，等他忘了这件事，就又吃了。他只有一点好处：记性不好，而且什么也看不见。难道他不明白，不论是什么菜总是要做的，为什么不能做一个恰巧合乎他口味的菜呢？他只吃一个菜，再多就不要了，好在我无所谓，什么都吃。你给他讲这些，他都懂。可就是这么一种怪脾气。看得出，有的时候他自己也不高兴总让我伤心。但就是改不了。怎么能改不了呢！只是不愿意改罢了，因为他连一点点难为情的感觉都没有，怜惜人的心情就更少了。他说他爱我，哪怕能可怜可怜我也好啊！每一天、每一刻都让我伤心！我也从来没有见过这样吝啬的人！你要为他花一点钱，哪怕是很少一点点，他都感到可惜：'亲爱的，何必呢？''完全不必要，亲爱的！'

他总觉得我过得很不舒适。现在,当我常常出去拜访朋友的时候,他觉得供我穿戴、娱乐的钱太少了。我的衣服他也觉得不好！他敢评论我的衣服！他凭什么呀？如果别人说说也还可以,可是他,他自己甚至连高级衣料和最整脚的布头都分不清楚！'亲爱的,你给自己做一件稍微好一点儿的衣服吧。'还能有比我的衣服更好的吗？您说说看,比如今天在剧院里有哪一位夫人或者小姐比我穿得更好呢？如果说有钱,那么几乎连四楼上所有的人都比我有钱,但是包括二楼在内,没有哪一个人比我穿得更好。可是他还不满意。你问他为什么不满意,他说,因为我嫁给了他！您觉得这怎么样？您可能看到,他望着我,望着望着就擦起眼泪来:因为什么?'就因为这个!'真是聪明绝顶！真像是在世界上还有哪一个女人比我更幸福似的！他本来可以看到我是不是幸福,他的确也看到了。但他这个人没有良心。这种脾气叫人没法忍耐！我绝不是天使,但他也会把天使惹得恼火。我不明白,他怎么这样呆傻！……就因为我知道他是怎样一个人,我才要嫁给他。他却没有想到这点,还建议让我嫁给别人。唉,他提出的这些请求该多么使我厌烦哪!'您嫁给他吧,您嫁给他吧。'真烦人,真烦人……'我就不嫁给他,我对他、对您都已经说过了。'不,他还是坚持自己那一套,'您嫁给他吧。'他的那位朋友,就是向我求婚的那个人,很像您,尼韦利津。当然,我也喜欢他。但是我发觉,我这个脾气,不能嫁人。尼韦利津,所有的男人都以为,他们比我们更聪明、更理智,他们应该摆布我们。我决定谁也不嫁。尼韦利津,男人就是不懂得爱。他们只愿意高高在上。他们非常愚蠢,非常野蛮,尼韦利津。等您结了婚,您可不要这样……"

她又沉默了。

"尼韦利津,您不知道他是怎么一个人！还没有任何人知道！只有我一个人知道。我早就知道了,尽管我没有学问,那时也没有见过有学问的人。从我们最初的几次谈话里我就看出了这一点,尽管那些谈话是很空泛的,尽管他显然不会同我谈任何学问,就是谈,我也不会懂,就像现在不懂一样;我也不要听,就像现在不听一样。但是这一点我看得很清楚。我认准了他是什么样的人;当时大家都以为他会手捧书本在沙发上躺一辈子,懒洋洋的,昏沉沉的。但是我知道他有怎样的头脑,他是什么性格！因为没有他这种性格,只有他的聪明,他就不能那么理解所有的高深问题。我没有学问,但从最初的谈话里,从谈论我、谈论闲事、谈论我的幸福的空泛谈话里我看清了这一点,看清了他和其他人的差别! 我是不是看错了呢! 现在大家开始对他抱有怎样的看法您是知道的。但是他的时代还没有到来,大家还没有理解他的思想,一旦他的时代到来,那时大家都会谈论他! 他和我的际遇如何,听其自然好了。我非常希望有一天人们会谈起我的丈夫,说他比任何人都更早地明白,为了人民的利益究竟需要做什么;说他为了人民的利益不但不吝惜自己,(在他说来不吝惜自己难道是什么了不起的大事吗!)而且也不吝惜我! 人们会谈到这一点的,我知道! 就让我和沃洛佳成为孤儿寡妇好了,如果确实需要这样的话!"

她默然不语,陷入沉思。

"噢,天哪,我说得太多了,"沉默良久之后,她又说道,"对您来说,听一个女人,一个没有学问,既不懂任何高深问题,又不去想那些事情的女人讲这些话,大约很可笑。我也没有讲那些事情。但是我心里很不安,尼韦利津,您很讨我喜欢,我的丈夫也很赞赏您,看来我们会很要好。我觉得,我和您谈话可以不像和外人那样。大约您没有预料到会有这样的谈话吧? 您曾经想,我会诱使您说些亲切热情的话吧? 您肯定是这样想的。因为您想追求我。或许您自己也不知道您在想什么:您爱得入了迷,什么都不能想了。但是,您不必因为我没有心思听您说热情的话语而感到惋惜。没有必要说这些话:我已经告诉过您,我很喜欢您。追求我完全是多余的,您已经听见了:我很喜欢您。"

"我并没有想追求您,"尼韦利津说,"我没有想到沃尔金先生是您的丈夫。"

"说真的,我倒完全忘记了,您以为大家在蒙骗您。不干好事的米罗诺夫利用这一点对您说了许多谎话,等事过之后大家好来笑一阵。唉,真遗憾,我竟然忘了! 这全是因为米罗诺夫用'寡妇'这个讨厌字眼儿把我的心情搅坏了,真遗憾,我忘记这回事了! 不然,该多么有趣呀! 以后我和您会笑好久好久的! 当我没有陷入沉思的时候,没有变得十分忧郁的时候,我曾经想把这个玩笑开下去。当然,我不会是一个寡妇,我要做一个姑娘。我只要说,我和这位老人举行婚礼，这是不可靠的传闻，的确，为了举行婚礼一切都准备好了，但是，在用椅子抬着他去结婚的时候，我的未婚夫突然去世了，因此我没有权利姓他的姓。然而由于感念他的美德，我喜欢大家这样称呼我，所以熟人都叫我沃尔金娜，而我真正的姓是普拉东诺娃；米罗诺夫没有听到过这个姓，只听到大家叫我沃尔金娜，所以弄错了。这样说，您照样会相信这一切，那样该多么有趣呀！您还会向我求婚，那我和您该笑得多么畅快呀！……若不然，现在我说阿列克塞·伊万内奇是我的丈夫就算是在哄骗您吧？或者我还是做一个寡妇吧？做就做，我现在正要拿自己的担惊受怕来开开心呢。"

"我现在的处境非常尴尬。"尼韦利津说道。

"为什么？"

尼韦利津默不作声。

"到底是为什么？我不明白您对什么不满意，如果您心里觉得我并不喜欢您，那您可能会感到失望，感到沮丧。但是我已经说过，并且再重复一遍：我喜欢您，很喜欢。"

"正因为这样我才说自己的处境非常尴尬。"

"这倒不错！您不高兴我喜欢您吗？"

"您爱您的丈夫。"

"噢，我的天哪！"沃尔金娜说着便大声笑起来。"噢，我的天哪！"她笑了很久，缓了一口气，随后重复道："噢，我的天！我爱我的丈夫！您希望我不爱他吗？我倒要看一看，等将来您进一步熟悉他的时候，您自己怎么能做到不爱他！

但是，我请问，您怎么就断定我爱他呢？我根本没有说过这种话。相反，我向您抱怨他，说他是脾气最坏的人，说我不断地骂他。"

"您在嘲笑我。我不习惯做嘲笑的对象。"

"我看，跟您谈话就应该像跟最幼稚的少年、跟小孩子谈话一样，"沃尔金娜十分严肃地说，"我就曾经这样想过，您是一个孩子，别看您屡献殷勤，屡告成功。但我没有想到，您竟会幼稚到这种程度。顺便说一句，您应该为了这一点而感到难堪。很快您自己就会嘲笑自己的这种懊丧心情。我也仅仅嘲笑您的这种懊丧心情而已。这并不意味着我在耻笑您。我为什么要耻笑您呢？因为您爱上了我吗？这有什么可笑的呢？丝毫不可笑。即使我不喜欢您，为了这个而耻笑您也是非常愚蠢的。更何况我喜欢您。因此，我认为您爱上了我这是很美好的事情：您成为我们家的常客不会感到无聊，您很快就不是客人了，而是我们自己人。我喜欢这样。您看到了吧，这一切说来是多么简单？您该知道了吧？您完全没有必要懊丧。"

尼韦利津默不作声。

"难道还须要向您解释得更详细吗？非常遗憾，阿列克塞·伊万内奇没有和我们在一起。不然，我就请他来说一说。他特别喜欢议论那些不需议论就可以明白的事情。我听他进行这样的宣讲就觉得很烦闷。但是为了您，我也只好这样详细地讲解，因为我一见了您就很喜欢您，而且现在还在想，甚至也有可能在将来会实实在在地爱上您，因为您的举止很像一个聪明人，不扭怩作态，不装腔作势，尽管您心里非常懊丧。您听我说。什么是我和阿列克塞·伊万内奇的共同之处呢？仅仅是他全心全意地爱我，而我因为这一点也不能不对他怀有极强烈的感情。至于他专心从事的事情，我既不懂，又觉得枯燥；他感兴趣的东西会使我打哈欠。他是学者，而我几乎任何严肃的著作都不读，连他写的东西也不读。我试着读过几次，因为我爱他，但是每次都是只读几页就扔下了。他说，这是因为他写得太糟，太冗长无味了，也许他的确写得很枯燥。我把他的文章扔下不读仅仅是因为其中所谈的问题我不感兴趣。他的生活完全局限在书房里，他能给我谈些什么呢？除了他所读的和所写的，什么也谈不出来。我觉得很乏味。我随时都有很多话能讲给他听：我并不像他那样把自己锁在家里。他爱听我讲话，并且不感到枯燥，但仅仅是因为他愿意听我讲话而已，他听着，可是什么也没有听见，即使听见了，过一分钟也就忘记了。我的这些散步、出访、买这买那、衣着服饰、跳舞晚会和年轻人闲谈，所有这一切能使他产生什么兴趣呢？您不习惯时会觉得好笑——很多经常到我们家做客的年轻人，他当面都认不出来：他同他们一道吃饭、喝茶，但说什么也认不出那些没有和他进行过高深莫测的谈话的人。他真是一个漫不经心、疏忽大意的人。"

马车停下了。

"啊,到了!尼韦利津,您想怎么做呢?是到我家里坐坐,还是到门前鞠一躬就走,永远再不回来呢?咳,我的可爱的尼韦利津!不能听凭您的意愿来做决定。您必须帮助我走上楼梯。我预先警告您,这对您来说不会是很轻松的事,因为我上楼梯的时候,扶着男伴的手扶得非常实在。我这一双可怜的腿还是没有力气。去年冬天我甚至想,我再也不能跳舞了。我生过沃洛佳之后,病得很厉害。我不在家他睡得好吗,我的宝贝儿?啊,尼韦利津,要是所有的孩子都知道他们给母亲带来多少病痛、多少磨难,那就好了!尼韦利津,您的母亲还健在吗?您爱她吗?"

"她还健在,我非常爱她。"

"那么为什么您不和她在一起生活呢?她是一个故土难离的外省人,而且不喜欢彼得堡吗?"

"是的,她在乡下,周围有很多亲人。"

"您有多久没去看她了?"

"两年了。"

"两年!太不好了,尼韦利津。您从国外回来的时候应该顺路去看看她。手累坏了没有?我想是累坏了!我的可怜的腿啊!可是,我毕竟能够差不多像从前一样轻快地跳舞了。但是像过去那样跑哇,跳哇,我做不到,或许,能够做到的话,也不愿意做了,谁知道呢。我到什么时候才能再骑马呢?这一项爱好我还没有丢掉。可是今年夏天我没敢试一试。明年夏天我要看看您骑得怎么样。您请!在您还没觉得自己是自家人之前,还是当成客人来吧,欢迎您。"她把他让进门去。

"莉季娅·瓦西利耶芙娜已经睡下了,她请您,索菲娅·瓦西利耶芙娜……"娜塔莎开始说。

"已经用不着再讲莉季娅·瓦西利耶芙娜了,他知道,莉季娅·瓦西利耶芙娜就是我。米罗诺夫在哪儿?叫他一声。在我回到客厅之前,让他来当一会儿主人和主妇。我就不爱穿束腰的紧身衣。尼韦利津,您一直向前走,然后向左拐。""我的骗局,或者更确切地说是您的骗局,已经彻底破产了?非常遗憾。"米罗诺夫来到客厅,走近尼韦利津时说。

"米罗诺夫，我不能理解这一位女士。"

"您这是请求我，要我来帮助您理解她吗？等着我来帮助您吧，但我却希望您能钻到地里去！为什么？因为您偏偏赶在今天去听歌剧。为了后来发生的事不能怪罪您。如果您在家里待不住的话，为什么不到法国歌剧院去呢？"

"您尽管骂好了，米罗诺夫。如果您知道我们谈了些什么，您就不会骂了。但应该说是她在谈，因为我只是听着，并且感到自己陷入十分愚蠢难堪的境地。"

"我真就那么渴望知道她对您说了些什么！我只是想，今后她同我谈话的时间会比以前更多了！您觉得您自己陷入十分愚蠢难堪的境地！我那么需要您来向我证实这一点吗？我认为，我们最好还是什么事情也不做，专门来抽烟，免得我继续骂人，免得您再叫我发笑。"他点着了烟，把手放在背后，踱起步来。

娜塔莎端茶进来。茶盘上除了米罗诺夫和尼韦利津的茶杯，还有一只茶碗。

"莉季娅·瓦西利耶芙娜很快会来吗？"米罗诺夫问。

"我告诉她，我来送茶。她说：'我就来。'"娜塔步说完就走开了。

"您怎么不喝呀，尼韦利津？"米罗诺夫过了一会儿说，"我听说沉醉于爱情的人不吃饭；如果我没弄错的话，他们还是可以喝茶的。或许您是想不加奶油而配上毒药喝吧？不幸得很，我身上没带着砒霜，不然的话，我绝不反对。"

"难道您自己没有爱上她吗，米罗诺夫？您爱上她了，这很清楚。"

"您的洞察力更可说明您的确精神失常。"

娜塔莎走进来，取走茶碗和喝过了的茶杯，又给米罗诺夫和尼韦利津送来了茶，并且又端来一只茶碗。

"莉季娅·瓦西利耶芙娜做什么呢，会很快就来吗？"米罗诺夫问。

"我告诉她，我去换茶，是不是也给她换一碗，还是等等再换，免得这碗也凉了。她说：'不换了吧，我马上就来。'"

"那怎么还不来呢？她在那儿做什么呢？在准备小吃吗？"

"我的天！我想我自己会摆奶酪、摆火腿，我自己知道怎么开沙丁鱼罐头！还用得着她！很明白，她走到他跟前，就站住了。说'我就来'，可是站着不动。"

"走到沃洛佳跟前?"

"哎呀，我的天哪！好像我对您说的不是俄国话似的。"

"难道她还有两个孩子不成，这还用问吗？当然是到沃洛佳跟前。一个在睡着，一个在看着。"娜塔莎走开了。

"尼韦利津，说不定沃洛佳只是一个借口，她不出来是因为她总也不能使激动的情绪安定下来:她爱您爱得太深了。"

"您听我说，米罗诺夫，她很爱自己的丈夫，怎么，您因为她而感到嫉妒吗?"

"原来如此啊！她愿意对自己的丈夫有什么样的感情，随她的便好了，我只想捶您一顿!"米罗诺夫攥起拳头往桌上敲了一下。

"您敲什么，捣蛋鬼？您小心惊醒了我的沃洛佳！看我怎么治您！……"沃尔金娜穿着短上衣走进客厅。"尼韦利津，好客的主妇把您完全扔下不管了。但是您会习惯我的脾气的。就因为这个我不能和夫人们处得很近，甚至包括那些我很喜欢的人，比如梁赞采娃。和她们在一起必须保持一套繁文缛节:你到了那里，要坐在固定的位置上，要坐得规规矩矩，说话要拣着好听的说;她来了，怎么能扔下她不管呢？怎么能到厨房去，到儿童间去呢?"

"妇女之间的友谊比起男人之间的友谊要少见得多，"尼韦利津说道，"共同的事业、思想的一致会把我们联系在一起，而妇女每个人都有她自己单独的生活:个人生活、家庭生活;社会事务的联系涉及不到她们。我几乎没有见过这种友谊的实例……"

"再见吧，莉季娅·瓦西利耶芙娜，我早就想走，"米罗诺夫打断说，"只是您不在，我不敢走，免得您骂我，说我把尼韦利津扔下不管。"

"我看，米罗诺夫，您是在生他的气。您是不是在想，今后我会比过去更多地督促您去干正经事?"

米罗诺夫吻过她的手就走了，可是又转回来，走到窗台近前，嘴里喃喃地说:"差一点忘了！达莎明天一早就来!"说着就从窗台上拿起一个扁平的硬纸盒。他动作急促,盒盖儿张了开来,滑掉了,整个纸盒也掉在地上。花束、彩带撒了一地。米罗诺夫匆匆忙忙地抓起最先碰到的花束、彩带,塞回盒里。

"小心些,都弄坏了。您捡到窗台上,我自己往纸盒里装。"沃尔金娜走近窗台,开始往盒里装,"您去向娜塔莎要一根绳子来,好好捆一捆。不然的话,凭您这种垂头丧气的心情还得撒在半路上。"米罗诺夫拿来了绳子,沃尔金娜把纸盒捆好。他重又吻过沃尔金娜的手,走了。

尼韦利津细心地看过米罗诺夫捡起来的花束和彩带,他的脸色顿时开朗起来:他可能发觉,彩带多少有些皱了,可能他由此断定,达莎并不是米罗诺夫的妹妹,因为沃尔金娜不会把要扔的或者可以送给自己女佣人的装饰品赠给自己朋友的妹妹。

"我觉得,我开始对您有些理解了。"他目送米罗诺夫离去之后说。

"要理解我丝毫不困难,只要把我所说的话按照最简单、最直接的意思去理解就够了。"

"正因为如此,所以理解您就非常困难:就性格而论,您与其他的女人太不一样了。"

"我丈夫说,这是因为她们所有的人归根结底都是不自由的奴隶。他说,我永远也不能变成奴隶一样的人。我不知道是不是这样。他太爱我了,因此他对我本人谈论起我的时候,就异想天开,十分可笑。"

"我相信,您说他拼命工作、他把自己弄得疲惫不堪,这时候您也多少有些言过其实。我从来没见过他像一个疲惫不堪的人。是的,他多少有些苍白,但仔细看,就会看出,这是生就的脸色,并不是病态。所有的娱乐活动他都拒绝参加,您为这一点伤心。不是他拒绝参加,而是这些活动在他看来的确无聊。当你全神贯注地投入一件心爱的工作当中时,这件工作会变得比任何娱乐都更有趣味。有时我也有这种体会,虽然一般说来我身上养成的尽是些很坏的习惯。"

"谢谢您,尼韦利津,您讲得真好。我自己也知道,我在某些地方可能言过其实。但实际上他的确工作得太多了……您知道我在想什么吗？他那么夸奖您。他说您非常聪明,说您的思想很高尚。我知道,您不需要写东西。但是您自己说过,甚至在您过着散漫生活的时候,也曾经在工作中找到乐趣。您试一试当一个作家吧,尼韦利津,说不定您会写得很好。"

"为了帮助阿列克塞·伊万内奇吗?不,莉季娅·瓦西利耶芙娜,要使我的工作能给他派上用场,我必须再学很多很多东西,考虑很多很多问题。他轻视的那些人,我仍旧觉得需要尊重。他所阐发的一些思想,我常常不知道怎么才能领悟明白。我只能写一点数学问题、天文学问题,这些对他没有用处。他会轻而易举地找到几十个远远胜过我的助手。但是,他的想法他们并不同意,而我还没有学会深刻地领会这些思想。"

"真遗憾,尼韦利津!我原来想得该多好啊……为什么我自己什么都没学呢?……是的,当时没有人教我学习……但是,我自己也太贪玩了,总是跑来跑去,坐车、骑马,就这样度过了整个童年……后来还是照样如此,只是加上了舞会、衣着打扮……而到了二十几岁的时候,管家务,带孩子,开始学习已经晚了……"她沉默下来,随后又笑出了声,"您看,我们谈得该多好啊,尼韦利津。将来也会是这样。您原来还不愿意和我们友好相处呢。"

"在您来说会是这样;对我来说就不会是这样。现在我看得非常清楚,您的确不想耻笑我。但是……"

这时,门铃响了。

"啊,可回来了!谢天谢地!我还以为他要在那儿待到两三点钟呢!您说下去吧,尼韦利津,他不会妨碍我们。他过来问候一声,然后就会从容不迫地到他的书房里去,如果不强迫他坐下来同我们闲谈的话。"

"但是您不愿想起,我看见您的时候几乎都要发疯了。"尼韦利津把刚才的话说完就沉默起来。

"我并没有忘记这一点,尼韦利津,只是我不认为这有什么重要意义。很快就会过去的。除开我的阿列克塞·伊万内奇,我们哪一个人没有像小孩子一样干过些荒唐幼稚的事?结果如何,将来再看吧,"她轻声说完了这些话,"您好好坐着,不必起来,不必客气行礼。"

她本来可以大声说这些话,丈夫是不会听见的,他人还在前厅就开始说起来了:"亲爱的,您想想看,我今天也到歌剧院去了!到了印刷所,时间还早,我想到你们包厢去,你看,我突然发现我不知道是多少号!怎么办?我到楼上去弄了一个座位!我真是好样的!哎,你想想看,我在剧院遇见谁了?你能想得到吗,遇见了尼韦利津!我邀他明天来吃中饭。的确是一个好人,"他在尼韦利津面前走过,慢条斯理地继续说着,"是啊,好人,的确。昨天才到。你好,你好啊,我的亲爱的!我们有好一会儿没见了!"他开始吻妻子的手。

"如果你真那么喜欢尼韦利津的话,你就应该向他问个好。"

"噢!真的是您,帕韦尔·米海雷奇!"沃尔金转过身来,高声惊呼。"真的是您!我连看都没看,以为是米罗诺夫!非常荣幸,非常荣幸!"

"就算你没看,就算你没有分清他们的脸;但是怎么能把一个穿普通便服的人看成是穿制服的人呢?^①"

"算了,这有什么呢,亲爱的?我没注意。仍然是马虎大意的缘故。"
沃尔金反驳说。

"我在剧院看见你了,你真叫我伤心,为什么要落泪呢?你应该感到害羞,这太不好了。"

"看你说的,亲爱的,"沃尔金慢吞吞地抱怨说,"我只是因为……不过,那只是你的感觉罢了,亲爱的,"他猛醒过来,"我敢肯定,亲爱的。"

"您可以来评一评,他有没有良心,"沃尔金娜对尼韦利津说,"你累了,你去好了,换换衣服,你现在就睡吗?"

"亲爱的,何必白白地躺着呢?一点以前反正睡不着。""如果你现在不睡的话,我让尼韦利津到你那儿去。""好的,亲爱的。来吧,帕韦尔·米海雷奇。"

"我交给您一个任务,尼韦利津:请您陪他坐到一点钟,那时他要躺下睡了。不然,说不定他要坐下来工作,而且一直工作很久很久。尼韦利津,我们哪一个人没有像小孩子一样干过些荒唐幼稚的事呢?我也曾爱上过,这已经过去很久了。因此,我认为这是荒诞无稽的事,不必把它看得很重,这种事情在晚会上、舞会上倒很合适,那还用说吗?当没有什么可想的时候,从晚会回来就可以想一想这些。尼韦利津,有的时候真可能想:'啊,我爱上他了!'我

---

① 帝俄时代,大学生要穿规定的制服。——译者注

不争辩,到后来有的时候这也可能发展成为严肃认真的爱情,于是就举行婚礼;假如是已经出嫁了的女人,就开始变心、吵架,演出一系列可怕的事情。但这是指即使没有这回事也和丈夫感情不和的女人说的。如果您既对这位丈夫、又对他的妻子都抱有好感的话,请宽恕我直说,这种一见钟情会在您的心里持续很久吗?您很快就会发现我只是一个从心里对您抱有好感的、心地善良的、普普通通的女人。明天一点钟或者一点半,请您来,我们去散步。现在我要去睡觉了。沃洛佳专会吵醒我,将来他的嗓门准会像他爸爸一样,完全一样。我真高兴阿列克塞·伊万内奇回来得不太晚:我本来准备等他很久,而明天沃洛佳又不会让我睡够。走吧,我送您到阿列克塞·伊万内奇那里去,我请您坐到一点钟,但您不要坐得太久,不要拖过一点半。"

"您把我的这种疯狂情感看得这样淡漠。"尼韦利津说。

"好了,这都是荒诞无稽的事。"她挽起他的手,"走吧。"她领他走出屋去。

"您错了,我的疯狂的情感不会这样平平淡淡地过去,"他说这些话很勉强,听得出他实在不想说这些话,"我本应该回避您,我应该回避您。"

"这是胡说,完全没有这种必要。"她欢快地回答。

"假如您真的错了呢?"

"我们不必为不可能的事情担心!您最好记住我对您说的话:坐到一点钟,一定不许超过一点半。他会留您的,虽然他很腼腆,但他很有礼貌,他从来没有勇气表现出他没有时间或者对方使他厌烦,更何况他对您很关心,并且有特殊的好感,可是您自己必须记住时间。我的朋友,你听见我对尼韦利津说的话了吗?我告诉他不要过于相信你的好感。我也劝你别留他,我知道你不会不这样。给你端来茶了吗?很好。我马上让人把小吃送到这里来。"

"嗯,好吧,亲爱的,"丈夫回答说,"你想睡了吗?"她打了个哈欠。"我该睡了。每天早晨七点钟沃洛佳就会把我叫醒。这孩子,真拿他没办法。"

"我不知道我留下来打扰您合适不合适。"尼韦利津说,可是在这同时他却接过来沃尔金递给他的一支烟。

"这是从何说起呢?一点钟以前反正我是不会睡的,非常高兴同您在一起坐一坐,因为有的时候也需要休息一下,一直工作、工作,也会使人厌烦。

您知道，我刚才就想到了我会在这里见到您。因为我知道人们会怎样去信守他们所许下的类似'我不会到他们的包厢里去'的诺言。当初，那还是春天呢，莉季娅·瓦西利耶芙娜就想跟您认识。当然，她见过那位女士，看清了事态的发展变化，因此她认为，既然有这种情况，最好她本人不见您。说不定那个可怜的女人脑子里会产生一个念头，以为有人要从她手里夺走情人。如果不是出于这种考虑，莉季娅·瓦西利耶芙娜当然会让我去把您叫到她这里来，而不至于委托我同您谈话，托上帝的福，她知道我是一个非常善谈的人。"

"因为您到我家里去过，所以就出现了一种谣言，一种可能对您很不利的谣言。梁赞采夫坚信不疑：以为您派我到伦敦去完成什么使命。"

"咳，这是胡说八道！"沃尔金摆了摆手说，"咳，让他去想好了，也让他去说好了：有什么大不了的！"

"我曾经努力使他改变这种想法，但是，看来并没有做到。"

"也不值得这样做。"

"依我看，很值得，我不彻底改变他这种想法决不罢休。"

"嗯，这件事您很可能办不成功。根本不值得去想它。""因为不是他自己想出来的，而是萨韦洛夫讲给他听的，所以就更值得去做。"

"让他们都见鬼去吧！也让萨韦洛夫这样想好了。有什么大不了的！谁不努力巴结伦敦的人呢？萨韦洛夫本人就尽量地摇晃尾巴，好让那里的人能注意到他，您以为不是这样吗？"沃尔金显出一副深有所思的表情，"肯定是这样，您不必怀疑。"

"我没有什么可怀疑的。不然的话，梁赞采夫从哪里弄来那些文件呢？大家都很惊奇，这些东西怎么会落到他手里呢？"

"真的！"沃尔金大声惊呼，"真令人惊奇！我怎么从来都没有想到这一点呢？事实正是这样，"他像刚才一样，继续深思着，"因此我才对您说，这种谣言对于我微不足道。不值得再谈这些了。您猜我要对您说什么，帕韦尔·米海雷奇：您多余转换话题，我在说这件事，而您却说另外一件事，好像过了这个时间您就来不及说了似的！这是我刚刚才领悟到的。您知道，如果真是我所想的那样，那么您一开头说您不知道留在我这里是否合适，这些话肯定也另有原因。您看,我真的理解成是您怕浪费我的时间! 实在叫人感到惊奇!"他摇了摇头,"这实在叫人感到惊奇,我对您说,我当时确实没有理解! 您这话自然不是针对我说的,就是说,不是针对我一个人说的,您是在说我们两个人。我看这也是无稽之谈,帕韦尔·米海雷奇!"他摇了摇头,"您知道这是为什么吗? 因为您完全不了解莉季娅·瓦西利耶芙娜的性格。您知道……"他陷入深思,"您知道,您必须了解她的性格。嗯,您对巴黎的印象如何? 在得到一八四八年和十二月二日的教训之后,那里的共和党人变得聪明一些了吗?"

尼韦利津过去出国,在巴黎住了很长时间,同那里保存下来的、为数不多的坚定的民主派领袖当中的某些人,过从甚密。这次他又见了他们,他在英国还见到不少法国的流亡者,因此针对沃尔金提出的问题,他有很多话好说。就这样他们谈法国谈到一点钟。尼韦利津站起身来,说走就走,沃尔金怎么劝他再坐一会儿也不行。

送走尼韦利津之后,沃尔金马上躺下睡觉,他打着哈欠,像是躺下就能睡着似的。但是事实上却怎么也睡不着。打过两点了,还是不困。他对自己甚为不满,于是起来,摇了摇头,重又穿上睡衣,坐下来写东西。时钟敲过六点。他想应该再试一试,看看能不能睡着,这一次真的很快就沉入了梦乡。

"我很生气。"当尼书利津第二天早上为陪沃尔金娜散步而践约来到的时候,沃尔金娜用这句话来迎接他,"我非常生气,一部分是对我丈夫,但更多的是对您。他就是这样一个人,我都不愿再理他了。他不能不央求您:'再坐一会儿吧,'他以为礼仪要求这样做。本来我指望您能按照我的要求去做。你们一直坐到什么时候? 他现在还在睡呢。"

尼韦利津辩白说,正像她吩咐的那样,他是一点钟走的。

"那就是说,他在您走了以后又去工作了! 这就更糟。还不如您错了好呢。应该去骂他。唉,如果这样做能管用就好了! 那他早就成了最听话的人了! 您去告诉娜塔莎把帽子和手套拿来。噢,您还不知道怎么走呢,向左拐,再向左拐。"

他去了,拿来了手套和帽子。她非要他欣赏一下这顶非常玲珑可爱的帽子不可:他同意了。

娜塔莎坐在前厅,准备递大衣,然后锁门。

"你留点神,看阿列克塞·伊万内奇什么时候睡醒。如果你让他等得太久,或者你给他喝凉茶,你看我怎么拧你的耳朵,非叫你痛一天不可。"

"要是我让茶炊凉了,您又能从谁那儿知道呢?我求求阿夫多季娅,让她别出卖我。"

"你就完全相信阿列克塞·伊万内奇,保证他不会说吗?尼韦利津,您看,他就是这样一个人。就连娜塔莎这个傻丫头也知道不能这样在世上生活。"她长叹一声,"和他在一起,有的时候很可笑;更多的时候是寂寞,甚至痛苦。"

"哎呀,天哪,您这是在说什么呀!您明明知道,但愿所有的丈夫都这样就好了。"娜塔莎不能不挺身出来回护。

这一天,天气好极了。沃尔金娜打开了话匣子,说等她累了,就叫一辆马车,他们绕全城跑一圈;说除掉骑马,她的最大乐趣就是坐车兜风。如今她随时都可以得到这种乐趣:有这笔钱了。后来她向尼韦利津问起他的亲人,特别问到他的母亲。后来又谈到骑马,她非常高兴她明年夏天又可以骑马了。她讲起她过去有过什么样的马,同时,由于她再过一年或者一年半又可以有自己的马,因而特别感到快意。后来她又听尼韦利津讲他庄园的情况。他们沿着涅瓦大街来回走了好几趟。

"我开始感到累了,"她说,"但是,谈得很高兴,不觉之间走的路比原来想得更长,花钱雇一个半小时的车不值得,太可惜。咱们到商场①去,我在那儿歇一歇。"

她走进一家店铺,又到第二家店铺、第三家店铺。商人们都是她的老朋友。如果店里没有沙发的话,他们就给她拿过一个折椅。如果他们在喝茶,就拿茶来款待她。她让尼韦利津喝茶。她和商人们谈论他们的家事。他们把新进的货品拿给她看,虽然她已经说过,她不是来买东西的,而是到他们这里做客来了。

"我们还来得及再拜访一家吗?"从第三个或者第四个店铺走出来的时

---

① 彼得堡的一个大商业中心,很像旧时北京王府井的东安市场。——译者注

候,她说,"呦,已经快四点了! 该回家了! 尼韦利津,逛商场您觉得很无聊吧? 噢,我忘了,爱得入迷的人从不会感到无聊!"

"我多少有些感到无聊。"他说。

"已经感到无聊了? 真令人宽慰! 您看,这么快就过去了,甚至比我想象得还快,这倒让我觉着有点懊丧。"

他开始一本正经地议论起来,说现在他的理智已经清醒过来了。她是用质朴的、无拘无束的谈话和接触,使他的理智清醒了。的确,不应该把他曾经爱上过她这件事,看得很严重。说"曾经爱上过"——好像这件事已经过去了似的! 也许,还没有完全过去。然而,即使没有完全过去,他也已经看到,不需要很长时间就会彻底过去。他现在感到自己很可悲,为什么当时没能理解她。她应该原谅他这一点,因为他是一个内心被伤害了的人。但是他现在感觉到,他并不是生来如此,因为他很容易领悟到,他必须抛弃的那些观念有多么荒唐、庸俗、下流和野蛮。这些观念是社会灌输给他的,但还没有浸入他的心灵深处:他感到,正派人应有的感情在他心间又复活了,只是他缺少足够的力量自己来抛弃他身上的野性。按照社会的野蛮的习惯,一个青年人一旦接触到年轻的女人,就一定要追逐她;如果这个女人不厌弃他,就一定愿意让他追逐。然而这是鄙俗的亚洲习性,虽然这种习性是从欧洲传到我们这里来的,这是文明形式下的三妻四妾的陋习的继续。难道女人的唯一生活就是男女间的私情吗? 是这样,但只有在后宫内院之中才是这样。难道男人是畜生,只会追求亚洲人在后宫内院中所追求的欢愉,此外便不懂得其他任何乐趣吗? 是这样,但只有在男人是暴君的时候才会是这样,而他本人却又被另外一个暴君的手压制着。他把自己想象成一个文明人,可是却不懂得,一个年轻女人和一个青年人谈话可以像人和人那样随便……

"啊,我的天!"当他们走近她的住宅时,她高声地笑着说,"您从商场到弗拉基米尔广场一直在讲述您的改邪归正,到现在还没说完! 您昨天还说您不能为阿列克塞·伊万内奇写东西,那是您欺骗了自己,也欺骗了我。您把这些都写下来,就成了一篇长文章,像阿列克塞·伊万内奇所写的那些一样。不需要您用手搀,我还从来都没走过这么多的路,我要试试,看我自己上楼梯困难不困难。不行，您还是用手来搀扶一下吧，我累了。但是，我散步能走这么长的路，并且这么轻松地从商场走到这里，这实在太好了。明年夏天可以骑马了。阿列克塞·伊万内奇起来了吗？什么时候起来的？"她问娜塔莎。

"两点多钟，两点半。那时茶是滚烫滚烫的，莉季娅·瓦西利耶芙娜。"

"唉，真是傻丫头！她以为我真的信不着她！"

"不是，我懂，莉季娅·瓦西利耶芙娜，如果您信不着我，您就不会走了，您会自己等着。"娜塔莎用十分肯定的口气反驳说。

"如果你懂的话，你还炫耀什么呢？对了，你要是向她学学也好了，"她对迎面走来的丈夫说，"我告诉她的话，她都照样去做。你呢？你不觉得不好意思吗？"

"噢，算了吧，亲爱的！"丈夫央求说。

"你应该感到害羞。娜塔莎，快点开饭。我饿极了。你记得我的朋友罗曼·捷缅季奇吗？他经常到这儿来，你想一想，脸上有几个麻子？他请我去做教母。我答应了。"

"啊，记得！知道你的这位罗曼·捷缅季奇，"丈夫怀着一种毫不做作的愉快心情说。说实在的，他的确会因为罗曼·捷缅季奇而十分高兴：这意味着——申斥至此结束。

吃中饭的时候，沃尔金的心情格外好：他睡到两点多钟，妻子居然会这样轻易地宽恕了他。他现在最有情绪说俏皮话。每当说起俏皮话来，他就会有一种自我陶醉的感觉，而他又非常喜欢自我陶醉。

他的诙谐话题源源不断。的确，他很愿意拿自己说笑话，而他的随机应变、聪颖机敏所创造的许多业绩也实在叫人好笑。尼韦利津忍俊不禁。

但是在沃尔金娜听来，丈夫的这些好笑的故事已经不新鲜了。起初她还听，后来连听也不听了。

"亲爱的，你在想心事？想什么呢？"沃尔金终于发觉她并不笑，于是就说。

"我在想，你确实不是料理自己事情的能手。一月比一月更坏。过去你到印刷所去坐一晚上，我以为你给这一期写完了，可以休息一下了。现在我才知道我错了。你用不着为自己辩护。我知道，你并没有忘记我嘱咐你的话,要注意身体,不要整夜整夜地做事。如果你不能在所有的时候都按我的嘱咐办,那只是因为确实做不到。如果真的非这样不可,那就更糟,我的朋友。都怪你自己不会安排自己的事情。你为什么要放走列维茨基?你怎么能让他走呢?"

"是啊,确实如此,这是我很大的失策,亲爱的,"沃尔金同意说,"是啊,帕韦尔·米海雷奇,"他对尼韦利津说,"这真叫我和莉季娅·瓦西利耶芙娜大伤脑筋,我们所有的群众教育家先生脑袋里都是一团糨糊,写些荒谬绝伦的东西,把俄国社会搞得糊里糊涂,丝毫不留余地,没有他们,俄国社会就已经有些疯疯癫癫了。他们当中没有一个人可以引以为同志。没有办法,就只好自己动手写所有代表杂志观点的文章。我自己来不及。没有一个头脑清晰的人不行。后来找到了一个,莉季娅·瓦施利耶芙娜非常高兴! 可是他说走就走了,我把他放走了,左盼右盼,等着他回来。"

"他至少应该回一封信,告诉一声他什么时候回来!"沃尔金娜说,"早就应该回信了,他为什么没有音信呢? 他看了我给他写的内容,就不能不给我回信。我的朋友,我在想,我的信是不是能寄到他那里去呢? 不会丢失了吧?"

"很可能,"沃尔金随声附和说。

"他也有可能从哈尔科夫又到别处去了,"沃尔金娜继续说。

"非常可能,亲爱的,"丈夫随声附和说。

"应该再给他写一封信,另外还要去问一下他那个在伊拉东采夫家做家庭教师的亲戚。"

沃尔金很厉害地咳嗽起来。

"你怎么了? 我的朋友,不会是感冒了吧?"

"不是的,没有感冒,亲爱的,仅仅是喉咙发痒。"丈夫安慰说。

"尼韦利津,你行行好,明天到伊拉东采夫家去一趟,在铸造街,问问伊拉东采夫一家回来了没有,如果回来了,就向家庭教师列维茨基问一下,他知道不知道他的亲戚弗拉基米尔·阿列克塞伊奇现在在哪儿,您记得住吗? ——弗拉基米尔·阿列克塞伊奇。即使记不住名字也没关系,您就记住:一个今年春天从师范学院毕业的年轻人,他现在在哪里,在做什么,往哪里给他写信。

家庭教师应该知道,他们关系极好,这个弗拉基米尔·阿列克塞伊奇曾经讲起过他,也讲起过伊拉东采夫一家。如果伊拉东采夫一家和他们的家庭教师还没有回来,那么至少给我带回一个给这个家庭教师去信的地址来。"

"好的。"尼韦利津说。

沃尔金趁此时机将这件事从各个方面反复考虑过了,因为他想问题非常敏捷。想法固然很多,但结论只有一个:就是这些想法一个也不顶用。继续扯谎已经不行了。他应该向莉季娅·瓦西利耶芙娜坦率地承认,他向她扯了谎,是他自己指使列维茨基离开彼得堡的,哈尔科夫的地址是假的,伊拉东采夫家的家庭教师列维茨基也就是弗拉基米尔·阿列克塞伊奇·列维茨基,也就是他的列维茨基。这样做势在必行,不这样,再过几天反正要真相大白。只有一点难以决定,如何向莉季娅·瓦西利耶芙娜说明他这样做的理由呢。想当初,他刚刚谈起这件事,她就十分激动。真不知如何向她说好。好在时间还可以拖延。伊拉东采夫一家还没有回到彼得堡。会想出办法来的。

沃尔金鼓起勇气,夸奖了一番莉季娅·瓦西利耶芙娜,说她的办法好,随后便重新拾起刚才的话题,尽情诙谐起来。当然,那些关于他自己很笨拙和常常失算的故事,并非都一样可笑。但确有不少是相当可笑的,至少不比尼韦利津刚才听得乐不可支的那些故事逊色。但是现在,尼韦利津已经不乐了,仅只偶尔微微一笑,似乎很勉强,而且笑得不是地方。当然,沃尔金并没有很快察觉这一点,但最终还是发现了,尽管他完全不善于观察。

要是看一看莉季娅·瓦西利耶芙娜的眼色就好了,但是,显然没有看的必要:如果连他自己都有所发觉,并且看得很清楚,那么莉季娅·瓦西利耶芙娜当然早就发觉、早就看清了。他又能怎么办呢? 他笨得令人可笑,但是他把他的本事全部施展出来了,应该说能做到这一步已经远远超出他通常随机应变的本事了。

"你们看,我就是这么个能干的人,"他把他在思考过程中所讲的笑话讲完之后,对自己称赞了一番,"是个机灵的人吧? 大约你们会想,这样的人不可能再有第二个了,但是等到列维茨基来到这里,你们就会看到两个这样的人。亲爱的,你还记得他的外表吗,还是忘记了?"

"记得。"妻子冷淡地回答。

"你要是知道他是怎样一个笨手笨脚的人就好了！我都觉得好笑,我可以肯定。请你相信,绝不比我强。""你再吃些这种点心,你爱吃这一种。"妻子说。

"好的,亲爱的。"沃尔金说完,就拿了很多,并且吃得很香,甚至比最能吃的人还胜过几分。

"过去我在社交场合活动的时候,曾经多次接触过伊拉东采夫。他是贵族圈子里我诚心尊敬的为数不多的人当中的一个。我非常高兴有这样一个机会,或许能使我们更接近一层。"尼韦利津重新变得愉快而又健谈起来。

娜塔莎端来了茶炉,沃尔金娜给丈夫和尼韦利津斟上第二杯之后,站了起来。

"你们再喝,就自己斟好了。再见,尼韦利津。"

"亲爱的,你弹点什么吧,"丈夫说,"也许你累了,但是为了我,请你弹点什么吧,亲爱的。"

"不,我不觉得累,可是我没有兴致弹琴。"她要走。

"为了我,亲爱的,请你弹弹吧。我听你弹琴的机会难道很多吗？请你弹弹吧。你自己说过,我的娱乐活动太少了,那么在我想要娱乐一会儿的时候,就不应该拒绝我。"

她走进厅里,坐下弹起钢琴来。一开始仍旧心情冷淡,后来就被吸引住了。她不可能是一位高手,因为她没有好教师,而且学的时间也短。另外,在彼得堡几乎三年她没有钢琴,这一架才买来没有多久。但是她弹得不错,她很喜爱音乐。

在她弹起某支抒情歌曲的时候,尼韦利津请她允许他唱一段。"唱吧。"她冷淡地回答。然而他唱得很好,于是她津津有味地听起来。

逐渐她也变得健谈起来,这时沃尔金断定,他可以走开了。

"您宽恕我,"尼韦利津说,"我的癫狂症正在消失,但还没有消失彻底。请您不要责怪病人吧。"

"我对您还没有那么强烈的好感,所以也不至于过分的责怪您,"她说。"您到阿列克塞·伊万内奇那儿去坐坐吧,或者走也可以。我只是为了他才坐下来弹了一会儿。我本来不想弹的。再见。"

她走了。尼韦利津去向沃尔金告辞。沃尔金请他坐下吸支烟,不听他的任何托词,硬是让他坐了下来,接着便说:"昨天,帕韦尔·米海雷奇,我本想事先警告您,或许您已经感觉到了;但是我又想,也许完全没有这种必要。还有一个原因阻止了我,因为我不是善于谈话的能手,我怕弄得很尴尬。我想,让他再熟悉熟悉我们好了,不然的话,他或许会觉得我的话莫名其妙,什么事情也不应该提前去做。无可置辩,这是一条绝好的定律:做一切事都要适得其时。这里只有一点不怎么好:常常是形势逼人,不允许我们在时机来到的时候才去做事情,而要求我们提前采取行动。正因为这一点,所以一向在所有的民族当中都出现了很糟糕的事情。比如说昨天我们谈到的一八四八年事件①,我曾经大骂法国的民主党人,在整个社会还没有准备好要支持他们的理想的时候,他们就臆造了一个二月革命。事实就是这样,于是不言而喻,结果是一塌糊涂。然而,不是他们自己臆造了二月革命,而是出现了那样的形势,强迫他们去参加臆造蠢事的活动,不管他们情愿也罢,不情愿也罢……"沃尔金若有所思,"我们的情况也是这样。都在议论,'我们要解放农奴'。可是进行这项事业的力量在哪里呢?还没有这种力量。您看,事情将如何发展,人们开始去解放农奴。结果会怎么样呢?您自己可以判断,硬去做办不到的事情会有什么结果。自然要把事情弄坏,结果是一塌糊涂……"沃尔金沉默下来,紧蹙双眉,开始不停地摇头,"唉,我们的这些发动家先生们,所有你们的那些梁赞采夫们和他们的一帮一派们!尽是些吹牛家,尽是些空谈家,尽是些傻瓜!"他又不停地摇头。

大概尼韦利津没想到他会有这一番关于二月政变和废除农奴制的议论,大概他也很少有心思注意俄国解放运动家的力量和能力问题。但是沃尔金的话充满了顽固保守的基调,这对于一个热烈企望做好事的人是不可忍耐的。沃尔金听过他的反驳之后,又摇起头来:"如果一切情况真是这样,那就

---

① 1848 年法国二月革命或称巴黎公社革命,是指 1848 的 2 月至 5 月间发生于法国的资产阶级民主革命。这次革命是法国历史上的一次重要改革运动,由于多种原因,革命失败。——译者注

好了。但是显然关键不在这里。当然,我提到你们的解放运动家只是为了举例,说明有的时候不允许等待时机。实际情况是不是这样,这当然可以争论。比如,我昨天想,最好还是等一等,我这样做是聪明呢,还是愚蠢呢?如果我昨天好好同您谈一谈,就不会出现今天的不愉快。这样看来,应该说我没有谈是做了蠢事。但是若从另一方面看,昨天您会想:'这是怎么回事?这是从何说起?'而现在谈,您就会明白我是在谈正经事,您就会记住,会这样要求自己。这也就是说,您如果高兴的话,还可以为我辩护两句,说我没有谈,是因为没有适当的时机。"他晃动了一下脑袋,继续说着,由于自己的这些话而兴奋起来,从有气无力变得很激动,说到最后都很难保持原来的嗓音了。"再有,"他又绵软无力地说起来,"什么是对一个人的信任呢?那就是您不必理解他的行为就知道他不会做坏事。比如说,我为什么要同您谈话呢?您不理解,肯定不理解,您自然会感到非常奇怪。您不理解。但是您心里清楚:在我思想当中没有任何阴险狡诈。是不是这样呢?您是不是清楚这一点呢?您这样想,当然没有错。因为我不是坏人。不管您有什么不理解的事,您会不会忘记这一点呢?不会的。您必然会永远地想着,我不明白阿列克塞·伊万内奇为什么要这样做,但是肯定这不会是坏事。是不是这样呢?"沃尔金提高了嗓音,"是不是这样呢?那么,请您记住,有比我更好的人。请您记住这一点。此外,任何时候、任何东西您都无须知道了。您知道这一点,也就足够了。是这样:您知道这一点,就足够了。是的。"他停住不说了,发觉如果再说下去,声音就太高了,他叹了一口气,晃了一下头,这样一来又能够恢复原来有气无力的样子。"是的,帕韦尔·米海雷奇,"他淡漠地说了下去,"当我们不了解细情的时候,我们就不可能理解,像这样的情况还少吗?所以完全不必要东猜西想,只要您知道这个人是个好人,就应该率直地想:'在不该知道的时候,我不知道也不想知道。'也不必去打听:如果人家没有对您讲,就没有什么可打听的,也就是说,没有您应该感到好奇的东西。连想也不必想,这就是说,事情与您无关,也不可能有关,因此就无须去想。"他沉吟起来,"不言而喻,我们所谈的是关于个人生活、个人之间的关系。社会事业那就完全是另外一回事了。您是一位公民,您要对社会事业负责。'不关我的事,是社会的事',您也必须负责。比如我作为一个一般的人对您说：'从您的口袋里拿出十个卢布来借给我用。'您会问我做什么用吗？您会向我要收据吗？假如我非要给您的话，您也不会收，我非要写了交给您不可，您就会撕掉。但是：'请从社会的钱款里拿给我十个戈比'这就是另外一码事了。'你要拿去做什么用？''我是好人，您应当相信我会用于对社会有益的事业。''你休想就这样拿走，老兄，你必须说明干什么用？''不开收据您能给我吗？我不是贼，我不会赖账的。''你休想就这样拿走。亲爱的！我知道你不是贼，你滚吧！先生们，请帮帮忙，把这个骗子掐着脖子弄走！"沃尔金唱起华彩乐段，借以褒奖自己的幽默。然后缓了一口气又淡漠地说下去："唉，让这些社会事业和您的那些自由派们都见鬼去吧！都是因为他们，我才忘了我在说什么。同时我也想叫您开心：'哼，这个人就看不明白。'——您在想，他看不明白我在等他讲列维茨基到底是一个什么样的人物。"

"不，我并没有等这个，我什么也不想知道。"尼韦利津激动地回答。

"那么，您总归要到伊拉东采夫家里去问，在那里您会发现：我们要向家庭教师打听，他知道不知道我们的列维茨基跑到哪里去了，而那位不知道到哪里去找的弗拉基米尔·阿列克塞伊奇·列维茨基，明明白白，正是这位家庭教师！这真是惊人妙笔！"沃尔金说出了自己对这个把戏的评语之后摇了摇头，"我编出这么一段故事来，真是惊人妙笔！伊拉东采夫一家还没有从乡下回来，他自然也不在彼得堡。但是反正一样，瞒不过您，您问一下看门人或那里其他的人，他们都会告诉您：'弗拉基米尔·阿列克塞伊奇还没有回来。'这是怎么回事？您不会不知道这是怎么一回事。所以现在再隐瞒下去也没有什么好处：再也不能拖了。我迟早要告诉莉季娅·瓦西利耶芙娜。当然这并不愉快。但是，现在还不行。"尼韦利津完全赞同沃尔金的评语，"这是惊人妙笔"。"他把一个对他说来不可替代的人从彼得堡赶走了；他还瞒过了自己无限尊敬的妻子，而妻子对这个人感兴趣正是出于对丈夫的关怀，因为丈夫工作过度劳累，损害了自己的健康；而且他为了把这个骗局的时间拖得长一些，自己还发走了那封写有假地址的信。究竟是什么促使他这样做呢？"

"咳，帕韦尔·米海雷奇！"沃尔金摇着头，"您对人们的弱点知道得太少了,比如,自尊心会把人弄到什么地步呢。"沃尔金喟叹一声,"当然,承认这些是很惭愧的,但是没有别的办法。"

"您是想说,您从文学界赶走了一位天才的对手吗?""您看,您表达得不完全准确。我并没有文学天才。我写的很糟。冗长,往往缺乏生气。有好几十个人都比我写得更好。我唯一的长处(当然这很重要,比任何写作技巧都重要),就在于我理解事物比其他人更正确些。而他,除掉这一个长处,还有天才,巨大的天才。"

"听到您现在说的这些话以后,又怎么能相信您是被作家的自尊心所左右呢? 您这是什么样的自尊心呢?"

"哦,如果不是自尊心,那就是嫉妒,随便怎么称呼,反正一样,是一种不好捉摸的情感,"沃尔金以一种淡漠的、与世无争的态度回答,"然而,不言而喻,这只是事情的实质,而这件事情的外壳自然很冠冕堂皇:我真的就是一个蠢材,竟然找不到体面的借口吗? 您知道,过早地开始写作,意味着榨干自己的天才。或者另外还有:写作和学习不能并行不悖。要做好准备,做好准备! 卢梭准备了四十年,因此才可能说出些自己的、经过深思熟虑的、极有道理的东西来。再比如狄德罗、伏尔泰。或许有的人并不比卢梭笨些,但是还没等长出胡子来就开始写东西,写得也很漂亮,可就是没有一点儿自己的思想。列维茨基才刚刚二十一岁啊。"

"我对于文学了解得很不够,不便同您进行争论,"尼韦利津说,"但是我觉得,您的见解有些言过其实。如果一个人有学习的愿望,即使在他成为作家以后,他也不会不继续学习。如果一个人生来就聪慧过人,那么,不会仅仅因为他在长出白发以前并没有烧自己的手稿就丧失了他独特的才华。"

"您知道,我并没有说我的意见肯定正确,我只是告诉您,我会如何来解释我让列维茨基走开的原因。如果要说真话,应该说,我自己也感到没有告诉莉季娅·瓦西利耶关娜是很荒唐。很明显,会是什么样的回答呢?'你在胡说些什么呀?'因此,我就没有告诉她,甚至还走到了说谎话这一步。不言而喻,她会骂的。她会说:'很愚蠢,我的朋友!'虽然是很愚蠢,可是这一切都无足轻重,正是这样。"沃尔金冥想起来,随之把这冥想的结果也说了出来,"正是这样,是无足轻重。愚蠢确实很愚蠢,我不否认,但仅仅是愚蠢而已。"他停住不说了,"帕韦尔·米海雷奇,请您谈谈,莉季娅·瓦西利耶芙娜嫁给我,我想您一定觉得很奇怪吧?我完全同意您的看法,在她的身旁看到我,这的确是很奇怪的事,我可以告诉您……"

"我没有想的事,请您不要强加于我,"尼韦利津说,"您不漂亮,也不机敏,当然您的脸色也很苍白。您想说她本来可以在求婚的人当中选择一个远远胜过您的人,是吗?但是,她怎么能找到像您这样一个忠实的朋友呢?我不认为她的选择是奇怪的。"

"这是实话,"沃尔金同意说,"当然,我在埋怨她,但在实际上我的确不能说她做错了。"他不再说什么了,而是思索起来,"真的,不应该埋怨她,因为这确是事实,我不能说我对她不怀有极大的敬意。"

尼韦利津起身告辞,说自己被他的真诚的好感深深地打动了。

第四章

尼韦利津出身于名门望族,有一笔相当可观的财产。但是他并不属于高等贵族,甚至于没有同任何一个权位显赫的世家沾亲带故。他在上流社会出头露面的时候,曾经踏进过彼得堡某些第一流家族的门庭,但仅只某些而已。而另外一些他就没有去过,并且如果没有兴趣详细打听的话,对这些家族也所知甚少。那些时候他唯一的兴趣就在于风流韵事。

那时候,他没有机会接近任何一个和伊拉东采夫亲近的人。他仅仅知道这位贵族是一个诚实善良的人。他们见面的时候,彼此打招呼,偶尔也交谈三两句话。

仪表堂堂的门房告诉他,维克托·李沃维奇在新年以前不想回彼得堡,但是阿丽娜·康斯坦丁诺夫娜却在彼得堡,并且在家。或许可以从她那里了解到更多的东西,但是也不一定。阿丽娜·康斯坦丁诺夫娜是谁?是维克托·李沃维奇的亡妻的姐姐,贵夫人捷尼谢娃。尼韦利津记起来了,的确在这个世界上有这么一位贵夫人捷尼谢娃;但她究竟是一位什么样的人物,他怎么也记不起来了。你说她未必就比你知道得多?我要打听维克托·李沃维奇还要在乡下住多久,以及这个乡下在哪儿,给他写信往哪儿寄,此外我不需要知道任何东西。而这些你就可以告诉我。"虽说是这样,可您不想见一见阿丽娜·康斯坦丁诺夫娜吗?她老人家会非常高兴,她也有可能知道得比我多些。"的确,也有可能。

前厅里有两个仆人,跟门房一样,看上去,像是很有派头的人。"向阿丽娜·康斯坦丁诺夫娜报告一声,说我想打听……""还是请您亲自向她说吧,您请。"其中一个回答说。而另一个已经把尼韦利津的名片拿了进去。"难道贵夫人捷尼谢娃竟这样喜欢接待客人吗?"尼韦利津想。

宽阔豪华的会客厅的门敞开了。一张桌子上摆满了许多镀了金的银制器皿,桌子后面,一个胖胖的,非常胖的,白皙而红润的,非常白皙、非常红润的,穿着开领非常大的舞会礼服的高贵女人,放下了大扇子,露出她的脸来。这位四十岁左右的高贵女人的身影是尼韦利津难以忘怀的:尼韦利津在舞会上,常常见到她。然而尽管见了几十次,现在也发现,过去他对她仪表的评价并不公平:过去他认为没必要在近处端详她,因而从远处就断定说,她双肩的白皙以及那过分胖的脸庞上的红晕,也像在与她同类的高贵女人的身上一样,来历是相同的。他看她脸上的线条,除了觉得这些线条由于过分的肥胖而变得模糊不清,什么也没看到。他看她的舞服,除掉认为这是一件舞会上的衣着,也什么都没看见。他看着舞服的宽大开领,见到的只是常有的渴望年轻的心情。然而她现在只是一个人坐着,并不要去迷惑谁。看得出,她好像刚刚起来、梳洗完毕,或许,她还没有洗过,至少是还没有梳过头,只是马马虎虎梳理了一下,并且很可能不是用梳子,而仅仅是用手,然而已经穿上了舞会礼服:这怎么能说她是心存奢望呢;这怎么能说她是靠了白粉和胭脂呢!这位姣好的人儿,半裸着坐在这里,为的是自得其乐。无论是她的肩上,还是她的脸上,确实没有假惺惺的东西,现在尼韦利津在近处、在中午充足的阳光下看着她:白得耀眼的肩膀并不需要任何白粉来装饰,如果不是油脂过多的话,将会更加清新迷人。如果不是这位美丽的妇人热了的话,她脸上的红晕将会泛出十分可人的光色:因为她的皮肤是洁白而细腻的。同时,她脸上清秀的线条也仍旧会非常可爱,假如不是在浸没了这些线条的油脂当中难以把它们辨认出来的话,然而这油脂却还是鲜嫩的,并不浮胖臃肿。

"尼韦利津!原来是您!"这位姣好的女人,扔下扇子,高喊了一声,"原来是您,尼韦利津!我高兴极了!我等您都等急了!切内卡耶夫多次答应过我说要把您拉来,您没来不感到惭愧吗!我和切内卡耶夫这么要好,直到今天为止您从来没到我这儿来过,您不觉得害羞吗!"

尼韦利津尽量回忆,这个切内卡耶夫可能是谁呢?但最后只好满足于一种推测:这大约是她的一个朋友,这个朋友和她有一个共同的特点,随时随地都见得着他,但任何人到任何时候都不会有兴趣去打听他是谁。

"您请坐呀,请坐,mon cher monsieur Nivelsine①,我非常高兴见到您!"她在极度兴奋之中拉住了客人的手臂。"您想要点冰淇淋吗? 快告诉我,切内卡耶夫过得怎么样?"尼韦利津回答说,自己刚回到彼得堡不久,关于切内卡耶夫什么也说不出来,他到这儿来不是应切内卡耶夫的邀请,而是要打听伊拉东采夫先生还要在乡下住多久。

"我的 beau-frere②,我的可爱的、无可比拟的、令人心醉的 beau-frere 他是不是很快就回来? 噢,很快,很快! 离开他可把我闷坏了! 我痛苦极了,我寂寞得要死,我在等他!"她怀着难以抑制的喜悦心情说着,因而尼韦利津就无法寻找机会问一句,何以她谈的情况同门房所说的有出入,而在找到插嘴提问的机会之前,尼韦利津竟了解了,离开 beau-frere 以后,她确实不能不非常寂寞,因为她的 beau-frere 太善良、太聪明了,她用最热烈的赞赏和钦佩的口吻描绘了他的聪明和善良,随之又转换了话题,说他一直令人倾倒,说别看他年岁大了,他仍然是一个十足的美男子。尤里卡一定很像他爸爸;啊,如果尼韦利津先生知道就好了,尤里卡是一个多么好的孩子啊! 非常善良,非常聪明! 她像描绘 beau-frere 的种种优点一样,怀着同样的喜悦,用同样的线条,来勾画尤里卡的善良和聪明,接着又开始描绘尤里卡如何如何美,大约用的仍是那些线条,但她中途迫不得已要停下来缓口气。尼韦利津抓住这一个期待已久的瞬间,连忙说:"我想问……"然而这一瞬间竟匆匆逝去,捷尼谢娃缓完了这口气又连珠炮似的讲开了:"再说娜季娜! 噢,您会见到娜季娜的! 到那时候您就知道,是不是我花了眼才会这么称赞我的娜季娜,是不是我对她太偏心,才说她……"接下去是对娜季娜的描绘,用的还是那些色彩,和用在她父亲、她弟弟的肖像画上的色彩毫无二致,同时娜季娜长得非常像她父亲和两位公爵小姐,于是她又来描绘她的父亲和两位公爵小姐,而后又讲这两位公爵小姐的亲戚,一直讲到这位肖像画家才缓气为止。

花费了好长好长时间,尼韦利津才从她的口里问出来,为什么一方面她肯定说她的亲戚很快就能回来,而另一方面门房却说得正相反。最后才弄清

---

① 法语:我亲爱的尼韦利津先生。——译者注

② 法语:妹夫。——译者注

楚,原来关于这件事她并不比门房知道得更多:她把外甥女送到乡下以后,从那里离开已经很久很久了,从那时起她从乡下一封信也没有收到,她所知道的还是她和她的侍从从乡下回来的时候带来的那些消息。那时候,伊拉东采夫并没有想很快就回来,女儿说,她非常愿意在乡下过冬;beau-frere说,他们打算回来的时候,事先通知管家。尼韦利津终于明白了完全没有必要问她,但在了解这点之前,尼韦利津有机会认识了beau-frere的和捷尼谢娃本人的很多朋友,他们所有的人,不分性别和年龄,全都和beau-frere、娜季娜和尤里卡完全相像,就连这位善良的女人提到过十多次的列维茨基其人也不可能有别于她的beau-frere,有别于娜季娜,有别于某位像谜一般高深莫测的将军,这位将军就聪明来说,就善良来说,甚至就美来说,也同样不比尤里卡以及娜季娜逊色。

尼韦利津带着这些消息来见沃尔金娜的时候,发现她特别严肃。他问她是不是在继续生他的气。"哎,不是的,我早就忘了。昨天是很生气,但只有半小时的时间。后来甚至很想再出来叫您唱歌,因为您唱得不错,但是您已经走了。我丈夫向我讲了他干的那件涉及列维茨基的蠢事,叫我非常生气。我伤心的不是因为他没说实话,他一向不说实话,他所说的任何一句话我都不相信;他只在一些琐碎的小事上不说实话,而说实在的,这确是一件很重大的事,所以在我问到列维茨基的时候,没有估计到他会骗我。然而我不是因为他不说实话才生气,就连昨天他承认错误的时候,他仍然撒了谎,他不愿意说出真实情况。但是我看得清真实情况。我回想起我和他过去的谈话,正是这件事才使我特别伤心。"

尼韦利津对于沃尔金娜昨天的一番训谕至今感触犹深。有可能是因为这个,也可能他根本没有去思考沃尔金娜所说的、他不解其意的那些话。不管怎么说,尼韦利津关于引起沃尔金娜伤感的那一席她同丈夫过去的谈话,没有提出任何问题。

沃尔金娜感谢他带来伊拉东采夫家的消息。当尼韦利津讲起这次拜访的详细情况时,她说,她今天没有情绪笑,她还说,有一次曾经和伊拉东采夫的女儿在一起度过了整整一个晚上,甚至不得不把她留在自己的别墅过夜,她姨母扔下了她,自己跑来跑去访亲问友,所以说她对这位捷尼谢娃还是有所了解的,不过她现在既不想说什么,也不想听什么。也许,这种心境明天会过去。明天她等着尼韦利津。如果天气好,他们一起去散步;如果不好,她就请他唱歌,因为他唱得很好。明天他将在她这里吃中饭。现在请他回家,或者到阿列克塞·伊万内奇那里去,阿列克塞·伊万内奇已经结束工作了,因此不至于打扰他。她不到他们那里去了。她并没有生丈夫的气,只是感到内心惆怅,而每当她感到惆怅的时候,她总喜欢独自一个人坐坐。

尼韦利津到了沃尔金屋里。沃尔金听他讲起捷尼谢娃的肖像画廊,大笑不止。随后,以他固有不变的深思熟虑的神态解释说,尽管这位妇人心地善良,但却是一个不可救药的混女人,并且援引了她到普罗旺斯去接外甥女那次旅行中的若干细节为证,她在去那里的途中萍踪浪迹,音信杳然,在返回的路上,从欧洲的这一个角落到另一个角落游来荡去。

沃尔金娜走进屋来。"怎么,亲爱的,你不是对帕韦尔·米海雷奇说过你不来了吗?"丈夫说。

"心里觉得非常烦闷。"她说。丈夫极其诙谐地推断道,那位愚蠢女人非常可能在巴黎的郊区舞会上跳舞跳昏了头,并且让那里形形色色的非常善于在这一类太太身上拔毛的可爱的先生们给骗了一个够。她听了丈夫这些逗趣的话,也没有笑过一回。尼韦利津起身告辞。

"尼韦利津,您让我一个人留下来,您做得很聪明,"沃尔金娜说,"劳驾,请您到我的房间,告诉娜塔莎一声,让她把沃洛佳给我抱来。"

"你是说,抱到这里来吗?"丈夫问,"那你怎么还对帕韦尔·米海雷奇说,你想一个人坐坐呢?"

"有你在这里和我一个人在这里是一样的。"

"帕韦尔·米海雷奇,您听见了吗? 甚至都不把我算做人了。"丈夫幽默地说,但是她对丈夫的幽默并没有报以一笑,尽管丈夫本人深信这句话确实好笑得很。

过了两个星期。尼韦利津已经不再向沃尔金娜说,他的疯狂劲儿完全过去了,或者正在过去。

一天上午,晴朗无云。在这个季节里会有这样的好天气颇不多见。涅瓦大街挤满了散步的人。

沃尔金娜和尼韦利津也在这人流当中。他们漫步到了警察桥,又重新朝着阿尼奇克桥走去,现在快走到商场附近了。

"真可怕!"尼韦利津在讲述罗马的 Corso 大街①的时候,突然停住了,他说,"真可怕! 莉季娅·瓦西利耶芙娜,快往回走! 和龙骑兵走在一起的,那就是捷尼谢娃。赶快逃!"

沃尔金娜朝着尼韦利津指示的目标望去。

令人难以捉摸的切内卡耶夫将军像谜一样令人高深莫测,论美貌他绝不比世界上任何人,甚至不比任何女性逊色。而将军的这位胖胖的、红润的女友,正挽着一位龙骑兵军官的手臂,迎面飞来。她打扮得飘飘欲仙,在没有系上扣子的白缎面貂皮大衣的里面,穿着一件大开领的桃红色衣服,在淡蓝色的帽子上面,戴着好多红色和白色的玫瑰花,像是顶着整整一座花园,她快速地、急匆匆地、风驰电掣般地飞来,花儿颤动着,皮大衣的下摆抖动着,她的男伴在大步流星地向前走,也推动着这位善良的女人跟着他快步前进。

这位男伴有三十多岁,由于他肩膀过宽,所以看上去很矮,比他真正的身高要矮,大大的脸庞,黄里透着苍白,留着平整的淡黄色的长发,他整个人都仿佛同他的黄衣领是一个颜色。他的这一身军服很不像样子,穿着它根本不配在涅瓦大街上散步。大衣虽然换了一个新领子,但是大衣本身却完全旧了,而且用的还是最粗糙的呢料,已经磨得很不结实、精薄精薄的了,这件大衣穿得这样久,在骨架凹陷的地方贴到了人身上,在骨骼隆起的地方又凸了出来,眼看着就要被这位军官宽大的肩膀撑成一件百孔千疮的烂布衫了。对于这一副可怕的宽肩说来,它太瘦了,在挺起的胸膛上有的地方已经开了绽,透过开绽的缝隙可以看见那件在扣子左近已经打过补丁的军上衣。这一套装束和他女伴的貂皮大衣太不般配了,但是和他宽大的、肌肉发达的、表现出强劲力量,却显得极度疲惫的脸庞,倒是十分相称:那双灰色的眼睛下面印着两道深深陷下去的眼圈儿,在扁平鼻子的两个宽大鼻孔旁边,有两道皱纹,一

---

① 罗马的主要街道之一。

直垂到宽大的长着一对深色而苍白的厚唇的嘴角近旁,苍白的双颊在粗壮的下颚骨和突出的颧骨之间深深地塌陷进去。如果不看那十分苍白的、苍白到泛出蜡黄光泽的白色皮肤,如果不看那浓密的黄色胡须,如果不看在这张过于扁平的脸上突出出来的高高耸起的前额和那一对像刷子一样的眉毛,而仅仅根据彼此距离过宽而又十分突出的额骨和这一只矮矮的宽阔的鼻子来判断的话,他的脸的下半部几乎完全是卡尔梅克人的脸型。虽然眉毛本身的颜色并不深,但他的眉毛是那样的浓、那样的密,以至变成了一道黑粗的杠杠。前额和浓眉低低地垂在眼睛上方,如果这一对眼睛真的很平和温顺,即使再大,在前额和浓眉之下也很难被人发现。然而,这对眼睛尽管在双重悬崖的压迫之下已经被埋掉了一半,也仍然以其无休无止的溜溜乱转而引人注目:这一对灰色的眼睛,从低垂的额头底下,从高耸的眉毛底下,投出充满了火辣辣野性力量的光芒,这光芒疾如闪电,瞬息之间从左方转到右方,转到前方,再转到右方,再转到左方。这位龙骑兵同捷尼谢娃谈着,并且用他火辣辣的,但却异常急促和一再急促重复着的目光盯着她,但是在盯着她的眼睛的同时,还用他极其活络的,像野兽在搜寻猎物时所具有的那种目光,盯着所有过路的人,盯着所有的人,每一个男人和每一个女人,盯着右侧又盯着左侧。他用自己干枯的,但由于骨骼很大而显得特别结实的手臂,挽着捷尼谢娃的胖手,把她拢在自己身边,他走着,迈着阔步,匆匆忙忙。每迈一步,他的肩膀都向前扭转得很厉害。捷尼谢娃急促地倒换着她的两只脚,龙骑兵每迈一步都拽得她这一个肩头比另一个肩头远远地探向前方,她挽着他的手臂,颠颠晃晃、蹦蹦跳跳,弄得她貂皮大衣白缎面的下摆和装饰着整整一花园红白玫瑰的淡蓝色的帽子都抖个不停。然而,无论这些玫瑰花怎么摆动,无论她的整个身躯怎么转来转去,怎么蹦蹦跳跳,怎么扭向一边,她却始终目不转睛地望着男伴那双死盯住她的眼睛,而且捷尼谢娃的眼睛张得很大,几乎都完全睁圆了,嘴巴半张着:她那位脸色白得发黄的男伴说着,她全神贯注地、惊叹不止地听着。

他说着,尽管他们两人离开沃尔金娜和尼韦利津很远,但是透过那散步的人群的喧嚣,透过一辆辆疾驰而过的马车的辚辚声,他说话的片言只语仍可以飞到沃尔金娜和尼韦利津的耳边："体罚……军纪森严……英国的军法……五十军棍……法国的军纪……"捷尼谢娃就这样一面蹦蹦跳跳、扭扭斜斜，一面聚精会神地领受着军棍的挞伐、贪婪地吞食着军人的法纪。

"快逃，趁现在我们还能够逃脱！"尼韦利津说着便停住脚步向后退，准备随时掉头逃走。

"逃跑？为什么要逃跑？"沃尔金娜异常冷静地说，同时召唤他继续向前走，"走吧，尼韦利津。"

"请看在天神的分上，快逃吧！我愿意以您对您儿子的慈爱的名义来恳求您！快逃吧，不然我就完了，您也跟我一起完了！"

"吓，胆小鬼！我们要勇敢地迎面走去！难道她会从一个并不认识的女士身边把她的男伴抢走不成？"

"您在开玩笑，而我却预感到灭亡！"尼韦利津一面说着，一面极不情愿地向前走去。"这个女人喜爱交际的劲头儿实在令人可怕！她会不会把我从您的手里夺走？她什么都干得出来！她还会把您也俘虏了去！"

"小声些，她会听见的。"

"我以我母亲的名义，以您儿子的名义向您恳求，快逃走吧，趁现在……"

"快行礼；她已经看见您了，并且在鞠躬致意呢。"

尼韦利津感觉到沃尔金娜把自己的手从他的手臂上滑了出去，接着便在身后听到了沃尔金娜的笑声。而在他的面前，几乎靠近他的鼻尖，却有一朵朵白色和红色的玫瑰花儿在频频点头。

"Monsieur Nivelsine！ Enchanté'e……"①下面还说了些什么，这位可怜的人并没有听见，有两朵大大的红玫瑰碰撞着他的下巴，使他变得神志不清了，当他醒过来的时候，捷尼谢娃正像放连珠炮似的说完最后一句话："……ensemble, j'en suis sure。"②果然如此！她不但非常高兴遇到他，而且还深信，他会跟她一起走！"让我们来看看你能不能，"他以一种发狠的心情想着，"看你能不能让我告饶。"随之就要张开嘴说，他不是来散步的，他急于赶回家去，

---

① 法语：尼韦利津先生，我无限钦佩。——译者注

② 法语：……在一起，我深信这一点。——译者注

家里有重要的、不能拖延的事情等着他处理。可是还没有等他把嘴张开,捷尼谢娃已经放下法语,用俄语喊上了:"我来介绍,这位是尼韦利津;尼韦利津,我向您介绍……"

"索科洛夫斯基。"龙骑兵打断了她,自己把话说完,同时将自己高高隆起的前额微微低垂,并且从前额底下,从浓密的黄里透白的眉毛底下,投射出一束可以直接盯到人心里去的目光。"非常高兴认识您,尼韦利津,"就在这一瞬间,尼韦利津右手的骨头感到刺心的疼痛:手指的骨节略略作响。这位新交就是这样诚恳热烈地握手。"我久闻大名,"他继续说着,苍白的脸上泛出喜悦的光辉,"我还读过您写的关于光在大气中折射的理论公式的文章和关于英仙座β星光力周期变化的文章,还在巴黎研究所Comptes Rendus①上读过您在罗马天文台进行观察的论文。这一切都很好,非常之好,尼韦利津。但是更好的是我听人说,您是一个非常好的人。"他又一次微微垂下前额,又一次用耸起的眉毛下面的目光盯住尼韦利津的眼睛,尼韦利津右手的骨节又一次感到了刺心的疼痛,并且发出略略的声响。

"尼韦利津,我当然不会猜错,您是和您的……"捷尼谢娃利用他沉默的一刹那,絮絮叨叨地说了起来。

"我们非常感激您,阿丽娜·康斯坦丁诺夫娜,通过您我们彼此认识了,"他立即打断了她,他说话的声音很短促,很讨人喜欢,很温和悦耳,而且也很有力,使她不得不沉静下来,默不作声地侧耳听着,因为索科洛夫斯基一说话,就听不见她的声音了,"现在,我们三个人,是好朋友,"索科洛夫斯基继续说着,这时间尼韦利津感觉到,自己已经被这位新朋友的一只手臂挽住了,他的新朋友用另外一只手重新把捷尼谢娃拢到自己身边,"现在,我们全部准备就绪,继续前进,阿丽娜·康斯坦丁诺夫娜。"这位朋友以双倍喜悦的口吻高声说道。并且确实如此,他们三个人全部继续前进了,全部,这是因为尼韦利津已经和捷尼谢娃一左一右被连接成了一个统一体,一个牢固的、不可分割的统一体。

"我非常高兴,遇上了这么个机会,和您相识,"新朋友继续说着,他脸上

---

① 法语:通报。——译者注

发出爱慕和喜悦的光华,两只手拦腰挽住自己的朋友,带动着他们前进,"认识一位好人,我总是很高兴:好人应该彼此亲近,这是我的规矩。我之所以高兴,还有一个特殊的原因:您曾经是军人,您有俄国军队最优秀军官的好名声。您关于军事问题的意见对军事当局来说,具有相当的分量,将来也是这样,如果您发表这些意见时口气激烈而顽强,那就会有更重的分量。顽强,顽强! 有了顽强,就可以干成许多好事,而我坚信,您不至于缺乏顽强精神,因为事业需要这个。对事业来说,您是有用的人,我向您保证,您是有用的人。啊,尼韦利津,感觉到自己在为某一项人道主义事业而忠诚工作,这是一种多么神圣的快乐呀! 您将体会到这种快乐,我向您保证! 我要讲给您听听,我为什么在彼得堡。年轻的时候,我不认识俄国人,也不喜欢俄国人……"

"您不是俄国人吗? 我把您当成纯粹的俄国人了。"

"我是波兰人。但是的确,我说俄语说得很好。我有机会学会了它,我有机会认识了俄国人民,并且爱上了他们。俄国人民是善良的、正义的人民。尼韦利津,我在年轻的时候,曾经想成为一个学者,也想像您一样成为一个数学家。但是命运另有安排,于是我在三十岁的时候,就当上了龙骑兵军官。但是在这以前,大约有三年的时间,我有机会学习了一下。然而这不是我曾经想从事的行当。反正都是一样。如果不能去做想做的事,那就应该去做可能做的事。我给自己选择了工作,我成了军人;不管怎么说,根据自己的志愿也好,听从命运的摆布也好,反正我成了俄国军队的军人,并且同我的同僚在一起生活惯了,也爱上了他们。因为命运促使我爱上了他们,我要感谢命运。我有义务为他们的利益而工作,尼韦利津,每一个人都有义务在命运为他安排的那一座舞台上工作,无论这一项义务在他说来甜也罢,苦也罢。在我说来,这种义务是甜的,因为我能够爱上我有义务为他们的利益而工作的那些人。我应该并且也愿意用尽我的全部精力去改善俄国士兵的境遇。我考虑过,非常认真地考虑过,进行这样一件大事究竟应该从哪里着手,应该从哪里开始。我终于感到,头一桩最迫切、最根本的改革应该是取消体罚。在鞭子和树条的抽打之下,当兵的不可能意识到作为一个人和一个公民的尊严,而当官的不可能不无所用心、麻木不仁、专横暴虐、挥霍奢侈、荒淫无度;士兵不可能不是苦役犯,军官不可能不是刽子手。首先必须争取取消这种野蛮行为;只有到那个时候,其他的重要改善才有可能……"

尼韦利津的身体已经获得解放:迎面过来的一群人早就迫使索科洛夫斯基把他的手从他俘虏的腰间拿了下来。但是这被解放的人自愿地继续留下来当俘虏,这个肤色苍白的龙骑兵使他深深感到了兴趣。

他是一个充满热情的人,这一点是肯定的。但是充满热情的人也有各式各样的。有那么一些人,除掉热情,他们脑子里什么也没有。看来,这一位不是这样的人。还有那么一些人,他们把热情全部都用在慷慨激昂的议论上了,丝毫没有余下一点用来干事业。看来,这一位也不是这样的人。他考虑问题,并且身体力行。确实如此,尼韦利津越是听他讲下去,就越强烈地感到,这个苍白的龙骑兵不是那种可以拿来嘲笑一番的热情人。尼韦利津觉得他有一种魅力。

索科洛夫斯基说了又说,热情洋溢,滔滔不绝,同时用他无限喜悦的、充满了圣洁的爱慕的眼光盯着尼韦利津的眼睛。他滔滔不绝地说着,但是无论他的感情如何激动,他那热情奔放的议论却很有见地、很有条理、充满了事实根据,这是发自一个把整个身心都献给了自己事业的、具有钢铁般意志的人的议论。

他在奥伦堡把这个问题研究了三年。他让人订了很多书,他同自己的同僚进行讨论,以便了解从高级到低级的俄国军官能够在什么样的程度上完成这一次改革;如果进行这次改革的话,士兵将如何行事……一切应该在奥伦堡准备好的事情,他都准备好了。如今,当他来到彼得堡之后,他在各个档案馆里坐了五个月,搜集一般书籍中找不到的资料。他的资料现在还不全,因为最重要的一些保密档案对他尚未开放。将来会开放的,他力争做到这一点,而且尼韦利津也会帮助他做到这一点……

"您不仅可以充分利用我对别人的影响,甚至还可以利用我本人。"尼韦利津说。

"那是自然。我甚至都没有问您我是否可以这样做,因为我知道您是一位好人。"

他的资料暂时还不全。但就现有的资料来看，涉及的方面极广，而且十分丰富，有了这些资料就可以开始工作了。他本来已经可以开始了，但是临时被一些个人的事情耽搁下来。他必须考进参谋部所属的军事学院，不这样，他就在职务上和经济上都没有可能继续留在彼得堡。再说，在上级看来，一个人的学衔也是非常重要的。为了获准参加军事学院的考试，他须要四处奔波：尼韦利津应该记得，按照规定，必须当过两年军官才能获准参加考试，而他只是今年春天才擢升为军官。为了求得对他打破惯例，他就须要找到一位既有影响的又愿意使劲儿的上司。他终于找到了。他脱下陆军军服，换上龙骑兵军服，来做这个人的属下，并且由他帮忙，参加了考试。请尼韦利津猜猜看，这位上司是谁，他为什么这样卖力气，居然争取到几乎是不可能的特许？他是一位学者或者心肠特别慈善吗？他同情进步事业或者热爱正派的人吗？全都不是。他出身行伍，粗陋庸俗，是个冥顽不灵、不学无术的家伙，他脑子里除了严格的军事操练，什么也没有了。索科洛夫斯基靠行军礼、演习步法的漂亮功夫迷住了这位准将。这一套哄骗他的本事真是得来不易啊，而且似乎很愚蠢，但正是由于有了这套本事，他如今才进了参谋部军事学院，随之而来的，才留在了彼得堡，从而可以着手进行自己的事业。

他已经开始进行这项事业了，他正在写文章；当然，采取两种形式：一篇是真正的论文，详尽的、鞭辟入里的。但是这篇文章将很深奥难懂。大人物谁有耐心读完这篇东西呢？因此就还要写另外一篇论文，简短的论文。他将来要把长篇论文的内容讲给尼韦利津听。他说着就讲起来了。尼韦利津在内心里已经丝毫不再怀疑，是不是值得对这位充满热情的人说："您尽可以随意利用我的影响和我本人的时间。"论文内容极为丰富地汇集了无数条经过深思熟虑的、从一切角度说明问题的实际材料。这是一部涉及所有最重要的军队的军纪和战斗能力的史册。每一支军队的历史都证明，体罚只能损害部队、削弱纪律，导致战斗失败；而废除体罚可以使那些天不怕、地不怕的强抢犯变成温顺的、忠于军旗的战士，使懦夫的军队变成勇士之师。他对每一个看来可能与此相矛盾的实际材料都进行了分析，结果是这些实际材料不仅不会同结论发生抵牾，而且还会证实这一结论。他援引了几十个伟大统帅、杰出的军事首脑的见解,原来他们所有的人都认为废止了皮鞭和树条的军队,要比由抽烂了脊背的士兵所组成的军队优越。他还详细分析了俄国部队的一些精神气质方面的特点。

"有多一半我已经写好了,等我写完,我们一起来读一读,尼韦利津;您会给我指出一些错误和疏漏来,会告诉我一些新的想法、新的材料。"

尼韦利津没有发现他的思想有什么错误的地方,他想,在介绍材料时也不会有什么疏漏,他认为,一切可能的论据他都预先估计到了,一切反对的意见他都驳倒了。

"您这样认为,我非常荣幸。但只是冷眼一看,您才这样认为。当您读这篇论文,不是读一遍,也不是读两遍的时候,您就会提出很多建议。您应该彻底研究一下这篇论文,不要吝惜劳动。这件事是值得的。"

"您认为必要的事情我全都去做,"尼韦利津回答说,这个充满热情的人的谦虚态度和精明强干,以及他对事业的圣洁有力的忠诚情感也温暖了尼韦利津的心,"我完全愿意为您效劳。"

"我知道您会这样,因为我听人说过,您是一位非常好的人。我要握您的手,尼韦利津。"

捷尼谢娃利用她这位征服者停止说话的瞬间重新提出被他压下去的问题:"尼韦利津,您刚才和谁一起散步来着? 那是您的未婚……

"是啊,尼韦利津,您同谁散步来着?"索科洛夫斯基打断了话头。

"那是沃尔金娜夫人。"尼韦利津回答说,同时把夫人这个字眼儿说得尽量使捷尼谢娃听得清楚些。

"沃尔金娜!"索科洛夫斯基大声喊道,"或许就是那位作家的亲戚吧?"

"他是她的丈夫。"

"您认识沃尔金! 您对我说来简直是双重的发现! 您应该让我和他交个朋友。"

根据他的第一声惊叹,尼韦利津就已经预见到这个结论。这结论必不可免地产生于他的原则:好人应该彼此亲近。除此之外,沃尔金手里还掌握着一本杂志:索科洛夫斯基怎么能不冲着这样一个有诱惑力的猎物猛扑过去呢？但是领着这样一位把捷尼谢娃都说得服服帖帖的人到沃尔金的书房里去是不是罪过呢？沃尔金的温良恭顺已达到没有自卫能力的程度。他没有勇气向任何人表示他没有时间。而索科洛夫斯基这个人，即使是直接对他说："对不起，我现在没有时间。"他也不会认真理会。索科洛夫斯基对待他会比对待任何人都更加随心所欲：索科洛夫斯基第一句话就会说，他想和他"交个朋友"。想推辞也无济于事，索科洛夫斯基会轻而易举地闯到他家里去。只有一个办法可以把沃尔金从这个残忍的充满热情的人的手里拯救出来："如果您愿意的话，我把沃尔金请到我家里。您哪一天晚上有空？对他来说，所有的晚上都一样，所有的晚上都排满了紧急的工作。他所有的时间都忙于紧急的工作，从早晨到夜晚。如果有必要，我就占去他一个晚上，这也只好如此。是哪一天呢？"

"就是今天，这还用问吗？今天晚上我原来准备待在家里，想会一会国防部委员会的一位委员。但是为了沃尔金，可以把这件事放一放。我们很幸运，这样的时代已经到来了：办杂志的人成了一种力量，甚至比任何部长都重要！您今晚上请他来吧。"

"好的。"

"谢谢。"索科洛夫斯基抓起尼韦利津那只倒了霉的手，握到自己可怕的"铁钳"之中。

"原来她是沃尔金娜夫人！"捷尼谢娃贪婪地抓住这个机会从被迫的昏昏欲睡之中复苏过来，"沃尔金娜夫人！我相信我听人谈到过她，有人曾经请我到她家去做客！是谁请我来着？是莫萨利斯卡娅公爵夫人还是什特拉利男爵夫人呢？或者很可能是韦斯豪普男爵夫人吧？……"

"现在你尽可以海阔天空地乱说一气了，不必害怕讲错话了。"尼韦利津在想。大约，索科洛夫斯基也得出结论，既然说沃尔金娜夫人就是沃尔金的夫人，就是健在于世的、今晚要到尼韦利津家里去的那个人的妻子，那么也就不必担心什么了。

"对了，对了！"捷尼谢娃先历数了十来个夫人的名字，其中每一个人都有可能请过她到沃尔金娜家里去做客，现在她对自己的疑问开始觉得涣然冰释了，"对了，我相信这是塔尔诺夫斯卡娅伯爵夫人对我说的！是的，是的，塔尔诺夫斯卡娅伯爵夫人说，她和她非常要好，并且非常喜欢她！这位塔尔诺夫斯卡娅伯爵夫人真可爱！啊，通过她所讲的，我非常熟悉沃尔金娜夫人。原来她就是沃尔金娜夫人哪！我和索科洛夫斯基还以为这是您的未婚妻呢！非常遗憾，尼韦利津，我们猜错了。当然我们真为您高兴！我们……"

"阿丽娜·康斯坦丁诺夫娜。"索科洛夫斯基用一种具有威慑力量的口吻开始说。

"再见。"尼韦利津说完，就走开了。

他们两人怀有的那种安全感现在看清原来是个假象，他们被突如其来的反攻打了一个措手不及。在他们能够各自采取自己的对策之前，捷尼谢娃有时间相当完美地论证了索科洛夫斯基的意见的正确：顽强精神可以赢得胜利。

那一段时间尼韦利津对沃尔金娜隐瞒了这一个细节。但事过之后他可能会讲出来，并且承认他当时确实怒气冲天。

回到沃尔金家里去吃中饭，时间还早。同时他也没有兴致急着要到他们家去。他沿涅瓦大街走去，朝向他扔下索科洛夫斯基和捷尼谢娃、任他们走去的那条路相反的方向。但是，他的一腔愤怒很快就被忧郁的心情所代替，同时这种忧郁还十分苦涩，他因为被这种心情所掌握，所以自己对自己懊恼起来。也许，他的熟人曾经迎面走过。但他没有看见……

"阿丽娜·康斯坦丁诺夫娜让您生气了。"一个声音在他的耳边响起，这是索科洛夫斯基在说话。尼韦利津回头一看：索科洛夫斯基不是一个人在这里，在他的手臂上依然挎着那位捷尼谢娃。汗水从这位不幸的人的脸颊上淌下来，像一道道溪流一样地淌着：她很可能在追人当中像奔马似的猛跑过一阵。她自己猛跑，同时也让索科洛夫斯基飞奔，也许是索科洛夫斯基赶着她跑的吧？如果只允许她这样跑，而没有逼着她这样跑，那索科洛夫斯基倒还很不错呢！"在索科洛夫斯基止住捷尼谢娃聪明的饶舌的时候，我似乎还感觉到，他并没有完全忘记什么叫得体，什么叫不得体。"残酷无情的尼韦利津这样想着。但是索科洛夫斯基心平气和地解释着，以一种甚至使沃尔金都要钦佩的翔实有据的口气解释着："阿丽娜·康斯坦丁诺夫娜让您生气了。她有时候会说出些多余的话来,尼韦利津,有时候说话很不得体,很不谨慎,她由于没心没肺,给自己招来很多麻烦。但是那些坏人却从来不可能没心没肺,请您想着这一点,尼韦利津。"

"饶了我吧,索科洛夫斯基,您为什么要把我放到这样一种地位,让我使阿丽娜·康斯坦丁诺夫娜感到难堪呢?"尼韦利津尽量用无所谓的口气回答说,"我同她、同您告辞的唯一原因,是在那一刻,我的一个朋友从我们身边走过,我必须追上他,同他谈一件非常要紧的事。"

"不,不!"捷尼谢娃进入了自己的角色,她气喘吁吁,因此就在断断续续之中更加忙碌地鼓动着她的舌头,"不,不,尼韦利津,您不要争辩!他告——'呼'——诉我,您一定会否认,但是我现在知道,您走——'呼'——开,是因为您生我的气了。我没发——'呼'——觉,我怎么得罪了您,甚至也没想,您会——'呼'——生气。但索科洛夫斯基说的是实话。就算我们俩——'呼'——想过,她是您的未婚妻。可是也不应该打听啊;打——'呼'——听,就意味着死乞白赖地追问人家的私事,这很不——'呼'——礼貌,他这样说,这也的确是实话,我明白。他拦住我两回,可是我并没有想到这上面来。更不可——'呼'——宽恕的是,在我知道她是谁的时候,还说——'呼'——我们猜错了。我明白,这可能使——'呼'——您很伤心。但是您不要生气,尼韦利津,我不是有意让您生——'呼'——气。我没有那种习惯,故意说点什——'呼'——么叫人生气。我不会这个,尼韦利津,我——'呼'……"

索科洛夫斯基用赞许的目光望着她:她把自己所受的教诲重述得妙极了,真是一个聪颖的女学生。尼韦利津已经觉得很好玩了:一个愚蠢的女人和一个十分聪明的男人;一个头脑极其简单的人和一个极度严肃的人。但这一对儿却非常般配:两个人都是生活在黑铁时代里的黄金时代的人物。

"我请您相信,阿丽娜·康斯坦丁诺夫娜,索科洛夫斯基完全弄错了,他多余叫您心神不安。您没有说过任何不得体的话。"

"不,不,经他详细解释过——'呼'——以后,您就瞒不过我了!但是我也同样相信他补充说——'呼'——的话:您对我了解得更多一些的时候,您会喜爱我的。那时候,如果我冒出一句不谨慎的——'呼'——话来,您也就不会介意了。刚刚我是出于好意才说的,这怎么能不叫我感到遗憾呢……"

"我们别再提这件事了,阿丽娜·康斯坦丁诺夫娜,"家庭教师看到这位女学生要离开她担任的角色而顺着自己的道路走去,便用温和的,但却难以压倒的口吻来干预这件事,"尼韦利津听您道歉感到很难为情,您也无须再继续道歉,因为他已经不再生气了。是的,尼韦利津,当您更深一层了解阿丽娜·康斯坦丁诺夫娜的时候,您就会高度评价她那颗善良的、无限善良的心,真诚朴实的、高尚的心。她的心犹如婴儿一样纯洁;她以少年般的激情同情一切正当的有益的事业,这使我惊叹不已。来到彼得堡以后,我有好长时间一直回避同她相识的机会。我的二三十封荐书当中,有一封是给'贵夫人'捷尼谢娃的。您会同意,在贵夫人的身上,在事理悖谬的最可怜的产物身上,能够找到什么有益的东西呢? 我想,如果贵夫人可以从我口里听到庸俗不堪的温情话,并且从中寻得快慰,那么她或许对我是有用的。但是长得像我这副模样的人,能去用一些空洞无物的恭维话诱惑那些头脑简单的女人吗? 贵夫人对我能有什么用处呢? 我把给她的信扔到了一边。然而,两个星期以前,当我从裤子底下往外掏脏衣服交给洗衣妇的时候……"

"天上的造物主啊! 请你给我力量使我能够坚持听下去,听他说他是在一件什么样的劳什子里发现了这封信的吧!"尼韦利津想着。但是这一个场面并不像可能出现的那么可怕。

他从裤子底下掏出了一件衬衣,——索科洛夫斯基继续说,——在里面摸到一张硬纸片,他抖了一下衬衣,掉出一封信来。他想了想这封信,于是决定:不应当改变自己的规矩,随时随地都要寻找好人。他来找捷尼谢娃,万万没想到,发现她竟然是一个好人,而且不单单是一个好人,她还是一个非常有用的人。她闻风而动,立即为他的设想奔波起来……

"只有上帝才知道这件事究竟是怎么一回事!"尼韦利津想着,"让这一位就算是无比善良的,但胸无点墨和愚蠢绝顶的女人来担任这样一桩严肃的、艰巨的、重要的事业的推动者! 当着贵夫人的面议论贵夫人乃至讲脏衣服的故事,这些我都忍受了。但如果要继续讲这件事的话,恐怕我就要忍受不住了。"然而,"这件事"却继续讲下去了:索科洛夫斯基尽管性情急躁,但他却对自己的话的正确无误有十足的把握。他无比庆幸,阿丽娜·康斯坦丁诺夫娜这样热烈地同情一切人道的和进步的事业,他竟然找到了她这样一位竭诚工作的帮手⋯⋯尼韦利津终于感觉到,他再没有别的选择余地:他如果不打断这位天真的热情人,就要大声地笑出来了。

"但是,我想,军法同阿丽娜·康斯坦丁诺夫娜的事业范围相去甚远,您的见解对她说来怕是也有些隔膜吧?"

"当然,起初她对这一项改革的可能性和重要性并没有考虑过,"索科洛夫斯基若无其事地回答说,"但是她全心全意地投入这一事业。确确实实,当我请她复述一遍她如何把自己的信念讲给别人的时候,我就发现,她并没有全面掌握进行这一项新的事业所必需的实际材料,同时也不十分清楚这些实际材料之间的联系。但这并没有什么可以叫人失望的:不可能一下子全部记住。我向她重复那些实质性的论点,我和她,我们就反复地一说再说,直到她彻底明白为止。要有耐心,"他以赞许的口吻对自己的学生说,"只需要有耐心。谁愿意做一个有用的人,谁就必须在一切场合、做一切事情都有耐心。我非常满意,她有耐心,而且全神贯注。"索科洛夫斯基当着尼韦利津的面夸奖她,这是对她的最高奖赏。

沃尔金一面用华彩乐段高声笑着,一面为尼韦利津所讲的关于捷尼谢娃和她的老师的故事添加着无数非常幽默的笑话。后来,他听到尼韦利津使他免除了索科洛夫斯基的骚扰,便对尼韦利津表示万分感激,同时他也没有放过机会连连摇头叹息,抱怨自己在剥夺他时间的那些枯燥客人面前软弱无能和难以自卫。然后又赶忙开了一个令人费解的玩笑聊以自慰,说帕韦尔·米海雷奇把他当成一个自己没有能力摆脱索科洛夫斯基的窝囊废,这使他感到异常委屈,说完之后,再次用一般人的嗓子可能发出的和不可能发出的声调大笑起来。同时还用无可比拟的和无穷无尽的幽默对尼韦利津和妻子解释说,索科洛夫斯基真是一个十分可笑的人。尼韦利津的故事已经讲完了,但是沃尔金依然接二连三地就这个题目开着聪明绝顶的玩笑,并且为了这些玩笑无比热心地奖励着自己,最后他笑得连腰都痛起来了。

"我一直沉默着,我的朋友,看到你心情愉快,我非常高兴。虽然你的嗓子叫人无法忍耐,但不管怎样我还是很高兴,"妻子说,"可是我要向你们指出,我的朋友,你和尼韦利津评论说索科洛夫斯基天真幼稚,这恐怕是过于轻率了,他热衷于自己的想法,因此做事、说话不免有很多可笑的地方。然而,尼韦利津,根据您所讲的这些事来看,他绝不是像您和阿列克塞·伊万内奇所想象的那种头脑单纯的人,他诚恳、高尚,对待自己的事业忠心耿耿,毫无私念,甚至达到愿意自我牺牲的程度。就这一点来讲,他是有些头脑单纯,但这是从这个词的正面意义上说的,也仅仅是从正面的意义上说,绝没有可笑之处。他很会做事,大约也很会理解人。"

"您天性不爱嘲笑人,而且愿意为那些被嘲笑的人进行辩护,"尼韦利津说,"但是……"

"对不起,帕韦尔·米海雷奇,"沃尔金赶忙打断他,"我同意您的看法,莉季娅·瓦西利耶芙娜是不爱开玩笑,并且愿意替人辩护,我同意这一点,但是问题却不在这里,我和您确实有所忽略,她说得完全正确,索科洛夫斯基的确是一个很讲求实际的人。"

"可是,阿列克塞·伊万内奇……"尼韦利津刚要开口。

"没有什么可是,帕韦尔·米海雷奇。莉季娅·瓦西利耶芙娜说得对。如果正确地进行分析,根据一切迹象可以看出他的确是一个非常讲求实际的人。请您自己仅就这样一件事想想看,他居然能把进军事学院这样的事安排得妥妥帖帖,您比我更清楚,这是一件多么困难的事。一切他都盘算到了,一切他都设计好了。怎么进行呢?要找一个强有力的保护人。这算是什么,是对事物的天真的认识呢,还是讲求实际的认识?他居然找到了这个人,并且把他迷住了。靠什么迷住的呢?靠激情?靠品德?靠智慧?对不起,先生,全不是。他说,靠这些和这帮昏头昏脑的家伙打交道是办不成事的。他说,我要叫他看看,我怎么操练步法,我怎么摆弄枪。这是天真呢,还是讲求实际呢?您一一进行分析,他的每一个行动都是如此;您再看结果,在四五个月的时间里,一个准尉,或许在骑兵部队里应该正确地称呼他们为骑兵少尉吧?"他以惯有的认真态度改正说,"一个准尉或者骑兵少尉,一文不名,穿着打了补丁的军服,钻营到什么地步了呢?他自己告诉我们说:'我要去参加晚会,见一位国防委员会的委员。'好家伙！您以为如何？他还在涅瓦大街上散步。和谁在一起呢？和一位穿着貂皮大衣的贵夫人！这对一个穿得破破烂烂的穷准尉来说倒很不错，的确不错。"

"可是，阿列克塞·伊万内奇，这位捷尼谢娃呢？他因为得到捷尼谢娃这么一个十全十美的、得力的好帮手而欣喜欲狂，这怎么能算讲求实际呢！假使她年轻，有一群崇拜者，那样或许因为她愿意效力还能够得到某些好处。但是，她是一个任何人都不感兴趣的半老徐娘，所有的人都厌烦她的空洞的、不可忍耐的饶舌，在最愚蠢的人当中她也非常公道地落得一个比他们还要愚蠢十倍的名声。因为她愿意出力而高兴，指望从她身上得到好处——这有什么意义呢？"

"帕韦尔·米海雷奇，您认为这荒唐可笑，这是因为您生来不是一个鼓动家；我也觉得有些好笑，这是因为我是一个懒散无力的人，您知道，对于那些我没有精力去做的事情，我总喜欢开开玩笑。我觉得鼓动家都很可笑。但是，所有您的怀疑和我的讥笑都一钱不值。她头脑简单——这又怎么样呢？即使是头脑简单的人，只要肯出力，落在灵巧的手里就会变得有用。他善于让她尽心竭力地工作，这就会有好处，因为她像一匹马一样听他的吆喝往前跑，由于愚蠢，她会跌跤、走岔道，但是他把她拉起来，引向正路，于是她就又像他所需要的那样，继续向前跑去。不行啊，先生，你不可能找到那么多的聪明人来做鼓动家所需要的工具，因此他还必须像保姆一样哄一些蠢人。'但是谁都不会尊敬她。'随便好了，难道他非要让人尊敬她不可吗？只要这不至于使她止步不前，那就无所谓，她会站到任何人面前去喋喋不休。'但是谁也不会听她的。'听也罢，不听也罢，只要她在耳边哓哓地叫喊，你总要不由自主地听些东西进去。请问，一个聪明人会利用聪明人制造声势吗？不会的，拿聪明人当风笛要可不中用，夹在腋下，一压一挤，风笛就响了，扮演这种角色蠢人更适合些。没有愚蠢的男人和愚蠢的女人帮忙，进行鼓动就不可能，只有他们才会使整个这件事锦上添花。"

"您说的确实有一些道理。"尼韦利津赞同地说。

"不可能没有道理，帕韦尔·米海雷奇，关于这些荒唐事，读也读过，想也想过。"沃尔金回答过后便沉思起来。

"我的朋友,你还应该再补充一句,她住在伊拉东采夫家里。"妻子提示说。

"真是莫名其妙!"他猛喊了一声,并且摇着头。"我总是把最重要的东西给遗漏掉!非常明显,帕韦尔·米海雷奇,我谈的那些捷尼谢娃本人的舌头所能带来的好处,都不过是细枝末节,信口胡说。自然会带来某些好处,但完全微不足道。索科洛夫斯基打的当然不是这个算盘。他打的是什么算盘呢?非常简单:他给她备上了鞍子,骑了上去,直奔向前,请问,他骑着她到了什么地方呢?到了伊拉东采夫的沙龙里。捷尼谢娃崇拜他,因此他在伊拉东采夫的家里就成了自家人。当伊拉东采夫回来的时候,这位主人的沙龙里会挤满什么样的上流人物呢?内阁的官员、大臣军部的参谋。而他在那里将是自家人。您怎么看?有两种情况:一种是,一个小小的军官按照官僚制度的程序把报告递到芝麻大的官员手里;另一种是这位上流社会的熟人和他的熟人在这个显赫门庭里随便谈起,那些人挤破脑袋也想往这里钻,而他在这里却几乎是主人。这两种情况应该是有区别的吧?您认为如何,帕韦尔·米海雷奇,这个算盘不是很讲求实际吗?可是我和您却说:'捷尼谢娃是一个蠢材!'是谁缺心眼,是他呢,还是您呢?关于我自己我就不说了。"

"的确是这样。"尼韦利津说。

"是啊,是啊。"沃尔金若有所思地肯定说。沃尔金有一个优点:如果他自己没有发现某一件事(这种情况时而有之),一旦有人向他指出,他马上就会发现,并且会尽力详加剖析,剖析问题也像说俏皮话一样,他十分在行。"是的,"他继续说下去,并且浮想联翩,"我不知道,索科洛夫斯基是有意识地按照这种盘算行事呢,还是单纯地受了自己鼓动家本能的驱使。很可能仅仅是本能。本能盲目地推动他向前闯,他就跟着瞎撞,像一个梦游症患者一样,但您知道梦游症患者爬高走险非常灵巧准确,甚至连最高超的杂技演员都不能走得那么好。是的,他在处理本能驱使以外的所有事情时,很可能和我一样笨拙不灵。但是他身上确有政治活动家的本能,这种品质您在我们那些自由派当中的任何一个人身上都找不到。"

"我的朋友,你想,你会喜欢他这个人吗?"妻子问了一句,同时准备起茶来。沃尔金中饭过后喜欢喝一点茶。

"这非常可能，亲爱的。如果说真心话，我几乎深信会是这样。"

"如果他真的能使你喜欢的话，你不要怕，你可以请他常常到你这里来，你自己也可以不时地到他那里去，让他感到你很高兴认识他。你需要有些娱乐，如果你能找到一个人，同他谈话会让你得到愉快和休息，而不像同别人谈话那样只招来些烦闷和劳累，那我也会很高兴。就算他自己完全看不出来你是不是有工夫同他闲聊，那又有什么呢；大约他对一切琐碎小事都不会在意。如果你没有工夫，我就告诉他：'请您走吧，我丈夫没有工夫。'他也不会见怪，相反，我们对他这样开诚相见，他会很喜欢。"

"你说得对，亲爱的，"丈夫思忖了一下说，"将来看吧。如果我喜欢的话，我不会回避他。"

米罗诺夫来了，还带来了两三个同伴。商议着要搞一次小小的音乐会。米罗诺夫把小提琴拉得很好。尼韦利津有一把小提琴，他差不多也算是一个高手，此外他唱得也很不错。当时就派了人去取提琴。

沃尔金喝足了茶，回自己书房去了。过了半个小时，他来到大厅，等节目告一段落，他对尼韦利津说："刚才我突然想起，在我结婚和迁居彼得堡之前，在原来我做事的那个城市，有一个波兰老头儿被指令居住在那里，我从他那儿听到了一些故事，那是不是指索科洛夫斯基说的呢？外貌、年龄、性格、发配到奥伦堡兵营从军——这一切都使索科洛夫斯基能同波列斯拉夫对得上号，那个老头儿管他自己的那位亲戚就叫这个名字。我当时没有想到应该问一问他姓什么。我曾经猜想，他可能像大家称呼老头儿那样，也姓泽林斯基吧。您没有机会打听一下，索科洛夫斯基的名字叫什么吗？是不是波列斯拉夫？他一点也没对您讲过他被判处流刑的那件案子吗？"

尼韦利津回答说："没有。"沃尔金开始问其他问题：索科洛夫斯基是否提到过，他的原籍在哪里？他是不是从沃伦来的？他是否进过大学？是哪一所大学？是不是彼得堡大学？

"这两件事都对，"尼韦利津现在记起来了，"索科洛夫斯基曾经提到过，他真正到达彼得堡的日期要比他本来可以到的日期晚了些，放他出奥伦堡的时候,他路过沃伦,在沃伦他比他原来计划的多住了些时间。他的母亲住在那儿,她是一个身体还很健壮的老太太,还有他的妹妹,疾病缠身,从小时候起就几乎一直卧病在床。从他的谈话里可以知道,流放前有几年的时间他住在彼得堡,临到流放之前,他回到了家乡。他暗示说,车载着他走过家门,母亲和妹妹就住在那里,但是就不准许同她们见面。"

"这一切都对得上号。很显然,索科洛夫斯基就是泽林斯基讲过的那个波列斯拉夫。"

"你别妨碍我们,"沃尔金娜对丈夫说,"或者你不再同尼韦利津谈话,让他继续唱歌,不然你就把他拉到自己的房间里:没有他我们也过得去。"

"我到阿列克塞·伊万内奇的房间去吧,"尼韦利津说,"一切和索科洛夫斯基有关的事我都深感兴趣。"

1848年,彼得堡大学的一名大学生,一个波兰人,不是姓泽林斯基(像沃尔金过去根据错误的,但非常自然的猜想所断定的那样),而是姓索科洛夫斯基,回到自己家乡沃伦去度假。他自己一无所有,在1830年之后他父亲的庄园被没收,他父亲也由于在自己的农民和邻近的农民中间组织了一个集团而被打死。然而他的各种亲戚却平安无事地继续当他们的地主。他们的田产都离加利西亚边境不远。索科洛夫斯基到这些亲戚当中的一家去做客,也就是在后来向沃尔金讲述了这一切的那个泽林斯基家里去做客。泽林斯家里举行了一个晚会。晚会开过,索科洛夫斯基马上还要到另外一个亲戚家去做客,他按照那一带不太富有的人家的习惯,是乘坐一个犹太人的马车去的。另外一个犹太人同这个犹太人有仇,告了自己仇人一状,说他要把一个波兰大学生偷运出境。受控告的犹太人在半途被捕,同时也逮捕了索科洛夫斯基。索科洛夫斯基被解往彼得堡,在这里判决:因怀疑有越境的意图,发至奥伦堡兵营充军。判决书上就这样一字一句地写着。泽林斯基打听消息,四处奔走,当时他既有钱,又有些熟人,本人也颇受尊重:他被指令迁至俄国内地居住是一年以后发生的事,原因是他拿出衣服和钱款救济了在押解途中路过沃伦的匈牙利战役①的波兰俘虏。在1848年的时候，人们对他的看法还很好。他很容易就打听到有关自己亲戚的全部真实情况。就是这样一字一句写着的："因怀疑有越境的意图。"

"因为怀疑有某种意图，就发配充军！"尼韦利津重复说，"真是奇妙的判决。"

"与其说是奇妙的，不如说是可悲的。"沃尔金淡漠地反驳说，"之所以说不奇妙，原因在于这里没有任何不寻常的东西。可悲的是，我们的这些处理案件的人由于缺乏教育，运用刀笔的功夫竟糟到如此地步。如果是受过教育的人，自然会想到要换一个样子落笔。比如：'鉴于有些情况表明他的旅行是为了实现流亡国外的计划'，您应该同意，正经体面所要求的一切这里全都齐备了。'鉴于有些情况表明'——您不能不理解为，罪证俱在。但实际上没有罪证。可是判决书上也没有说有罪证，因此事实没有被歪曲。然而无论如何不能不理解为有罪证。再往下看：'表明他的旅行是为了实现流亡国外的计划'，好家伙！这已经不是什么'意图'了。您会同意，所谓意图，不过是随便瞎说，是一种空洞的想法，根据想法不能判刑。有些人说不能判重刑，另一些人说根本就不能判刑。但是'实现计划'这就构成事实了。已经构成犯罪。是的，一切都非常圆满：已经发现了犯罪的事实，判处也就是公正的了。可是他们这些没受过教育的人却冒出这么一句：'因怀疑有越境意图'，也就是说毫无根据。是呀，很可悲：因为我们不会运用刀笔，所以我们在全欧洲被看成是野蛮人。真遗憾，真可悲。但是您等着看，我们终究会开化；我们会表达得稍微体面些。"

尼韦利津凄然一笑："您有时变得很尖刻。"

---

① 1848年匈牙利爆发革命。奥地利帝国出兵镇压匈牙利革命军，1849年4月，匈牙利国民议会宣布匈牙利独立。在波兰和捷克斯洛伐克志愿人员的参加下，匈牙利军对奥地利反革命军取得节节胜利，直逼奥地利边境。1849年5月俄国沙皇应奥地利皇帝的请求，派出十四万俄军入侵匈牙利，援助反革命。车尔尼雪夫斯基在1849年的日记中表示，他作为"匈牙利人的朋友"，希望沙皇军队失败，并希望就此推动俄国国内的起义。但在奥俄两军合击之下，匈牙利军被击溃，革命遂告失败。——译者注

"我,尖刻?"沃尔金摇了摇头,"您之所以认为我尖刻,是因为您把自己周围的人都看成是天真无邪的娃娃了,您本人,恕我直言,也是一个天真无邪的娃娃。如果我真的被人们认为是尖酸刻薄的人,那么这个社会就是极其理智的了! 我,一个小鸡雏,居然会是尖刻的! 如果在禽鸟当中一个小鸡雏做了鸢鹰,那么这群鸟就太可爱了! 天真无邪的人们,天真无邪的人们!"他又摇了摇头,"那么,事实究竟如何呢? 您,帕韦尔·米海雷奇,真的就那么天真,竟然相信,'因怀疑有越境意图',就凭着这一点把一个人发配充军吗? 天真的人们凭空想象,说到处都有善于变化的动物,半人半兽的人。这种半人半兽的人是没有的。没有那种残忍成性、平白无故就加害于人、让人遭受苦难的人。怀疑某个人企图犯出国之类微不足道的,并无危害的过失,因此就把他发配充军,这是不可能的。不言而喻,这只是一个借口,一个空洞的借口。自然应该有它近乎情理的根据。这种根据在判决书上没有讲,他们由于缺乏教育不知道如何措辞来说明它。而这根据本身却是近乎情理的,天公地道的。"

　　沃尔金丢下滑稽腔调,重又一本正经地说起来。

　　"索科洛夫斯基因为被怀疑有某种既无危害又算不了什么大事的想法而受到逮捕。即使一个青年真的想要出国,甚至已经出国,又会有多大的损失呢! 有谁会为此而担惊受怕呢? 更何况这是诬告,查无实据。因此,决定索科洛夫斯基命运的人们非常友善地倾向于接受他的辩护。他确实辩护得很聪明,他已经使他们确信,控词是凭空捏造的。那些人同他谈话已经不再像是审讯被告,而是在同他随便闲聊,打发时间,因为有谁会不高兴同一个聪明人海阔天空地谈一谈呢? 法官认为,他谈论一切问题都言之成理、持之有故,他虽然还只是一个少年,但却博得了他们的尊重。'您来说一说,'他们开始问他,'为什么不是所有的年轻人都有像您一样的温和优秀的思想方法呢? 您谈一谈,为了防止年轻人狂妄的思想方法的蔓延发展,采取什么方法最有效呢?'他开始解释,说之所以热衷于那些没有根据的思想,最根本的原因是缺少有根据的知识。研究学问受到限制,年轻人几乎没有任何机会获得健康的政治信念。只有解放思想,思想才能变得安宁、平和。他真心诚意地回答着,正如他们真心诚意地向他提问一样。尽管提问的人对这样的观点很陌生,尽管他们不是受过教育的人，但毕竟还有健全的头脑，还有生活经验，因此他们觉得，他所说的有很多合理的地方。于是这样的谈话便继续下去了，但是谈来谈去，结果却是——索科洛夫斯基的听众朋友感到深深惋惜，认为自己有责任一定要把他流放到奥伦堡去。"

"他们哄骗他，诱惑他；他们同他谈话仅仅是为了让他晕头转向！"尼韦利津说，"本来想流放他，但没有罪证，于是就诱骗他供出一些不谨慎的话来！"

"这是我们的进步人士惯用的手法，当然还不只是我们的进步人士自己！欧洲的进步人士们也够聪明的了！还是不提这种手法吧，帕韦尔·米海雷奇。保守派，甚至反动派，完全不像自由派想象的那样狡诈和凶恶。谁都没有兴趣要流放索科洛夫斯基。他们本想释放他。但是两方面都不够谨慎：只顾谈话，忘乎所以。是错了，我同意。但是，错得非常自然：他们发现他不是一个疯狂的革命者，而是一个持道中庸的人；而他发现他们不是凶神恶煞，而是一些并不凶恶的人。从两方面来说，都感到一种令人愉快的意外，并且为这种现象所陶醉，心里想着他们彼此可以有所了解。坏事就坏在这里。如果进步事业的敌人全都是凶恶的人，那就好了！如果在争取进步的斗争中需要战而胜之的完全都是阴谋诡计，那也好了！啊，如果成为保守派敌人的只有我们的自由派先生，那会同样的好！那样，一切都会向前推进得迅速而平静。保守派实行起改良措施来再也不会感到为难了，如果将来永远不会危害任何人的脑袋和任何人的钱袋，那又何必要感到为难呢？那样一来，人民的生活也可能以最乐陶陶的方式过得轻松一些。"

"这么说，在您看来，地主有可能解放农奴而不受损失吗？"

"呦！说到解放农奴的事，我就要惶愧地保持缄默，"沃尔金机智地回答说，并且用华彩腔调高声地笑着，"我已经有幸向您报告过了，帕韦尔·米海雷奇，所有地主土地的全部价值，按市场的自由牌价计算，不满十五个亿。一个有七千万人口的国家会难以偿付这区区十五个亿吗！然而我向您报告过了，如果能得到比这个数目不知少多少倍的钱款，地主也会高兴得心花怒放、手舞足蹈。您知道……"

"你把尼韦利津领到这里是来谈正事的，可是你已经在高声说笑了，"沃尔金娜走进书房说，"是不是正事谈完了，又按照你平时的习惯，讲些故事让尼韦利津开心？快把他还给我们吧，我们需要这个第一男高音。走，尼韦利津。"

"你说得对，亲爱的：我是在讲故事，让自己和尼韦利津开开心。"丈夫回答着，同时用华彩乐段朗朗大笑，以表示对这个成功的玩笑的赞赏，因为他深信，他这一句笑谈非常机智、非常成功。

尼韦利津回家很早，比他和索科洛夫斯基约定的时间提前好多。他认为，这个充满热情的人因为急于同沃尔金交朋友，可能比约定时间提前整整一小时赶来。

沃尔金虽然答应过尼韦利津九点钟来，但是迟到了一会儿，如果不是妻子替他记着时间，他会迟到得更多。

她已经习惯了，知道丈夫永远是一工作起来就把什么都忘在脑后，于是到了九点钟就来告诉他，说他该动身了。但他并没有工作，而是在自己的沙发上躺着；也没有看书，而是在思考问题，当他只有一个人的时候，这是极少有的事情。他很爱并且很会深入思考，但这只是在同别人谈话的当儿。在他一个人的时候，就根本找不到什么题目供他深入思考。

"怎么？我的朋友，你在睡觉吗？"

"难道已经九点了吗？我没睡，亲爱的，我在想这个索科洛夫斯基。他应该是一个出类拔萃的人。当然，我没有告诉尼韦利津，为什么我会这样想。我讲给尼韦利津的都是一些不相干的小事，毫无疑问，这些话索科洛夫斯基自己也会讲，这些事是可以，而且应该讲给所有的人听的。可是泽林斯基信得过我，讲了更多的事情。你知道，审讯索科洛夫斯基是因为他企图出国，但找不到这方面的罪证。事实的确如此，他根本没有打算出国。恰恰相反。这里面另有企图，你知道，亲爱的：在一八四八年……"

"我的朋友，你和你的一八四八年真把我腻烦透了，再说，我也没有工夫听：我们在玩罗托①。你也没有工夫讲：你该走了。你穿上衣服，然后让我看一下，看你是不是忘了系领带。"

---

① 一种起源于意大利，18—19世纪流行于俄国的游戏。——译者注

就这样,那些使沃尔金深感兴味的、抬高了索科洛夫斯基身价的故事始终没有讲出来。

的确,沃尔金说得很对,当他弄清索科洛夫斯基就是泽林斯基讲过的那个波列斯拉夫之后,他感觉到对这个人产生了极大的尊敬。这个波列斯拉夫,当时还是一个少年,在为数众多的一大群人中间,在成年人和老年人中间,大家都被弄得晕头转向,只有他一个人保持着理智;虽然他天生是个热情奔放的人,但只有他一个人始终头脑冷静,而在当时甚至连那些超然物外的人也陷在感情用事之中。

加利西亚在骚动。在临近国境的波俄的土地上,大家每日等着那里已经举行起义的消息,并且支持这一起义。人们纷纷集会,组织起来,尽量储备武器,商讨行动计划。在原来是索科洛夫斯基家乡的那一带地方,泽林斯基的家成了集会的场所。有一次,人们从四面八方汇集拢来。参加会议的人很多。突然得到消息说,加利西亚今天拿起武器举行暴动。参加会议的人当时做出决定:散会之后各个人直接返回自己村庄,进行动员,开始起义。所有的人一致这样决定。只有索科洛夫斯基一个人提出问题:加利西亚是不是真的起义了?"起义了!"大家冲着他高声喊道。但是他非常顽固,终于用自己的喊声压过了大家的喧嚣,说服了大家在听完他的发言之前不要散去。加利西亚举行起义的消息可靠吗? 是谁带来这消息的? 几十人、几百人带来了这个消息,传遍了所有的集市,还没到晚上大家就都知道了,每一个从边境线回来的人都可以证实。但是,谁看见了? 经过两个或者三个小时的激烈反抗之后,索科洛夫斯基求得大家允许他到边境去一趟,看一看情况,带来确切的消息。

他没有来得及赶到边境,由于受到实际上并不完全准确的控告被逮捕了。他并没有想出国,而且他可以证明自己不曾想过;有些最重要的东西还留在他家里,显而易见,他想很快赶回家来。这个办法并没能搭救他:他反倒被看作是更危险的人物,因为他十分聪明,精力充沛,特别是他行事非常慎重缜密。当局认为有必要把他远远地弄走。他应该多多地、长久地吃些苦头,并不是由于他那次旅行(他们对于那次旅行没有了解到任何情况,最后认定那很可能是一次无辜的旅行,是从一个亲戚家赶到另外一个亲戚家去做客),

而是因为通过这次旅行认识了他的性格和他的才能。

他没有能完成他自愿承担的任务。但是他软硬兼施求得来的推迟举事，却使大家有了足够的时间，在没有他的情况下也能弄清事实真相。加利西亚起义的消息原来是无中生有的谣传。如果不是他行事慎重的话，几百人，甚至几千人就会白白送死，而现在他们却幸免于无谓的牺牲，整个这一带地方也幸免于无谓的破坏。

对于这样一个年纪轻轻的，但却能十分理智地从盲动当中救出了成年人和老年人的人，每一个人，无论他的性格如何和他持什么原则，都会产生敬佩之感；一个诚实的人，还会产生爱慕之情。沃尔金生性多疑，谨小慎微，他的原则是：等待再等待，尽量长时间地、尽量静悄悄地等待。因此，他对索科洛夫斯基此举的评价更要远远高过最敢说话的人所能做出的评价。

的确，索科洛夫斯基正是泽林斯基所讲的那个波列斯拉夫。开始，他们先谈论了一阵这个老头儿，他是一个高尚的人，但同那些普普通通的、除掉自己亲戚朋友别人不会感兴趣的好心人相比较，并不显得出类拔萃。而后，索科洛夫斯基谈到了他在奥伦堡的生活。这就占去了好多时间。沃尔金认为有必要让索科洛夫斯基进一步了解他，多少习惯于不厌恶他的过分生硬的举止，不厌恶他的一些习惯，诸如说笑话、常常不适时地哈哈大笑、不适时地说到半截就停住不说、眼睛看着墙角和地板等，总之是些不礼貌、不文雅的举止。考虑到索科洛夫斯基有充分的思想准备，不会惊奇他表现思想通常采用的怪诞方式，而只注意这些思想的实质，于是沃尔金说，泽林斯基和奥伦堡自然是好话题，不亚于无数其他事物，然而，索科洛夫斯基同他见面显然完全不是为了谈这一类的事情。

"您热衷于您的方案，波列斯拉夫·伊万内奇，因此可想而知，您希望我这样一个办杂志的人能有助于这项事业。"

"当然，是这样。但是我希望同您接近还有另外一个原因：我们的信念很相近。"

"这是不言而喻的。但关于这一点，如果有必要的话，我们以后再谈。现在，关于协助您实现善良愿望的问题，我要坦率地说：我不仅自己不愿意给予协助,而且还奉劝您丢开这件事。"索科洛夫斯基猛然站起,但又同样迅速地坐了下来,按捺住想要大喊一声的急切心情,大约是他不相信自己的耳朵。

"您知道,"沃尔金无精打采地继续说,"您的努力不会有任何结果。那种非要别人也聪明起来的痴心妄想会导致什么结局,您已经尝过滋味了。值得去无谓地毁灭自己吗?"

"您说完了吗?"索科洛夫斯基急切地问。尽管他性情急躁,但还能做到有耐心;尽管他感情外露,从而变得特别爱讲话,但他也能够听别人说话。"您说完了吗?"他见沃尔金停了下来,便问道,"或许您还没有说完吧?"

"就算说完了吧,因为在您面前发挥我的这个想法完全不必要。您不是一个孩子,您知道自己的处境。不需要别人向您指明事实和解释这些事实的含义。我并不认为,您会接受我认识事物的观点,而且对能够说服您也不抱幻想。我之所以把我所想的说了出来,自然是因为想免去自己的干系,并不是存心教训您。"

"您要否认的是这项具体改革的可能性呢,还是您否认一切改革的可能性? 请您谈一谈您的怀疑论调的根据是什么。"

"我丝毫不是怀疑论者。不善于根据真实情况说出'是'或者'不是'的人才是怀疑论者。我并不否认改革的可能性:怎么可以否认正在进行着的事物的可能性呢? 现在正进行着大量的改革。我不可能不知道这一点,因为我读报纸。一般说来,如果您愿意的话,您也可以认为,我是完全赞同您的观点的。这样无论对您,还是对其他人,都不可能有什么损失,因为我究竟怎样想既不会给任何人带来害处,也不会带来益处。我只是不想参与您所关注的事情,因为我没有兴趣奔波。"

"请您继续说下去,"索科洛夫斯基以诱惑的口吻说。

"我没有什么要继续说的了,波列斯拉夫·伊万内奇,我说过,我不想同您争论。"

"您没有兴趣为改革而奔波! 如果说您终归也同意整个俄国社会在忙于改革,那怎么理解您的这句话呢?"

"您可以用各种不同的方式来理解。我不知道向您推荐哪一种理解方式好。比如:我可能认为谁也不会听取我的意见,或者我会觉得,当没有人向我提出要求的时候,贸然端出自己的建议是有失体面的,或许我想,不需要任何改革。我也可能这样想。改革对我说来有什么必要呢? 没有改革我也很不错。如果您打算知道我个人意见的话,我想最后的这一句话最接近于真理。我何必非要着急不可呢? 我的处境很好,而且会越来越好。谁也没有给我造成任何不愉快的事。就本性来说,我是一个与世无争的人。我希望一切都保持现状,因为任何改革都不会给我带来更好的东西。为了保持体面,我也不反对说'我热爱改革',您应该承认,暴露自己对公共利益感情冷淡总是不体面的。虽然我不是什么了不起的机灵鬼,但也并不那么愚蠢,一定要说出自己内心的、正如您已经看出的这种并不十分崇高迷人的思想,从而招来对我的蔑视和仇恨。然而在这里,当着我可以直率无遗地坦白相处的人们,我不愿意招摇撞骗。"

索科洛夫斯基一面咬紧了牙,一面听着,但却没有打断他。

"阿列克塞·伊万内奇在开玩笑,"尼韦利津说,"他喜欢开玩笑。"

"是喜欢。如果说我开玩笑,就算是开玩笑好了。也许还应该补充一句:开得不是时候,不是地方,这也是常有的事。而我觉得,我丝毫没有开玩笑。如果波列斯拉夫·伊万内奇和您,帕韦尔·米海雷奇,以为我是在开玩笑,那倒的确更好些。"

差不多任何一个人处在索科洛夫斯基的地位都会失去耐心。然而索科洛夫斯基却有着非常坚强的性格。

"既然您对公共利益这样反感,那您为什么写作呢?"他心平气和地问。

"这是我的职业。一个没有财产的人为了挣一块面包糊口总要做点事情。我在写作,我的确也能挣到面包。而且挣的这块面包还很不错,因此对自己的职业十分满意。"

"但您所写的并不是您现在说的这些。"

"我不能写我说的这些:群众怎么能有兴趣读关于我的性格的这些议论呢? 我的性格只能使我的朋友或者像您这样愿意同我发生个人接触的人感兴趣。群众需要的是比我本人更为有趣的事物。但是我所写的同我所说的并不矛盾。我告诉您说,我对改革感情淡漠。我确实不曾写过我醉心于改革。我说我不愿意写有关改革的东西。我确实就不写这类的文章。"

"您不愿意同我谈话。"索科洛夫斯基说,但仍没有失去镇静。

"波列斯拉夫·伊万内奇,您表达得并不完全正确。您在听着,我在谈着。我还会继续谈下去,随您愿意谈多少都成。但是我说过,我不愿意同您争论;也绝不同您争论。等将来有时间我再告诉您,为什么我不愿意。并且希望到那个时候您会同意:从我的角度来看,我是有道理的。您需要我谈点什么呢?悉听尊便,而且不胜荣幸,您要我谈多少我就谈多少。"

"阿列克塞·伊万内奇,"索科洛夫斯基温和地说,"您会同意,其他人处在我的地位会把您的这种态度看成是一种侮辱。"

"我同意,波列斯拉夫·伊万内奇。但是您并不这样看。"

索科洛夫斯基咬紧牙齿,沉默半晌,当他控制住自己的感情之后,重又温和地说:"您不愿意和我相识吗?"

"我还没有这样说,波列斯拉夫·伊万内奇。我暂时只说过,仅就您愿意同我接近的动机之一而言,您想错了。作为一个办杂志的人,我对您毫无益处。您还有另外一个理由:我们的信念相通。我不知道您是否已经充分察觉到,在这一点上您也错了。我的思想方法同您并不相同。"

索科洛夫斯基站起身来,在房间里来回走了几趟。又坐下来,心平气和地说:"您回避同我争论。我却想同您争论。您不愿举出,据您认为可以推翻我的理想的那些事实。而我却要向您提醒一系列事实,我的理想就建立在这些事实的基础之上,并且我认为,有了这些事实就可以完全排除被彻底否定的可能性。"

"我就否定!甚至彻底否定!"沃尔金摇了摇头,"我能否定什么呢?一个哑巴能够否定吗?"

"我理解您,"索科洛夫斯基耐着性子继续说,没有由于沃尔金的乖戾而放纵自己,而由着性子步入迷津,"我理解您的否定。我和您年岁相仿。我的信念和您的信念是在同一时代形成的。由于同样一些事实,我们心中的理想同样都破灭了。那个时候我也认为,改革是不可能的。然而现在时代不同了。"他开始历数不久前发生的一些事件,由于这些事件俄国人已经从长久的沉睡中苏醒,使俄国人陷入沉睡之中的制度也为之震撼了。

俄国人的整个生命都为东征西战的精神做了牺牲。俄国人民的全部力量都在为这种精神服务的过程中消耗殆尽了,俄国人民的整个政治生活和社会生活都得服从这一精神的需要,都被束缚在不允许有任何其他活动方向的组织之中。这个制度统治了一百五十年以上,所以它的成就是辉煌的。俄国人民已经习惯于认为自己的强盛和荣耀是这个制度的功绩。他们错了,甚至于他们在战争中取得胜利,也不是有赖于这个制度,而是有赖于违背这个制度的意愿渗透到俄国来的那种文明。但是有这种错误认识是可以原谅的,它是由一种合乎逻辑的幻觉造成的,不仅群众被这种幻觉所迷惑,甚至连一些大思想家也被这种幻觉所迷惑,而且经常被迷惑,这就是著名的假三段论法:"由于,所以,因此"。压抑着俄罗斯人民生活的制度对人民说:"你看,在我的治理之下,也就是沾我的光,你才由一个孱弱的、受屈辱的、受鄙视的民族变成一个强盛的、安全无虞的、荣耀的民族。"人民看到:是的,是变了。从而就相信:是的,是沾了这制度的光……

"我们的史学家,还有我们的自由派距离这种对俄国历史的理解相去太远了,"沃尔金向尼韦利津指出,"我看,这才叫正确理解事物呢。在此之前,您读到过像波列斯拉夫·伊万内奇为我们做出的这样明白的、这样确凿无疑的对事件的阐述吗?"

"你们有这样的作家,他们论述得和这完全一样。"索科洛夫斯基说。

"有吗? 您的意见如何,帕韦尔·米海雷奇? 我们的自由派和激进派的作品您读得比我多。"

"不要说自由派了,就是激进派也从未说得这样明确无疑,"尼韦利津说,"应该承认,我不准备全部同意波列斯拉夫·伊万内奇的见解。关于彼得时代、关于叶卡捷琳娜二世当政初期、关于亚历山大·巴甫洛维奇①在位的前半

---

① 彼得时代,指第一个全俄皇帝彼得一世(大帝)在位的时代(1682——1725)。叶卡捷琳娜二世(罗曼诺娃),1762 至 1796 年间为俄国女皇。亚历山大·巴甫洛维奇,即俄皇亚历山大一世,1801 至 1825 年在位。

期,我想在以后什么时候再同您争论,索科洛夫斯基。"

索科洛夫斯基镇定自若地等待着还他以继续讲话的自由,随之便又像刚才一样,以热情的态度,以原有的清晰而坚定的逻辑性,议论起来。

俄国人已经习惯于认为自己的军队无往而不胜,认为自己的国家在欧洲强大无比。但是如今他们发现,敌人不受惩处地侵入了他们的国土,使他们的军队取得节节胜利,迫使他们的国家委曲求和;他们发现,他们的国家不得不俯首帖耳地接受胜利的敌人随意强加的全部条件。俄国人民不可能无动于衷地忍受这样的屈辱。他们怀着理所当然的强烈的愤怒要求解释清楚,他们的强盛何以会出现衰颓。对他们隐瞒事实真相是不可能的,因为他们自己亲身觉察到了这些事实真相。人们必然会认为:一切灾难的根源都在于旧有的制度。人们必然会同意:应该推翻它,必须进行激进的改革。整个国家是一架虚伪的、腐朽的机器,没有丝毫真正有活力的东西,没有丝毫新鲜的、牢固耐久的东西,一切社会力量都被这一架僵死的机器压得透不过气来。人们必然会同意:必须更新国家机构的所有部分,使社会的活力有用武之地。人们必然会同意:这种机械压迫制度是一种致命的谬误,必须让人民得以自由发展。

"关于这一点,帕韦尔·米海雷奇会同意您的意见,"沃尔金说,"他认为:克里米亚战争①对于俄国来说正如1806年战争②对于普鲁士是一样的。我还以为是像当年法国人占领柏林一样,联军攻克了彼得堡和莫斯科呢,在俄国政府的控制之下就剩下了彼尔姆,也像普鲁士手里就剩下梅梅尔③一样呢。"

"给人印象之强烈的确是一样的。"索科洛夫斯基冷静地回答说。

"好啊,这是根据新几何学得出的结论:一个很小的边就等于全部整体。"

"有的时候,去掉一个很小的边的确就意味着肢解了整个物体。"

"您很善于辩论。就这一点来说,波列斯拉夫·伊万内奇要比我们的自由派强多了:他的见解错与对,随便怎么评论都可以,但他永远清楚自己在说什

① 1853至1856年俄国与英国、法国、土耳其、撒丁王国之间的战争。——译者注
② 1806年法军在耶拿战争和奥尔施塔特战役中击溃了普鲁士军队。——译者注
③ 临近波罗的海的港口城市。——译者注

么，"沃尔金转而对尼韦利津说，"现在到处都在提有益措施的方案，我在想是不是也提出一个方案，把我们的梁赞采夫和他那一帮子人改称为中学生，并且让他们去听波列斯拉夫·伊万内奇讲课。说不定他们能够从他这里学到一星半点儿聪明才智。不，他们学不到，他们的脑袋里没地方装聪明才智，全都被胡说八道塞满了。所以说，没有必要提这个方案。"

"请您坦率地承认，阿列克塞·伊万内奇，"尼韦利津说，"您把话题转到可怜的梁赞采夫身上是因为您找不出话来驳倒索科洛夫斯基。"

"我还没来得及认识梁赞采夫呢，"索科洛夫斯基说，"但我遇到第一个机会就会去结识他，因为我想从他那里学到很多东西，并且深信，我们会携起手来共同前进。"

"会共同前进的，但能持续多久我就说不准了，"沃尔金说，"对不起，我打断您了。"

"人们不能不意识到，激进的改革必须进行，"索科洛夫斯基继续阐述自己的观点，他的观点在很多地方和当时进步分子的见解是一致的，但同他们的议论有所不同，索科洛夫斯基所说的一切逻辑性强，前后一致，而他们的议论所涉及的却是只在枝节问题上貌似真理的东西，同时还充塞了很多关于他们的丰功伟绩的自我吹嘘。"人们不能不许愿，说要对人民生活实行全面革新，"索科洛夫斯基继续说，"而且不只是许愿，他们也深信，不这样做是不行的；他们热心诚恳地筹备改革，向所有能够提出建议、给予协助的人们发出号召，恳求他们：请你们提出建议，给予协助吧。"

"这确是事实，"尼韦利津说，"无论过去我们如何怀疑，但现在我们不能不看到：这确是事实

"如果这是事实，倒很不错。"沃尔金说。

"阿列克塞·伊万内奇，"索科洛夫斯基又接着说。"我理解您，并且对您所处的地位表示部分的同情。任何一个有政治修养的人都不会希望没有反对派。反对派可以在劳动者身上激发出双倍的力量来，并且可以监督和保证工作的合理性。我充分理解您所带来的好处。但是……"

"'我带来好处'，听到这种话很舒服，"沃尔金无精打采地插言说，"在俄

国有反对派——这好极了；而我竟是这反对派的一个代表——这对我来说，真是不胜荣幸之至。谢谢您，波列斯拉夫·伊万内奇：您使我茅塞顿开。"

"您可以嘲笑自己，可以不满意您这一派并不像您希望的那么强大，"索科洛夫斯基继续说着，并不因沃尔金的揶揄而感到难堪和恼怒，换另外一个不那么刚毅、不那么坚强、不那么具有自我牺牲精神的人，就会被这些揶揄弄得很懊恼，"我理解您的公民的忧国之心。"

"我的公民的忧国之心，说得很不错，应该铭刻在记忆里，我本人无论如何在自己身上也发现不了这种美妙的东西。"

"并且我很尊重这种感情，"索科洛夫斯基继续热情地说，并不在意沃尔金的乖戾，"我不是说，我本人不觉得有的时候想要发一顿脾气。革新的事业进行得极其缓慢；你会发现很多错误，有时还是很严重的错误。这时会不由自主地被感情所左右。然而……"

"不言而喻，这种遗憾心情是没有道理的，"沃尔金以毫无改变的、无精打采的态度打断了他，依旧很无礼地滥用着索科洛夫斯基温厚的耐心，"看着别人做事的袖手旁观者，从来都乐意过分挑剔地评论从事劳动的人。这是一条心理学定律。然而，这既不公平，又很愚蠢。'他们干得不够快'，但事情很明显，人的愿望总是急不可耐的，你不亲自做事情，你就感觉不到它有多么难，你就不能设想它会遇到多少阻碍，这些阻碍会有多大。'工作过程中有错误'，但人类的事情哪一件能够做得毫无差错呢？人不是神，不可能要求他们和他们所做的工作都完美无缺。一个明智的人，当他看到工作者是勤恳的、诚挚的、肯于听取意见、肯于采纳任何有合理成分的建议时，他就满足了。您会认为，工作正是遵循这些条件进行的；此外还需要提出更多的要求吗？如果您出于人类的弱点，有时对工作者感到气愤，我不会过分责怪您，这有什么办法呢！您也是人，对于您身上存在的人类弱点也应该表示宽容。但我必须说：如果您拒绝对工作者给予同情、赞许、协助，那您就太不公正了。您并没有拒绝。您是对的。"

"那么您呢？"

"我？关于我自己我只好说，您看，我的性格多么软弱，我不愿意同您争论,但已经开始同您争论了。可见,对我说来最好还是离开诱惑远一点,拿起帽子,告辞了事。"沃尔金站了起来,"您不会不明白,波列斯拉夫·伊万内奇,同您会面对我来说是一大快事。但我考虑过,我必须放弃这一快事。而我到这里来仅仅是为了要亲自把这件事告诉您,使您不至于对我拒绝的原因产生误解,不至于由于我拒绝而恼怒,因为我之所以拒绝是出于我对您有极高的评价。根据泽林斯基所讲的,我对您十分敬重,超过您本人的想象,因为泽林斯基对我没有隐瞒任何东西。什么都没有隐瞒。"沃尔金停了一下,为的是让索科洛夫斯基注意到这句话的重要,并且发现,索科洛夫斯基明白了他所说的意思,"很少有人能够像我这样高度评价您的明智。我就是这种性格,疑虑重重,它使我永远希望拖延,永远仇视冒险。只有极少数人才能把热情和在紧要关头保持冷静的本领结合在一起,把勇敢和能够制止自己蛮干,也制止别人蛮干结合在一起,您就是这极少数人当中的一个。当我往这里走的时候,就从心里深深地敬重您。见面之后,更加喜欢您:您不仅刚毅、有头脑,您还谦恭,没有任何自私自利的思想。您是一位圣洁的人,不能不爱您,因此我的决定就更加不可动摇:我们不应该会面。没有必要,因为我不愿意支持您的方案。当缺乏必要的条件因而不能以令人满意的方式实行改革的时候,我不希望实行改革。没有什么事情需要我同您见面。为什么我们要见面呢?是为了探讨某些抽象的问题吗?或者是为了争论被称作社会问题的那些鸡毛蒜皮吗?我不是说我不喜欢随便闲聊。和您在一起摆摆龙门阵要比和我们的自由派在一起愉快多了,如果也同样是毫无危险的话。同他们交朋友我无所顾忌,因为我知道,他们永远都会是好人,同他们交朋友到任何时候都不会有损于一个人的声誉。您就不然了。您不会永远都是好人。如果您一心为您的方案奔波,我担心您将会变成一个坏人。您提出的是一个专门问题,并且说句实话,是一个很细小的问题。谁也不会为这个问题感到不安。但是您将要卷入所有的问题当中去,而且不像我们的自由派那样愚蠢,那样胆怯,所以我认为同您见面对我说来是有害的。告辞了!"

他紧紧地握过索科洛夫斯基的手,急匆匆地走出屋去,索科洛夫斯基呆若木鸡,随后才出去追他:"我相信您是喜欢我的,我不会为您的决定而生气。

但我认为这个决定是多余的、不好的,并且它使我非常伤心,非常伤心,尽管我并不以为我们会分手很久。不,不会很久,事件发展得非常迅速,很快又会把我们聚拢在一起,同您的意愿相反,无论如何总会聚拢在一起的。再见。”

“你喜欢索科洛夫斯基吗? 你邀请他了吗?”沃尔金娜在第二天早上用茶点的时候问丈夫。

“昨天,你来提醒我该到尼韦利津那里去的时候,亲爱的,你不想听我说。可当时我要告诉你的是我想怎么做。我不知道,这样做是不是合适。你知道,他是一个精力充沛、勇于牺牲的人,所以我想,还是小心为好,因为不和他扯到一块儿会更安全。我就这样告诉他了,也并不觉得特别遗憾。因为他虽然不同于我们那些糟糕透顶的家伙,但却和他们一样糊涂。这能算是什么好事呢?”

“昨天我不想听都怪你自己:为什么你不一开始就直截了当地谈正事呢? 我想,你可能又像往常一样要讲些废话。我觉得,你多余拒绝同他交朋友。小心谨慎是好事;但你却过分胆小了。”

沃尔金沉思起来。“过分! 亲爱的,我自己也对自己这样说:‘过分!’咳,反正一样。”他又略有所思,“不,亲爱的:说真的,我对自己很不满意。当他糊涂的时候,他不危险。但是这股糊涂劲儿会过去,那时候他能搞出什么好名堂来呢?”

“正是这一点不好,我的朋友,你对本来不存在的事情想得太多了。你说他对你可能很危险,而实际上你比他更危险。”

丈夫再次陷入深思。“这是我一个非常愚蠢的毛病:尽说胡话让你白白地担惊受怕,亲爱的。”

“我并不十分担惊受怕,我的朋友。第一次你的这些无中生有的想法曾经闹得我心神不安,情绪很坏。现在我早就想过,没有必要为那些可能根本不会出现的事情担惊受怕。”

“即使是这样,亲爱的,请你同意,对你讲这种胡话,在我来说仍然是非常愚蠢;尤其愚蠢的是,实际上我自己想的也完全不是这些荒唐事。同这个索科洛夫斯基在一起很枯燥,这倒是主要的。凡事他都爱张罗,他不可能不为了鸡毛蒜皮的小事去四处奔忙,这样就会叫人厌烦,这能有什么好处呢?"他沉默少顷,继而大声喊道,"真是怪事!"随之便摇头说,"你说说看,亲爱的,我怎么就会忘记求他帮助打听一下伊拉东采夫一家的消息,我是说打听一下列维加基的消息呢? 真是怪事,亲爱的! 让他转告尼韦利津也好啊。"

"我完全同意,我的朋友:如果你想过求他帮忙,那倒不是什么蠢事。但是何必求他呢? 想要知道的,我们都已经知道了,如果发生什么新的情况,列维茨基自己会写信告诉你。"

"这是实话,亲爱的。"沃尔金得出结论说。

第五章

的确,关于列维茨基的情况,凡是沃尔金夫妇需要知道的都知道了。他们给他去信收到了回信。正如期待的那样,回信写得非常好。

沃尔金给列维茨基写信说,他觉得自己对他说过的那些混话很可笑,他痛骂自己把他从彼得堡放走了。问他和伊拉东采夫一家是不是相处得很融洽?如果是很融洽的话,那就不便于要求他,甚至也不便于建议他,放弃这个既有利又轻松的职位。听伊拉东采夫的彼得堡的管家说,他们在乡下一直要住到新年。是这样吗?如果确实是这样的话,沃尔金会感到非常遗憾,但只好怪他自己了:为什么当初,在春天的时候,他没有拦住弗拉基米尔·阿列克塞伊奇呢?沃尔金娜写了附言。她说,她因为列维茨基的事曾经多次骂过丈夫,她很希望列维茨基同伊拉东采夫家人吵起来。那样他就可能早些返回彼得堡,减轻阿列克塞·伊万内奇的部分工作了。但她从伊拉东采夫女儿的讲述中了解了伊拉东采夫这个人,她不可能指望他会同这样一个人吵架。

列维茨基回信说,阿列克塞·伊万内奇的邀请使他欣喜欲狂,但是他确实不能扔下伊拉东采夫一家。他本来要写一写他印象中的维克托·李沃维奇,但他不便写,因为娜杰日达·维克托罗夫娜想要读一下他这封信。他在乡下很懒散,但并不十分懒散。他也写了一些东西。现在随信寄出。以后他将每月都寄,但可能不是很多。等将来回到彼得堡,他会工作得勤奋些。莉季娅·瓦西利耶芙娜是否知道,他曾经见过她?大约,阿列克塞·伊万内奇忘记向她讲这件事了吧?等回来的时候,他再告诉她,她究竟给他留下了什么样的印象。这将和她从其他所有的人那里听到的都不一样。伊拉东采娃加了一段附笔:他们要在乡下住到新年,这件事的罪魁祸首是她。如果依照她的心愿,他们会在乡下待上整整一年,待到明年秋天呢。她为自己辩解说,她父亲也有很重要、很正当的理由,乐意在乡下多住些时间。她常常同弗拉基米尔·阿列克塞伊奇谈起莉季娅·瓦西利耶芙娜。

随列维茨基的信还附来两篇相当长的文章。沃尔金对妻子说,这两篇文章可以减轻他未来两期的部分工作。

这是在沃尔金娜把尼韦利津当作牺牲品交给捷尼谢娃和她的征服者之前不多几天发生的事。还有什么必要请求索科洛夫斯基去不断地打听伊拉东采夫一家人和列维茨基的新消息呢?毫无必要。因此,沃尔金才同意妻子的意见,觉得骂自己忘记求人,这是多余的。不然的话,他绝不会这样轻易让步:他在指责自己的过错和愚蠢时一向是坚定不移的。然而,这并不妨碍他每时每刻都犯错误、干蠢事,因此他对自己的一切严格要求都完全于事无补。但他对自己的这个缺点也毫不姑息,并且觉得非常懊恼和奇怪,为什么他这样痛骂自己,还丝毫改不掉它呢?

如果列维茨基能早些回到彼得堡,沃尔金娜会很高兴。但她对列维茨基回信中所说的这种情况已经有所准备。拜访过捷尼谢娃的尼韦利津从伊拉东采夫的管家那里得知,维克托·李沃维奇要在乡下待到新年,那时沃尔金娜就意识到,不可能指望列维茨基能提前回来。根据丈夫所讲的列维茨基同伊拉东采夫在去乡下之前的友谊情况,根据自己同伊拉东采夫女儿谈话所得出的印象,沃尔金娜不能不看到,列维茨基在伊拉东采夫家的处境不仅从经济方面来说是有利的,而且总的来说也非常优越、完全自由,并且很可能十分愉快。

列维茨基的回信中,只有他加写的一句令人非常高兴的话出乎沃尔金娜的意料之外,他说他寄来两篇文章,并且说以后月月都寄。沃尔金的工作可以因此而有所减轻,于是莉季娅·瓦西利耶芙娜对列维茨基推迟归期也就多少表示迁就了。她认为,伊拉东采夫一家,当然也包括列维茨基,有可能到了新年也回不来,因为伊拉东采娃在信上写,“如果依照她的心愿”,他们会在乡下住整个一个冬天和一个夏天,直到第二年秋天呢。在根据她的心愿把离开乡下的日期推迟了几个月之后,父亲还会一再让步的。随他们的便吧,只要列维茨基从乡下能给丈夫一些帮助就好。丈夫说过,他在那里也会给予很多帮助的:“亲爱的,你别看他说:‘我很懒散,将写得很少。’他和我一样懒散,也和我一样匆匆忙忙地写东西，甚至写得更快些。区别仅仅在于我写出来的东西软弱无力，而且不好，而他无论怎么写都能写得很好，我们任何一个专心致志的作家都写不成这样。他会寄很多文章来的。"

不论沃尔金有多么狡猾（他的狡猾也如同他的聪明伶俐、通权达变以及其他许多优点一样突出），他的知心朋友总会毫无困难地分辨出什么时候他是在用自己异乎寻常的、令人费解的瞎话来回避真理，什么时候他是在说真话。妻子尤其容易分辨这一点。他之所以能够向她隐瞒自己拒绝列维茨基帮忙的真相、长时间地蒙骗了她，这仅仅是因为妻子没有估计到他会出此一招。而且这几乎是唯一的一次沃尔金娜没能弄清丈夫是在说真话，还是在说假话。现在她看清了，丈夫不是在说假话：列维茨基在乡下也能写很多文章，也能大大地减轻他的工作。于是，沃尔金娜就能够十分耐心地等待列维茨基返回彼得堡了。

然而，在接到第一封信以后，过了一个半星期或者两个星期，列维茨基又寄来第二封信，说伊拉东采夫改变了主意，不想在乡下待到新年，再过几天他们就返回彼得堡。这时，沃尔金娜自然喜出望外。伊拉东采娃又加写了附言。她说，她在乡下过得非常幸福，因此她不知道他们要离开乡下应该庆幸呢，还是应该忧愁。她的附言很长，比信本身长多了。但是要想写一个不比这封信长的附言也很不容易，因为这封信总共只有两行半。而列维茨基的第一封信，用沃尔金有经验的眼睛来看，像杂志那样大的开本足有四页以上。思想深沉的沃尔金很清楚：列维茨基这次写得这样短，是因为担心说错了话。沃尔金借助于自己明察秋毫、巨细无遗的聪明劲儿，在列维茨基的两封信和伊拉东采娃的两次附笔中有了很多发现。他出于自己良好的习惯，没有隐瞒这些发现，而是根据严谨的要求详详细细地向妻子讲述了这些发现。他首先非常合乎逻辑地推想到在列维茨基和伊拉东采娃之间无疑存在着友谊；除此之外他还加上一条，说一对青年男女的友谊通常会发展成为爱情；继此之后他又注意到，伊拉东采娃有着天使般的性格，她父亲是一个很好的人，非常爱自己的女儿，并且特别敬重列维茨基，他说到这里，妻子设法止住了他。妻子打了一个哈欠，然后说："你去看看沃洛佳干什么呢，睡了没有？"不这样的话，沃尔金肯定会毫不费力地预言,他们在他的安排下结成婚配,这一对夫妇日后还生了一个女儿或者儿子,那时他们还要请莉季娅·瓦西利耶芙娜去做孩子的教母呢。

这是午饭前的事。傍晚,尼韦利津来告诉说,刚才索科洛夫斯基到他那里去报告消息:伊拉东采夫一家日内即将返回彼得堡。他本人不想到沃尔金家里来,因为尽管他不同意别人的想法,但也应该尊重别人的意愿。他请尼韦利津来转告这个使沃尔金十分关切的新消息。

此前,尼韦利津的想法也同莉季娅·瓦西利耶芙娜的想法以及她丈夫后来的想法一样,认为既然列维茨基自己给沃尔金写了信来,就完全没有必要再委托索科洛夫斯基去打听伊拉东采夫一家和列维茨基的消息了。然而索科洛夫斯基并没有等着人家来拜托他,他记住了朋友的事情,至于这些他认为值得友好相待的人对他态度如何,是好,是坏,他都无所谓。他听尼韦利津说,沃尔金很关心列维茨基的到来。这对他来说已经足够了。于是他就让伊拉东采夫的管家把从乡下来的任何一点新消息都告诉他。

"在这样的人面前真叫人惭愧,"沃尔金很公正地对尼韦利津说,"我对他的态度很可鄙、很愚蠢。可是他却这样对待我。帕韦尔·米海雷奇,请您相信,从我这方面来说确实很不好。"

"我也这样想,"尼韦利津说着笑了起来,他还很不习惯冷静地听沃尔金严肃认真的说这种话,"如果您有意悔改,这只会给您增添光彩。不是开玩笑,请您到索科洛夫斯基那里去吧。或者用不着这样。您觉得什么时候合适?索性我把他叫到您这里来。"

"自然,他不是那种在交往的礼仪上吹毛求疵的人,"沃尔金说,"可是您把我理解错了,帕韦尔·米海雷奇。就算我对他态度恶劣。我承认。但是,需要这样。还是维持现状好了。说实在的,这样做甚至丝毫不算恶劣。正好相反,好得很。"

"说真心话,您丝毫也不觉得惭愧吗?"尼韦利津一面问他,一面讥笑他这种独特的思维方法,"我承认,是这样,但说实在的,又不是这样。"

过了一星期,或许还少一些,在上午十二时半的时候,沃尔金听到铃声,走去开门。莉季娅·瓦西利耶芙娜临出去的时候告诉他说,家里只剩下他一个人了,莉季娅·瓦西利耶芙娜雇了一辆车,领着沃洛佳去兜风,为了照看沃洛佳,把娜塔莎也带上了。阿夫多季娅像往常一样,没事的时候,就跑到邻居的女佣们那里去。沃尔金想起来,厨娘确实有这个习惯。至于厨娘的名字叫阿夫多季娅,那是他原来就记得的。

进来一位穿得很不错的中年男子。沃尔金把他让进客厅,请他坐下。中年男人进了客厅,但是没有坐下,他说他是维克托·李沃维奇·伊拉东采夫的仆人。维克托·李沃维奇刚刚回来,命他前来致意,同时问一声:弗拉基米尔·阿列克塞伊奇·列维茨基是否住在沃尔金先生家里?

"这是怎么回事?难道说他已经回到彼得堡了?难道说他不是同维克托·李沃维奇一道回来的吗?"

"正是这样,不是一道回来的。弗拉基米尔·阿列克塞伊奇比维克托·李沃维奇早两天从乡下动身。维克托·李沃维奇以为能在自己家里见到他。但是他不在他们家。维克托·李沃维奇想,他可能不愿意在他们回来之前就搬到他们家去,因此可能住到沃尔金先生这边来了。既然弗拉基米尔·阿列克塞伊奇不在这里,那么他也可能还没有回到彼得堡来。"仆人补充说出自己的猜想,"说不定他在莫斯科或者在路上某个地方,在一些老朋友那里做客呢。"仆人随后便鞠躬告退。

他的猜想在沃尔金看来很合乎情理。沃尔金知道,列维茨基有两个同学,关系依然很好,其中之一在诺夫戈罗德得到了中学教师的职位。说不定列维茨基就是为了到他那里去做客,才比伊拉东采夫一家提前两天从乡下动身的。

很可能是这样。但真是这样吗?可是伊拉东采夫却认为他已经回到彼得堡来了。也许他说过他去做客只待一天,但在同学那里比事先约好得多住了些时间?也许是仆人关于在路上耽搁住了的猜想并不对?沃尔金脑子里出现了其他几种猜测,然而这些猜测也都与事实不相吻合。沃尔金考虑过后认为,练习这种空泛无谓的推理是可怜无补费精神;应该去找尼韦利津,让他到伊拉东采夫家去一趟,或者让他拜托索科洛夫斯基到伊拉东采夫家去一趟,问清是怎么回事。伊拉东采夫应该知道,至少他会掌握更多的情况,以便于推断。当沃尔金坐在自己的书房里,并且只有他一个人的时候,他也不乏明智的思想。

等厨娘转回家来看火上的饭菜做得怎么样了,沃尔金就告诉她说,让她不要走开,因为他要出去,随后便去找尼韦利津了。尼韦利津住在原来的住宅里,离得很近。他不在家。沃尔金留下一张字条,说八点钟再来找他。

但是不到八点他自己却收到尼韦利津的一封短柬:"索科洛夫斯基现在我处,特来转告列维茨基事,我二人专此奉候。"

还是那个在十二点半的时候到沃尔金家来的仆人,三点过后坐车到了索科洛夫斯基家里,维克托·李沃维奇邀请索科洛夫斯基去共进便餐。伊拉东采夫在信中说:听管家讲,索科洛夫斯基也和尼韦利津以及沃尔金一样,很关心列维茨基。伊拉东采夫还不认识他们两位,而索科洛夫斯基在他家里已经不是外人了,因此索科洛夫斯基会原谅他的礼仪不周。他经过旅途颠簸,甚觉劳累,所以今天不愿出门拜访。他愿把先于他出发来彼得堡,但后来不知去向的列维茨基的消息,告诉给索科洛夫斯基。

索科洛夫斯基不像沃尔金那样缺乏处世经验。他请仆人坐下,并且同他攀谈起来。索科洛夫斯基在穿好衣服动身赴约的时候,让他同自己一起坐进车里,又和他谈了一路。沃尔金心中所做的种种推测,索科洛夫斯基也都一一地想到了。通过仆人的谈话,他逐个有了答案。

索科洛夫斯基想到的第一点就是:列维茨基一个人提前从乡下动身,为什么仅差两天就不等一下伊拉东采夫一家呢?是不是发生过口角?索科洛夫斯基拐弯抹角地、十分小心地提了些问题。而仆人为人不笨,很快就明白了他说这些话的意思。但他并不有意显露他已经听懂了其中的含义,而是直截了当地自己说开去,并且还说到索科洛夫斯基没有提出的一些问题,说到伊拉东采夫一家同列维茨基的关系、说到列维茨基先于他们动身的情况,索科洛夫斯基只消按照自己推断的思路引导一下他的滔滔不绝的讲话就行了:使索科洛夫斯基深感兴趣的这些事,这位仆人讲起来毫无顾忌。

伊拉东采夫一家同列维茨基的关系极为友好,在列维茨基临行前的几小时，他们还在谈论如何安排车上的座位。五个人坐在一辆车上是不可能的：他们算出五个人来，是因为娜杰日达·维克托罗夫娜无论如何也不同意让她的使女玛丽（她称呼她玛丽，"这个使女是我的侄女，"仆人解释说。）同叔叔坐到一辆马车上去，因为那辆马车放了那么多的行李，坐上伊万·安东内奇一个人就够不舒服了。玛丽会很受罪。娜杰日达·维克托罗夫娜非常喜欢玛丽。最后决定：她和她父亲，还有弗拉基米尔·阿列克塞伊奇坐一辆车；另一辆车里坐玛丽和尤里卡，让伊万·安东内奇也和他们坐在一起。这是在吃早饭的时候商定的。而后，弗拉基米尔·阿列克塞伊奇回到自己的房间，只有他一个人待在房间里，躺着看书，或许还写过什么，伊万·安东内奇不知道他是不是真的写过什么，但伊万·安东内奇亲眼看见他在躺着看书，并且确实知道，从早点到中饭这一段时间，弗拉基米尔·阿列克塞伊奇始终一个人待在房间里，没有人到他屋里去。要到他屋里去非从伊万·安东内奇身旁经过不可。而且伊万·安东内奇还不时地要到他屋里去看看，因为屋里生着一个炉子。他们在乡下生活很简朴，伊万·安东内奇一个人既要待候维克托·李沃维奇，还要照顾弗拉基米尔·阿列克塞伊奇。他们两个都不是性情乖戾的人，一个人完全忙得过来，并不费力。伊万·安东内奇到弗拉基米尔·阿列克塞伊奇屋里去照看炉子的时候，曾经看见他躺在那里读书。伊万·安东内奇请他去吃中饭。吃饭的时候大家也像往常一样闲谈，无论是维克托·李沃维奇、娜杰日达·维克托罗夫娜，还是弗拉基米尔·阿列克塞伊奇，大家谈笑风生，十分欢快，尤其是娜杰日达·维克托罗夫娜。弗拉基米尔·阿列克塞伊奇也很高兴。可是，就在吃饭的当儿，到城里取信的人回来了，带回报纸和信件。有一封信是寄给弗拉基米尔·阿列克塞伊奇的。他立即拆开来看，读过之后又像是不高兴，又像是高兴，两种感情都有了，他说："维克托·李沃维奇，我不等您了，我今天就动身，请您吩咐安排车辆。"这是怎么回事？这是为什么？他说："因为我收到了这封信。我不能不这样。"信里写了些什么？于是大家又议论起这封信来。就伊万·安东内奇所能理解的，仿佛这封信是某一位学者寄来的，那时候他没有仔细听清楚这位学者的姓名，但是今天派他到沃尔金家去过，他觉得当时提到的正是这个姓名。另外，索科洛夫斯基是否知道，这位学者结过婚没有？

再有,他的妻子是不是认识娜杰日达·维克托罗夫娜? 在送弗拉基米尔·阿列克塞伊奇上路的时候,娜杰日达·维克托罗夫娜请求代她向这位学者的妻子致意……

"是的,"沃尔金没等索科洛夫斯基问起这封信是不是他写的,就抢先说,"是的,我是很轻率地表示过,我累得像一条狗一样,还写过一些诸如此类的话。我很会口若悬河、笔下生风。原来是这样! 这封信竟然把他弄得心神不安! 唉,真糊涂,我真糊涂!"沃尔金连连摇头,对自己很不恰当的多言有失进行自责。

实际上,除去仅有的一封信,沃尔金没有给列维茨基发过任何信。那仅有的一封信也是很早以前列维茨基就收到了的,甚至沃尔金接到列维茨基的回信也早于列维茨基从乡下动身的日期。沃尔金非常清楚,列维茨基是利用他们之间的关系来掩饰想早些离开的真正原因。但是他看到,索科洛夫斯基愿意相信,似乎正是他的信促使列维茨基提前动身。索科洛夫斯基已经同伊拉冻采夫一家会过面了,他之所以肯于相信,大约是因为他们对他说的和仆人对他说的完全一样。沃尔金现在所处的地位越来越明显,无论他头脑如何迟钝、如何不善于随机应变,也会懂得,为了帮助列维茨基,他应当扮演一个什么样的角色。"我真糊涂透顶!"他重复说,"唉,我无端地使列维茨基心情不安! 真是鬼使神差让我说了这许多废话! 嗯,请您继续说下去,波列斯拉夫·伊万内奇……"

"维克托·李沃维奇觉得,弗拉基米尔·阿列克塞伊奇不能等一等,同大家一起走,这是很遗憾的事,"索科洛夫斯基继续转述伊拉东采夫仆人的话,"娜杰日达·维克托罗夫娜尤其感到遗憾。她不可能不感到遗憾,她同他非常要好。她对他的友好态度几乎是很少见的。他们分手的时候,她甚至哭起来了:'弗拉基米尔·阿列克塞伊奇,同您仅仅分别几天,我却感到非常惋惜!'父亲嘲笑她,她自己也觉得流泪很可笑,但无论怎样也抑制不住。的确如此,仆人看出了这一点。没有见到他们如何友好相处的人,可能会对这种多愁善感产生妄议。但是他却不会这样,因为一个年轻姑娘很难找到这样的好友。"

如今,索科洛夫斯基亲自听了这位学者本人的解释,知道这位彼得堡朋友在说服列维茨基及早启程时所使用的言辞是这样的恳挚有力，因此他就觉得，用彼得堡学者的信来解释列维茨基的匆促启程已经足够了。然而，在这之前，在同伊万·安东内奇谈话的时候，索科洛夫斯基曾经认为，前后只差两天，早晚区别不大，列维茨基不至于因此就不愿意等一等。这封信会不会仅仅是他想离开的一个借口呢？他曾经这样想过。

"未必会是这样，"沃尔金说，并且装作若有所思的样子，随后坚定地说，"不会的。"

现在索科洛夫斯基完全同意，这封信并不是一个借口，同伊拉东采夫父女的谈话使他确信了这一点。根据仆人的话来判断，仿佛前后只有两天之差，但是列维茨基决定不等他们要比仆人所谈的情况自然得多。伊拉东采夫说过，他还想在莫斯科多逗留一段时间。列维茨基自然认为有必要避免这种难以确定期限的耽搁。

"自然是这样。"沃尔金肯定地说。

是这样。但在同伊万·安东内奇谈话的时候，索科洛夫斯基可还不是这样想的。当时他曾经想过：这封信该不是一个借口，他好就此摆脱某种不愉快的干系吧？这个想法同列维茨基如今还没有在伊拉东采夫家露面这一事实倒是十分吻合……

"那么，他何以不到我这里来呢？"沃尔金插话说，"如果他想躲开他们，那他为什么要躲开我呢？事情很明显：不过是在路上被什么事给耽搁了。"

伊拉东采夫父女这样想；索科洛夫斯基本人现在也这样想。还是请沃尔金别打断索科洛夫斯基的话吧。当时和伊万·安东内奇谈话的时候，他还有过另外一种推测：或许列维茨基想断绝同伊拉东采夫一家的关系？于是他就详详细细地问起列维茨基在乡下的生活情况。他终于知道，列维茨基既不会感到家庭教师的职务是一种累赘——这种职务十分轻松；同时，他也不会把自己同伊拉东采夫本人的关系看成是一种负担——他们的关系很融洽又很随便；也不可能是他爱上了伊拉东采夫的女儿，因此想远远地离开她，觉得自己有这种爱情是丧失了理智……

"显而易见，不可能有这样的事，"沃尔金插言说，"第一，一般来说，需要用多么富有诗意的眼光看生活,才能想出这样一个理由来呢? 第二,如果他真对她抱有某种并非冷漠的感情的话,仆人会这样去描绘他们之间的友谊吗? 他为人不笨,您自己这样说过。如果是一个爱说闲话的人,他会有所暗示。但他毫无暗示。这就是说,他既然毫无顾忌地谈他们之间的友谊,必定是完全确信,其中绝没有任何只可意会、不便言传的关系,同时他还相信,当您见了伊拉东采娃,同她谈过之后,您也会确信这一点。"沃尔金并不是所有的时候都能应付裕如,都能知道他应该怎么说话,然而,事到临头,他也能毫不勉强地找出许多必要的相宜的理由来。

"的确是这样。"索科洛夫斯基同意说。但在当时这种缜密而正确的想法却没有在他的头脑里出现。他的臆测是被一个不那么完美的事实给推翻的,而不是由于相信了仆人的言行稳健和谦恭态度。在讲述列维茨基在乡下生活时,伊万·安东内奇大谈而特谈列维茨基如何喜欢他,他又如何喜欢列维茨基。他为了说明自己对列维茨基怀有深厚感情,甚至还举出一件出于对列维茨基的好心而做的问心有愧的事,他对不起他的主人,他竟然可耻地冒过丢掉职位的风险。伊万·安东内奇在谈到这一点时,真诚地感到羞愧:"很自然,他是一个年轻人,不是那种严守清规的教徒。像我这样的年岁就不会去听这些话,特别是听一个我都不便同她攀谈的姑娘说这些话。可是又有什么办法呢? 他同这姑娘好上了。我看,这姑娘对他也怀有好像是在她心中难得有的那种爱情。于是我就迁就了她:放她到家里来过。请您原谅我谈起这件事。我这么大年纪讲这样的话很不相宜。我是说,弗拉基米尔·阿列克塞伊奇居然会使我也产生了对他的依恋,我竟做出这样问心有愧的事,使自己陷入危险的境地。"总而言之,列维茨基有自己的情人,同伊拉东采娃的友谊仅仅是友谊而已。沃尔金也有同感,认为这一件事比他的推测更好地说明了,伊拉东采娃对列维茨基根本无足轻重。

总而言之,索科洛夫斯基在来到伊拉东采夫家之前,就几乎完全相信,列维茨基没有任何理由要同他们分手;如果说他匆促离开使人感到有些蹊跷的话,也不必去另找原因,无非是他的愿望非常急切,想快一些卸下沃尔金肩上的一部分重担而已;伊拉东采夫父女回到自己家里没有见到他,如果说这仍然还是一个谜,那么关于这一点也不必多想,很有可能半路上有事耽搁了。索科洛夫斯基来到伊拉东采夫家里,进一步了解了维克托·李沃维奇和娜杰日达·维克托罗夫娜,同他们进行过交谈之后,他完全确信,再也不必多想了。沃尔金深知娜杰日达·维克托罗夫娜是个品格高尚、性情温柔、心地诚挚的姑娘。至于说伊拉东采夫,当然不可能要求一个四十五岁的男人也像一个年轻少女一样天真、纯洁。但是,除掉年龄差别所带来的影响,他在性格上极像自己的女儿。他是一个正直的、善良的、彬彬有礼的人。当他谈起列维茨基时,那种真诚态度是不容怀疑的。如果有谁对他女儿的真诚产生怀疑,那么这个人就更应当受到鄙视。他们父女俩谈到列维茨基时都怀有最大的好感。他们两人都认为不必因为至今还见不到列维茨基而大惊小怪;他们两人都相信,他很快就会回到他们这里来,或者来信说明他在哪儿、是什么原因使他耽搁了。伊拉东采夫拜托他把这些话转告沃尔金,请他放心。

"您可以转告他们,我已经遵命放心了,"沃尔金打了一个哈欠,回答说,"我全部听完了您讲的无数细节。本来我不需要听您说这些,您不说我也会认为伊拉东采夫父女绝不可能做出任何一点使一个正派人感到不愉快的事情来。您不讲我也了解他们两位是非常高尚的、待人有礼的、让人特别喜欢的人。我理解他们的心情,他们希望我不要有任何怀疑,不要以为列维茨基会不满意他们。我只是出于礼貌才觉得有必要从头至尾听完您想说的话,您说这些是为了满足您的一种合情合理的愿望,您想从我心中排除一切可能不利于他们的想法。但是,请您相信,从伊拉东采夫的角度来说,担这份心大可不必,从您的角度来说,这样努力也徒劳无益,从我的角度来说,这样的耐心也是多余的。"

"我原来就觉得您不至于怀疑在他们和列维茨基之间曾经发生过什么不愉快的事,"索科洛夫斯基说,"但是我是否做到了使您不再为列维茨基担心呢?"

"请您原谅,为什么我要感到不安呢?我可以向您担保,我想都没想过。说正经的,如果说担心,那只可能有一种担心:他是否被捕了?但现在是太平年代,没听说发生过类似事情。而最主要的是伊拉东采夫有这样的社会地位,如果他儿子的家庭教师被捕了,人们不会不向他报告消息。任何人都不会不想到他。应该坦白承认,这种担心确在我的脑子里匆匆闪过,但一瞬间就烟消云散了。因为这太荒唐了。"

的确,当时确是那样的年代,只有像沃尔金这样过于胆小怕事的人才会有类似的想法,而且即使是他,也不可能让这种荒谬的想法在脑子里多停留一会儿。

"您完全放心了吗?"索科洛夫斯基问。

沃尔金淡漠地重复说,他根本就没有不放心过;继而略有生气地补充说,不过,承蒙伊拉东采夫费心来打消他所有的疑虑,他至感欣慰;随后便完全活跃起来,开始感谢索科洛夫斯基,并且责骂自己。他说,他深感惭愧,他请索科洛夫斯基忘记他过去曾经很愚蠢地拒绝和他打交道,请他今后多来往。但是,索科洛夫斯基对沃尔金的谨小慎微很以为意,于是回答说,他不像沃尔金本人现在强调的那样,认为这是胆小怕事,或者认为这是怪癖;现在,公民的天职不容许我们去轻易冒险,应该防止任何哪怕是最小的冒险行为。沃尔金曾经认为同他交谊会有碍于自己的名声。为什么沃尔金会这样想,无须他妄加议论,但沃尔金确实这样想过,这就足够了。除非有特殊必要,他将不会约见沃尔金。

"这真称得起是一位堂堂君子。"沃尔金转而对尼韦利津这样说,并不继续坚持自己的请求。

"您喜欢拿所有的人开玩笑;我也多少地染上了您的坏习惯。您和索科洛夫斯基,你们两位颇有些滑稽可笑。"尼韦利津说。

"我不反对这种看法,"沃尔金回答说,随之便堕入默想之中,并且以他思维敏捷的才能在几秒钟之内把这个问题从一切角度考虑过后,坚定地重复说,"我不反对,我和波列斯拉夫·伊万内奇确实很滑稽可笑,为什么? 因为我们两个人都在等待泥潭里出现狂风巨浪;泥潭永远是宁静的;泥潭以外到处都可能有狂风巨浪,但它却永远宁静。"沃尔金重又凝神默想,继而站起身来,拿上帽子,有气无力地向索科洛夫斯基再次致谢,随即告辞,他说他很抱歉,没有时间多坐一会儿、随便聊聊,虽然这对他说来是非常愉快的事。

"得了吧,您是怕和索科洛夫斯基这样一个危险人物谈政治会有碍您的名誉。"尼韦利津笑着说。

尽管在这次会见中沃尔金说的尽是谎话,但在解释不能久留的原因时,并没有说谎。确实,他正急着要去给诺夫戈罗德发一封电报。

当他不知道列维茨基离开伊拉东采夫家的具体情况时,他可以心安理得地推断列维茨基是到诺夫哥罗德去了。但是现在情况很清楚,列维茨基仅仅是想离开伊拉东采夫父女。沃尔金毫不怀疑,列维茨基肯定是直接取道彼得堡,中途未作任何停留。他为离开而找的借口促使他非这样做不可。

"他已经到了彼得堡,"沃尔金确信这一点,"可是为什么到现在还不来见我呢?他应该一到这里就赶忙来找我。"现在沃尔金深深地惊恐起来。

他听索科洛夫斯基谈到实际上不曾有过的、坚持让列维茨基回来的所谓第二封信时,他本想走开,不再听下去。但他及时想到,这样做只会暴露他的惊慌紧张,从而会毫无意义地引起索科洛夫斯基的怀疑。反正晚上也不便去打听消息。明早以前只能做一件事情:往诺夫哥罗德发一封电报,其实这件事差不多也仅仅为了排除最后的可能,免得再怀疑列维茨基究竟在不在彼得堡。

回到家里,听说妻子同米罗诺夫一道参加晚会去了。他坐下来工作,但干不下去。于是躺下看书。这倒十分灵验。他很快就睡着了。

"你记住了吗?今后能做得好吗?"第二天早上沃尔金娜一面对厨娘说着,一面同她一起从厨房来到饭厅,饭厅里的茶炉已经煮开了。"娜塔莎,你叫一下阿列克塞·伊万内奇,你没看见,我还没有跟阿夫多季娅说完话,不能自己去叫他吗?"娜塔莎像小孩一样,正认真地完成自己的杰作,用茶具在茶炉周围排成一个规整的、放射出五道光线的五角星。她很不情愿离开这一项有益的工作,她迈着慢吞吞的步子走去,心里不高兴极了。沃尔金娜继续对厨娘说着中饭的事。

娜塔莎从饭厅里走出去的时候,是带着心情懊丧时必有的那种神态,但是一会儿跑了回来,因惊奇而张大了嘴巴,眨着眼,两手不停地比画着:"阿列克塞·伊万内奇不见了,莉季娅·瓦西利耶芙娜!礼服也不见了,前厅里的棉大衣也不见了,阿列克塞·伊万内奇的套鞋也不见了!"

"真的还没回来？"厨娘在听到她第一句话之后就随声附和说，"从八点算起已经快一个半钟头了；可是他说过：'我很快就回来！'你看你，不会说句像样的话：'他大概到什么地方去了，因为他的大衣和套鞋都不在了。'"厨娘在开导娜塔莎："应该这样说。可是你呢：'阿列克塞·伊万内奇不见了，礼服也不见了。'好像有人把阿列克塞·伊万内奇连礼服一块儿都偷走了似的。难道能这么说话吗？你应该注意听别人说话，好好想想，然后自己也尽量地……"

"阿列克塞·伊万内奇到什么地方去了？以后你再教她应该怎么说话。"

"他出去了，连吃早点都不愿意等一等。我说我五分钟就能把茶炉烧好，他不想等。他说，'我很快就回来。'这可真叫快！可是我还以为他已经回到家里了呢，以为是娜塔莎开的门。"

"你也够会说话的了。他到什么地方去了？干什么去了？大概他对你说过，让你转告我。"

"那是自然，他说过。他说去打听消息，我还以为他早就回来了呢。"

"他就说了这一句话：去打听消息？他没说是什么消息、谁的消息？"

"他说过，去找一个人，可是我叫不上他的姓来：大概不是俄国姓。嗯，他说的就是你们昨天提到的那个人；有一个仆人来过，他们也说这个人。"

"说是去找列维茨基吗？这怎么不是俄国姓呢！"

"对，对，是去找列维茨基！"厨娘重复着，因为自己终于想起来了而十分高兴。

"那么，他打听到列维茨基的新消息了吗？到哪儿去找他，怎么去找他呢？"

"我不知道，莉季娅·瓦西利耶芙娜。"

"他怎么会这么早就醒了？是不是有人来过，把他叫醒了？"

"有人来过，是邮差，但不是真正的邮差，是一个完全特别的邮差；捎来一封信，但不是真正的信，是一封特别的信，还让我叫醒他。我不愿意去叫。可是他说：一定要叫。我就说：'我们是头一回收到信件是怎么的？我还从来没有叫醒过他呢。他醒来以后会读的。'可是他说：'我们的信可不是那种信，无论谁收到这样的信都会让人把他叫起来。你去叫好了。'莉季娅·瓦西利耶芙娜,您说他还怎么样? 他还骂起我来了,真的! 我也冲着他……"

"阿列克塞·伊万内奇没有告诉你,是他把这封电报带走了,还是给我留下了?"

"他留在自己的办公桌上了。他说,告诉莉季娅·瓦西利耶芙娜,我放在桌子上了。"

"唉,你呀! 你还教我说话呢!"娜塔莎以胜利的口吻说。

沃尔金娜在丈夫的办公桌上找到了这封电报:"列维茨基没到诺夫戈罗德去。离开乡下时曾来信说,他急于赶到您处。"

沃尔金回到家已经两点多了,在前厅里他就喊上了:"亲爱的,你在哪儿? 你要骂我了,亲爱的,说我没吃早点就走了:可是请你相信……"

"莉季娅·瓦西利耶芙娜有客人,阿列克塞·伊万内奇,"娜塔莎打断他说,"是一位太太,白白的、年纪轻轻的,可能您还记得,就是春天来过的那位,后来我们从别墅搬回来的时候,她又来过。"

"是萨韦洛娃?"沃尔金放低了自己的大嗓门儿问道。

"对,是她。"娜塔莎肯定说。沃尔金尽量悄声地、尽量小心地走到自己的书房,免得又要显示一下自己的社交才能。

他专心地听着动静,等待萨韦洛娃告辞。莉季娅·瓦西利耶芙娜刚刚把她送走,沃尔金就起身到妻子那里去,还在书房就开始像刚才那样喊道:"亲爱的,你肯定要责骂我。请你不要骂吧,因为,说真的,我在半路上走进一家吃茶店,喝了茶,还吃了一些点心,说真的,我一点儿都不饿。你知道吗,亲爱的:同索科洛夫斯基谈话时我了解到,列维茨基……"

"我知道,我的朋友,既然你从诺夫戈罗德收到了回电,那很清楚,你是往那里发过电报了,也就是说你很担心列维茨基。这自然不难理解,你是听了索科洛夫斯基的话之后才担心起来的。我派人去找过尼韦利津,我什么都知道了。"

"亲爱的,你派人去找过吗? 这就是说,尼韦利津现在也认识到了,事情的真相并不像伊拉东采夫父女所确信的那样,还有索科洛夫斯基,还有尼韦利津本人……唉,我说这些干什么!"他非常懊丧地打断了自己的话头,"当然,最要紧的就是别让伊拉东采夫父女产生怀疑。对尼韦利津有什么可以隐瞒的呢？不言而喻,没有什么可以隐瞒的。"

"当然是这样,我的朋友。你打听到什么消息了?"

"自然什么也没有打听到。我到地址查询处去过,那里一无所知。也很自然,"沃尔金说着思忖了一下,"本来就不值得到地址查询处去打听:他们那里不会这么快,不会在几天之内得到消息,或许过两三个星期才能到他们那里。"于是沃尔金就去找了警察总监,找了所有的警察局长,请他们下令尽快查明下落。他们都当着他的面下达了指令,因为他们清楚地看到,他的推断确实极近情理:列维茨基可能病得很重,因此不能通知沃尔金。任何其他理由都无法解释,为什么他会不把自己的行止告诉他急于应邀来见的人。他们大家都抱着极友善、极热情的关切态度。

"这么说,我的朋友,你认为这是最好的办法,可以尽快地打听到列维茨基现在在哪儿,他出了什么事情?"

沃尔金连忙摇头:"当然不是,亲爱的。哪一个警察愿意卖力气为上级下达的普通指令去奔波呢?谁都知道他们怎样完成这些衙门里的公事:能推就推,随便有个下文,交差了事。自然,完全不该像我这样从这一步入手,这是没有办法的办法。来吧,还是快些吃饭吧,然后让我再出去一回:去找那些小官吏,为得到消息悬赏一百卢布。那样,人们就会郑重其事地打探下落去了。"

"我的朋友,你这样想,我觉得非常满意。这就是说,尼韦利津并没有错:他走的时候正想按照你说的这样办。此外,他本人也还要去找。我和他也在想,可能列维茨基一到这里就病倒了,所以不仅不能来找你,而且连信都不能写。"

"真叫人觉得奇怪,亲爱的,为什么我总是事过之后看明白应该怎么做,而开始一定做得不对头呢!"沃尔金激动地说,"真叫人奇怪,亲爱的,这是真的! 为什么尼韦利津立刻就能知道应该怎么做呢?"

"我的朋友,我对你说过一千遍了:你从来不和大家交往,你怎么能学会在社会中生活、学会办事呢?"

"不，亲爱的，我天生就笨，这是真的。"沃尔金愤愤地反驳说，并且极力摇头。换另外一个时候，按照他平常的习惯，他会详详细细、有根有据地来论证这一点。但是现在他顾不上详细解说自己天生的、超群的聪颖敏慧，他委实为列维茨基而心神不定，因此就不再作声了。

"我没想到，你还能喜欢某一个人。"妻子说。

"我自己也这样想，亲爱的，和这些人在一起只能叫人哭笑不得。你都很难相信，亲爱的，所有这些明达人士都是些什么货色，唉，这些一窍不通的蠢材！可悲的上流社会啊，它有的竟是这样一些领袖人物！可怜的人民啊，对于有这样一群领袖人物的这样一个上流社会，它能期待什么呢！"

他掏出手绢，开始很激动地擤鼻涕。"亲爱的，请你不要告诉尼韦利津，说我还不如一个普通的女人，"他做完这一番用手绢揩拭的动作之后说，随之便无拘无碍地大笑起来，而后又摇了摇头说，"真是荒唐极了，亲爱的，我说的是真话，因为你会同意我的意见：我何必这样呢？完全不必要。但这就是我的荒唐透顶的弱点：我像一个老态龙钟的女人一样动起感情来了，而且还总是这样爱动感情，真叫人奇怪。是啊，"他继续说，面带笑意地遐想起来，"原因就在于列维茨基是一个非常难得的人，是一个非常有益的人。"

"现在你还没有任何理由要为他这样心神不安，我的朋友，"妻子说，"他病了，而且病得相当厉害，这倒非常可能。仅此而已。可是你却哭起他来了：你也太神经过敏了。咱们走，你来看看沃洛娃，同他玩一会儿，你怪让我生气的：从来也不关心他。"

"啊，你等着吧，亲爱的，等他稍微长大一点儿，你就可能会说我关心他关心得太多了，那时候我就要往他脑子里灌输这些被称为学问的胡说八道。好吧，咱们走吧，我去看看你说的这个乖孩子究竟如何乖法儿，但是我请你相信，亲爱的，现在就能看得出来，他会出息得像我一样精明。我可以提前赞美他的机灵敏捷。"

第六章

　　萨韦洛娃从沃尔金家悄然离去之后,她本来会不好意思再见到莉季娅·瓦西利耶芙娜。对人的心灵有深刻了解的沃尔金,对这一点毫不怀疑,并且理所当然地不能不让自己的妻子知道他的这一光辉判断:"请你相信,亲爱的,她再也不会在你跟前露面了。"他向妻子预言说。这一预言确实应验了,给他非同凡响的洞察本领增添了光彩。无论是在他们迁居别墅之前,还是在整个避暑季节当中,萨韦洛娃从没到沃尔金娜家来过。

　　因此,当他们刚刚搬回城里不久,听妻子说萨韦洛娃今天一早到她这里来过了,他这位深谋远虑的预言家自然要深以为意。他的脑子一向善于非常迅速地思索最困难的问题,根据这一特点,沃尔金转瞬间就猜透了这一令人费解的事件的奥秘,于是对妻子肯定地说,一定是萨韦洛娃有某种特殊的需要,否则她是不会来的。妻子说,从萨韦洛娃谈话当中看不出她想就什么问题来征求意见或者提出请求。

　　"那么根据你的想法,亲爱的,她到底有何贵干呢?"这位喜欢深刻思索的丈夫问。

　　"为什么我一定要有某种想法呢?"妻子说,"她愿意海阔天空随便聊聊,我也很高兴没有搂着抱着痛哭流涕这一套。"

　　"你知道吗,亲爱的? 她是为了谈谈尼韦利津的情况才来的,来问问你是否知道他的消息。请你相信这一点,亲爱的,因为我可以肯定,她至今还对他抱有某种好感。她这可怜的人,只是没有勇气问起他来就是了。请你相信,的确是这样。"

　　妻子说,她也是这样想的,因此没等萨韦洛娃提出这难以启齿的问题,就把自己所知的有关尼韦利津的一切情况都讲了,当时尼韦利津还没有从国外回来。萨韦洛娃听得蛮有兴致,同时很坦率地承认这一点,并且对这番谈话深表感谢,随后便又继续谈起原来的话题。

丈夫立时陷入短暂的深思,然后便说,既然如此,事实就不像他所想的那样了,萨韦洛娃不是为这件事来的。如果是为了这件事,她在此之后就不会再谈起别的话题来了。很明显,她在想起尼韦利津的时候会感到亲切而多情;但同时也会用双手画十字,庆幸当时没有人强迫她跟着这个人出走。然而,现在为这个人掬一把伤心泪还是非常惬意的。

沃尔金娜真想不去回访萨韦洛娃。如果不是因为这样做会打破礼仪上的规矩,她真就不去了。如果不去,萨韦洛娃会认为这不是一般的对惯例的轻蔑,而是对她的品格的鄙视,她会因此而受到残酷的打击。沃尔金娜怜悯她,因此就强迫自己去回访她。但是心里想:只此一次,下不为例。在不得罪这个与其说是不好的、莫如说是可怜的女人的情况下,是可以做到这一点的。沃尔金娜想以和缓的口气、坚决的态度说,自己不可能像在萨韦洛娃家遇见的那些贵族妇女一样,打扮得富贵豪华,因而这些人将会以傲慢的神气藐视她,说不定由此会闹出一些令人不快的冲突来。

沃尔金娜真的就这样说了。可是为了寻找机会说这些话,她不得不在萨韦洛娃家坐得久一些,比她想坐的时间要久得多。她在萨韦洛娃家里遇见的不只是她自己。还有一个年纪相当不小的男人,穿着常服,像在家里一样,非常随便地坐在宽大低矮的软椅上,这把软椅和其他家具很不协调,显然是为了他特地搬到客厅里来的,他喝着咖啡、读着报纸、吸着烟,三件事同时来。萨韦洛娃坐在他身边的沙发上绣着亚麻布手绢上的角花。看上去极像是一幅家庭风俗画,因此沃尔金娜以为,这个男人是男主人或者女主人的一位亲戚,他到彼得堡做客来了。但是萨韦洛娃在介绍他的时候,说他就是“她一再提起的那位彼得·斯捷潘内奇”。刚刚坐下,沃尔金娜又得谈谈自己对手绢图案的看法:原来这块手绢正是给彼得·斯捷潘内奇绣的。的确,萨韦洛娃从前拜访沃尔金娜的时候,曾经说了很多有关彼得·斯捷潘内奇的话,差不多尽是在谈他了。而这位彼得·斯捷潘内奇究竟是什么人呢,萨韦洛娃并没有交代清楚,也许她认为,在整个彼得堡,甚至在整个俄国,所有的人都应该知道彼得·斯捷潘内奇是谁。可是沃尔金娜并不知道,她也不好奇地问一问,但从萨韦洛娃的话里很快就了解到,彼得·斯捷潘内奇是一个地位极高的官员,非常可能是萨韦洛夫的上级。再过一会儿又得知,他是一个很孤独的人,是一个老光棍。萨韦洛娃关于自己同彼得·斯捷潘内奇的友谊有说不完的话,她无论谈什么事都要扯到这上面来。避暑期间她没有到沃尔金娜家去,连这一件事也推到彼得·斯捷潘内奇身上,因为不可能离开彼得·斯捷潘内奇,而从奥拉尼恩包姆①跑回彼得堡,跑到彼得岛上来看沃尔金娜呀。不知道沃尔金娜是否相信,整个一个夏天她一次也没回彼得堡。他们住在奥拉尼恩包姆是因为彼得·斯捷潘内奇也住在那里:她的丈夫须要每天都同彼得·斯捷潘内奇在一起办公。在此以前她就同彼得·斯捷潘内奇很要好。但在奥拉尼恩包姆他们的友谊才更加深厚,甚至到了他离开萨韦洛娃就不能生活的地步:他们总在一起,总在一起。现在他也不间断地来看萨韦洛娃,天天如此,坐一早晨或者坐一晚上。如果彼得·斯捷潘内奇不是这样一位可爱的人,而萨韦洛娃又不爱他的话,那么这种交往会使人感到厌倦。但是她很爱彼得·斯捷潘内奇,所以丝毫不觉得腻烦。

在萨韦洛娃的言谈之中有很多自吹自炫的成分,有更多装腔作势的地方。但沃尔金娜似乎感到,确也有某些像是对彼得·斯捷潘内奇真诚友好的感情。至于说在萨韦洛娃的感情中丝毫没有像彼得·斯捷潘内奇所表示出的那种追求的欲望,那也是毋庸置疑的。

彼得·斯捷潘内奇放下报纸,他原来是一个谈锋甚健的人。他的俏皮话很动听,他的玩笑庸俗,他的严肃的谈话不愚蠢。他的仪容举止实在是无懈可击。他的脸依然很美,头发依然很浓密,而且不花白。但他并没有忘记自己已经四十开外,或者已经五十了。可是他却根本不认为有必要念念不忘自己是一个职位很高的官员。大概他像爱自己的亲人一样爱萨韦洛娃,并且相信萨韦洛娃爱他也完全不是出于私心。他这样相信在某种程度上是过于天真了。然而他的这种错觉不是不可宽恕的。如果说萨韦洛娃开始向他献殷勤的时候完全是为了满足丈夫在职务上的需要,那么现在她对他便有了一定程度发自内心的好感。是的,彼得·斯捷潘内奇待她这样诚恳真挚,她不可能

①距彼得堡不远的一座城市,位于芬兰湾南岸,现名罗蒙诺索夫。——译者注

不开始以同样的感情对他略有酬报。总的说来,沃尔金娜还很喜欢他,他给沃尔金娜的印象是一个善良淳朴的人,虽不是智力超群,但也远非蠢材。

过了半个小时或者还多些,萨韦洛夫手里拿着公文走进客厅来。显然,他并不知道沃尔金娜到他妻子这里做客来了。沃尔金娜颇饶兴味地观察到他巧妙而敏捷地收敛起脸上诧异的神色,继而做出一副表情,最好地说明了他不曾有幸认识这位女客人,但这位不相识的女士的仪容却给他造成了极为美好的印象。当妻子把他向沃尔金娜介绍完了之后,他更变得毫不做作地和悦可亲,同时向彼得·斯捷潘内奇并不过分客气地表示歉意说,请他略等片刻再谈公事,说完便坐在沃尔金娜近旁,同她谈了很长一段时间,主要谈的是他对她的丈夫极为敬佩。沃尔金娜笑了起来,感谢他的恭维。但他却非常严肃地回答说,沃尔金娜想错了:他在谈到她丈夫时讲的是自己的真实感受。他所走的道路和沃尔金所走的道路很不相同。这两条道路的最终目标虽然是一致的,但却没有机会在通向目标的过程中彼此相遇。同时,沃尔金又深居简出,甚至很少到他们唯一的共同朋友梁赞采夫家去,即使去也仅仅是在指定的人群汇集的日子里。但萨韦洛夫本人却由于职务关系要避免在这样的大庭广众当中露面。所以他不知道他是否能很快同沃尔金会面。而有意地去寻求接触的机会,以他在职务上所处的地位来说,以沃尔金在文学界所处的地位来说,都是很不相宜的。造谣生事的人会编造说,他们两人当中的某一个人要在另外一个人身上捞点什么。他对独立自主的声誉极为珍重,沃尔金当然也不亚于他。所以他特别高兴他的妻子同沃尔金娜建立了友谊,他希望他和沃尔金会很自然地因此而接近起来。而现在他谨请沃尔金娜向她丈夫转致敬意。

这是尼韦利津从国外归来以前发生的事。沃尔金不愿相信妻子所说的话,不愿相信萨韦洛夫的这一番对他充满敬意的冗长热烈的谈话可能包含什么严肃的内容。"唉,亲爱的,他有什么必要一定让我对他产生好感呢? 他不过是想客气一下而已。"尼韦利津回国以后,梁赞采夫对沃尔金娜说过,是她丈夫派了尼韦利津到伦敦去完成重要使命的,在此之后,沃尔金才恍然大悟:萨韦洛夫当时说的确确实实不只是客气话。在那些年代里,彼得堡的改革派千方百计想使伦敦的人对他们高看一眼。萨韦洛夫认为,沃尔金在那边具有极大的影响。

只有不见世面的沃尔金才认为,萨韦洛娃似乎应该由于自己曾经悄然遁去而感到难为情,因此再也不到沃尔金娜家来了,除非有极特殊的需要来征求意见或者请求帮助。当他把最近一段时间展现在面前的种种情况审视过后,就发现妻子的推断是合乎情理的:萨韦洛娃这一次来仅仅是为了向沃尔金娜表明,同时也一劳永逸地说服自己,她没有任何理由要不好意思,她的行为堂堂正正,她为神圣的义务牺牲了罪孽的感情,她不像沃尔金娜可能认为的那样应当遭到谴责,而是应当受到尊敬和赞扬。

她激烈地反对沃尔金娜决心不涉足贵族社交界的执拗态度,她慷慨激昂地说,她不想屈服于沃尔金娜的这种多余的孤傲,她不同意让自己失掉沃尔金娜的友谊。但是显而易见,在实际上这对她来说却是无所谓的。沃尔金娜心里盘算着:也许我在家里还要接待她一次或者两次,也有可能根本看不到她了。

沃尔金娜只是在尼韦利津回国之前才这样怀疑着。当她同尼韦利津建立友谊之后,就断定再也不会在家里看到萨韦洛娃了。

尽管对萨韦洛娃说来,同丈夫的关系、同彼得·斯捷潘内奇的关系、同几十个重要的老年妇女以及一大群重要的老年男人的关系,要比爱情更重要。但是,她毕竟用她那颗虽然塞满了鄙俗,但并没有彻底堕落的心灵里的高尚情感所可能有的一切力量,爱过尼韦利津。尽管经过了许多时日,尽管在这期间不断有上流社会的应酬,还有半真半假地同彼得·斯捷潘内奇的周旋,因此爱的回忆已经变得非常非常淡薄了。然而,这毕竟是她唯一的一个富有诗意的回忆,唯一适于在心灵高尚的时刻重新玩味的回忆。这回忆不能不使她感到甜美。在她的心中应该还保存着对尼韦利津的一丝柔情,因此当她发现沃尔金娜和尼韦利津无论是在涅瓦大街上,还是在剧院里总在一起的时候,她就不能不怀着沉重的心情对沃尔金娜侧目而视。

可是,她却到沃尔金娜家来了,就是在沃尔金心神不定、四处奔走请人打听列维茨基下落的那一个早晨来的。她来到这里,显得很活跃、很随便。但过于活跃、过于随便了,因而使沃尔金娜联想起阿列克塞·伊万内奇有时表现出的那种无拘无束的态度来。阿列克塞·伊万内奇常常是在绝望的困境中才变成一个无所顾忌、非常随便的交际家,仿佛他可以把一切困难都轻而易举地踩在脚下。当沃尔金娜看到萨韦洛娃做作的无忧无虑的微笑、看到她强作欢容时,几乎要喊了出来:"可怜的人!您怎么了?您有什么为难的事吗?"但是萨韦洛娃在说个不停(阿列克塞·伊万内奇在这种无所忧虑的情况下,同样会喋喋不休),同时很快就十分巧妙地达到一种与众不同的境界,即使阿列克塞·伊万内奇本人也会心悦诚服地承认自己甘拜下风。

她是来请沃尔金娜去赴午宴的。她深信沃尔金娜一定会赏光。这一次她断然不许沃尔金娜谢绝,因为这次午宴极为随便,规模很小、简简单单,可以说是一次家庭便宴。出席午宴的只有丈夫的同僚,都是些老头子。一位女士也不会有。在这样的场合用不着戴宝石珠翠、贵重的花边。她本人也不穿舞会的盛装。这次午宴就在明天。这是她丈夫的命名日。她毫不怀疑沃尔金娜一定会来。

所有这些话都是用这样一种口吻说出来的,仿佛在实际当中只消她喊一声"您来吧",沃尔金娜就会乐滋滋地跑去,仿佛沃尔金娜觉得能和她、和她的丈夫、和她丈夫的同僚共坐一席会不胜荣幸。也许这可怜的人并没有想用这种口吻说话;也许她仅仅热心于显示一下她毫不费力,而且毫不怀疑。但是她热心过度了,所以才显出这样一种口吻来。

"我为什么一定要去呢?"沃尔金娜冷冰冰地说。

如果沃尔金娜能来,她将非常高兴。她丈夫的同僚都是些老头子,都是些枯燥乏味的人,跟他们在一起会叫人感到难以忍受的烦闷!她相信沃尔金娜不会谢绝,她们两人在一起就会很愉快。她一个人太寂寞无聊了。有沃尔金娜在,进餐完了她就可以立即回到自己的房间去!如果是她一个人,她就不得不留下来同这些客人待在一块儿,这样她会寂寞死的。

她说话的口吻依然是无比轻松自如。阿列克塞·伊万内奇绝对不会说得这么聪明、这么可爱。

"您希望有一位女士出席午宴,能使您有借口摆脱这些枯燥乏味的老头子,这种愿望是非常自然的。但是我认为:您有上百个好朋友,您可以从她们当中随便挑任何一个人。"

可是她偏偏选中了莉季娅·瓦西利耶芙娜。难道莉季娅·瓦西利耶芙娜会拒绝给她这一次小小的友谊的帮助吗?

"如果不是我看到您非常激动,我就会对您说:难道您的那些午宴对我来说是什么了不起的荣誉吗? 好像是我曾经非常明确地告诉过您,无论是在举行午宴的时候,还是在午宴之前或是午宴之后,我都不愿到您家去。因为什么? 至少是因为您正在为您丈夫的大事忙得不可开交。我会这么说的,而且会请您马上离开我这里。但是您自己并没有意识到您的话是很不礼貌的。所以我不应该生气。不应该生,但还是生了。然而我在克制自己。我不想请您走开,但我要问您:您到底是为什么来的? 如果不想叫我失掉耐心的话,您就应该直说。您为什么一定要让我明天出席你的午宴呢? 迫切需要这样吗?如果是非常迫切的话,如果任何人都代替不了我的话,那么我想我也可以答应。"

萨韦洛娃面红耳赤,坐在那里良久不语,看样子她不知道她应该怎么办才好。也许她的第一个想法是沃尔金娜侮辱了她。她应该说她没想到会遭受这样的凌辱,或者她应该说一些别的诸如此类的话,说完之后起身就走。事实正是这样,沃尔金娜的话的确是太刻薄了。但是萨韦洛娃不想在意沃尔金娜刚才所做的冷冰冰的训斥,而依然顽强地保持着自己轻松自如的口吻,仿佛是她不相信一个丈夫并非重要人物的女人,会不认为她的邀请是一种抬举,仿佛是她不相信沃尔金娜在到过她家之后,还会一本正经地说自己不愿意涉足于她的社交圈子。当萨韦洛娃本人为了自己在上流社会的功名利禄牺牲了一切的时候,她很难把类似这样的话当成真话。她根据自己的性格,自然要认为这些话只是一种忸怩作态,只要她坚持一下就可以被扔到一边去。也有可能她处在极度活跃的情绪之中,真的没有意识到她发出邀请的口吻是那样厚颜无耻、那样令人愤慨。现在她醒悟过来,坐在那里不知怎么办好。或许,觉得是受了凌辱的那种感觉开始在她心中确实占据了上风,她应该站起来就走。她好像是极力想站起来,但终究没有站起来。她默默地坐着。她内心抑郁，觉得喘不过气来，她的眼里开始有泪珠滚动。

"我打断了您，或许态度过于生硬了，但是我必须打断您，因为我已经开始失去耐心了。我是一个性情急躁的人，"沃尔金娜态度和缓地说，"我性情很急躁，但是我生了气很快就会过去。我不能不喜欢您这一张可爱的脸。我们讲和吧。请您不要难过。您非要让我在明天午宴上陪您做伴吗？"

"我的天哪，我的天，如果除您以外我能够去找别人的话，难道我会到您家里来吗？"萨韦洛娃无比痛楚地说，"我爱尼韦利津，我羡慕、我嫉妒，我爱他，"她泪如泉涌，"我爱他，但我还得来找您！啊，您要知道，我该是多么痛苦啊！"

沃尔金娜开始抚慰她，让她安静下来。沃尔金娜说她会去的；又说无论萨韦洛娃有什么危难都可能是她过于胆怯了；还说或许这危难是可以防止的。

萨韦洛娃失声痛哭，以至于她的神经完全失去控制，热病似的感情冲动左右着这个可怜的女人。她搂住沃尔金娜的脖子，弄了她满脸满身的泪水，她说自己永远也不会忘记尼韦利津，尼韦利津不会再爱她了，但她还爱尼韦利津，这爱情在支撑着她，如果她心中没有对尼韦利津的爱情，她就成了一个卑鄙的女人，对尼韦利津的爱情给了她幸福，她为了这幸福要感谢尼韦利津，她不是自私自利的人，不是嫉妒成性的人，她像爱自己的兄弟一样爱尼韦利津，她现在只有一个心愿，就是希望他幸福，她很快就会有足够的力量亲自向他说明这一点，她请沃尔金娜告诉尼韦利津，说她像爱自己的兄弟一样爱他，请沃尔金娜说服尼韦利津不要蔑视她，她深情地祝愿尼韦利津幸福，尼韦利津的幸福就是她的幸福。

当然，在这些温柔情感的流露当中，一时的冲动要比牢固的感情多得多。然而，倘使沃尔金在场的话，他还是要在内心深处大为感动，因为他深切地认识到，一颗哪怕只在短暂的时刻能升华到具有这般激情的心灵，是不可能彻底堕落的。后来当他知道了这一个场面的时候，他正是这样认为的。他说："萨韦洛娃实际上是一个好女人。"他沉吟半晌之后又重复说："是的，无论如何总不是一个很坏的女人。"

沃尔金娜当时并没有想萨韦洛娃是不是一个好女人，而是劝她喝一点凉水,最后居然强迫她喝了一杯。随后领她到洗脸池跟前,让她洗了洗脸,又给她喝了一杯凉水,接着谈起正事来:"我告诉过您了,我来参加您的午宴。也就是说,这件事已经决定了。但是我想,如果您事先告诉我,您需要我给您些什么帮助,这样对您本人说来会更有好处。"

她只需要沃尔金娜在午宴过后不离开她。萨韦洛娃说着又开始激动起来。

"就这一点吗? 彼得·斯捷潘内奇也来吗?"

"当然要来的。"

"难道他不能帮您这个忙吗? 您知道,我的意思不是想回绝,既然答应了,就不会再推辞。您不是和这个善良正直的人非常要好吗? 如果您仅仅需要有个人在身边的话,难道就不能求求他,让他不要走开吗?"

"我甚至连他也不能告诉……谁都不应当知道,包括他在内……而且我不知道他是不是愿意……"萨韦洛娃又开始颤抖起来,"只有您才能够……反正我在您面前已经丢尽了人了:您鄙视我……"

沃尔金娜不得不重新宽慰她。说她没有下定决心抛弃丈夫,这并没有什么了不起的,几乎所有的人都会完全像她一样行动。萨韦洛娃本来就觉得自己不该受蔑视,同时她也没有为尼韦利津而悲伤,所以一经劝解就很容易心平气和了。沃尔金娜深信,往事的回忆对萨韦洛娃说来是无足轻重的,只有当前威胁着她的那一件危难的事才使她备受折磨。这件危难的事又严重,又讨厌。这一点从这样一个事实里就可以看得很清楚:萨韦洛娃羞于把这件事告诉彼得·斯捷潘内奇,并且不指望他能愿意或者他肯出力来帮她的忙。但是这一件可怕而又可耻的难事究竟是什么,沃尔金娜却看不出来,同时她也不想再问了,尽管事先了解这一点会大有好处,可以通盘考虑一下应该做些什么,应该怎么做。萨韦洛娃觉得太难于启齿了,所以沃尔金娜就说她什么也不想知道,甚至什么也不打算看到,除掉那些为她好而必须看到的东西。沃尔金娜一面说着,一面放她回去了。

萨韦洛夫没有什么财产,而且不是敛财聚富、贪得无厌的人,他很珍惜他那当之而无愧的大公无私的名声,并且鄙视外表的豪华。萨韦洛夫的住宅比沃尔金的住宅大不了多少,室内的家具陈设几乎同样简朴。

如果说不甚宽大的会客间里的固定家具并不华贵的话，那么集中到会客间里来的全部移动家具就显得突出的耀人眼目了。沃尔金娜来到的时候，大厅里正在摆放一张可以加长的餐桌，因此凡是出席午宴的人都被请到这一个会客间里。这些挂着勋章的人们三五成群，悄声地挤在会客间的窗户近旁。在十五件或者十六件燕尾服和军服上差不多有三十来枚勋章在闪闪发光。

女主人跑到大厅里来迎接女客人，她领着女客人从这一群戴勋章的人身旁走过，没向他们当中的任何一个人说过一句话或做过一点暗示，示意谁可以跟着她和女客人一起坐到沙发上。这些戴勋章的也没有一个敢于不经邀请就贸然来陪伴女士：一个个都走到这屋子的另外半间，在窗户左近，派头十足地轻轻地移动着，彼此交换着位置，有的在说着什么，有的在沉默，但所有的人都态度温顺，心满意足。

不单是女主人让这些态度温顺的戴勋章的人尽其所能地自己招呼自己，而且男主人也同样对他们不甚客气。萨韦洛夫并没有来到会客间。十五位官吏胸前的三十枚勋章显然不敢见怪：它们在窗户旁边晃动着，摇曳着谦逊的光芒。

突然间，它们彼此交映，闪烁出惊恐的光色，慌乱一阵过后，一同朝向通往大厅的门。大厅里响起主人的声音："我把您给累坏了，但还要请您费心到机关办公室去一趟，一直等在那里，直到报告抄好为止：我求您做这件事不是凭职务的关系，而是靠友谊的感情。我非常希望能在六点钟以前把报告送到这里来。我们大家好在这里签名，彼得·斯捷潘内奇也会来这里，等八点的时候我好把报告呈送恰普林。"

"请您放心，到六点钟报告一定送来，"另一个声音在回答，这当然是刚才同萨韦洛夫一道办过公事、现在萨韦洛夫又送他出去的一位官吏。"我想，我还能来得及认真校读一遍，免得有抄错的地方。"

这位官吏同萨韦洛夫说话并不低声下气，很随便，甚至都没加上"阁下"这个字眼儿。萨韦洛夫在语气当中也没有妄自尊大的味道。他在别人面前并不显得傲慢，无须乎摆架子。

"您不必再为这事操心了，您已经很劳累了，您只要等他们抄好装订在一起就行了。您需要休息一下。我自己来改正错字吧:当我读给伯爵听的时候,我会发现并且标出来。"

"非常感激您,雅可夫·基里雷奇,减轻了我的负担,"那位官吏说,"我的确很疲乏了。但您丝毫不比我轻快啊!"

"请向安娜·伊万诺夫娜致意,代我吻一下米佳,瓦莉亚长成大姑娘了,我已经不便请您带一个吻给她了。"

这当然是在说这位同僚的妻子和孩子。在可能的情况下,他还是很关心人,很善良的。

大概这位官吏对他并不畏惧。然而那些勋章却在某种程度上放射着惊恐的光辉。

主人出现在门前,他衣着朴素,穿的是一件灰色的常服,翻边袖口已经有些磨坏了。走到门前他放慢了脚步,舒展一下腰身,不能说"挺直了腰身",因为他并不驼背,大概他从来也没有驼过背。他向后努了努双肩,身体微微向后背弯曲,就像一个并不驼背,但因工作时间过长而感到疲劳的人要舒展一下腰身、向后背弯一弯身体一样。然而当他看见沃尔金娜的时候,便放弃了做完这套不登大雅之堂的动作的快乐,在"勋章"跟前他不觉得有必要讲究礼貌,但在一位女士面前他却变成了一个文质彬彬的人。他匆匆忙忙在这些佩戴勋章的人们中间走过一圈,同时把两只手伸给两个人,在行进之中殷勤有礼地向他们说了些漫不经心的客气话。他忙不迭地甩开了这些"勋章",走到这位女士跟前,在沃尔金娜身边坐了几分钟。

沃尔金娜预料,她出席宴会将给萨韦洛夫造成很不愉快的印象。她还不知道,萨韦洛娃究竟为什么恳求她到这里来。但有一点是不容怀疑的:这之中将有一场针对萨韦洛夫的斗争,假如不是丈夫和敌对派结成了联盟的话,那么萨韦洛娃还能惧怕什么人、担心什么事呢? 沃尔金娜本来预料,萨韦洛夫会把她看成是自己某项计谋或某种企图的敌人。然而不是这样,他对于她出席宴会这件事显然没有看得很重。过了一会儿,沃尔金娜还从他的谈话中觉察到,他知道妻子邀请了她,妻子是经他同意才邀请她来的。

"这到底是怎么回事?"等萨韦洛夫终于走开,并以主人的身份热情照料那些"勋章"的时候,沃尔金娜悄声地问萨韦洛娃,"我不明白您有什么可怕的。您丈夫并不认为您请我来是为了帮助您反对他呀?"

"是彼得·斯捷潘内奇提出来要我们邀请您出席的。"

"彼得·斯捷潘内奇? 您已经让彼得·斯捷潘内奇变成我的崇拜者了?"

"我的天哪,我的天! 您别拿我开玩笑了! 我不得不请求彼得·斯捷潘内奇提出来。什么也不应该让我丈夫知道。他是不会饶恕我的。"

"勋章"又忙乱起来,侍者报告:尊贵的彼得·斯捷潘内奇阁下到。

"开始上菜。"主人听到报告后,一面移步去迎接彼得·斯捷潘内奇,一面大声地回答着。

"这是怎么回事?"沃尔金娜暗自在想,"除了这些对她、对她丈夫都微不足道的老头子,午宴上再没有任何人了,这样一餐午宴她怕的是什么呢? 彼得·斯捷潘内奇更不算什么了:在她说来这是自己人。"

彼得·斯捷潘内奇对自己属下、佩戴勋章的人们热情寒暄,较之萨韦洛夫要关切得多了;然后就全神贯注地承担起专门照顾沃尔金娜的责任来了。他没有忘记是他提出要求,邀请沃尔金娜来出席午宴的。

侍者进来向女主人报告说,厨师请求原谅,要求再等几分钟,饭菜还没有完全准备好。

"等一会儿就等一会儿吧。"彼得·斯捷潘内奇愉快而宽厚地说。

当然,他不可能知道,不可能预料,这不是厨师误了事。沃尔金娜瞧了萨韦洛娃一眼,萨韦洛娃满脸绯红。

这比沃尔金娜在萨韦洛娃身上已经认识到的和可能预料到的还要坏。为了没有爱情的丈夫而牺牲自己的情人,这是常见的事,比起为了爱情而牺牲自己在上流社会的地位要常见得多。但今天却似乎是一桩不那么常见的事,似乎是一个圈套,彼得·斯捷潘内奇会受到愚弄,而且萨韦洛娃事先并不警告这位对她抱有由衷的强烈好感的人。沃尔金娜的第一个冲动是想问萨韦洛娃:"你们还在等谁来吗?"但她忍住没问:她想萨韦洛娃不可能自愿地参与这项针对自己忠实朋友的阴谋活动;可能是从丈夫那方面来的压力太咄咄逼人了;可能是萨韦洛娃本人也充分地感觉到她在彼得·斯捷潘内奇面前所扮演的角色太可鄙了。沃尔金娜只看了萨韦洛娃一眼,就非常后悔看了她,沃尔金娜这一瞥使她完全手足无措了,总而言之,为了她扮演的不光彩的角色,只应该去责怪她的丈夫。沃尔金娜继续同彼得·斯捷潘内奇谈话,借此可以给她一段时间,让她恢复常态。

侍者重又出现在门口,高声宣告:"伊拉里昂·伊拉里昂诺维奇·恰普林伯爵殿下到。""勋章"蓦地一抖,个个呆若木鸡。

"恰普林伯爵!"主人大吃一惊地说,急促地奔向大厅。

"恰普林伯爵!"彼得·斯捷潘内奇俯在萨韦洛娃耳边说,"我说为什么饭菜还没有准备好! 恰普林伯爵! 您也不事先告诉我一声! 连您也愿意让我受愚弄! 噢,不,我对您太不公平了,我的善良的、亲爱的安东尼娜·德米特里耶夫娜!"他登时补充说,"您是不会愿意欺骗我的。如今我算是知道雅可夫·基里雷奇了! 他是想坐到我的位置上来啊! 我没有料到他会跟我来这么一手! 对我耍手腕、搞阴谋! 但我不责怪您。您只是害怕把这件事告诉我。雅可夫·基里雷奇对我搞阴谋! 我真寒心,太寒心了,安东尼娜·德米特里耶夫娜!"

"彼得·斯捷潘内奇!"她只能够说出这么几个字来,顿时这个可怜的女人泪如泉涌。

"好了好了,人们会发现的。"沃尔金娜悄声说。

然而,在萨韦洛夫还没有回来进行观察之前,不会出现被人发现的那种危险情况。即使见彼得·斯捷潘内奇和萨韦洛娃交臂拥抱,也不会被戴勋章的各位发现,他们由于惊异和虔敬而变得有如木雕泥塑的一般。等戴勋章的各位恢复了观察能力和理解能力的时候,萨韦洛娃已经把眼泪揩拭停当。即使是这个时候,他们也顾不上女主人和彼得·斯捷潘内奇,他们的全部注意力都被恭候从天而降的来客吸引去了。

这位来客,人没到声先到,使沃尔金娜颇感诧异。

最初的动静大约还是从前厅传到会客间来的:来客举步落地,铿锵有声,彼得堡的大老粗穿着皮靴也跺不出这种声响来,它们的声音嫌太轻了,若想发出这种声响,非得是乡下的、庄稼人的、特重的大皮靴不可。大概恰普林伯爵穿的不是这样的皮靴吧？可是他怎么就能踩出这种声响来呢？接下去就听见了"呼哧呼哧"的喘息声，这声音越来越高，伴随着"呼哧呼哧、咕噜咕噜"的声音，传来："我来了，雅可夫·基里雷奇。祝贺你。"脚步声、呼哧声、咕噜声淹没了主人回敬的客气话，只能听到萨韦洛夫在说话，但说的是什么就分辨不清了。脚步声、呼哧声、咕噜声越来越重，在大厅里荡起了回声。而后又出现了新的回声，这已经是从会客间的墙壁上反映出来的了。这时从门外有一堆矮矮的、还不太老的、像人一样的东西滚了进来。

说滚了进来，是因为"这堆东西"不是走进来的，而是轱辘进来的，"它"的膝盖抬得很高，向外撇着，两只手连忙摆动不停，离身躯很远，好像是在腋下各夹了一个西瓜似的，整个身躯左右扭动，腹部凸出，头也在左右扭动，下颚低垂，直接搭在肩膀上，一张半开半闭地流着涎水的嘴，随着每一个呼哧声和每一个咕噜声，交替着忽而开大，忽而闭小，脸上嵌着一双仿佛是锡制的、周围长了一层肥油的小眼睛。的确，这样的大块头走起路来不可能很文静、很轻盈，可是偶尔可能遇到的其他类似的胖人，尽管走路的样子也很笨拙，但总会走得像个人，他们之所以会这样走，是因为他们没有忘记自己的丑陋，尽量不使自己的丑陋造成过于讨厌的印象。恰普林则完全置礼仪于不顾。看到他这些可爱的动作，听到他的呼哧声和咕噜声，只能对一点感到惊奇：他为什么不穿黄土布做的工作服，而穿了一套军装，一个肥头大耳的卖肉的为什么要弄这么一身军人打扮呢？

毫无疑问，这就是一个改了装的卖肉的，凭这张脸绝猜不错。并不是因为这张脸有一副喜欢血腥的，或者说是残忍凶狠的表情，而是因为它根本就没有人的表情。在这张脸上完完全全没有理性，像牛一样没有理性，一点儿都不残忍，丝毫也不凶恶，仅仅是完全的麻木不仁。无论是小铺的掌柜，还是饭馆的老板，或者是农村的暴发户，他们有时会变得这样胖，但都还没有丧失理性到这种程度，他们看得见人、看得见大自然，这就使他们的脸上能保持住某些理性的痕迹。只有卖肉的，只有这种不看人、不看大自然，无时无刻不在看着一个个畜生的人，才可能有这样一副畜生的表情。

他的脸色也是血红血红的。这个卖肉的并不是吸血鬼。不，他并不吸血。他仅仅是呼吸着血的气味,心安理得地、和颜悦色地呼吸着,为的是自己健康,闻血的气味对于健康实在是大有裨益! 因此,这位卖肉的无论怎样脑满肠肥,他的脸却始终旺盛地焕发着血红的清新气色。其他任何一个发福到这种程度的胖人,脸上都是肥膘的颜色,淡黄无光的颜色,只有这个人,肥膘里渗透了他时时闻着的新鲜血液。毫无疑问,他是改了装的卖肉的。

这位改了装的卖肉的,摇晃着凸出的肚子,横抬着膝盖,摆动着两只手,蠕动着下巴,吧嗒着涎水直流的嘴唇,轱辘到萨韦洛娃跟前。卖肉的带着呼哧声和咕噜声开口说道:"我来出席雅可夫·基里雷奇的命名日。对您来说这就叫出其不意! 我祝贺您。"

"谢谢您的好意,伯爵。您请坐。"萨韦洛娃冷淡地回答说。从宣告恰普林伯爵驾到以来,沃尔金娜再也没有看过萨韦洛娃一眼:即使这样,萨韦洛娃的心情也够沉重的了。现在沃尔金娜仿佛感觉到,萨韦洛娃巴不得让沃尔金娜瞧她一眼,奖励她、称赞她有决心对这个讨厌的人态度冰冷。

"好极了。"沃尔金娜说,同时把目光从萨韦洛娃身上移向彼得·斯捷潘内奇,好像是继续刚才的谈话一样。

彼得·斯捷潘内奇看了看沃尔金娜,不解其中奥妙:"您说什么?"

"您没有听我说话! 噢,承您错爱! 为了惩罚您,我不想再重复了。"

"确实这会儿我心不在焉,没有仔细听。"

"倒也没有什么特别的损失。"

"我也到这儿来了,彼得·斯捷潘内奇,"卖肉的说,"您好啊。我非常高兴。"他坐到沙发上,靠近萨韦洛娃,重又对她说:"到你们这儿来我觉得很愉快。"

"谢谢您,伯爵。"萨韦洛娃像刚才那样回答着,同时向沃尔金娜这边移了移身子,因为他坐得太近了,胳膊挨着胳膊。

"是你们这儿很暖和,还是我出汗了? 然而到你们这儿来我还是非常非常高兴。"卖肉的一面说着,一面掏出手帕,又向萨韦洛娃近处挪了挪身子,开始擦起汗来,"出了不少汗,很多。"他收起手帕,同时把嘴唇移向萨韦洛娃的肩膀,冲着她的耳朵悄声咕噜说:"您的这位女友是谁呀?"能尽量把问题咕噜得小声一点,在他这样一个人说来就已经是难得的有礼貌了。

"莉季娅·瓦西利耶芙娜,我来给您介绍一下:这位是恰普林伯爵。伯爵,这位是莉季娅·瓦西利耶芙娜·沃尔金娜。"

"我很荣幸。"卖肉的咕噜一声,伸出手来。沃尔金娜仅仅点头作答,然后就转过身来对彼得·斯捷潘内奇说:"我们去走走吧。"

卖肉的眨了半天眼皮,手在空中悬了一会儿,又眨了一下眼皮,才把手收回来。

在离开沙发的时候,沃尔金娜听见卖肉的对萨韦洛娃咕噜说:"她大概是怕见生人吧?"即使他不缺乏理性,他也不可能有其他的想法:当然了,恰普林伯爵还没有机会领教他这份儿德行会引起别人什么样的感觉。

在空荡荡的大厅里来回走着的时候,彼得·斯捷潘内奇向沃尔金娜抱怨着萨韦洛夫的诡计多端和忘恩负义。怎么能瞒着他邀请恰普林伯爵呢?他不责怪萨韦洛娃,如果不是丈夫打过招呼,她不会对他隐瞒。据彼得·斯捷潘内奇所知,已经有两个星期了,或者还要多,萨韦洛夫没有一次不是和彼得·斯捷潘内奇一起到伯爵那里去的。他什么时候邀请的恰普林呢?显然他有时偷偷地,背着彼得·斯捷潘内奇,到恰普林家去。如果不是去搞阴谋、捣彼得·斯捷潘内奇的鬼,那又何必偷偷地去呢?既然邀请了恰普林,又为什么一定要捂着盖着呢?

"我不替萨韦洛夫辩护,我不认为他是一个好人。但我大致可以肯定,他没有背着您偷偷地到恰普林家去过。"沃尔金娜说。同时她心里猜想,不是丈夫去邀请的,而是妻子遵丈夫之命去邀请的。

"怎么说没去过呢?恰普林伯爵已经被邀请来了,萨韦洛夫又对我隐瞒了这件事。何必要隐瞒呢,再说还有谁能去邀请呢?"

"对这些问题我没有办法回答。但是萨韦洛夫不会那么愚蠢,要背着您偷偷地到恰普林家去:难道说他敢保险这种勾当会永远保守机密吗?我想他有成百个敌人,他每迈一步都要受到他们的监视。"

"这倒是实话,"彼得·斯捷潘内奇若有所思地说,"但是,谁会去邀请恰普林呢?另外,如果这里没有什么阴谋的话,又何必要瞒着我呢?"善良的彼得·

斯捷潘内奇难以想象这一阴谋是通过萨韦洛娃来实现的:他过于相信她的友情了。正因为这一点,沃尔金娜才觉得有可能驳斥他认为萨韦洛夫会偷着去拜访伯爵的错误想法,同时又不损害萨韦洛娃的名声。如果他们这个阴谋不败露的话,沃尔金娜还打算去说服萨韦洛娃,让她自己把这一切都和盘托给彼得·斯捷潘内奇。彼得·斯捷潘内奇太钟爱她了,一切都会宽恕她,此外,如果丈夫不同意免除她玩这一套难以忍受的把戏,如果丈夫不同意免除她向这个生来就不以说说笑笑以及诸如此类所谓天真无邪的友情为满足的人卖弄风情,那时彼得·斯捷潘内奇还会成为她抵制丈夫无理要求的一个支柱。

"我不是说这里面不可能存在阴谋。用不着我来谈论这件事。但我差不多可以完全确信:萨韦洛夫不曾背着您偷偷地到恰普林家去过。我对萨韦洛夫毫无好感,因此您更应该相信我的看法。"

"那么恰普林是怎么到这里来的呢? 雅可夫·基里雷奇绝不是恰普林自己能够想得起来的那少数几个人当中的一个。总要有人去告诉他,说今天雅可夫·基里雷奇要庆祝自己的命名日。总要有人撺掇他到这里来才行。"

彼得·斯捷潘内奇完全信任萨韦洛娃,与其想到她身上去,彼得·斯捷潘内奇宁肯认为是别人影响了恰普林。他开始猜测他的敌人或者竞争者当中有谁能和萨韦洛夫合谋干事,沃尔金娜听着他的猜测,只好沉默不语。

萨韦洛夫走进大厅,走近彼得·斯捷潘内奇身边。萨韦洛夫的脸色很抑郁,甚至不止如此:很悲伤,同时还很气愤,他一言不发,在大厅里走了两遭。

"无论花多大代价我也要弄清,是谁搞了这个把戏,我非好好地酬谢他一下不可!"萨韦洛夫攥紧了拳头,咬着牙说,"彼得·斯捷潘内奇,这件事不弄个水落石出,我就提出辞职。"

"您说什么,雅可夫·基里雷奇?"彼得·斯捷潘内奇不胜惊奇。

"我问过恰普林,尼娜①也问过他,是谁告诉了他,说今天是我的命名日,是谁告诉他说,如果他能突然出席午宴,那实在是盛意可感。他说:'谁也没告诉,是我自己要来的。'这不可能。准是有人撺掇他,这个可怜虫不可能知道人家撺掇他干的是一件非常愚蠢的事! 他心想,他出席午宴是赏我的光,

---

① 萨韦洛娃的爱称。——译者注

这个天真的宝贝！我的敌人当中有谁能撺掇他呢？是谁这么狡猾，会这么巧妙地打击我呢？这个人会达到自己目的的。他很了解我的性格。如果这件事不弄清楚的话，我就会提出辞职。我知道这个阴谋将使我在您面前处于一种什么样的地位，但我不会同意处于这样的地位。辞去职务对我和尼娜说来将意味着丢掉饭碗，没法糊口，更不用说我感到可贵的其他方面了。但是，这个人知道，在我看来还有比饭碗、比一切利害得失、比一切欲望追求更加珍贵的东西。"

他没等彼得·斯捷潘内奇回答，就匆匆地走开了。

"他是个沽名钓誉之徒，但他不至于这样卑鄙，对我搞阴谋诡计，"彼得·斯捷潘内奇说，"您也听见了吧？如果不弄清楚是我错了的话，他就要提出辞职。他可不爱开玩笑，尤其是不爱用这种话开玩笑。"

沃尔金娜只好沉默。只有萨韦洛娃本人才有权对彼得·斯捷潘内奇说明这件事的来龙去脉。

再说，萨韦洛夫想要挤掉彼得·斯捷潘内奇，自己坐到他的位置上来，这和沃尔金娜有什么相干？不错，彼得·斯捷潘内奇是一个心地善良的人，毫无疑问，会衷心赞助有益于公众的事业。但是，沃尔金娜听惯了丈夫的话："咳，亲爱的！张三也罢，李四也罢，都一样：他们任何人都不能按自己的意愿做任何事情，和那些让怎么写就怎么写的抄写员一样，仅此而已。"现在她看得很清楚，虽然她丈夫说话过于尖刻、过于绝对，但在现实当中差不多就是这样：比如说，彼得·斯捷潘内奇在恰普林面前就一钱不值。同时，她还不能不看到，如果彼得·斯捷潘内奇在某种程度上能够自己决定这样做或那样做的话，他也是全部按照萨韦洛夫的想法行事。这样说来，就算是萨韦洛夫抢了他的位置，那又有什么损失呢？沃尔金娜不能为了保存彼得·斯捷潘内奇的职务而牺牲萨韦洛娃的名誉。

萨韦洛夫关于他要辞职的这种立见奇效的断言，完全打乱了彼得·斯捷潘内奇的思路。

这个并不愚蠢，但远远不是绝顶聪明的人，越思考就越坚信，萨韦洛夫并没有想到恰普林会来。如果他等他来的话，就不会还穿常礼服了，穿常礼服等候恰普林伯爵，这太简慢失礼了。不可能。如果是等伯爵的话，他也会让妻子修饰一番：萨韦洛娃甚至连晚会礼服都没穿。另外，根据酒瓶上的商标也能看得出并没有等恰普林：这里没有十分高档的葡萄酒，饭菜也会是平平常常：萨韦洛夫家的厨师实在太不高明了，如果知道恰普林要来的话，怎么可以不请一位能满足贵族口味的厨师来呢？而彼得·斯捷潘内奇的确知道，他们并没有请别的厨师。总而言之，所有的细枝末节都证明萨韦洛夫夫妇并没有预料恰普林伯爵要来。他们不至于冒这个险，让伯爵不满意这顿午餐和葡萄酒。而这的确非常可能：他会不满意的。

恰普林到这里已经有一刻钟了，可是一直还没有上菜。很明显，当彼得·斯捷潘内奇来到以后，厨师打发人来说饭菜还没准备好，那并不是为了等候恰普林而找的一个借口，确确实实是厨师来不及安排好这一顿大大超过平时要求的午宴。

终于有侍者用托盘把一碗碗的汤菜端了出来。会客间里，几十只皮靴悄悄地、谦恭地发出声响。这是那些佩戴勋章的人们在把自己变成随从；拼花地板开始在卖肉的那双皮靴的践踏之下呻吟起来，这时，恰普林伯爵伴随着呼哧声和咕噜声出现了，他挽着女主人的手臂，走近席前。他在女主人这一边就座。在另一边，面对着他，是沃尔金娜的位子；沃尔金娜的旁边是彼得·斯捷潘内奇的座位。

彼得·斯捷潘内奇关于饭菜和葡萄酒的推测得到了证实。恰普林伯爵一再地表示："并不很那个；是啊，酱汁嘛，并不很那个。"或者说："这个厨师嘛，看起来，并不很那个。"或者说："这个葡萄酒嘛，并不很那个。"恰普林伯爵对于公开表示自己的意见并不觉得难为情。

同时，他对自己进餐的姿态也不觉得难为情。

他认为饭菜"不很那个"，但吃起来却很赏光。沃尔金娜在乡下住过，经常参加村民的节日活动：她在农民当中没见过哪个最不讲究的人能像恰普林伯爵吃饭一样，在餐桌上表现得这么可爱。她小的时候，父亲常常带着她出公差，有时父亲不得不在客店里停留，她不止一次地看见过马车夫吃饭，这些车夫在群众当中向来以吃得多而闻名，她不记得有任何一个人是像恰普林伯爵殿下一样的饕餮之徒。伯爵殿下向每一道菜都猛扑过去，就像三天三夜没吃东西似的，每一道菜都贪婪地吃双份或者三份。酱汁从他的胡子上滴下来，顺着他低垂的下巴直流；为了嚼骨头，他把整个下半张脸抹得到处是油；把餐巾也弄脏了，再用餐巾一擦脸，弄得连两个鬓角都沾满了酱汁，侍者另外递来一条餐巾，他揩去了酱汁，五分钟过后新的酱汁画出来的新道道又出现在他的前额上。在他碟子周围有半俄丈左右的地方，台布上全撒满了饭菜。一块块的肉从他嘴里掉出来，掉进他的盘子里，掉到盘子周围，掉到桌子外边，掉到他的肚子上，掉到地板上。沃尔金娜转过头去，不看他吃东西的贪婪模样；但在她的耳边却响着吧嗒嘴的声音、鼓腮帮子的声音、鼻子呼哧呼哧出气的声音。

在他贪婪地忙着吃东西的时候，萨韦洛娃用不着去迷惑他，他一吃起东西来，就对任何其他迷惑都无动于衷了。在午餐开始的一段时间里，萨韦洛娃确也不曾去迷惑他，匆匆地往他碟子里面添一些新上的菜，过一会儿再添一些："您请吃吧，伯爵!"仅此而已，甚至都没有笑过。可是，突然间她冲他笑了一下。沃尔金娜举目向坐在桌子另一端的男主人那里望去：男主人把盛有红葡萄酒的杯子擎到眼前，仔细地端详着，很不满意，他就这样告诉了坐在他身旁的人："这瓶酒是冒牌货，您别喝它，"说着便吩咐侍者，"撤下这瓶酒去，另换一瓶来。"

每当萨韦洛娃突然地、勉为其难地对这位可爱的客人表示亲昵的时候，沃尔金娜都一再地朝萨韦洛夫那边望去。但再也没有发现他究竟怎样在给妻子下无声的命令。对他来说让人家捉到一次就够多的了。如今他已经发现沃尔金娜在与他为敌了。沃尔金娜不能更多地干扰他对妻子下命令。她再也不能不断地、长时间地往这么远的地方张望，大家会发觉的。可萨韦洛夫却是同妻子面对面地坐着。

女主人对待这位可爱的客人变得越来越亲切了。你看，她从自己的碟子里给他添了一些菜过去……这点好意还算不了什么：她还俯过身去，亲自动手，就在他的碟子里给他切菜吃，她还同他用一个碟子吃冰淇淋。可爱的客人吞食得相当快，也相当多，每道菜都是他最后一个吃完。午宴结束的时候也是这样：所有的人都得等着伯爵吃完水果。"嗯，这还不够吗？"他犹犹豫豫地咕噜了一句，"看样子是够了，已经吃到这儿了，"他用手比画了一下，比画的地方在穿军装的那些人身上可以看得见衣领，但在他身上就只能看见两个低垂的腮帮子。"再也吃不进去了。"说着又往那张大嘴里塞了一个整个的桃子，咀嚼了一下，吐出核儿来。"再来一个吧，您跟我一人一半，"女主人一面说着，一面又拿了一个桃子切成两半。"我不能吃了，真的再也吃不进去了，除非您亲自放到我嘴里，那也许还吃得进去。"可爱的客人咕噜说，于是这半个桃子就被放进了他的嘴里。

椅子移动，发出声响。可爱的客人气喘吁吁地站起身来，把胳膊肘微微弯曲，伸给萨韦洛娃。沃尔金娜伸手揽住萨韦洛娃的腰："对不起，伯爵，我觉得安东尼娜·德米特里耶夫娜需要休息一下了。"她把萨韦洛娃领开去。恰普林留在原处，直眨眼皮。

"我要把您带走，由我负责向您丈夫解释。"

"哦，不，不！不，不！"萨韦洛娃惊恐地压低声音说，"不，我一点儿都不累。"她接着大声说，"伯爵，我希望您对这里的饭菜多多包涵，我们不知道……"

"不必客气，我吃的不少，您放心，甚至都吃撑着了。嗯，如果跟您出去坐车遛遛，那就会消化的。在我说来这是常有的事。"

萨韦洛娃坐了下来，离他非常非常近。他们的谈话就是如此这般地继续着：伯爵说一旦他和她出去坐车遛遛，他就会好起来。萨韦洛娃不断地为蹩脚的厨师道歉。伯爵又重复说，用不着道歉，他都吃撑着了，他和萨韦洛娃一道坐车出去遛遛，就会好的。

"伯爵，您愿意我领您看看我们的房间，看看我的居室吗？"略过片刻，萨韦洛娃说。

"好的，那我们就稍微活动活动。"可爱的客人回答说。

萨韦洛娃昨天曾经对沃尔金娜说过："别把我一个留下。"但现在就只和伯爵一个人说话，并不让彼得·斯捷潘内奇和沃尔金娜同他们一起去。她甚至向沃尔金娜投出这样一种目光，对这种目光不可能做出别的解释，而只能理解为请沃尔金娜不要妨碍她，最好是留在会客间里陪着彼得·斯捷潘内奇。

她同她可爱的客人离去了。

过了两三分钟,侍者进来向萨韦洛夫报告说,殿下就要走了,殿下现在已经到了前厅。萨韦洛夫去送客人。等他转来的时候,萨韦洛娃也跟着他转了回来。她时而惴惴不安地望一望丈夫的脸色。丈夫对此毫不理会。

"我们现在要离开您一下,彼得·斯捷潘内奇,"沃尔金娜说,"或许回头我和您再不见面了。以备万一,我向您告别。"

显然,萨韦洛娃极不愿意这样做。但是沃尔金娜已经站起来了,所以萨韦洛娃不得不跟着她走。

萨韦洛娃的脸色红一阵,白一阵,等把沃尔金娜领进自己的居室之后,她痛楚地呻吟着,一下子扑到床上,把脸埋进枕头里。

"我把您拉到这儿来不是为了在道德操行方面教训您。请您起来,咱们来谈谈您怎样才能摆脱掉您丈夫的强制行为。"

然而,萨韦洛娃不愿意听,也不愿意起来。她把脸捂在枕头里,痛哭不已。

沃尔金娜从她身边走开,等着她恢复理智。由于没事可做,便观察起她的居室来。

这一间相当大的居室比起接待客人的那些房间来,布置得好多了,甚至使人感到有些豪华,如果说对于像萨韦洛夫这样的大人物的妻子来说蒙了缎面的桌椅和十分高级的壁镜能算是一种豪华的话。墙上挂了两幅高手画的风景画。在办公桌上摆着几个镶了高贵的雕刻镜框的照片。

走近桌前,沃尔金娜大吃一惊:在萨韦洛夫和彼得·斯捷潘内奇照片的旁边还摆了一幅尼韦利津的照片。

"不,她不会这样粗心大意!"沃尔金娜想,"绝对不可能!"那又如何解释呢?难道说萨韦洛夫居然能做出这种野蛮的事情来吗?从那以后萨韦洛娃和尼韦利津并没有再联系过,那时候丈夫已经打消过去的怀疑了呀?那么,那段瓜葛又是怎么被发现的呢?无论如何,有一点是毫无疑问的:她的事被揭穿了。是的,只有这样才好理解她对丈夫的这种服服帖帖、唯命是从的态度。不然的话,无论她的性格多么软弱,她都会拒绝,都要大发雷霆。

"您应该鄙视我!……但是我还没有成为他的情妇!……啊,您不相信我,可是我确实还没有成为他的情妇啊！……"

"如果您说您是他的情妇,我倒真的不会相信。鄙视您？现在,当我在您的桌子上看到了尼韦利津的照片之后,对您听您丈夫的摆布,反而多了一些谅解。他是怎么发现的？他是借口这件事来强迫您吗？"

是借口这件事。萨韦洛夫早就要她去讨取恰普林的欢心。她断然拒绝了。萨韦洛夫又是怎么知道这件事的呢？先是萨韦洛娃的女佣人背后告诉了他。女佣人自己也不很清楚,只是怀疑而已。萨韦洛夫最后完全肯定是女佣人在诽谤萨韦洛娃。但是后来,尼韦利津从国外回来以后,萨韦洛娃时而看到尼韦利津和沃尔金娜在一起,就引起了她的嫉妒,她哭过多次。有一回她一面读往日的来信,一面哭泣。丈夫不在家。她没有听见他回来了。等他的脚步声已经离得很近了,她才听见。她连忙把信藏起。她以为他什么也没有发现。但是丈夫看出来,她是藏过什么。

过了两天,她出席了一次晚会。丈夫留在家里。等她回到家里,她仿佛觉得,丈夫用一种讥笑的神态打量着她。她假装很快就睡着了。丈夫睡着以后,她起身拿出保存着尼韦利津的信件和头发的小匣子。有两封信不见了,这两封信比其他信件表白得更明显。显然,到天亮以前她再也睡不着了。等她醒来的时候,丈夫已经不在了。丈夫回来以后来到她屋里,递给她一个四方的纸包:"我送给你一件礼物,尼娜……"原来是尼韦利津的照片。萨韦洛娃眼看就要晕倒。丈夫扶住了她,并且说:"我可不是那种喜欢吵架的丈夫。我不责备你。我知道,你和他旧日的关系再也不能恢复了,这就更没有必要吵架了。他现在另有所爱。你还保留着对他的好感,但已经仅仅是朋友式的无邪的好感了。我甚至完全不反对他到我们家来。但我理解,这对你、对他都不会是愉快的事。那么,最低限度可以让他的照片来使你经常想到他。"他把尼韦利津的照片立在桌上,并且请她不要拿掉。从这天早晨起,萨韦洛娃就知道了,她必须像奴隶一样地听从他的摆布。

"我觉得,您说这些就够了。我没有必要知道更多的事情,"沃尔金娜说完便拉铃叫人。女佣人进来,沃尔金娜问,客人们走了没有;她回答说,没有,还都坐在那里吸烟,看样子还不想走。沃尔金娜让她把萨韦洛夫叫到他自己的书房里去,那间屋子就在妻子卧室的隔壁。沃尔金娜说完就到那房间去了。萨韦洛夫走来,脸色极其严肃,但热情可掬。

"请您尽量想办法让您的客人早点散去,"沃尔金娜说,"或者最好是我请彼得·斯捷潘内奇来办这件事?"

"不必,我本人很想和您谈谈,"他回答说,"我非常清楚,您有本事左右尼娜的思想。现在我觉得有必要向您说明事情的真相。客人留在这里仅仅是为了要在一个报告上签名,我想这个报告很快就可以送到。如果不是尼娜造成了这样一个局面的话,恰普林也会留在此地,在这个报告上签名。一会儿彼得·斯捷潘内奇把报告送到恰普林那里去。我本人不能去,我一露面只会更惹怒他这个人。我真替这个报告的命运担忧,哦,您若知道就好了:恰普林的这种懊丧心情该是多么大的危险,受到威胁的不是我和彼得·斯捷潘内奇,而是自由事业!哦,我是多么希望您的丈夫能同您一起在这里,来判断我和尼娜的是非曲直啊!"

当沃尔金娜重新回到萨韦洛娃的房间里来的时候,萨韦洛娃带着冷笑对她说:"您是想唤起我丈夫的恻隐之心或者羞辱的情感吗?这是徒劳的奢望。请您听我讲一讲,我和他之间究竟发生了什么事情,究竟是什么促使我昨天非去找您不可……"

"我明白,只有失掉了一切希望之后,您才到我家去的;我何必要知道其中的细节呢?"沃尔金娜止住她说。但是这个可怜的女人愿意吐一吐自己心里的委屈,愿意痛哭一场。沃尔金娜不得不听下去。

长期以来萨韦洛夫就想让他的妻子去诱惑恰普林。她知道博取这个人的好感事关重大,所以就勉强按捺住自己的厌恶心理,在他面前卖弄起风情来。但他不是人,而是禽兽。欣赏女人的姿色,同女人晤谈,握一握她的纤手——对他来说这些都毫无乐趣。或许,连亲吻女人也未必能十分地吸引他。他不是人,而是禽兽。经过三四次谈话之后,他对萨韦洛娃说:"看来,您是把我当成一个傻瓜了。"并且再也不愿意听她空口说那些甜言蜜语。萨韦洛娃告诉丈夫,凡是她能做的都做了,再也无能为力了。丈夫并没有进一步争辩。

可是,等他抓到了她的辫子之后,他又重新向她提出:"恰普林的好感对我们说来是极端重要的,尼娜,我求求你,要博得他的好感。"于是她不得不去博得。恰普林在第二次谈话的时候就说:"怎么,难道我不懂吗?您还是想拿些空话来哄骗我。"她只好让他抱有希望。可是又经过两三次谈话,他就说:"怎么回事,是什么在妨碍着您、耽搁着您呢?依我看,您不过是在跟我捉迷藏。"他气急败坏。也是该着萨韦洛娃倒霉,他偏偏对萨韦洛娃心存欲念——而且极为强烈。他可能会报复萨韦洛娃,拿她丈夫开刀。他完全有能力把她的丈夫变成一个一钱不值的东西。她怎么能向丈夫说:"是我使得他成了你的对头!"一旦说出来,就绝不可能得到宽恕。她万分苦恼,但难以下决心对丈夫说个明白。恰巧,三天前的晚上,丈夫向妻子宣布说,今年庆祝命名日,他想安排正式午宴,而且恰普林伯爵应该出席宴会:"今天有个舞会,舞会上你能看见他,请你想个办法让他来参加宴会。"于是她就去完成交给她的任务。"嗯,是怎么回事?您又要编个什么瞎话了吧?又该捉迷藏了吧?"这就是恰普林的见面礼。"不,"她说,"这回我可找到一个同您单独谈谈的机会了。后天是我丈夫的命名日。您到我们家来,我们好单独在一起谈谈。""依您的意见,这件事怎么办呢?跟您打交道必须万分小心:您可是个大滑头。嗯,这次会面怎么能成呢?""午宴过后我领您参观我们的住室,我们两个就留在我的房间里。""您就这么跟我捉迷藏啊?"他说,"您可找到了一个傻瓜!这个幽会真不错!您把客人安置在隔壁房间里,另外,女佣人每分钟都探头探脑、进进出出。我知道!结果呢:酒真香,蜜真甜,顺着胡子流过去,到不了嘴里边。"他在盛怒之中呼呼气喘。萨韦洛娃吓坏了。"您到底要怎么样呢?"她说。"我的女士,我的条件是:宴会过后我同您一起上剧院,坐着车去。如果您愿意,那非常好;如果您不愿意,我就叫您领教一下,像戏弄傻瓜一样戏弄我,会落得什么下场。"她承允了。

丈夫一直在等她回来:他穿着长睡衣,坐在被里,读着什么。"尼娜,我求你的事你办了吗?""是的,"她说,随后就让女佣人出去了,"我办到了,雅可;但是你可知道,我费了多大的气力啊!""越是难以办到,我就越应该感谢你,尼娜。"他一面回答,一面脱下长睡衣,躺了下来。"你听我说,雅可!"她痛苦地呻吟着。"我困得眼睛都睁不开了,尼娜。以后再说吧。""不,你必须听我说完！我不得不答应他，午宴过后跟他一起到剧院去，坐着马车去！""就这些吗？这也犯得着像毛孩子一样大惊小怪吗？他又不是要把你劫到强盗窝去。你们不是坐着咱们的马车去吗？如果他丧失了理智，有什么卑鄙的举动，你要知道，马车夫和侍者都是你的人，不会听他的，而会听你的。你们要上剧院，就直接坐车到剧院去。当然，是进他的包厢；但那儿有他母亲、有各种各样的表姐表妹。那还有什么可怕的？"他打了一个哈欠，就闭上了眼睛："我非常感谢你，尼娜。""雅可！你真是铁石心肠吗？"他默不作声。他装作睡着了的样子。"雅可，我必须事先告诉你，"她碰了碰他的手说，"我早就知道不会得到你的怜悯，所以我只好预先有所准备。我让他说，他没有接到邀请而是突然来到的。我告诉他，我们不便像公开宣布他亲临宴会那样，准备适合他口味的饭菜。""这对我倒无所谓。那么，我就不对大家宣布，说我等他出席宴会。可是你这样做是为了什么呢？""如果人们知道他到咱们家来是接受我的邀请，那么大家会说什么呢？谁还不知道只有当一个女人成了他的情妇之后，他才肯答应她的愿望？""这倒有几分是事实。你预先想得很聪明。我就没有想到这一点。好吧，我们并没有想到他会来。可是，我们隐瞒事实会引起彼得·斯捷潘内奇的不满。别人倒还不至于。所以应该告诉他，尼娜。""最不应该告诉的就是他，雅可，我非常珍视他对我的尊重。""好吧，尼娜，那就不告诉他。这仅仅是你的任性而已。然而我非常感谢你，所以才同意这样做。彼得·斯捷潘内奇肯定要生气，还不知道他会怀疑些什么。可是无论如何，总可以使这个好心肠的人解除怀疑。如果能把恰普林抓到手里的话，就算他不满意也没有什么了不起。我非常感谢你，尼娜。"他又重复了一句，并且真的昏昏欲睡了。

萨韦洛娃意识到，她注定要作为牺牲品被送到恰普林手里。她难以入睡。天快亮的时候，她有了新的希望：她丈夫曾经同意说，她预先的准备并不多余。她丈夫也不高兴让大家风传他的妻子是恰普林的情妇。萨韦洛娃决心再向丈夫苦苦地哀求，这样想着就睡着了。

早上，她进到丈夫的书房里说："雅可，为了我过去在你面前犯下的罪过，你折磨我好了，但是只要你自己来折磨，千万不要把我交给别人去作践，不要让这个没有心肝儿的、寡廉鲜耻的、丑恶的禽兽来作践我。""你竟胡思乱想，尼娜，"他回答说，"折磨你？我从来没有因为过去的事责备过你一次。当我看到你诚心诚意地希望在我的记忆中改掉过错的时候，尼娜，我是会把这些过错置诸脑后的。只要让我看到这些就好，尼娜，到目前为止我看到的确实正是这些。你从我嘴里听到的仅仅是：谢谢你，你肯帮忙我觉得非常可贵。你对我太不公平了。你还提到什么作践你，这就尤其荒唐。我同意，我求你做的并不是什么令人愉快的事。但是你自己也清楚，如果能把恰普林抓到我们手里，让他听我们摆布的话，这对你我该会有多么大的好处啊。我明白，跟这样一个龌龊、讨厌的人在马车里坐一刻钟是够难熬的了。但是这又有什么特别可怕的呢？我不是小孩子，尼娜，我清楚地知道，一个女人参加这样的tête-à-tête[①]，如果不是自己坠入情网的话，那是不会遇到任何危险的。只有当这个女人心血来潮忘掉谨慎的时候，才可能发生这种危险。跟他在一起你不会产生这样的感情：他太叫人讨厌了。你还害怕什么呢？你在胡思乱想，给自己制造了许多恐惧的假象。然而我再重复一遍：这次tête-à-tête不是愉快的事，这一点我完全同意。事出无奈，我很遗憾，尼娜，衷心地感到遗憾。可是你知道，取得这个人的支持对我们说来太重要了。你花上半年的工夫讨他的欢心，也许用不了那么长时间，过后就随便你根据他理应得到的态度怎么鄙弃他都行。我对你的要求并不多，但我的要求却坚定不移。咱们这样谈话是很不愉快的，为了今后不再重复这种谈话，我必须明明白白地把问题摊开：如果你帮助我实现我的计划，你就是我的妻子，如果不帮助，那就不是。你不要以为这是威胁你。我不希望离婚。对我来说你是一个非常有用的帮手。但是我迫不得已非要极其坦率地向你说明白我们之间究竟是一种什么关系。如果你愿意中断这种关系，尽管我觉得非常可惜，但也只好中断。啊，你不要脸色苍白，不要这样颤抖，尼娜。我说了些多余的话。我相信，我们不会吵架。在通向权位的艰苦的路途上，临到最后几步你是不会背弃我的！你一定会帮助我一步一步往上走，你会跟随着我登上高位，那时候无论是你、是我都再也没有必要来耍手腕、用计谋了！尼娜，我和你一样，也是一个自尊心

①法语：幽会。

很强的人,或许比你还要强。摆布机关、逢迎巴结,干这一套我也很痛苦。但是又有什么办法呢?忍耐一下吧,再稍微地忍着性子做一点出于无奈的事吧,很快我们就再也用不着去求谁了,再也不必在任何人面前低声下气了!一切我都指望你了,尼娜,你不会背弃我。"他吻了一下她的前额就走出去了。

她不可能拦住丈夫,因为她两眼发黑,很快就要晕倒了。即使她拦住了丈夫,继续向他哀求,那又有什么用处呢?

她犯了歇斯底里症。这时丈夫已经离开了家,他没有听见。即使听见了、看见了,那又有什么区别呢?他不会相信,他可能以为:"准是在演戏。"就算是相信了,也一样:难道说他会大发慈悲吗?

等到萨韦洛娃厘清了思路,就到沃尔金娜家去了。

她想告诉恰普林,说沃尔金娜是彼得·斯捷潘内奇和她丈夫不经她的同意就邀请来的;说他们之所以需要她来,是想通过她,跟沃尔金建立联系;说自己接待沃尔金娜必须严格遵守礼仪,不能扔下就走,也不能向沃尔金娜暗示说须要扔下她而自己出去。萨韦洛娃开始对伯爵讲起这些,同时对他表现得很亲热。当他还没弄清楚她说这些是为了什么目的的时候,他还听着,而且也信以为真,态度也很温存。可是等她刚刚露出话头,说不能离开客人就走,伯爵立刻气呼呼地说:"啊!原来您为了这个才编瞎话兜圈子!您要推托!我明明白白地告诉过您,您的这些甜言蜜语对我来说并不解饿。咱们到底到剧院去还是不去?"她对他显出更加亲热的态度。他气呼呼地说:"我不吃这一套!咱们是到剧院去呢还是不去呢?看样子是不去?嗯,那好啊,我要叫您知道知道跟我开玩笑的好处!"他恼羞成怒,推开她的手就走了。

如今她可怎么办呢?丈夫会强迫她去乞求这个丑恶透顶的禽兽的爱怜。她本来不想向沃尔金娜谈起这一切,她知道谈也无济于事。是沃尔金娜把她领到这里来的。沃尔金娜如今知道了她的丑事,一定会鄙视她……

"让我们想一想看,有什么办法没有。"沃尔金娜说。

"啊,您千万不要去找他谈!我知道您会怎样谈的!正因为我知道,所以才不愿意随您一起到这里来,所以才不愿意对您讲起这些事。您会惹恼他,使他更加反对我!您要毁掉我!啊,我恳求您!"她一头扎在枕头上,痛苦地呻吟着,"啊,我恳求您,请您不要毁掉我!"

她为了说出这个难以见人的请求,不得不把自己的脸深藏在枕头上。她哀求的是什么呢?原来是不让人妨碍她去给一个人当情妇,而这个人在她的眼里又是那么讨厌。

在沃尔金娜的心中,同情和愤怒在斗争着。沃尔金娜逐渐感觉到胸中十分郁闷,仿佛空气不够,难以呼吸。她现在只有一个希望:赶快从这幢卑鄙龌龊的房子里冲出去,赶快。

萨韦洛娃趴在床上,把脸藏在枕头上,失声痛哭,而且一再重复着:"可怜可怜我吧!""不要毁掉我!"不能让女佣人看到她这一副屈辱的、绝望的样子。不能拉铃叫人。沃尔金娜亲自去找佣人打听一下客人散去了没有。

萨韦洛夫在大厅里来回踱步,两只手交叉在胸前,低垂着头。但是他的身板是挺直的,步伐匀称、坚定,像一个心地坦荡的人。

"他们都散去了,我在等您。极有耐心地等着,好让尼娜把怪罪我的话向您全部说完。我没有到书房里去,免得妨碍她。我希望她也别来妨碍我,"他坚定地,似乎也很冷静地说,同时走进会客间,将一把靠椅移到沃尔金娜正要就座的沙发跟前,"我想心平气和地谈一谈。我不知道,是否能够做到这一点。使我深深感到不安的是彼得·斯捷潘内奇送到恰普林那里去的那份报告的命运。"

"您使彼得·斯捷潘内奇的怀疑彻底消除了吗?"

"彻底消除了。而且我应该感谢您,您没有夺走我改变他的想法的机会。您是作为我的敌人到我们家来的,但不管怎样您并没有在他面前出卖我。只要您在他面前说一句话,他就会对我失去一切信任。"

"我不可能在不损害您妻子名声的情况下对他说出这句话来,为此我感到非常遗憾。我同样感到遗憾的是,她现在心情十分激动,我不便给她出主意,让她自己去对彼得·斯捷潘内奇说明事情的原委。您不要以为我会期望他能对她有所帮助,不是的,我看得非常清楚,他不是您的对手。但是让您的妻子在一个相信她的友谊的人面前做戏,实在太勉为其难了。眼看着人们欺侮老实人我也觉得很讨厌。我想,干这件事在您本人说来也不是很愉快的吧？您曾经告诉彼得·斯捷潘内奇说，如果不把您的敌人所搞的阴谋弄个水落石出，您就提出辞职，那时候您非常恼怒，我想这不会是装出来的，我猜想您的确在为不得不进行欺骗而非常恼怒。恰普林懊丧地走了，这件事大概也帮助了您，使您能够彻底消除了彼得·斯捷潘内奇的疑心。当然，您肯定会事先警告彼得·斯捷潘内奇，说恰普林在签署报告时可能会执意不签。您很可能还用您妻子和恰普林在自己房间的谈话向彼得·斯捷潘内奇解释恰普林的懊丧心境。您很可能对他说，您妻子把恰普林领到自己房间为的是向他暗示，他的突然光临尽管使您感到非常荣幸，但也会造成您和彼得·斯捷潘内奇的不和。您很可能对彼得·斯捷潘内奇说，恰普林正是因为提到这一点才勃然大怒。也许是我猜错了，或许您并没有想用这些话向他详细解释。萨韦洛夫先生，我相信您对您妻子说过的话：有失尊严地去弄权术、搞骗局，您也觉得很苦恼。您的性格是高傲的，您愿意发号施令。您对您妻子说，因为要勉强她去做低首下心的事，您感到非常遗憾。我可以告诉您：如果我的心中再多一些宽容姑息的情感，那么我会可怜您的。"

"我并不期望得到您的宽容。一开始我被彼得·斯捷潘内奇的话给蒙骗了，他提出来要邀请您。但是，等他来到以后，当侍者禀报过饭菜还没准备好的时候，从那一刻起我才明白：是我妻子怂恿他来蒙骗我，您到我家是来同我作对的。我从您脸上的表情看出来了：您并不相信饭菜没有准备好。"

"从我脸上的表情窥察我的心理并不是难事：我可能不说什么，但是我脸上的表情却不受我意志的支配。是的，那个时候我觉察到，你们在等候某位客人到来。"

"您已经不是第一次破坏我的计划了。那一次您曾经长时间地夺走了我手中的武器。这一次也是这样，如果不是有您在场给她造成强烈印象，她不可能下决心改变自己同恰普林预先的约定。但是，别看您是我的对头，我还相信，这一次也会像上一次一样，您对我妻子的影响终将有利于我。这是因为，您虽然对我没有好感，但对她却有好感，而她的利益同我的利益是完全一致的。这一次您给她出的主意同样会对我有利，就和那一次一样。"

"和那一次一样？您以为我曾经向她建议，让她扔掉尼韦利津吗？您想错了。我那时几乎是强迫她,要她扔掉您,要她跟尼韦利津一起到国外去。至于说她最终毕竟还是留下来和您一起生活,那是出于她本人的意愿,在您眼里这或许是她的一大功绩,但在我的心目中这却是她软弱的表现。根据这一点,您可以看到,我对她的威力并不像您想象得那么大。也许这会减少您要同我继续交谈的兴致了吧?您若是愿意结束这番谈话,我毫不反对。但是,这很可能会给您造成一种印象,仿佛我在用这些话来恐吓您,甚至于您会把这些话理解为我有充分把握叫您妻子亦步亦趋地按我的意见行事。不,请您不要这样想。对我的话,到任何时候都应该根据直接的含义来理解。我差不多可以确信,这一次也像那一次一样,您的妻子不会按我的主意行事。事实上我还没有给她出什么主意呢,因为她并没有要我出主意。她的心情非常不好,顾不上征求我的意见。然而,只要您不把她锁在家里,她一定会去找我出主意,因为她的处境太痛苦了。那时候我也一定会给她出主意。至于是些什么主意,我没有义务告诉您。即使我愿意告诉您,现在也还不能说,这要看她在仔细考虑过自己的处境之后究竟思想情绪如何。除此之外,我还需要了解一下您的想法。您真的想把您的妻子出卖给恰普林吗?您妻子确信是这样,您自己怎么说呢?”

萨韦洛夫霍地站了起来。他说不出话来。他的嘴唇哆嗦着,全身颤抖。

“如果真是这样,您确实想出卖的话,我倒要建议您,事先就从恰普林那里把他应该奖赏给您的一切全部拿到手。如果您先把妻子交出去,然后才索取某酬,那么他就会把您撺出来,拿您的愚蠢开心。”

“您在滥用女人侮辱人不受惩罚的特权,”他说着,瘫倒在沙发上,“我不能要求您对您的话做出解释!”

“如果您不便向我提出要求,尽可以到我丈夫那里去,向他提出要求:他会给您解释清楚的!您告诉他,我怎样侮辱了您,您一定会听他解释清楚的!是的,我说得还不够有力,还不够粗鲁,我是女人;一个男人就能够向您说明白,您究竟配得上什么样的称呼。到我丈夫那儿去吧,他同您说话,比起我来更会使您满意。真愚蠢,您居然还敢认为自己是受了侮辱?恰好相反,您应该告诉我,让我别把从您妻子口里听到的一切告诉给我丈夫!我侮辱了您?!

再会吧。我丈夫会向您解释清楚的,我丈夫有义务让整个上流社会都知道,究竟我对您犯了什么过错。我是一个女人,针对您所干的这些事我难以说出应该说的话来。我丈夫会说出来的。您会满意的。"

"请您不要走,我求求您!"他拉住她的手臂,"您还没听我解释呢。我没有我妻子强加给我的那种卑鄙念头。"

"您并不想出卖您妻子,如果我不相信这一点的话,难道我会找您谈话吗?正因为您自己不明白您在干些什么,所以我才同您谈话。可怜的人,您只是被沽名钓誉的心思迷住了眼睛,非常明显,您成为一个恶人仅仅因为您是一个盲目的人。您对我说过,您和我丈夫所走的道路不同。不论我丈夫所选择的道路会把他引向何处,他总看得很清楚,并且决不后悔走上了这条道路。您所走的道路将会把您引到哪里,您是看不清的。我还要对您说:您将作为一个被正直的人们所诅咒、被无耻之徒所嘲笑的人而毁灭。这是因为您想只当一个半截子的无耻之徒。完全寡廉鲜耻的人要利用这种蠢材为自己效劳,过后又把他们一脚踢开,让他们背着他们应得的骂名。关于您,我丈夫就是这样预言的,如今我看到,他并没有错。您已经开始在您自己安排的阴谋诡计里作茧自缚了。然而我之所以到这里来,并不是要说服您做一个正直的人。我不是为您而来的。我看见了一个不幸的女人,我仅仅是应她的请求,为了她才到这里来的。您看,您已经被您所设计的骗局搅昏了头,还强迫她参加进来。她告诉您,必须向所有的人隐瞒恰普林是根据她的请求才同意出席午宴的。您以为这是她任性,她只是想吓一吓您;恰普林尽管来,您妻子的名声不会受到损害。您是这样想的吗?这就是您要为自己辩白的吗?您妻子说,您提出的要求将会迫使她成为恰普林的情妇。您以为这是胡说,这是她故弄玄虚,有意吓唬您,仅仅是她不愿意向这样一个其貌不扬的人献媚而已。您是这样想的吗?这就是您要为自己辩白的吗?啊,您是有道理的,您仅仅是一个可怜的、盲目的阴谋家。您会达到什么目的呢?如果愿意的话,您可以分析一下。现在您已经做到让恰普林恼羞成怒了。您的妻子越想取悦于他,他对这种骗局的报复就会越加厉害。或者您最终会达到目的,使这不成为骗局,让您的妻子委身于恰普林。且不说那时候所有正直的人都会直接往您脸上吐唾沫,让他们吐吧,您不在乎这个。但是,请您想一想,这样您就会逼得她仇恨您。如果她委身于恰普林,她给恰普林下的第一道命令将是什么呢?她会提出要求,让他把您从地球上清除出去。或许您还要我对自己的话做出解释吧?您去找我丈夫好了。他会向您解释清楚的。我是一个女人,我不愿意再谈您的这些丑恶的勾当了。我只告诉您一点:继续干吧,继续干吧,您的妻子很快就可以看清,有一件事将由她来决定:是留下来做您的妻子,还是成为恰普林伯爵夫人。她会如何选择,这我不知道,我既不建议她选择前者,也不建议她选择后者。我已经对您讲过了,她并不那么听信我的意见。但有一点我要建议她,我敢向您保证,这一个意见她肯定会接受:我将告诉她,对您的恐吓威胁她可以一笑置之。她是可以这样做吧?您同意您的恐吓威胁确实荒唐可笑吗?现在是您恐吓她的时候吗?本来在偷了尼韦利津的信之后您是可以这样做的,如果您不向她提起恰普林的话。但是现在呢,现在您应该害怕她。为什么?我是一个女人,我无须对自己的话做出解释。如果您需要解释的话,我丈夫会解释清楚的。啊,可怜的蠢材!您看看,您把自己弄到哪一步田地了!无论我用什么口气对您讲话,都不允许您说一句反驳我的话!这一场巧妙的阴谋您开始玩得不错,继续干吧,继续干吧,半截子无耻的人!在没有把这些客气话讲给您听之前,我什么也不想对您妻子说,甚至都不愿告诉她,明天一早我在家里等她。劳驾请您转告。如果她不来的话,我就知道我的这些客气话说得还不够有力,您还要求我进一步解释清楚。再会!”

她站起身来。萨韦洛夫在她身后追着。

“您的话……”

“我不要求您回答。如果我没弄错的话,我也没有向您表示过,我高兴听您说话。住口吧!再会。”

沃尔金娜走了出来,没有听萨韦洛夫的回答,因为她太气愤了。即使在回家以后,心情平静下来的时候,她也不觉得应该后悔当初没让他回答。丝毫不必怀疑,他完全放弃了让他妻子继续向恰普林献媚的愿望。如果说沃尔金娜很想再看到萨韦洛娃一次,那也根本不是为了证实萨韦洛夫已经屈服了,而仅仅是为了鼓舞萨韦洛娃在日后，在出现其他冲突的时机，多几分勇气。

第二天正好是彼得堡的自由派在他们的领袖家里聚会的日子。依然对梁赞采夫表示景仰的尼韦利津，一次都不错过这种每周必有的聚会。这一次他也去赴会了。

像往常一样，所有的房间都挤满了客人。但是主人却不在。梁赞采娃向新到的客人解释着她丈夫到哪儿去了，干什么去了。

昨天是萨韦洛夫的命名日。梁赞采夫一大早去祝贺他。萨韦洛夫说，农民问题终于会有所突破，并且把解放农奴基本原则的报告草稿给他看了。午宴的时候，将由彼得·斯捷潘内奇签字，晚上由恰普林签字，第二天下午将在委员会里宣读这份报告，决定采纳还是不采纳由恰普林和彼得·斯捷潘内奇提出来的这些原则。第二天，也就是今天，梁赞采夫到萨韦洛夫家去探听消息，了解这个问题的结局如何。

客人焦急地等待着，不知梁赞采夫会带来什么样的消息。

恰普林位高权重，这是事实。但是在整个委员会只有他一个人坚决支持由萨韦洛夫制定、被彼得·斯捷潘内奇所接受的解放农奴的自由派原则。彼得·斯捷潘内奇的意见没有多大的力量。一切希望全在恰普林身上了。他比其他成员中任何一个单个人都更强大。然而他们人多，他只是一个人。他们那一帮里的任何一个人单个出来都怕同恰普林抗衡。倘若大家联合起来，他们就可能不怕。可能的。而如果他们真的有勇气这样做，那事情就糟了。

"让他们有这种勇气好了，"索科洛夫斯基说，如今他已经同梁赞采夫一家很熟悉了，"让他们有这种勇气好了。多数人反对报告。但这件事不取决于多数人的意见，而取决于恰普林的意见。"

尼韦利津和其他一些人表示同意。但他们人数并不多。其余的几乎所有的人都说："不，你们过于乐观了。恰普林虽然神通广大，但不管怎样，很难确保胜利。"

梁赞采夫终于回来了。只要看一下他那张哭丧着的脸，大家就明白了，他带回来的是极坏的消息。

恰普林背叛了自由事业。自由事业完蛋了。

过了好长时间,梁赞采夫才可能继续说下去,因为他这句话引起的震动实在太大了。所有的人都在喊,所有的人都在问:"怎么回事?他背叛了?""不可能!难道他真的背叛了吗?""您说一切都完了?没有希望了?"而且所有的人都在扯着嗓子自己回答自己:"这个恰普林装得倒像!他绝不可能同情自由事业!""一切都完了!"只有索科洛夫斯基一个人沉默着,两只手交叉在胸前,眉头紧蹙,双目炯炯发光。等这种惊恐、绝望的情绪突然爆发过后,他大声地说:"先让我们听一听详细经过,然后再议论。先生们,要冷静,要肃静!"

一切都完了。梁赞采夫在萨韦洛夫家里见到了彼得·斯捷潘内奇本人。

昨天恰普林到萨韦洛夫家出席午宴。萨韦洛夫,尤其是彼得·斯捷潘内奇,他们都无法解释这是怎么一回事:恰普林怎么会知道昨天是萨韦洛夫的命名日,怎么会知道萨韦洛夫家安排了午宴;他怎么会想起对萨韦洛夫这样垂青,这样赏光。但是他们已经猜测到这里有阴谋。现在彼得·斯捷潘内奇从决定报告命运的那个委员会的一个低级成员的面部表情上,找到了这个哑谜的答案:这个人是彼得·斯捷潘内奇的死对头,顽固不化的反动派。但却是一个投机钻营、诡计多端的家伙。是他怂恿恰普林到萨韦洛夫家去的。彼得·斯捷潘内奇坚信这一点。萨韦洛夫也同意,说可能是这样。恰普林来的目的,是向萨韦洛夫提议,如果他能按反动派的精神办事的话,就让他担任彼得·斯捷潘内奇的职务。彼得·斯捷潘内奇是从恰普林所做的暗示中猜测到这一点的,恰普林说,如果萨韦洛夫不作恶人,不当反叛的话,他会获益不浅。恰普林正式在委员会里说,彼得·斯捷潘内奇提出的这份报告是一个反叛、一个革命者干的事;昨天,他恰普林确实知道了彼得·斯捷潘内奇按其意志行事的那个人是一个什么样的恶人。从这些话里不难理解,昨天萨韦洛夫拒绝了恰普林带去的建议。针对彼得·斯捷潘内奇所说的这些话,一开始萨韦洛夫表示沉默。后来承认说:昨天他确实拒绝了恰普林的建议。他在彼得·斯捷潘内奇本人没有弄清这些事以前,不愿说出来;现在他要说,事情确实如此。

当然,萨韦洛夫并不认为他拒绝恰普林的建议是他的功劳。这算什么功劳呢?他不能玷污自己的名声啊!梁赞采夫也不认为这是他的功劳。一个正直的人拒绝堕落成一个坏蛋,这能算是功劳吗?这是他的本分,仅此而已。

彼得·斯捷潘内奇当时并不知道萨韦洛夫和恰普林谈过什么,也没有怀疑到恰普林是被萨韦洛夫惹怒了才退席的,就拿了报告送到恰普林家里。恰普林吩咐人转告说,他不能出来见他,也不能在报告上签字。这时,彼得·斯捷潘内奇才明白,恰普林大概是在为什么事生气。恰普林始终没有出来见他。从恰普林那儿回到家来以后,彼得·斯捷潘内奇派了人去请萨韦洛夫。他们两个人一直坐到深夜,反复考虑着:现在出现了新的敌人,这个敌人比所有原来的都更强大,他还曾经是他们的盟友,在这样的时刻他们应该如何战斗呢? 如今他们很少有希望取得胜利,但是他们愿意竭尽全力,奋斗到底。

现在还是这样。他们还要奋斗,尽管已经彻底失去了希望。彼得·斯捷潘内奇现在以一人之力对抗着所有的人,大家都怪罪他,说他想利用解放农奴作为推翻现有秩序和一切制度的一种手段,说他想发动革命,说他或者是共和党人手中的工具,或者本身就是共和党人。

恰普林宣布了这些罪状。所有的人也都跟着他这样喊。

自由的事业就这样完了。

所有的人都看到,它确实完了。

只有索科洛夫斯基一个人说,它不会完。但这只是一个高尚的,然而却很荒唐的希望。

尼韦利津就这样向沃尔金讲述了一切。他在夜里一点钟直接从梁赞采夫家赶来就是为了转告这件事。

"非常感谢您,帕韦尔·米海雷奇,"沃尔金说,"显而易见,这是一桩耐人寻味的事,正因为它完全出乎意料,所以就更为有趣。"沃尔金娜关于她在萨韦洛夫家里所听到的一切和她本人所讲过的一切,没有向丈夫提过一个字;她也没有把第二天早上同萨韦洛娃谈过的话告诉丈夫;恰普林的背信弃义对沃尔金说来,正如同对尼韦利津和梁赞采夫一样,也是一个新闻。"是啊,是一桩耐人寻味的事,"他按照平素的习惯,略微沉默半晌,而后又重复说,"不妨这样说,我也同意这不是什么好事,甚至可以说,在您带来的消息当中有一件事令人非常讨厌,或者说令人非常伤心:您说过,在梁赞采夫那里,所有的人都垂头丧气了。事实正是如此,您看,您的这些自由派先生都是些什么人物:

往他们头上轻轻弹一下,他们就都垂头丧气了。真是一帮好家伙。但还是那句老话:早就知道他们是些什么货色了。所以说,不足为怪。我对您说过,只有索科洛夫斯基自己才真正是个人。他有他古怪的地方,他可能犯错误,但他是一个人,不是一个莫名其妙的废物。事情果然是这样。就算他为了一些琐事徒劳无益地着急上火,但他毕竟还是一个人。什么时候您看见他,代我吻吻他。"

"同时还把他接到这里来?"尼韦利津说。他已经听惯了沃尔金的这种关于俄国自由派的议论,所以凡是在不该挑起争论的时候就都任他议论,而不加反驳,比如现在,真正是应该考虑睡觉的时候,而不是考虑争论的时候。

"接到这里来? 您是说索科洛夫斯基吗?"沃尔金思忖着,"或许,就接来吧,为什么不呢? 嗯,不过,没有这个必要。所以,我最好还是求您不要把他接来。这样会好得多。没有必要。"

沃尔金从来都没有失去他固有的细致认真的性格特点,但这一次他却懵懵懂懂,无法解释一个彪形大汉的非常奇异的举动。这个汉子很可能是看院子的,沃尔金在街上顺路从他身边走过。他用铁锹在人行道上戳打着,这有什么难以理解的,他在清理人行道上的冰层。沃尔金只顾顺路向前走去,不去注意这种极为平常的事。然而就在他走近这个汉子和他齐肩的那一刹那,这个大力士把手放在他的肩头上。这真是咄咄怪事! 他根本不认识这个大力士,而且这个人头脑清醒,毫无恶意,然而为什么他要对一个走路的人,特别是一个衣着很讲究的人来这么一招呢? 沃尔金思忖着,由于一只大手放在他的肩上,他停住了脚步。这只大手放在肩上越来越重,使沃尔金觉得这种莫名其妙的亲热或者玩笑难以忍受了。他扭过肩头,睁开眼睛一看,索科洛夫斯基站在他的面前。铁锹的戳打声原来是索科夫斯基的军刀碰着地板发出的"砰砰"声。

沃尔金睡得很不好,索科洛夫斯基推了推他的肩膀,想叫醒他。

"您没听说昨天发生的事吗? 恰普林站到农奴主那边去了,在民主原则基础上起草的那份解放农奴的报告被……"

"否决了? 我知道了,波列斯拉夫·伊万内奇。尼韦利津从梁赞采夫那里出来到我这儿来过。"

"您想怎么办呢?"

"我想,既然您已经把我叫醒了,那么睡觉的事就算吹了;我想,我应该起床了。欢迎您,波列斯拉夫·伊万内奇,非常荣幸,您请坐。那么,您说怎么办呢?看样子,您的意见是应该做点什么?"

"您应该写一份请愿书,您现在就坐下来写。"

"请愿书?"沃尔金本来想唱一段华彩乐段,但感到不好意思嘲笑这个坚韧不拔的人的憨直,同时更重要的是他想到莉季娅·瓦西利耶芙娜大约还在睡着。"请愿书?"他又重复了一句,强忍住自己幽默的玩笑,"凭什么需要由我来写请愿书呢?如果要写,梁赞采夫更合适。"

"请您写吧,您知道,办这样的事时间宝贵。"

"时间宝贵,我同意。您应该向梁赞采夫提出来,昨天就应该提。"

"不言而喻,本来是要提的。但是我觉得,提也没用。"

看来是梁赞采夫不敢答应吧?有谁比他更勇敢呢?那里原来有几十个人,都是些有名的进步人士。为什么谁也不提出来声援一下彼得·斯捷潘内奇和萨韦洛夫呢?大约所有的人就只会垂头丧气、唉声叹气吧?为什么索科洛夫斯基当时不把自己的想法说出来呢?大约觉得不可能得到大家的赞同。谁会在这份请愿书上签字呢?做这种试验,仅仅意味着向反动分子暴露,在自由派当中几乎根本没有英勇果敢的人。

索科洛夫斯基不得不沉默:梁赞采夫手下的自由派的低落情绪是千真万确的事实。索科洛夫斯基还很少同彼得堡的上流社会打交道,他还指望着能有比聚集在梁赞采夫家的这些人更坚定的人。他听说再也没有这样的人了,便承认写请愿书的事确实办不成。

这时,沃尔金更向前迈进一步。不仅不会有人在请愿书上签名,而且根本就不值得为这个问题奔波。让他们把彼得·斯捷潘内奇和萨韦洛夫撵走好了;让他们把解放农奴的事交给地主派那些人去处理好了。区别不大。

索科洛夫斯基不能同意这一点。进步派和地主派之间围绕什么问题在进行斗争?围绕着解放农奴是带土地还是不带土地。这是有很大区别的。

"不对，不是很大，而是极小，"沃尔金说，"如果让农奴不交赎金就获得土地，那有很大的区别。然而，从一个人手里抢走东西，或者把东西留给他，但却向他索取一笔报酬，这就是一回事了。地主派的计划不同于进步派的计划仅仅在于，它更简单些、更直截了当些，因此甚至更好些。少些麻烦事，大约农民的负担也会轻些。农民中谁有钱，谁就自己买土地。没有钱的，就用不着强迫他们买土地，这只能使他们贫穷。赎买也就是买。说句老实话，还是不带土地解放农奴好一些。"

"我没有想到会从您口里听到这样的话，"索科洛夫斯基说，"您说话，就像是一个地主派。"

"问题就是这样摆着，"沃尔金无精打采地说，"因此我对它不感兴趣。"

"您想要怎么样呢？是想解放农奴带上土地不要赎金吗？这是不可能的。"

"所以我才说，这个问题就是这样摆着，我没有理由要为农奴是否会获得解放而着急；更没有理由为了是谁解放他们，是自由派还是地主解放他们而着急。依我看，都一样。或许地主更好一些。"

他预料，索科洛夫斯基会因为他的不实际、不关心而狠狠地埋怨他。但是索科洛夫斯基一言不发地思索着。

"这是您最后的决定性的意见吗？"他沉思良久之后说，"也就是说您不想给萨韦洛夫提出一些建议了？"

"那是自然。撵走他也罢，不撵也罢，在我看来都是一样。也许把他撵走会更好些。"

"没有工夫同您辩论，时间宝贵。我不能委托您到他那里去，我自己去。昨天在梁赞采夫家等大家都走散的时候，我留了下来。我问：萨韦洛夫想如何进行斗争呢？萨韦洛夫仅仅想到了衙门办事的墨守成规的方法：用绵软无力的、晦涩不清的公文套语，写一个又一个的新报告，一切都按衙门的程序去办，通过彼得·斯捷潘内奇递上去。需要一种有生气的语言，需要他自己去说。彼得·斯捷潘内奇能算是什么样的演说家呢？萨韦洛夫本人应该要求觐见，应该在觐见的时候，非常坦率地说出全部真实情况，不加丝毫隐讳。没有别人的荐书，萨韦洛夫可能不会接待我。我请您写一封短笺给他。"

沃尔金没有理由说不认识他。萨韦洛夫曾经对莉季娅·瓦西利耶芙娜说过，他很敬仰沃尔金。可能他不至于拿他的荐书不当回事。他写完交给了索科洛夫斯基，他在短笺里还提到，让萨韦洛夫不要在意索科洛夫斯基的态度生硬和说话急躁，这个人只是一开头给人一种狂热的感觉，但实际上他观察事物非常冷静而有头脑。

"您会理解我为什么不能请梁赞采夫写荐书，"索科洛夫斯基说，"他是非常好的人，但过于天真，他会到处去声张，然而任何人都不应该知道萨韦洛夫是听了别人的建议才采取行动的，只有在这种条件下他才可能接受这个建议。"

"这是给我下达指示，让我不要到处声张吗？啊，真是一个外交家！"沃尔金说，同时哼出一段小小的华彩乐段，以嘉奖自己的幽默，因为他认为他的这句话还是很幽默的。

有三天的时间，彼得堡的自由派人士个个都垂头丧气。第四天，他们在报纸上读到消息，御前侍卫将军恰普林伯爵解职，出国度假，甚至都没有加上一个缓和的字眼："因病"或者"为了恢复健康"。显然是彻底失宠了。自由派人士一再擦眼睛重读这条消息，看是不是读错了。没错。于是他们就把鼻子翘得高高的，以胜利者、征服者的姿态昂首阔步地出现在彼得堡。

第七章

尼韦利津受沃尔金娜的委托,采取一切措施,尽量使通过官方寻找列维茨基的事进行得全面而细致。他自己也在不知疲倦地寻找。当然,他之所以这样,其中最主要的原因是想努力满足沃尔金娜的愿望。另一方面,尼韦利津本人对这个青年人也深感兴趣,因为沃尔金在谈到他的时候总抱有无可怀疑的敬意,而在提到土生土长的俄国自由派的所有著名人物时却十分鄙夷。

尼韦利津在开始寻找的第一天傍晚就丝毫不再怀疑,列维茨基已经回到了彼得堡,他病倒了,尼韦利津找到了几个跟他同车厢来的人。当时他面色苍白,觉着全身发热,而且还打寒战,头疼。他的同座照顾着他。这个同座是个做买卖的老头儿,他说他在彼得堡只待两天,最多待三天。他把列维茨基带去了。这是五天以前的事。大概,这个商人现在已经走了。大概,列维茨基还在病着,一切都听天由命。因此,尤其应该设法尽快找到他。尼韦利津派了好几个人去逐一访查所有的医院、旅馆和客店;他自己也到处查找。

这些毫无所获的寻找费去了两天的时间。第三天早上,在尼韦利津派出去的人当中,有一个人在一家破败不堪的客店的一间矮小、气闷、潮湿的房间里,找到了列维茨基。列维茨基病得人事不省。客店里没有人愿意特别照料他。而且,店主人也没有把他弄到医院去,因为病人有一个钱夹子,里面装了几百个卢布,是商人转交给店主的。店主请一位医生来过两次。医生给了点药水。药水就放在桌子上,满满的一瓶,跟刚拿来的时候一样:他病得人事不省,怎么给他吃药呢?

为什么警察局没有得到列维茨基生病的消息,这是很明白的事:店主害怕警察局会把这个有油水的房客弄走,交给医院。店主甚至还把女佣人骂了一通,因为她没想到把病人藏起来,或者她良心发现,不忍把他藏起来。店主人是一个胆大包天的老手,即使列维茨基死了,警察找他的麻烦,他也不会受到损失。

尼韦利津去接一位熟悉的高明大夫,用车把他拉到列维茨基那里。天气很坏,病人的情况非常严重。大夫认为现在不能转移病人。但是,不言而喻,在这里搞一个好房间并不困难,店主人把自己的客厅让了出来。

伊拉东采夫从索科洛夫斯基那里听到这个消息后,很想立即赶去,亲自照料列维茨基。但索科洛夫斯基说得很对:这不必要。尼韦利津把一切都安排得尽善尽美,在列维茨基昏迷不醒的时候,只需要大夫探望他就足够了。

然而,沃尔金还是每天都到病人的房间里去,坐着等大夫来看病。列维茨基病倒,他觉得是他的过错。不管怎样,这场病总是和列维茨基同伊拉东采夫一家的关系有关,如果说没有其他关联的话,那么至少有一点是和这有关的,或者是列维茨基在乡下他们家里就病了,或者是从他们家里出来在路上病的。一般说来,沃尔金总有些神经过敏,常常无中生有地给自己按一些荒唐的罪名。但是,这一次他的懊悔却比尼韦利津所认为的多几分道理。尼韦利津说:"难道您劝他到乡下去住一阵子,休息休息,这是派他去做一件什么危险的事吗? 如果说他在那里碰上了不愉快的或者倒霉的事,以致引起这场病来,那也只是机会使然,是您所不能预料的。当初,仿佛一切迹象都说明,他在伊拉东采夫家的生活会很惬意,很安定。""是的,情况确实是这样,"沃尔金回答说,"很明显,我多余怪罪自己。"但他这样回答仅仅是因为他不喜欢谈自己的内心情感。他认为,他的错处在于他说服了列维茨基,不让他干事情。当时他似乎觉得,列维茨基跟他本人一样,性情恬淡。他还记得,在时机未到、不需要做事的时候,他自己就曾经心安理得地躺在那里看闲书。他以为列维茨基也会这样心平气和地在乡下没事闲躺躺,或者没事闲遛遛,或者没事闲耍耍。如今他感到,他被列维茨基冷漠的外表蒙蔽了,原来列维茨基是一个有强烈情感的人,渴望生活和工作,不让这样一个人做事情就等于叫他承担另外的危险。沃尔金本人大约不会发现自己关于列维茨基性格的这个错误认识。但他听妻子说,他这个人很可能意志特别刚强,无论他内心感受如何,他总习惯于隐藏起自己的激动心情,而保持平静、冷漠的神态。沃尔金听了这些话,就立刻领悟到,实际情况可能的确是这样,他要离开伊拉东采夫家准是遇到了某种极其伤心或者懊恼的事情,这是毫无疑问的,但伊拉东采夫一家却没有察觉,可见他的淡漠的外表很能迷惑人。领悟了这一点之后,沃尔金凭着他善于深思的非凡才能,毫不费力地想到,对一个有强烈感情的年轻人来说,无事可做是一种极大的危险,不管那件伤心事是一件什么样的事,反正最终的结果酿成了这一场病,坏事的首要原因就是列维茨基无事可做。

头几天,医生对沃尔金说,对病人的生命他不敢担保。按照医生的说法,这场病是由感冒引起的。沃尔金不难想象,列维茨基怎样在路上患了感冒。列维茨基一个人突然摆脱了伊拉东采夫一家,坐在马车上或者邮车上,很可能是长时间尽量压抑的内心情感——失望的情感也罢,懊恼的情感也罢,终于能够自由地流露出来,所以他忘记了深秋的风寒。而后,在同样忘其所以的精神状态中,对得病的先兆也不管不顾,继续赶路不停留,使病情大为恶化。后来,又有那么多天完全没人照料。

"但是,"医生说,"说不定这个见钱眼开的店主没有把这个有油水的房客的情况通知警察局倒是一桩好事。如果列维茨基到了医院,也许就死了。从现在看还没有失去希望。"医生说了好几天:"仅仅是还没有失去希望。"最后他才说:"危险已经过去了。"

医生这句话是早上说的。晚上,索科洛夫斯基就来了,还领来一位四十二三岁的男人,他穿得很整齐,但很朴素,索科洛夫斯基向沃尔金介绍说,这就是维克托·李沃维奇·伊拉东采夫。

"阿列克塞·伊万内奇,您知道有一件重大的消息吗?"伊拉东采夫问过列维茨基的情况,对他病情好转表示非常热情的、完全像亲人一样的庆幸之后,便开始说,"阿列克塞·伊万内奇,您知道有一件重大的消息明天将公布于众吗?"

沃尔金还什么都没有听到:"也许是解放农奴?"

"正是。"伊拉东采夫回答说。索科洛夫斯基掏出一张印好的东西,交给沃尔金。"明天这个文告就要公布。"伊拉东采夫请沃尔金读一下。沃尔金用眼睛遛了一遍,发现这些解放的原则比他原来料想的更带有自由派色彩。萨韦洛夫充分利用了自己对地主派的决定性胜利,利用得非常巧妙。

"一切都取决于根据什么精神来实践这些原则,"伊拉东采夫说,"而实践的性质又在很大程度上取决于贵族阶层的态度。"

"确实如此。"沃尔金赞同说。

"波列斯拉夫·伊万内奇把这个文告给我送来,我还不知道已经在刊印了,他说得很对,应该趁热打铁,应该利用这个文告所引起的最初的强烈震动,应该利用我们那帮地主最初的惊慌失措,趁他们还没有清醒过来,还没有改变主意,还没有来得及互相商量,就把他们的注意力吸引过来,集中到自由派的纲领上来。后天我举行一次午宴,我请您也参加。"

索科洛夫斯基沉默着,尽量让他谈。他谈得有条不紊,头头是道。当然,这个主意是索科洛夫斯基出的,伊拉东采夫并不隐讳这一点,但是对他也应该说句公道话,他头脑清楚,善于领会天才的思想。而这确实是一个天才的思想。按照沃尔金的意见,索科洛夫斯基拟定的这个计划完全当得起这样一个称号,沃尔金使用"天才"这个字眼儿可不那么随便。

"勉强让第一流的达官贵人发言、签名,是不可能的。他们对所有幕后机密活动知道得过于清楚了,再说他们也习惯于像外交家那样行事,等待时机,看风使舵;如果硬让他们和二流的贵族坐到一个席面上来,他们或许会因为虚荣心受到损伤而负隅顽抗。应该把这些最上层的巨富豪绅放在一边。这也不会有很大的损失。事情最终还是决定于各省、决定于外省的贵族。那些巨富豪绅一向远远地躲开外省贵族,差不多都只居住在彼得堡或者国外,即使有个别人偶尔到乡下去住一阵,他们个个也都以孤傲不群的态度惹恼了地方贵族。他们对外省的贵族并无影响。有影响的倒是这些二流的、外省的、并非首都的贵族,倒是这些只有几千个,而不是几万个农奴的土地所有者。这些人将左右各省会议的局势。应该在他们身上下功夫。除去他们,只有那些有教养的、明智的、正直的地主还值得注意,但用不着在他们身上操心,他们自己会站在农民一边;越是开明的纲领,他们就越高兴接受,越卖力地维护它。应该集中力量征服外省的豪绅。"

"正像往年冬季一样,现在他们有很多人在彼得堡。今年冬天甚至比往年还要多些,因为有很多人特地到这里来了解农民问题的处理进程。应该把他们请来聚餐。他们来的时候事先不会有任何猜疑,仅仅是被明天突然爆发的事件弄得怅然若失而已。一天一夜之间他们还什么都来不及想明白,他们依然惊魂未定。"

"在午宴上,主人将说:'贵族应该协商一下,看一看在已经宣布的这一事件中如何行动好。'并且请梁赞采夫谈一谈他的看法。梁赞采夫讲话之后,就轮到沃尔金出场。梁赞采夫并非是贵族的敌人,但却是农民的朋友。沃尔金会比他走得更远,是这样吧?"

沃尔金说:"是的。"

在沃尔金讲过之后,梁赞采夫的观点就会显得非常温和,是这样吧?

沃尔金说:"的确是这样。"说完又很幽默地补充了一句:对他本人的其他优点都容许持怀疑态度,唯独要把他当成一个怪物,拿去吓唬人,这样做肯定不会有错,他的确是一个很不错的怪物,所有的人都会被吓跑,投入梁赞采夫的怀抱。

"午宴过后,梁赞采夫将宣读纲领。当然,沃尔金会认为几乎每一条每一款都对地主过于有利。经他这样一反驳,大家就会对这个纲领感到满意,大家就会赞同,就会签字了。这个纲领经几乎所有省份的最有影响的地主签过字,很快就会流传到各地去。各地的贵族就会被这个纲领打得措手不及,任何地方都还没有怎么考虑,都还没有来得及商量,突然之间,这份由全俄国地主的代表、领袖通过的、推荐的纲领交到他们手里,还能遇到什么抵制吗? 各地所有的人,不会有任何动摇,就都来附议这份统一的、以全俄贵族的名义向各县的地主提出的纲领。肯定是稳操胜券、战果辉煌。"

沃尔金说:"这个主意想得很妙。说实在的,他会诚心诚意地来证明,这个纲领的确对地主太有利了,尽管他没有读过将会成为纲领的那一草案,因为他从来就不读任何荒唐的东西除非十分必要,但是他同起草人谈过,因此对这份未来的全俄纲领的基本原则有足够的了解。按照他的观点来看,这个纲领肯定是糟透了。然而,毋庸争论,如果能取得地主同意的话,实行这样一个纲领倒是理想之中的最大的胜利。他重复说,这个主意妙极了,随后又以他无穷无尽的幽默感补充道:这很像卡尔梅克人和吉尔吉斯人的做法,他们要想把别人的马群赶到自己家去,就跨上彪悍的公马,紧抽几鞭子,呼着马群疾驰过去,连喊带吆喝,在这群惊呆了的牲畜中间横穿而过,然后就任你自己随便跑好了,整个马群都会跟着跑,你要上哪儿去,它就上哪儿去,沃尔金听说这个办法回回灵验。他赞同地说着,并且习惯性地唱出一声得意的华彩乐段,作为对自己这个幽默比喻的犒赏。

那一天晚上,由于列维茨基恢复健康确实有了希望,沃尔金心情愉快,和善异常,大约不会回绝别人的任何要求而让人扫兴。即使有人叫他拉小提琴,他大概也会说:"好吧,我拉,虽然我从来没有试过这玩意儿。"

他很难说得准确:如果处在平时的心情下,他会不会接受伊拉东采夫的邀请。也许会接受。既然他随时都在做蠢事,因此就理所当然地认为,多做一件或者少做一件并没有多大区别:"唉,无所谓!"当有人拉他干一件他绝对不会想到的蠢事时,他就会这样振振有词地说。"唉,无所谓!"他一面想着,一面自觉地跟别人一起受骗上当。自然,这也会给人带来某种快慰,换换花样,免得总是不情愿地当傻瓜,而且只是单独一个人当傻瓜。

他一边用这样一些想法为自己辩白,一边用好久好久不穿了的燕尾服打扮着自己,准备出席伊拉东采夫的午宴。

用得着他琢磨出这样一套想法来吗? 需要他为自己辩白吗? 是否应该把索科洛夫斯基想出来的这件事看成是一件蠢事呢? ——在一间拥进几十位客人之后仍然显得空荡荡的大客厅里,沃尔金安详地、稳稳当当地靠着远处的一扇窗子,自顾反复思量着,他终于正确地发现,多余的疑虑也应该算是一种蠢事;同时他还想到,一个聪明人处在他的地位,大抵不会怀疑索科洛夫斯基这个大公无私的计谋一定会取得圆满成功。

沃尔金舒适而稳当地倚靠着远处窗边的墙角,有机会思量:索科洛夫斯基在帮着主人接待客人;梁赞采夫对每个人都能找几句动听的话说一说,他使所有的人都感到迷醉。梁赞采夫生来就会迷醉天真的人,他潇洒而又庄重,活泼而又有风度,永远是和蔼温厚、才华横溢、彬彬有礼,时刻感到自己在推进俄国进步事业方面的价值。他申明他本人就是地主,他和每一个人都能交朋友，言谈之中常常夹进一些科学和时代精神，尽说些冗长的、深奥的句子，但不知为什么，听起来却那么真诚而动听，从而使每个人都欣喜异常，觉得这样一位有学问的人竟然也认为我可以理解所有这些高妙的词句。尼韦利津（他也到这儿来了）遵照索科洛夫斯基的指令，也在征服人心，而且看样子干得比梁赞采夫本人还更有成绩。除开尼韦利津、梁赞采夫、索科洛夫斯基和主人，这儿的人沃尔金都没有见过，哪怕是从远处见过一面的人都没有。谁也不会到他跟前来，他本人也免得去费事迷惑别人，这一方面是为了尊重自己不善于征服人心的本性，另一方面也是因为他即将扮演的角色不在于吸引他们，而在于让他们胆战心惊。

他落落寡合地、纹丝不动地在远处的角落里占据着一个固定的位置，完全符合他将要扮演的角色的要求，他那郁郁寡欢的神态或许超出了索科洛夫斯基的希望之外：不止一个客人在同索科洛夫斯基谈话的当儿，斜眼望着在远处窗户旁边的这一尊笨拙的"塑像"，大概索科洛夫斯基解释说这尊"塑像"正代表着许多可怕的观点，而政府却可能非常轻易地倾向于这些观点，这些观点很可怕，但却是俄国人民，俄国的庄稼汉生来就有的，这一群庄稼汉什么也不懂，就知道要求庄稼汉的彻底平等，他们都准备去当共产主义分子，因为他们就生活在村社制度当中。以庄稼汉为其臣民的政府很自然地要接受庄稼汉的思想。

大概索科洛夫斯基就这样介绍着这尊忧郁寡言的"塑像"，把"它"的沉闷解释为异乎寻常的凶恶。而沃尔金之所以心情沉闷，是因为他感到忧郁。

他不善于观察，而且近视。但即使是一个盲人，他会看不见这些人的心理活动吗？别说是离开二十步，就是离开半俄里（1俄里长度相当于1068.8米）也能猜透这些，而且不必仔细看他们的脸色，只看他们的身影就够了。

一筹莫展、无能为力、束手无策。

只有等死的人才会这样观望、这样站着、这样动作。

有些人尽量装出满不在乎、心情很好的样子。有说有笑，放荡不羁。沃尔金深知这种放荡不羁，每当他想钻到地缝里去的时候，他就冲破一切障碍，尽量施展自己的社交才能，那时候左右他行动的正是这种放荡不羁。

然而大多数人已经顾不上掩饰他们的沮丧心情了："我们是一群注定要成为牺牲的羔羊。面对这样残酷无情的决定,我们能有什么办法呢? 只有服服帖帖地去做牺牲,免得在把我们贡献到祖国的祭坛上之前,先把我们捶死;同时在贡献我们的时候,我们也不要硬是不肯,这样至少可以少挨些拳脚。"

沃尔金从来没有和这些人打过交道。他从来没有涉足于小缙绅的社交界,更不消说他们这些地位高贵、举足轻重的缙绅的交际场了。但是他们的功德在哪一个大城小镇不是名震遐迩呢? 沃尔金从孩提时代起就知道,这些人都很专横跋扈、厚颜无耻。

沃尔金对议论农民问题并不感兴趣。然而,假使他不生活在彼得堡,不生活在那些对地主的顽固立场极端不满而热衷于解放运动的人士中间,假使最后这一年半或者两年他离开地主天下的俄国,生活在最遥远、最荒凉的阿留申群岛的一个小岛上,那么勇猛的叫喊声大约也会传到那边去,传到他的耳鼓里:"一切都靠我们支撑着! 我们不答应,我们不允许! 如果我们不愿意,他们就不敢动! 他们胆敢动一动,就让他们尝尝俄国贵族发怒是什么滋味!"

现在他们变得驯服了,仿佛得了瘫痪症一般。民主派看到这种变化会觉得很可笑,而且很高兴。

沃尔金觉得可笑:他习惯于把一切都当成笑话,或是聪明的,或是愚蠢的,这要因事而异;或是愉快的,或是伤感的,也都无所谓,只要是笑话就好。然而他并不觉得高兴。

他不是在一个高雅的社会里成长起来的。他所记得的尽是粗鲁的、贫穷的生活。他现在回忆起一些童年时代百思不解的场面,童年时代他就很爱思索问题了。

他记得,有的时候,在他家乡的城里,一群喝得醉醺醺的纤夫在大街上走着、喧闹着、喊叫着,唱着英雄好汉歌、强盗歌^①。有人会想:"这个城市要遭殃,他们马上就要动手抢劫店铺和住家,要把一切都砸得稀巴烂。"这时候,一

---

① 俄罗斯民歌的一种,下面所引"既不是扒手小偷……"等,就是从这类民歌中摘取的词句。——译者注

个巡警亭子的门微微开了一个缝,探出一张长着花白稀疏胡须的、睡眼惺忪的老人的脸,他张开没牙的嘴,用老朽的、喑哑的嗓子半喊半哼地说:"畜生,你们号叫什么? 看我怎么收拾你们!"顿时,这一帮英雄好汉就鸦雀无声了,前面的人直往后面的人身后躲。如果再吆喝一声,他们就会四处奔逃。这一群英雄好汉自命为"既不是扒手小偷,也不是江洋大盗,原本是斯切潘·拉辛的好伙伴",声称"一旦他们抢起船桨,莫斯科就得东摇西晃"。但是只消这个老残废隔着门再喊一声,他们就会不顾东南西北,抱头鼠窜。然而这个老巡警知道,过分地吓唬这帮英雄好汉在上帝面前是有罪的,他们会跌破头,摔伤腿,这些可怜虫会一辈子变成残废。这个巡警吸了一口鼻烟说:"随你们去吧,孩子们,上帝保佑你们,只要别惊动我老头儿,别让我上火就好。"说完就关上了巡警亭子,而这一群英雄好汉,斯切潘·拉辛的伙伴,再走路时便恭顺老实了,并且悄声地说,该着他们走运,这个巡警看样子是个好人。

沃尔金在童年时代总不能理解这些场面,而现在他觉得,他完全没有必要亲眼看到伊拉东采夫的这些客人现时所表现的这一活生生的场面,没有必要。他事先就能知道,这是一种什么样的场面。

尽管他事先就知道这一场面将会如何,但这一场面现在仍然在他心中引起很深的感触。作为一个缜密深邃的思想家,他并不责怪自己因这种感触而心绪不宁。当他最初想到"我们不答应! 我们不允许!"勇猛地喊叫时,就对这种感触早有准备了。但他知道,目睹总比一般想象给人的印象要强烈得多。所以他觉得,在他心中撩起了怜悯的情感也是很自然的事。

这种怜悯并不愉快,尽管他既不爱整个贵族阶层,而又尤其不爱这些巨富豪绅。

"可怜的民族啊,可怜的民族! 奴隶的民族,上上下下都是奴隶⋯⋯"他思索着,紧蹙起眉头。

他不喜欢贵族。但也有些短暂时刻,他对他们不怀敌意。难道可以仇恨可怜的奴隶吗? 现时在他心中萦绕着的正是这样一种情绪。

因此,他现时在想象之中感觉到,对于人民的饥饿贫穷、受苦受难,这些可怜的人是无罪的,似乎没有必要减少他们的进项,一分钱也不要减少,让他们像以往一样坐享清福吧,一分钟也不要打断他们的玩狗、买新车、纵情饮宴和玩吉卜赛女人等高雅的享乐,何必惊扰他们,何必让他们受委屈呢?他们没有任何罪过,他们也不碍任何事。

他们怎么会碍事呢?他们仅仅是愿意喝酒、花钱、游手好闲而已。这是他们的罪过吗?有谁能不高兴拿别人给他的东西呢?又有谁愿意失掉进项呢?

其实,不让他们伤心该是多么容易啊!只消对他们的进项给予保证就足够了。在那些土地收入已经很高,因而不可能提高得太快的民族当中,要做出这种保证会很困难,甚至办不到。但我们这里呢?只要全部彻底地、迅速地解放农奴,那么民族的资财五年可以翻一番,十年可以增加四倍。人民说:"让老爷们都从乡下搬到城里去,在那儿拿薪水好了。"根据人民的想法,在几年之内发少量的债券,逐年减少,十年之后国家全部赎回现在的这些为数极少的地租,这又算得了什么呢?

每当沃尔金有感于心的时候,他就做这种格调的遐想。诚然,他并不总是有感于心的。

但他现在心有所感,便遐想起来。

然则,在他遐想的时候,他清楚地记得,他只是由于内心情感才这样浮想联翩。所以他总是为了自得其乐而珍藏起个人的这些田园诗般的想象,但在谈话中却用略微不同的格调进行议论,因为他不曾忘记,历史乃是斗争,在斗争中温情是不合时宜的。诚然,他并不把自己看成是人民的斗士,根据沃尔金的意见,俄国人民不可能有自己的斗士,这是因为俄国人民不善于支持为他挺身而出的人。哪一个头脑清醒的人愿意毫无价值的牺牲呢?无论别人是否如此,沃尔金本人深信自己没有这种愚蠢的愿望,所以无论如何也不认为自己是人民权利的捍卫者。正因为如此,在不得不谈起人民权利的时候,他也就可以少替人民做出让步,也就可以更多地全面列举人民的权利了。

因此,他才带着忧郁的、含有讽刺意味的微笑思忖着,他为地主编了一首多么美妙的田园诗啊,而这首田园诗,又与他们连一分钱的报偿也无权得到的实际情况该是多么不相像啊。至于他们在俄罗斯这个国度里是否有权占有哪怕是一寸土地,这应该取决于人民的意志。

应该取决于,但显而易见不会取决于人民的意志,因此整个这件事就变得更加荒唐。

是极为荒唐,以致沃尔金开始感到气愤了。

气愤是无能为力的人唯一的慰藉。眼看着这些人不受惩罚、毫无损失,他觉得很反感。从人民手里掠夺来的所有收入毫无损失;他们为自己的压榨和残暴行为也不受惩罚;这实在让人太反感,太不公平了,于是他就把满含愠色的眼睛向着地面低垂、更低垂,好看不见他无力抗击的这些人民的敌人……

"沃尔金先生……"一个不熟悉的、洪亮的、悦耳的声音说。沃尔金抬起眼睛,萨韦洛夫站在他的面前。萨韦洛夫说,遇见他非常荣幸。

沃尔金回答说,他也同样非常荣幸。作为一个不一般的上流社会的人,每当人家对他说非常高兴见到他的时候,他总被这些客气话弄得神魂颠倒。

萨韦洛夫又说了几句平常话,然后就到另一个房间会见各位女士去了。沃尔金用眼睛四下里寻找索科洛夫斯基,终于找到了他,于是慢慢向他移去。

"并没有说要邀请萨韦洛夫来啊。"在和索科洛夫斯基一起走到一旁去的时候,他说。

索科洛夫斯基遗憾地耸了耸肩膀说道:"对于这些您称之为天真的人们能有什么办法呢?只要稍微有一点儿照顾不到的地方,他们立刻会显示出自己的天真来。错误不算很大,但无论如何是一个不可原谅的错误。"

当初,索科洛夫斯基和伊拉东采夫同梁赞采夫商量过后,梁赞采夫兴高采烈,跑去通知自己的朋友萨韦洛夫,说要在伊拉东采夫家举办这样一次午宴。萨韦洛夫甚为赞赏,并且说能出席这样的午宴,他本人将不胜荣幸。梁赞采夫怀着更加兴高采烈的心情跑回伊拉东采夫这里,并且还用这股高兴的劲头感染了伊拉东采夫。因此,当索科洛夫斯基今天来到这里,就有一个喜讯在迎候他:萨韦洛夫同样也受到邀请,他的出席和他所给予的支持,将使大家的发言和梁赞采夫的纲领具有完全不可战胜的力量。这些善良的人们忽略了一点:他们邀请萨韦洛夫将使这次聚会的性质大受损害。这应该是一次地主完全自由的聚会,地主在两个既不重要,又独立于政府之外的顾问的帮助之下,用家庭方式来处理地主自己的事。地主作为有文化的人,想听一听学者的意见。本人就是地主的著名律师梁赞采夫的想法很合他们的心意。他们把他当成自己的秘书,仅此而已。这是一次贵族的家庭会议,会议所产生的纲领也是纯贵族式的。应该是这样。但是如今呢?萨韦洛夫一出席就造成一种强制的印象。人们会说,纲领是在政府人士的影响下通过的,并且这位政府人士一向以敌视贵族而著称。这就会在贵族的心目中严重地损害纲领的声誉。梁赞采夫犯了一个很大的错误。

"是啊……很大的错误。"沃尔金有气无力地重复了一句。他沉默了一会儿,就退回到原来的地方,留下索科洛夫斯基自己同一个高个子的、身板挺直的、瘦削结实的、留着胡子的老头儿继续他们被打断了的谈话,这老头儿就胡子和身体来看,像是一位退役的骑兵。

自然不必告诉索科洛夫斯基,事情要比他想象的坏得多:不是什么纲领的声誉会降低的问题,而是纲领本身将受到破坏。当然不值得告诉他。已经无可挽回了。何必事先就让索科洛夫斯基伤心呢?不值得告诉,并且也不值得惋惜。这个主意从一开始就毫无意义;值得为微不足道的小事惋惜吗?不值得。

沃尔金这样思索着,重又稳当地倚靠在舒适的角落里,并且不能不同意自己的看法:他对这件事的分析确实鞭辟入里,这件事微不足道,不值得议论;这件事弄糟了也不值得惋惜……"是的,不值得惋惜。"沃尔金一面想着,一面感到气愤,但气比刚才要小多了,有点自我安慰了。直到尼韦利津说话,他才惊醒过来:"大家都入席了,阿列克塞·伊万内奇,您在埋头干自己的事,全然没有听见。"

沃尔金醒来一看,才发现自己干了些什么,并且干得这样有成绩:他在进行深入思索时倚靠着的那一幅窗帘,有四分之一的穗子被他撕扯得精光。这位思想家挥了一下手,一面理所当然地责备着自己,一面急于从犯罪地点逃开,去追赶那些走在最后的客人。

"您等一下,不能就这样去,"尼韦利津叫住了他,"您看看您的身上。"

沃尔金看了一下自己身上,充满感情地惊呼一声:"这真是怪事!"

实际上，这一点儿都不奇怪，相反地倒非常自然，而且的确很不坏：燕尾服、坎肩、裤子，到处都沾满了紫红色的、天蓝色的、乳白色的绒毛，十分好看。"不，我对您说，帕韦尔·米海雷奇，我干出这种事，真是怪事！"思想家坚信不疑地说，并且极度懊恼地摇摇头。

侍者拿来一把刷子，于是犯罪的痕迹就从这位深刻的思想家身上被清除得干干净净。尼韦利津把他领进了宴会厅。

所有客人都已在席前就座。

靠近门的这一端是主人的席位，他旁边是梁赞采夫和他的朋友萨韦洛夫。根据索科洛夫斯基的安排，沃尔金也应该在这里就座，面对着梁赞采夫，为了将来辩论的时候方便。于是沃尔金只顾向这里奔去，也没弄清楚，那里已经没有空闲座位了。尼韦利津拉住他的衣袖把他拽回来，带他继续向前走，绕过整个席面，走向另外一端。

"这是上哪儿呀？"思想家问。

"我的上帝，从您身上往下刷碎线头的时候，我已经告诉过您了，难道您当成耳旁风了？"

"啊，是的！我心不在焉，没注意听。"思想家同意说。

伊拉东采娃知道沃尔金也来参加午宴，就希望他坐在她身边。索科洛夫斯基想了一想才答应，后来甚至发现，这样安排可能更好，让他们隔着整个桌子进行辩论好了，他们是可以做到的，梁赞采夫的嗓音很洪亮，关于沃尔金能喊的本事就更不用说了，让他们隔着整个桌面争论好了，所有来宾会听得更清楚。

沃尔金从心底里高兴这一新的安排：和梁赞采夫坐在一起他会觉得很难受，梁赞采夫愚蠢的天真惹他恼火。而他对伊拉东采娃却十分好感，和她谈话用不着他那一套莫名其妙的社交辞令。

这位好心的姑娘像亲人一样欢迎他。从乡下回来以后，她每天都想着去看莉季娅·瓦西利耶芙娜，但始终没能去，上午尽是些正式的拜会，午饭过后直到夜晚不断有客人来。她把沃尔金介绍给她姨母，姨母在席面的这一端以女主人的身份招呼大家。沃尔金很怕因为自己不会应对这种场合而被她姨母征服过去。但是这位姨母已经有了一位征服者，一个非常平易温顺的外省人。她用了几句话十分赞叹地说，结识沃尔金非常荣幸，然后就把他放到一边不管了，依然选定原来的使她感到心醉的猎物。

尼韦利津把这位深刻的思想家安顿好了以后，就向桌子中间自己的座位走去，他紧挨着索科洛夫斯基。这里向两方面行动都很方便，当时机到来的时候，索科洛夫斯基和他可以促使与会来宾的情绪发生决定性的演变。时间定在开始喝香槟酒的时候。尽管来的客人很多，但这次午宴应该具有纯粹家宴的气氛，因此决定免去一切举杯祝贺和致辞。但索科洛夫斯基和尼韦利津安排好，让客人提出希望听一听梁赞采夫关于解放农奴的想法；那时主人就要请他谈一谈。梁赞采夫的这些基本原则使沃尔金怒不可遏，于是客人就会发现，这些原则对贵族来说是很不错的。

为了对来宾做好工作，使他们在午宴后的会议上通过梁赞采夫的纲领，就是这样安排的。但是沃尔金很快发现，最好不要发生他所担心的事，不然的话，用不着他发怒，梁赞采夫的纲领不加这些调料也够得上是一盘非常可口的菜了。

在沃尔金的斜对面，隔过五把椅子，坐着一个高个子的老头儿，他身板挺直，瘦削而结实，留着胡须，就是在萨韦洛夫来时同索科洛夫斯基谈话的那一位。留胡子的老头儿很快就控制了这半个席面，除了那个依旧被捷尼谢娃俘房的头脑迟钝的地主，大家都在听这位留胡子的老头儿说话，而且都在一个劲儿地啧啧称是。起初有两三个地主，大约想表现一下他们也不傻，也能有点自己的想法，但是留胡子的老头儿对反驳的意见事先有所准备，还在萌芽状态中就对不同观点进行压制，并且最终彻底压服，使所有听他讲话的二十来个地主都异口同声地断定："是的，确实如此。"

"必须审时度势认清时局，别瞎说空话，"留胡子的老头儿说，"农奴制只能靠着刺刀来维持。对不起，先生们，无须重提关于宗法关系的那些陈旧的废话，在不愿意承认现实就会完蛋的时候，必须承认现实。"他并不是什么自由主义者。他是一个老骠骑兵。他曾经怀着这样一个信念成长，并且将带着这样一个信念去世，他认为不可能有比农奴制再好的制度了，不仅对地主是如此,对农奴也是如此。除了为数不多的几个下流坯,地主待农民不错,农民也很享福。然而,农民都是粗鲁的糊涂虫,都是不通人性的畜生,所以他们永远也不会明白农奴制对他们是很有利的。由于他们的愚昧、懒惰、任性,这个制度始终受到他们的敌视,因而只能靠刺刀来维持。现在这种支持撤销了,所以地主必须认清时局。问题不在于政府的这个决定是好还是坏,议论这个等于是说废话,而且非常危险。说句"必须解放",这就够了! 赶快听从吩咐,就算完事大吉了。为什么? 刺刀撤走了,这就是全部理由所在。

"问题仅仅在于必须赶快办,而且必须办得让这些庄稼佬感到满意。为什么呢? 理由很简单:暴动。要是慢慢来呢? 庄稼佬就会说:'地主们不愿意给我们自由,打倒地主啊,弟兄们!'要是答应他们的条件不能使他们满意,也会出现同样的情况。'弟兄们,地主欺压我们,好说好商量不可能得到他们的好处。打倒他们啊,伙计们!'这就是全部理由所在。简单而明了,先生们。""要是镇压暴动呢?""谁在说——'镇压暴动'? 可敬的先生,阁下是否考虑过您在说什么? 在议论重大事情的时候,不知道自己在说什么就不能随便说话。您是说'镇压暴动会不会去镇压呢?'哼,那可就两说了! 关于这一点等一会儿再谈。就算是会去镇压吧。如果他们到处都起来暴动的话,你能很快就镇压下去吗? 就算是能镇压下去,但是地主们还来不及得救,就都被杀了,吊死了。先生们还记得普加乔夫起义吧?"既然他能提到普加乔夫起义,他肯定不是自由主义者,而且他也不是一个胆小鬼。如果有人不知道,就可以去打听打听,他究竟是不是胆小鬼。暴民起来了,他不会逃之夭夭。绞死他也罢,活活下油锅也罢,反正他不会逃跑。能逃跑的人在谈论暴动的时候可能比他轻松多了。但是对这些能逃跑的人他也要说:经受一次暴动对他们说来也不是什么很愉快的事,让他们准备好忍饥挨饿吧。他不是学者,但是能明白索科洛夫斯基(就是那位龙骑兵)说得有道理:国家有了骚乱,无论对谁来说受损失的程度都不如土地所有者为甚。"商人可以把自己的钱藏起来,或者干脆汇到国外去,可以什么事也不管不问。可是你总不能把地产转移到国外去,也不能把它藏到口袋里。在平息了暴动,恢复了你们的地产权利以后,你们会看到什么情景呢? 你们有过粮食? 现在都被抢光了;你们有过牲口? 牲口被牵走了,或者杀尽了;你们有过森林? 森林被砍光了;至于说房子那就更不用问了,放火烧掉了。一切都弄得净光净,片瓦无存,满目荒凉。而且会继续荒凉下去,没有种子播种,也没有人耕田;庄稼佬都被处死了、发配了,活下来的人也都逃光了,没有雇工了。你们的地产的代价太大了! 如果不恢复你们的地产权呢? 我的讲话就是从这个问题开头的:会不会把土地还给你们呢? 是不是要为你们操心呢? 愿意不愿意去镇压暴动呢? 难道在政府里坐着的都是一些白吃饭的混蛋吗? 难道政府不会说:'先生们,你们不让步,你们罪有应得,暴动是针对你们来的,而不是针对政府。你们能怎么办就怎么办吧,我们的事是袖手旁观。'各位先生是否以为政府不会说出这种话来呢? 镇压全国性的暴动,这要多么大的开支啊! 政府凭什么要心甘情愿地承受这笔损失呢? 要是说这么一句话岂不更省事、更便宜吗:'农民的要求是合理的,就把一切都留给他们好了,这对国库来说有利多了,国库可以从农民手里得到收入,而不从地主手里得到收入。'各位先生是否以为这帮强盗(留胡子的老头儿略微压低了嗓音,把目光投向桌子的尽头),是否以为类似萨韦洛夫一样的强盗不会做出这样的决定来呢? 地主们应该满足庄稼佬的要求,免得让这帮仇视贵族的强盗们插一手。现在庄稼佬对于不致使地主破产的条件尚且能够感到满足。然而,你们若是迟疑,那就会出现完全不同的情况。那位龙骑兵索科洛夫斯基说得对:'在他们还没有听到民主派的演说之前,快点儿摆脱他们吧,如果不快一点儿,他们就会喊着口号朝你们袭击过来:'全部土地都是庄稼汉的,任何赎金也不缴! 地主老财,趁你们还活着,赶紧离开!'而且政府也会站在他们一边。阁下,"留胡子的老头儿突然冲着沃尔金问:"您同萨韦洛夫是要好吗?"

"我不认识他。"沃尔金为了使留胡子的老头儿放心就这样说,他以为这老头儿会觉得当着这个"强盗"的朋友的面,发表关于萨韦洛夫的看法是很难为情的事。

"可是他到您跟前去过。"

"仅仅是想客气一下而已。"

"你们看,先生们,情况如何?"留胡子的老头儿继续说,"萨韦洛夫先生在向沃尔金先生暗送秋波,在向他讨交情!而你们知道沃尔金先生是一位什么人物吗?对不起,阁下,我当着您的面谈论您,但是我们谈的是正事,多余的客套是不必要的,"他对着沃尔金说,然后又继续讲下去,"用索科洛夫斯基的话说,沃尔金先生是……"

本来沃尔金可能会听到别人对他下评语,这评语一定和他在萨韦洛夫到来之前在那个角落里开着玩笑给自己编出来的评语一模一样,但是留胡子的老头儿的话被别人给打断了:"静一静,静一静!维克托·李沃维奇要讲话。"

伊拉东采夫开始讲话,一切都按计划进行,没有比这再好的了。他说,他的客人当中有几位在午宴之前同格里戈里·谢尔盖伊奇·梁赞采夫交谈过,格里戈里·谢尔盖伊奇就各位来宾都十分关注的问题谈了自己的想法,他们对此深感兴趣。别的客人在午宴期间听他们讲到同格里戈里·谢尔盖伊奇的谈话也都深感兴趣……

就在这时候,萨韦洛夫凑到自己好友的耳边,悄声地说了些什么。这位好友立时大为高兴,乃至搓起他绵软肥胖的手来,向着他的朋友频频点头。

"根据大家的愿望,格里戈里·谢尔盖伊奇,我请您谈一谈,"主人面向梁赞采夫,结束了他的讲话,"劳驾,请您把引起我们兴趣的想法向我们更全面地阐述一下。"

梁赞采夫兴高采烈,他用非常动听的辞令感谢各位来宾,承蒙大家盛情关注,使他深感荣幸。他非常可爱而又不失尊严地谈到,他能力微薄,作为一个讲演人他深知自己的缺点,但各位来宾会十分宽厚地原谅他这些缺点,正是这一点鼓舞了他,他向大家保证,尽管他不会使用富丽堂皇的语言来炫人眼目,但是他将力求最明晰地陈述他的基本原则,这些原则的公正和可行是他经过长期潜心的研究和思考才发现的。如果说所有这些话完全都是多余的动听辞令的话,那么的确不可能期望从这位天真的老好人口里听到更短的漂亮话了。沃尔金深知其人,所以做好准备听他一大堆华丽而谦逊的辞藻。但是,别看他那么熟悉这位善于辞令的进步分子的天真淳厚,他听到这段漂亮的开场白的结尾几句话,也不禁惊诧地眨起眼睛来。梁赞采夫接着说,他恳请大家赏光,注意听一听他的朋友雅可夫·基里雷奇·萨韦洛夫想要谈的几句话。

　　沃尔金不胜惊诧。沃尔金知道,干蠢事很容易,而且很容易干出非常荒唐的蠢事来,他本人就深有体会,但是蠢到如此程度,即使在沃尔金看来,也是不能容许的:梁赞采夫怎么会不明白,他请友善宽厚的各位来宾听萨韦洛夫讲话,这就是捆住自己的手脚? 他怎么会不明白,此后他的发言就只能是萨韦洛夫讲话的老调重弹? 怎么能剥夺自己的自由呢? 怎么能让自己只围着朋友的屁股转呢? 当然,在他干了一桩极大的蠢事,邀请了萨韦洛夫出席这次宴会之后,这是可以理解的,太可以理解了,有了这样一件蠢事,再出现任何其他蠢事都不足为奇了。沃尔金这样考虑着就不再惊诧了。

　　而梁赞采夫这时正怀着喜悦的心情向态度友好的各位来宾解释说,雅可夫·基里雷奇的讲话将是他本人发言的最好的开场白,他请大家对雅可夫·基里雷奇的讲话给予应有的注意,这是一位国务要员公开发表的、经过深思熟虑和认真权衡之后的一次讲话,这位国务要员对这一重大问题做过全面深入的研究,他梁赞采夫还敢于补充说,这位国务要员对政府所有秘而不宣的设想都深知底蕴,他梁赞采夫还敢说,这位国务要员因其非凡的才华而受托积极参加发挥这些设想的工作。他补充这些,不怕有人指责他,说他对雅可夫·基里雷奇过于偏爱了。他把雅可夫·基里雷奇的友谊引为自己的骄傲。

　　他终于不说了,在极度的兴奋之中紧搓着双手。

　　萨韦洛夫恭维他具有渊博的学识和非凡的天才,以此来回答这位朋友的喜悦兴奋的心情,在讲过这些必不可少的废话之后,他接下去谈得很随便,很简短,条理清晰。

　　他的话是对所有地主说的。他一向以贵族的仇敌、贵族的恶煞凶神而闻名,他不想为自己辩解。他让历史去证明他的无罪。他不想谈他个人,他只想解释一下政府的想法,正如他最尊敬的、最富有学识的好友所正确指出的那样,他对这些想法是有所了解的。政府决定取消农奴制。这件事势在必行是出于两个原因。农奴制与时代精神相抵牾,在欧洲的舆论当中,它是俄国的一个污点。另一个原因是,它与正确的施政方针不相容,有碍于国家的秩序。当然,这样重大的改革一定会引起许许多多各种各样的议论,其中有一些议论是完全错误的。农奴制是要被消灭,但是财产私有制仍然神圣不可侵犯。政府不会愿意让任何一个阶层遭受损失。绝不可能把上千万的人从他们所占有的房子里赶出去,地主为了自己所做出的一切不可避免的让步,应该全部得到农民的酬报。当把划价工作委托给地主本人来做的时候,他们还会担心得不到足够的报偿吗?他们的其他一切担心同样是不必要的,不必要的原因就在于:这项改革将委托给他们本人来完成。新体制的全部细节依靠他们本人的辛劳来确定。加在他们肩上的使命范围极广、非常复杂。不必要的迟疑是不符合政府意愿的。但是政府十分清楚,进行这样一项艰巨而头绪纷繁的事业操之过急也很有害。实现伟大的改革当然需要很长的时间,政府将非常耐心,它寄希望于贵族的爱国主义精神。请各位贵族认真地研究一下、全面地考虑一下这个重大的问题。为了准备彻底解决这个问题,他们将一省一省地集合开会,他们将在每一个省都制定一个适合当地利益的章程。有了这样的工作程序就可以确信,伟大的改革将不致损害地主的利益。还有一种担心同样应该加以解除。有人认为社会秩序可能遭受危险。不会的。行政当局不会容忍任何混乱,而且已经采取了措施,以便行政当局在一切地方都掌握有足够的力量,在骚乱一开始的时候就把它镇压下去;为此在全国各个地方都布置了军队。

这远远超出了沃尔金的意料之外。他知道萨韦洛夫是为破坏索科洛夫斯基的计划而来,知道梁赞采夫的纲领必将毁灭。但是萨韦洛夫所做的比这要多得多。他告诉地主说,他们可以完全放心大胆地拖延解放农奴的事,可以无休止地拖延下去。

随着萨韦洛夫不断地向他们揭示出真相,这些地主的脸色逐渐变得愉快起来。留胡子的老头儿探着身子对沃尔金悄声说:"我们误会了,尊贵的先生,您自己可以看得明白,他们在我们面前摇尾乞怜呢。他们怕我们。尊贵的先生,您知道吗?怕我们。您会怎么说呢?您的朋友们,所有这些梁赞采夫们和索科洛夫斯基们不过是一群信口开河的空谈家而已,难道不是这样吗?"

"他们都是很正派的人,他们在为人民着想的同时,也愿意真心地为贵族着想。就这一点来说我是一个很好的见证人，因为我并不把自己看成是您的朋友。我不是说，我想到你们接受他们的建议、躲过灾难，我会很高兴；我更不愿说，你们现在拒绝他们的建议，我会很难过。你们尽管拒绝好了，我是无所谓的。你们尽管沿着萨韦洛夫这一席话所指出的道路走好了。沿着它走吧。我不会为你们落泪。你们可以忘记萨韦洛夫是一个玩弄权术的阴谋家，他考虑你们的脑袋问题同考虑人民的利益问题是一样多的。"

"好啊，尊贵的先生，您在威胁我们。您的威胁并不那么可怕，军队会驱散您那些可爱的庄稼佬。"

"我明白这一点，阁下。能驱散的时候是要驱散的。能驱散的时候，你们是没有什么可怕的。"

"尊贵的先生，我想请教，您要说什么？"

"阁下，我要说农民暴动对你们来说并不是什么了不起的危险。军队很容易就把农民暴动镇压下去。"

"您是想用革命来吓唬我们吗，尊贵的先生？"

"阁下，您愿意怎么理解就怎么理解好了。而且，如果您想去告密的话，我也不能禁止。"

"好吧，尊贵的先生。现在我们算是明白您的意思了。"留胡子的老头儿说着就扭过头去听萨韦洛夫的讲话了。

萨韦洛夫在向地主说明了事情的真相之后，转去发表那些寻求友谊的空论。

政府会恪尽它的维护秩序的天职，当然，贵族也会尽到他们自愿解放农奴的义务。为此，贵族最好去读一读研究这个重大问题的专家的著作。不仅是出于友谊，而且是为了严肃的真理，萨韦洛夫不能不说，有关这一重人问题的最有学识的著作是出自他的朋友、我们的著名律师格里戈里·谢尔盖伊奇·梁赞采夫的手笔。随后便滔滔不绝地对他的朋友进行冠冕堂皇的赞颂，同时热情洋溢地表示，他坚信贵族会由衷地欢迎这位著名律师可贵的思想……

这期间，沃尔金在反复考虑，他该怎么办。这位著名律师满面春风，他非常高兴他的朋友这样循循善诱地使贵族喜爱上了他的想法。他将若无其事地开始发表演说。

就让他去发表他的演说好了。然而,如果不及时剥夺索科洛夫斯基起来闹事的机会,他肯定要大闹一场。索洛夫斯基咬牙切齿,两眼放射着愤怒的光芒,从他瘦骨嶙峋的肩膀的轻微抽搐中可以看出,他气得直哆嗦。

"娜杰日达·维克托罗夫娜,我要退席了。劳驾! 请您转告,说我有些不舒服,但是不要为我担心,您就说很快会过去的。"沃尔金起身走出宴会厅。

而梁赞采夫依旧满面春风,他在等待即将到来的时刻,好开始施展辩才,陈述他那些曾经得到好友大力推荐的基本原则。

从宴会厅走出来的时候,沃尔金听到突然挪动椅子的响声和沉重急促的脚步声。索科洛夫斯基出来追他。沃尔金走到他曾经撕窗帘犯下罪行的那一间大厅里,停下脚步,转过身来。

索科洛夫斯基面色苍白,有如死神一般,在他抖动着的嘴角上有唾沫流了出来。

"您上哪儿去? 您改变主意了吗?"

"我改变主意了,波列斯拉夫·伊万内奇。您自己很清楚,我们不可能做任何事情。您一定要强迫我讲话吗? 我能说什么呢? 让我像吓唬您那位留胡子的老头儿那样,用革命来威胁大家吗? 抛开我个人不谈,甚至也不去说这将意味着败坏主人的名声,我只是想问您,这样做不太可笑了吗? 有谁会相信呢? 有谁能不哈哈大笑呢? 再说,用自己首先就最不相信的事情去吓唬人,这未免太不正当了。"

索科洛夫斯基瘫坐在沙发上,用颤抖的双手捂起脸来。

"您走吧,我们和他们斗!"略过片刻,他猛然站起来喊道。

"算了吧,波列斯拉夫·伊万内奇,这有什么好斗的呢?"

"不,我要去。"

"没有必要,波列斯拉夫·伊万内奇,没有您的关照,他们也会听梁赞采夫讲话,他们都是些懂礼貌的人,既然他们自己请他讲话,那他们就一定能听到底,虽然现在已经没有这个必要了。而且午宴之后还会听他宣布纲领,并且大加夸奖,他们何必要做不懂礼貌、不讲客气的人呢? 用不着您操心,没有您也同样过得去。您最好还是跟我一起走。我想去看看列维茨基怎么样了。

也许他已经清醒过来了。走吧,不然您还要威信扫地呢。"

"不,我要回到他们那里去！我要去斗！"

沃尔金摇了摇头。"波列斯拉夫·伊万内奇,跟您这样固执己见的人在一起真是乏味,请您相信我,乏味极了。"他一本正经地说。

"怎么会料想到萨韦洛夫能干出这种背叛的事来呢?"

"这谈不上任何背叛,"沃尔金完全合情入理地解释说,"您想把当前局势的假象拿给地主们。而萨韦洛夫尽到了他本职的义务,驳斥了您加在政府身上的诽谤之词。"

"难道说一切都完了?"

"即使萨韦洛夫没有及时得知你们的计谋,这一切也不能不完。这个计谋仅仅建筑在误解的基础上,建筑在受最初印象蒙蔽的基础上。迟早会真相大白,"沃尔金以他一贯的认真态度回答着,并且解释说,"没有什么可惋惜的,即使今天成功地让地主们在梁赞采夫的纲领上签了名,过不了几天他们就会抛弃这项纲领。而且他们有理由这样做,他们会说,是靠欺骗征得了他们的签名。也的确是靠了欺骗。整个这件事毫无意义,而且说句老实话,也很不正派。这件事失败了,没有什么可惜的。"沃尔金讲过之后,喟叹一声,沉吟了一下,又重复说,"是的,这件事毫无意义,不值得惋惜,"接着加了一句,"嗯,怎么样,咱们走吧,波列斯拉夫·伊万内奇?"

"不,我要回到他们那里去,我要斗争到最后一分钟!"

沃尔金摇了摇头,他这样做完全正确。

"背叛,在贵族面前吓破了胆,谁能料到在战胜恰普林之后会出现这种事情！"

"唉,波列斯拉夫·伊万内奇！可以战胜个别人,但是对整个贵族,对不起！如果他敢于想到同贵族斗争的话,那他还是萨韦洛夫吗?"

"多么懦弱,多么猥琐！他们当中连一个以国家为重的人都没有！"

"唉,波列斯拉夫·伊万内奇！"沃尔金摇了摇头,反驳道,"我感到奇怪,您怎么会提出这样荒唐的要求来,我对您说,真叫人奇怪。"他重复地说,随后静思了片刻,摇了摇头,便向前厅走去,接着又停下脚步说,"怎么样,波列斯拉夫·伊万内奇，跟我走吧，这样做会好得多，我可以肯定。"他没等索科洛夫斯基做出任何回答，就把两只手伸进侍者递过来的大衣的袖筒，叹息一声，再一次摇了摇头，之后便戴上了帽子，从此他便摆脱了全部激动的心情，彻底平静下来了。

但是，一种更加强烈的激动，一种令人愉快的激动在等待着他。

他希望看到列维茨基已经清醒过来了，他几乎是满怀信心地走近那一间他在病榻旁边度过了许多痛苦时光的房间。尽管是这样，可是当他听到从那个房间里传来妻子的声音，仍然忍不住要高兴地喊出声来：他的妻子在同列维茨基谈话，列维茨基清醒过来了，列维茨基脱离危险了！

"您好啊，阿列克塞·伊万内奇，我的脸色还好吧？"列维茨基说，他的身体还非常虚弱，勉强把一只极其瘦削的手伸给走进屋来的沃尔金，"伊拉东采夫家的情况怎么样？莉季娅·瓦西利耶芙娜告诉我，说您到他们家去了。"

"真是好人，她父亲和她都很好，特别是她。她在谈到您的时候，弗拉基米尔·阿列克塞伊奇，是怀着多么美好依恋的心情啊！她待我也像亲人一样，就因为我和您彼此敬爱。"

"是的，她是一位非常善良可爱的姑娘，"列维茨基回答说，"我也知道，她很爱我。"

这几句话完全打乱了沃尔金的思路。凭他的机敏，他曾经深信，列维茨基急于离开乡下仅仅是因为要从伊拉东采娃身边躲开；他深信列维茨基爱上了她，而这爱情又是不幸的。如今，他同样凭借着这种机敏看出来，这一切根本都不会发生。非常明显，列维茨基对伊拉东采娃抱有完全宁静而平和的朋友间的感情，正如她对他抱有的感情一样。

"他们父女俩如果知道您能谈话了，一定会非常高兴。"

"是的，我相信他们会很高兴。"

"您看怎么样？我派个人到他们家去告诉他们。"

"您派人去吧，这真是个好主意。"

沃尔金去找店主人，向他吩咐一遍。

"弗拉基米尔·阿列克塞伊奇，您说说看，您为什么这样匆促地离开了他们,而且还编造借口,说是收到了我的信,以此来掩饰您离开的真正原因?"

"我的朋友,他还很虚弱,多说话对他有害,"沃尔金娜说,"等以后找个时间再让他说吧。"

"你说得对,亲爱的。"丈夫同意地说,他立即想到,这的确是对的。

"您讲一讲,那里的情况怎么样? 是成功了,还是像您所预料的那样失败了?"列维茨基问。

沃尔金和盘托出,毫不隐瞒。尽管他很想对妻子隐瞒起他弄了自己一身五颜六色的丝线那一段情节,但他凭着他的机敏,考虑到隐瞒是没有用的,反正尼韦利津也会讲出来。

妻子本想骂他几句,但不能不大笑不已。连列维茨基也笑了。而后他很快就打起瞌睡来。沃尔金娜赶忙把这位幽默的故事家领了出来。

"你这个人真怪,我的朋友,"在他们下楼的时候,她对丈夫说,"人家刚开始好一点,你就想来盘问他。"

"你说得对,亲爱的,"深刻的思想家同意地说,"可是他究竟为了什么要离开乡下呢? 我看他根本不是为了要离开伊拉东采娃,我可以肯定地告诉你,不是要离开她。"

"你真是不可救药,我的朋友。"

"你说得对,亲爱的。"深刻的思想家立即同意说。

"我高兴极了,我的朋友,啊,我为他庆幸,但更为自己庆幸,今后我可以不再担心你折磨自己了,今后你可不敢再这样拼命工作了。"

第二卷

列维茨基一八五七年日记摘抄

五　月

27日　租定了住处。我多一天也不愿留在学院的樊篱之中,当我返回学院的时候,听说会议已经结束。利卡昂斯基、切尔卡索夫和所有我们的同学都被评定为——高级教师。连我也是,真出人意料。关于我,斯乔普卡发表了两个小时的演说,他气急败坏,乃至达到完全不顾廉耻的程度:"最后,先生们,我要告诉大家,我掌握了无可置疑的证据,那封写给部长的卑鄙的信就是出自列维茨基的手笔,正由于这封信的缘故,部长才决定要关闭我们的学院。"对很多教授来说,这的确是一大新闻,造成的印象十分强烈。一些人对我的智谋和义愤表示惊叹,另一些人对斯乔普卡的厚颜无耻感到诧异。"即使这封信真是出自他的手笔,我也不能因为他说出了真理而谴责他。"梁赞采夫说。"格里戈里·谢尔盖伊奇,可是我们却因此丢了职位,"斯乔普卡丝毫不觉羞耻,他继续说着,"您说话很轻松,您在大学里有教席,您还有土地。可是我和其他许多人却打碎了饭碗,将要没饭吃了。""斯切潘·伊万内奇,您是不是会没有饭吃,我不想妄加评论。可是其他人在两年当中总会找到职位的。"还有两三个人,不计个人得失,正直之心占了上风。多数人自然是和斯乔普卡抱有同感,或者是不敢对他持反对意见,因为在今后两年里他还是他们的上司。梁赞采夫声言,如果不让我以高级教师资格毕业,他就要去找部长,说明敌视我的原因。斯乔普卡害怕了。切尔卡索夫高兴得忘乎所以,这一回斯乔普卡就不能实现他的诺言,非要让我带着一个很坏的评语毕业不可了。我对他说过二十遍,这对我无所谓:伊拉东采夫会设法让我留在彼得堡,即使他们在我的毕业文凭上说我一个大字不识,也于我损失不大。"可是你曾经说过,如果斯乔普卡不评你为高级教师,就把你给毁了。""切尔卡索夫,这句话是我在什么时候说的呢? 是冬天,是在认识伊拉东采夫以前。""不管怎么说。""什么'不管怎么说'? 那时候如果我不以高级教师资格毕业的话,我就不可能在彼得堡谋到一个职位。而在最近的三个星期里,我不是向你说过二十次了吗? 现在毕业文凭对我来说已经毫不重要了。伊拉东采夫建议我留下来继续在他家做家庭教师,他还答应说要去找部长,取得部长的同意。"事实当然是这样。但不管怎么说。"再过半年,他就会彻底相信伊拉东采夫,并且会反复地谈起伊拉东采夫,而那个时候,说不定在我的心目当中同伊拉东采夫的关系已经不那么重要了。在切尔卡索夫的心里对我存有多少爱的情谊啊! 他为我庆幸,甚至完全忘记了考虑自己的事。他回到家乡是否能谋到一个职位呢?

傍晚,我和利卡昂斯基沿着交易所公园散步良久。利卡昂斯基一反常态,不胜伤感。"列维茨基,没有你,我们会怎么样呢?""和过去一样。你在同学当中也会具有你所认为我有的那种影响。""不会的,列维茨基,别再说胡话了。"我对他说,他一定可以代替我,而且我也请求他在他们继续生活在一起的时候,能代替我。我告诉他,我再也不会回到那些令我痛恨的教室里去了。他理解这种心情。

28日 永别了,师范学院,你毁掉了几百个年轻人的精神生活,又把他们派到俄国各地去搅昏无数少年的头脑,戕害无数少年的心灵。永别了,师范学院,你用饥饿和专横永远地毁坏了那些不甘心屈服于你提出的奴隶主义和蒙昧主义原则的人的身体健康。永别了,师范学院,凡是敢于反对你的丑陋弊端的人都已经被抬出校园、送进墓场。永别了! 已经宣布我们毕业了,再过半个小时,在我身后将永远关上你的层层大门,并且再也不会有新的牺牲品走进来了。——中午十一时三十分。

切尔卡索夫哭得像一个孩子一样。他在致告别词的时候痛哭起来,他想继续往下讲,怎么也讲不下去。他出来陪我,帮我整理书。我留下他一个人做这件事,自己到伊拉东采夫家去授课。"您为什么不留下来吃饭呢?"他让我把利卡昂斯基和切尔卡索夫介绍给他。什么时候呢?"您说他们要在您那里吃饭,那就请他们到这儿来吃好了,还有比这更便当的吗?"当我回到住处的时候,利卡昂斯基已经来了。我用车把他们两个人拉来见伊拉东采夫。他们彼此很投机。我又从伊拉东采夫家把利卡昂斯基和切尔卡索夫送回学院,我的脚永远不再踏进它的门槛了,我转去买了一点明天用的东西。

回到家里,考虑半晌,我给沃尔金试写些什么呢?最后决定:把我在热衷于研究俄国思想发展问题时所搜集的那些散乱的材料利用起来,这倒是很值得研究的题目,毫无异议。让沃尔金看一看,我也是一个学者,一个从最糟糕的意义上说的学者。我要论述一下叶卡捷琳娜二世倡导文化艺术事业的问题。最低限度会收到这样的效果:可以饶有兴味地欣赏一下我们所有的进步人士将如何暴跳如雷。我想,就连心地善良的梁赞采夫也要对我的不敬有所指摘。唉,这一帮进步人士啊!难道伦敦当真把他们看成是进步人士吗?实在使人难以置信。

29日 我一直写到同学们到来。女房东看到我屋里和会客间过于拥挤,就十分友好地让出了她的房间,自己躲到厨房去了。真是一位好心的老人。我请她来同我们一起吃一点东西。她非常惊奇,如今的年轻人变得这样好,这样文明:凑在一起聚餐,不唱酒馆里的歌,不说难听的话,不打架闹事,连一个喝醉酒的人都没有。的确,这还真是一件新鲜事。比如说,在师范学院,我们年级是破天荒第一个这样的年级。彼得罗夫开始卖弄起他以为是红色共和主义,甚至是共产主义的那些无稽之谈。他指望不会有人打断他,我处于主人的地位也会客客气气。利卡昂斯基说:"你可唬不了我们,在任何党派里都有一帮夸夸其谈的人。你最好还是告诉告诉我们,斯乔普卡可能从谁那里打听到那封关于师范学院的信是列维茨基写的?"彼得罗夫回答说:"他是听维亚泽姆斯基公爵说的。列维茨基把信呈交给公爵,公爵就告诉了斯乔普卡。""是吗?斯乔普卡真是从他嘴里听到的吗?不会是别人露出了口风吗?""我们同学当中,就我所知,没有一个人偷着到斯乔普卡那里去过,"彼得罗夫回答说。"也可以通过安托什卡转告他嘛。有的人可是跟安托什卡勾搭、臭味相投啊。"彼得罗夫生气了。但是到目前为止我不相信利卡昂斯基的怀疑。

30日 写文章。在伊拉东采夫家吃午饭。他卖掉了将近一半的股票,几乎没受什么损失。回来,见切尔卡索夫在我家里。随后利卡昂斯基也来了,同他一道还有三个人,都是我们比较要好的人。送走他们,继续写文章。

31日 一大早,脑子里生出一个稚气的,但很不坏的念头,想让斯乔普卡再愉快一回。说走就走。我来到曾经多次和这个坏蛋进行交锋的大厅。有人进去通报。安托什卡从办公室里跑了出来。他用甜甜的嗓音说："列维茨基先生,您有何贵干? 我能不能转告斯切潘·伊万内奇?""不,不能转告。怎么,他害怕出来吗?""可是您想干什么呢,列维茨基先生?""让他出来好了,他怕什么? 我又不是来同他打架的。"安托什卡又溜回办公室去了。嘀咕来嘀咕去,最后,我的斯乔普卡终于在安托什卡和文书的陪同下走出屋来。我一本正经地说:"斯切潘·伊万内奇,我听说您在会议上针对某些教授的愤恨情绪为我进行辩护,我是来向您表示感谢的。"斯乔普卡脸色青紫,连忙向安托什卡身后躲去。"列维茨基先生,我们之间曾经发生过一些不愉快的事。但我一向都是为了您好。""而我也一向都理解您给俄国教育带来的好处,我希望在师范学院关闭以后,会给您一个更高的职位,并且完全相信,会委任您去当学区的总监,这个职位您已经谋求好久了。"我说着,彬彬有礼地鞠躬致敬,随后便扔下惊厥得要跌倒的,被安托什卡一把搀起的斯乔普卡,告退而出。这个摧残青年的人的旺盛活力到哪里去了! 他的脸歪斜抽搐,像是中了风的样子,但却不是中风! 不,等到晚上,这个老贼又会健康如初,像是没有发生过任何事情一样。

　　一回到家,就遇上了一件可能会有严重后果的奇事。但是我的心肠该是多么冷若冰霜啊! 我年纪轻轻就这样处世淡泊是很可怕的。

　　我在上楼梯的时候,刚刚走到我房间的下一层楼的过道,一间房门"嘎"的一声敞了开来,有一个女人光着肩膀,胸前抱着撕成碎片的衣服,冲过过道,向上跑去。一个五大三粗的男人,高举着拳头,在她身后追了出来。我一把抓住这个男人的衣领,扭住他,把他摔倒在地,拽回到敞开来的住室里,我招呼人递给我一根绳子或者什么别的东西,把这个醉鬼捆起来。可是没有人答应。我只好在地上继续向前拖着"这堆东西"。他这坏蛋挣扎反抗,因此就不得不再让他尝些厉害的拳脚。拖他走过两个房间,都没有找到捆他的东西,拽着他来到厨房,在这里找到了绳子。我用膝盖压住这个坏蛋,捆上他的手脚,把他拴在厨房的桌腿上,然后去找那个从这恶棍身边逃走的女人。

　　她站在门旁,不敢进来,由于害羞而躲在门后,挡住楼梯的方向。她的衣服凌乱不整,上衣被撕成一块儿一块儿的,衬衣也撕得粉碎,一条条倒挂在裙子上。这可怜的女人见了我,害羞起来,连忙去扶门把手,急匆匆地抓起衬衫和外衣的碎布条,但这些布条却从她战栗的手上滑落下来。在门斗里,由于掩着屋门,黑洞洞的。我刚从亮处走来,看不见她的脸庞。我安慰着她,把她领进客厅。光亮照在她的脸上,她美极了。任何一个年轻人都会为此而动情。随着在厨房里扭动桌子的那一头野兽的每一声吼叫,这个可爱的、可怜的女人都要猛地一惊。他是她的丈夫,她上气不接下气地说。她同他结婚是被迫的。已经将近一年了。可是她丈夫始终不敢靠近她身边。只是不久以前,总共有一个月左右,她才在他的淫威之下变得难以自卫……她丈夫为什么向她扑来呢? 事情是这样。她丈夫坐在那里喝酒。她在穿衣服。她默不作声,她丈夫也默不作声。猛然间,她丈夫跳起来,扑到她身边,举手就打。她挣脱之后,就往外跑;她丈夫又去捉住她,她再从他手里挣脱出来。她还能够挣脱,因为她丈夫已经喝得大醉了。她丈夫追赶她、抓她,她身上的衣服被撕得布片横飞,她一再挣脱着、奔跑着……

多么冷静淡漠的情感啊! 我耳朵听得见,心里很明白。当她优美无比的身段在我敬慕的目光之前放着异彩、战栗着、偎依在我身旁的时候,而我还能听得见……我还那么理智,还在尽量安慰她!

最后,她终于明白,她的丈夫再也无法挣脱了,再也不会向她扑来了,这时她才到另外一个房间去穿衣服。

他们的住室并不大,正像我在拖住那个恶棍时所看到的,只有三个房间。但是,家具很不错。卧室里的陈设甚至是很豪华。一张富丽堂皇的床,是胡桃木的,雕满了花饰;大大的枕头,粉红色的缎面,滚着花边。

她穿好了衣服又走出来。我说,她最好还是再不要这个恶痞了。她能不能做到呢? 能。

同样被这坏蛋的狂怒吓跑了的厨娘,这时也转了回来。我打发她去叫看院子的来一下。看院子的不敢去找警察;被捆起来的那个畜生就是警察,是警察分所的副所长。这个坏蛋吼叫着,说要拿鞭子抽看院子的。见这老头儿左右为难,不能不使人动怜,他在反复掂量,是谁更有权利用鞭子把他的脊背抽开花:是那个威力无边的畜生,还是我。从发号施令的沉着冷静的口吻来看,好像我更有威力。

看院子的几乎是含着眼泪去找警察分所所长的。出乎我的意料,既不要我塞钱,也不要我解释,说我可以通过伊拉东采夫直接找总督过问此事。警察分所所长一进门就说,他乐不得把这个坏家伙弄走,卸掉自己一个包袱,但是他做不到,因为分区警察局长对拉普舍夫唯命是听,正是这个拉普舍夫安插了这个坏蛋给他当副手。分区警察局长是个好人,他遵从他的恩主的愿望,不能把这个坏蛋赶走。我对分所所长说,如果这个坏蛋的妻子要提出同他离婚的话,无论是分区局长还是拉普舍夫先生都没有理由去袒护醉鬼。分所所长同意说,这倒是实话,同时他也为此而感到庆幸。

事情的结局必定圆满。只要她交给总督办公室百十个卢布,所有的手续在两三天内就会弄好。那时候,我就可以把我的想法告诉她了。

只有那个时候。在这之前她必须先得到自由。提前告诉她将意味着乘人之危。因此,当分所所长把坏蛋押走,并且保证说,在得到上级的命令之前绝不放他出来,这时候,我想我也不该留在这里了。分所所长起身告辞,我也随他一起走出屋来。

当然应该离开。然而像我这样年纪的人,如果他有一颗火热的心,他能做到这一点吗? 多么可怕的冷漠寡情啊。

女房东认识阿纽塔。她有两回帮助过阿纽塔逃跑。今天,阿纽塔也是想躲进我们屋里来。全楼只有我的女房东一个人敢于不把这可怜的人交回到那个坏蛋手里,因为她本人是六级文官的夫人,并且还有一个什么亲戚是副经理。这个咆哮发狂的、喝得醉醺醺的强盗,酒醒之后就会在更高的官衔面前变得俯首帖耳。真是完美社会结构的前所未有的、登峰造极的理想境界!它把这种诚惶诚恐、毕恭毕敬的态度灌输给俄国最暴戾的子民! 真是幸运的民族!

我告诉阿纽塔,我替她写致总督的请求书,七点的时候我还要来向她说明,在呈递请求书的时候她应该说什么、怎么说,然后还要到哪里去请求帮助、如何请求帮助,使总督的指令能够迅速执行。我要带上女房东一起去。

在事情没解决之前,我不愿向阿纽塔表白我的感情,因此我不愿一个人单独见她。这是明智的,甚至可以说:这样好极了。但是全无心肝。

请求书写好了。值得玩味的是,午饭后在等待约定时间去见阿纽塔的时候,我是否能有足够平静的心绪继续写文章?如果我能非常深刻地论述一番喜剧《啊,时代!》[①]的作者,那我自己会毫不奇怪的。

七点。我反复考虑,甚至还进行了一番遐想。还是不带女房东。为什么?我单独和阿纽塔在一起也不会如醉如痴。最好是我一个人和她在一起坐一晚上,没有旁人。应该让她有机会了解我,因为她很快就要做出抉择了。再说当着女房东的面也不便给她钱作办事的花销。大概她自己没有钱。

十点钟。因为阿纽塔在高声地笑,因为我在讲笑话,因为厨娘在打鼾,所以我们有好长时间没听见有人敲门。

值得活着吗?连干事情都觉得多余,那何必还活着呢?

我在说有趣的昏话,阿纽塔朗朗地笑着,厨娘鼾声大作。有好长时间我和阿纽塔没有发觉有人在敲厨房的门。敲门的声音越来越响。我去开门。原来是我房东的女佣。我家里来了一位客人,切尔卡索夫。他说,他找我有非常重要的事。我赶回家去。一进门,见切尔卡索夫站在那里,两只手交叉在胸前,脸色抑郁……

淡泊寡情的人要自杀只能是出于忧郁,而不会是出于震惊;只能是出于苦闷,而不会是出于伤感。当我不由得记起我还有一小瓶吗啡的时候,我确信,这只是我的思想在作祟。

我走进屋门。切尔卡索夫站在那里,脸上是一副被宣判了死刑的人的神色,阴沉沉的,瘦多了;而他的目光……

也许真的不值得去死?然而,要死不用吗啡也并不难——这是四层楼上。真是庸俗至极。但是,究竟怎样行事更庸俗呢:是我感到忧伤还是我不感到忧伤?

切尔卡索夫站在那里,脸色是难以形容的悲戚。但他的眼睛却闪着某种仿佛是狂热激动的光芒。

---

① 俄国女皇叶卡捷琳娜二世所写的喜剧。——译者注

"你站住,列维茨基。在你走近我之前,先回答一个问题……"

何必来这么一个荒唐的戏剧场面? 他是不是干下了什么可怕的事情? 他是不是以为,我知道了以后,会撒手不再管他? 真令人奇怪! 好像是我不了解他,好像是我不知道,他不可能干出任何卑鄙的事情似的?

"列维茨基,难道大家风传的事当真确有其事吗? 大家派我来问一问,这是不是真的……"

这是怎么回事? 是审问! 是同我在一起生活了四年的人在审问! 即使我愿意不冷漠,我也没有力量不冷冰冰的。然而我不愿意做一个不冷漠的人。有那么一些蠢事,会把全部情感都扼杀殆尽。

"你要问的是什么事?"

"我本来不愿意相信彼得罗夫的话,他说你到斯乔普卡那儿去过。可是安托什卡和斯乔普卡的文书都对我们这样说。你为什么去见斯乔普卡?"

"大概你已经知道,既然知道了,就不必再问了。"

"我原来不愿意相信你曾经到斯乔普卡那儿去过,现在还仍然不愿意相信他们所说的那些话! 难道你真的去请求他的恩典,向他表示过谢意吗?"

"是向他表示过谢意。"

他用双手捂起了脸:"在你看来,一个教授的席位要比我们对你的尊敬更可贵,比你自己的人格更可贵。"眼泪透过他的指缝滴了下来。

他挺直身躯,双手交叉在胸前。"列维茨基,我曾经爱过你。我不曾用这种满腔热忱爱过父亲和母亲,将来也不会用这种满腔热忱去爱妻子和儿女。但是从现在这一分钟起,我们之间的一切都完了。"

"完就完吧。"

"永别了,列维茨基!"

"永别了,切尔卡索夫。"

有两三个小时我如癫如痴,后来我逐渐醒觉,好像感到危急时刻已经过去,我很高兴我能活下去。的确,那种突发的癫狂再也没有复发,激动的心绪也渐次平静下来。而现在我已经完全心平气和了,我冷静地反躬自问:凭什么要领受这一件赠礼呢? 我冷静地认识到我对自己的看法是正确的:我是一个利己主义者。倘若我对生活真的有所依恋仅仅是因为我希望用自己的事业为别人造福，那么我就不会把对我产生诱惑的吗啡扔到窗外去了，或者在扔到窗外以后我也会跳楼摔死在大马路上。没有这个必要，这太可笑了。最好是让他们以为，我之所以自杀是由于失去了他们对我的尊敬。然而，他们现在会怎么想或者将来会怎么想，对我来说不是完全一样吗？是的，如果我不是一个冷酷无情的利己主义者，我就不会有足够的勇气决心活下去。活着是极端愚蠢的。想做一个有益的人是毫无希望的。不可能给人们带来益处。他们没有能力改善自己不幸的命运。

我蔑视激愤和鄙俗。我蔑视它们并没有错。激愤和鄙俗的力量很有限。这种力量不难克服。广大群众是诚实善良的人。他们的志趣与一切丑恶的事物截然对立，但和正义的要求是完全一致的。广大群众能够理解正义的要求，因为这些要求十分简单，而群众也并不愚蠢。当群众理解了这些要求之后，他们就不会不期望实现这些要求，因为不实现这些要求他们就很不幸。群众会勇敢地投身于斗争，以实现这些要求，群众会英勇奋战，因为他们是高尚的。在想到这些的时候，我并没有错。但是我对组成广大群众的那些善良的诚实的人的理智过于相信了。我对他们中间的大多数人的轻信和轻率，考虑得太少了。同这种力量斗争是不可能取得胜利的。同学们给我上的这一课，使我睁开了眼睛。就事件本身来说，微不足道，甚至很有意思。但是这一事件揭示出来的使我恍然大悟的那个真理，却是可怕的。一个对人民怀有真诚热爱的人经受不起这种觉醒。尽管我是一个利己主义者，但是在我说来，认识到这一点也很沉痛……十分沉痛……

他们一共是二十八个人。他们当中只有彼得罗夫很卑鄙，只有两个人很庸俗。其余的人心中充满了同样也鼓舞着我的那些志向。这二十五个人当中，就智慧和心灵来说，很多人远远超出一般水平，以文化教养而论，所有的人都无可比拟地高过一般水平。

我们共同生活了四年。他们应该了解我。他们过去是了解我的。

他们也知道，我的处境已经大有改变，原因是发生了一件事，使伊拉东采夫欠了我的情，至少他自己认为是欠了我的情。切尔卡索夫清楚地看到，伊拉东采夫是不是认为自己欠我的情。以前他们可能不知道这一点,而现在是知道的。

他们以为,我想要得到一个教授席位(我不知道是在师范学院还是在大学里);他们以为,既然我想得到这个教席,我就认为有必要去卑躬屈节地追求它;他们以为,既然我认为有必要卑躬屈节,那么我就会心甘情愿地去这样做;他们以为,既然我心甘情愿,那我就会选择那个一钱不值的败类,选择那个我极力诋毁并且让整个教育部的人,从部长到最末一名文书,都千唾万骂的败类,来做我阿谀奉承的对象。若要把这一套想法同他们所知道的有关我的种种事实联系在一起,需要有什么样的头脑啊?

看来,要把这种荒诞的想法装进脑袋,既不须要是愚蠢的人,也不都须要卑鄙的人。他可以是一个聪明人(他们差不多个个是聪明人),他可以是高尚的人(他们个个都很高尚),但只要他有普通剂量的人类的轻信和轻率,甚至少于普通的剂量(因为他们比一般群众更有思考的习惯),那么,这种驴唇不对马嘴的想法就会装进他的脑子里。

那么,还有什么东西不能钻到这样的头脑里去呢? 就是说,不能钻到比构成社会群众的那些头脑更有文化教养的头脑里呢?

这个事件就其本身来说并不重要。确实,我对这些人有过好感。但是同学间的交谊并不是那种一旦破裂就会使人心肝痛裂的友情。如果几乎他们所有的人很快就把我当成外人,而我也把他们当成外人,那还不是一样吗?几乎所有的人很快就要离开彼得堡了。我们也不会再通信了。

然而,这些话对其中的两个人并不适用。对这两个人来说,我不只是同窗的学友,而且是好朋友。我可怜切尔卡索夫。我可怜他是因为他这样深沉的伤心痛苦。他爱过我。为此我也热爱过他。他忽然觉得他不应该再爱我了,是他痛苦,而不是我痛苦。不,多余这样说,我也略微为自己感到悲愁。我永远也不会不爱这个高尚的人。过去,他随时都准备着为我赴汤蹈火,我不可能不怀着柔情去追忆这样一些朋友。然而不管怎样,与其说我为自己感到悲愁,莫如说我更为他感到悲愁。他很可怜,真可怜。只有一点还差强人意:他将回到他的家乡去,生活在亲人当中,他的苦闷会慢慢减轻。是的,他会因为热爱这些亲人而变得幸福。也许，很快他就会恋爱，这个可爱的、天真的青年！他会幸福的。无须为他过多悲愁。

而对利卡昂斯基，我有十足的信心。他不会受到他们这种癫狂举动的影响。大约，他把他们骂了一个狗血喷头之后。摆了摆手，走开了。多余走开，不应该走。应该开导他们，直到他们清醒过来到他们因为这样侮辱了自己，而感到羞愧为止。但是也要说明：一个活生生的人，不可能有这么多的耐心。要做到这一点，他就得成为一个像我一样冷漠寡情的人。

当然，事实上还会有那么两个人或三个人，在我的心目当中没有降低人格。拉古诺夫或者布拉戈韦先斯基，博里索夫或者斯文佐夫。但只是两三个人，最多四个人。那么其余的二十个人呢？

只有几天的工夫没有人每时每刻地提醒他们，但就在这几天里他们已经相信起恶棍的话来了，而他们自己明明知道这些人确实是恶棍。

他们还算是无可比拟的高于一般群众的人。他们曾经努力追求过美好的事物，他们现在也像过去一样，仍然在努力追求美好的事物，仍然品德优秀、心地纯洁、完美无瑕；只有一个变化——他们成了坏蛋手中的玩偶，尽管他们自己仍然是高尚的人。

千古不变的老套子。事情并不大，但它揭示了一个我一直不愿意理解的真理……我很高兴：我多认识了一个真理，将来会用得着。但很沉痛，使人感到压抑。没有力量做事情……仿佛衰老了一般……

> 黑暗和冰冷笼罩了
>
> 我的疲惫的心灵……[1]

千古不变的老套子：一个工人去召集帮手。他号召人们为了他们自己的福利而同心协力地工作。群众汇拢来，准备开始工作。这时来了一个骗子，开始招摇撞骗、搞阴谋诡计，大家张开大嘴，呆呆地听着，然后就一窝蜂似的跟他去了。他把他们引入泥潭，他们沉陷在污泥当中，口里还高喊着："我们问心无愧！"他们的确问心无愧；但是非常可惜，他们将带着他们纯洁无愧的心沉没在泥潭之中。

---

[1] 引自莱蒙托夫的诗《怀着恐惧看未来》。——译者注

而这个工人只剩下很少的几个伙伴,艰巨的工程只靠少数人是不能胜任的,他们努力用超过限度的力量去弥补人手不足,他们拼命工作,最后累垮了身体,累死了⋯⋯

　　累死了他们,并不可惜;可惜的是事情没有做成⋯⋯

　　没有做成还不算。不,比这还要坏:还败坏了名誉。恶棍跳出来喊叫:"你们看,他们想要干,但是没干成;这也就是说,不应该干。"整个民族重复说:"不应该干。的确如此,显然是不应该干。只会白白累死人。我们最好还是循规蹈矩,像过去那样生活,按照那些向我们提出了这个明智建议的人的主张行事。于是更坏的一些人便攫取了权柄。

　　从格拉克赫兄弟①到巴贝夫②都是这样一套⋯⋯后来还是这一套,这个可怜的一八四八年⋯⋯

　　这样看来,不是死了更好吗? 对于一个对人们充满了真诚热爱的人来说,是更好。这样的人活着很难受。眼看着人们受苦受难,又没有希望去帮助他们,这对一个有火热情感的人说来,是过于痛苦难忍了,但我却很能忍耐。于是我活下来了,并且不准备后悔。凌晨四时。

---

① 泰·格拉克赫(前163——前132)和海·格拉克赫(前153——前121),都是古罗马政治活动家,主张重新分配国有土地,以利于小农。

② 巴贝夫(1760——1797),法国革命家,空想共产主义者。

六 月

1日 两点钟醒来,应该赶快去授课。穿衣服时,还有后来走在路上的时候,我在想,由于同学们干了蠢事,我昨天发现了一个多么新颖伟大的真理,并且我对这个稀奇的发现多么关切啊。我禁不住耸起肩膀,发出微笑:为了一桩小小的不愉快,竟然这样激动! 从一件庸俗的遗憾当中,竟引申出这样规模宏伟的结论来! 无可争辩,他们的确干了一件很大的蠢事,我生气也理所当然;同样无可争辩的是,我曾经对他们有过好感,而且可能为他们的鄙俗行为感到悲伤,也并不显得幼稚可笑。但是,激动到疯狂的地步,一把抓起装吗啡的小瓶子,后来又跑到窗口去,这未免太愚蠢了。而且为这种庸俗的心灰意冷找了多么冠冕堂皇的辩词啊!"活着毫无价值,因为做事情是没有意义的:人们愚蠢而轻浮。"当然,他们并不十分理智。但正是因为这一点,才应该为改善他们的命运而工作。如果他们不愚蠢,也不轻浮,那就用不着操心费事了:他们的生活早就安排得完美无缺了。

但是非常奇怪,利卡昂斯基直到现在还没有来。我醒来之后曾经想过,他来过了,但不愿意叫醒我,就又走了。不是的,女佣人说,他没有来过。直到现在还没有来,已经八点钟了。他不会没有兴趣了解我对同学们干的蠢事是怎么想的;他也不会不希望早些告诉我,在同学们当中发生了什么事情、怎么发生的。

午夜一时。事情的经过大致就像我推断的那样。昨天中饭过后,彼得罗夫到食品店去了一下,他临走的时候是这样说的。回来的时候带来一件新闻,说我和斯乔普卡言归于好了。一些人相信了,大多数人,当然也包括切尔卡索夫根本不想听。"这件事你怎么知道的? 你不是到食品店去了吗?"利卡昂斯基问他,利卡昂斯基早就怀疑他同安托什卡暗地勾勾搭搭、狼狈为奸。彼得罗夫回答说,他在食品店里碰到了斯乔普卡的文书。"你尽在撒谎;大概是你到安托什卡那里去了,和他一起编造了这个谣言。""这是什么,是谣言?有两个见证人——安托什卡和文书。请你们分别问一问他们。如果是谣言,就会真相大白。"同学们决定:派三个人去问文书,同时请安托什卡来开会,追问他一下。就这样办了。从文书那里回来的人带回的消息,和大家在会上从安托什卡口里听到的一样。和彼得罗夫所说的也一样。我向斯乔普卡表示谢意,感谢他同意会议的决定,让我以高级教师的资格毕业。斯乔普卡回答说,他从来都希望我好。我们拥抱、亲吻。斯乔普卡答应提出推荐,给我颁发助学金准备考硕士,而这样做又是为了取得教授的席位。

很可信! 多数人这样断定。但是,还有不少人说,这些都是胡说八道。切尔卡索夫犹豫不定。有几个聪明人建议他和利卡昂斯基来问问我。利卡昂斯基拒绝这样做。可怜的切尔卡索夫愚蠢到家了,他居然来了。

"你为什么要放他来呢,利卡昂斯基?"

"有什么办法呢? 这些糊涂虫议论起来的时候,你能说通他们吗?"

"至少你不能放他一个人来呀。你自己跟他一起来就好了。"

"在这一点上,我的兄弟,我的确是犯了错误。没有料到,他会这么"聪明"地跟你谈话。等他回来,重述了一遍他同你的"聪明"的谈话,我就发觉,这正是应该预料到的结局。他是一个高尚的人,侠义肝胆,一个未经事的"小姑娘",但是又十分激动,他会干出聪明事来的。但是在放他来的时候,我没有想到他会变成这么一个愚蠢的人。"

这个老实人回去以后,真心地相信,我坦白地承认了。这样一来,很自然的大家也就相信了。只有博里索夫一个人保持着清醒的头脑,他对此嗤之以鼻,扬长而去。利卡昂斯基辩论了好长时间,最后也嗤之以鼻,扬长而去。

今天清早,他拉着切尔卡索夫到了交易所公园,开始单独地开导他。"你不是亲自看到了列维茨基和伊拉东采夫的关系吗? 还用得着斯乔普卡出来庇护他吗? 伊拉东采夫不是也把我和你请去了吗? 他第一次见我们,就让我们告诉他,他是不是可以帮我们的忙。凭什么他邀请我们? 不就是因为我们是列维茨基的朋友吗? 他没有答应过你,说要安排一下,委任你到家乡去做教员? 那个中学没有空额,他曾经为此感到为难了吗? 他针对这个困难情况是怎么回答的呢？把某一个教员调到别处去当校长，就会给你空出一个编制来，请你放心好了，是不是这样回答的？列维茨基还需要有求于别的什么人吗？再说他会有求于伊拉东采夫吗？难道梁赞采夫在大学的委员会里不是权威吗？难道梁赞采夫不是因为列维茨基而神魂颠倒吗？难道他没有一再地向列维茨基说明，他应该去当教授吗？"

"是这样。但他本人承认了。"

"可是你自己不是也知道，他从来就没有想过教授席位的事吗？你不是知道他想成为一个杂志撰稿人，而当教授就会限制他、对他不利吗？"

"他是这样说过；但是，很显然，他不是这样想的，或者是他改变了原来的主意。再说我也一直不同意他的意见，认为他多余这样说，他最好还是去当教授。很可能他发现是这样。还争论什么呢，利卡昂斯基？他自己都承认了。"

"请你明白，你这个怪人，是你的怀疑使他感到难堪。请你明白，一个有自尊心的人在这样的情况下是不会为自己辩白的。"

"在别人面前，他可能不愿意辩白，但他是在我面前，我是那样的热爱他呀！"

"从你口里听到这种蠢话比从别人那里听到，更使他感到是受侮辱。"

"不，利卡昂斯基，你不要以为，好像你随便怎么样都可以说服我。他本人承认了。"

利卡昂斯基知道，他放切尔卡索夫一个人到我这里来是犯了错误，因此在没有把事情改正过来之前，他不想见我。一整天他都等待时机抓住安托什卡，当着同学的面认真地追问他一回。只是在将近傍晚的时候才抓住他。当然，在我一个人审问他的时候，动了手，我请别人听着、别说话、什么也别管。安托什卡承认，根本没谈教授席位的事，那仅仅是他的推断，认为斯切潘·伊万内奇打算帮我的忙。从安托什卡嘴里再也问不出更多的东西来了。利卡昂斯基领着见证人，把斯乔普卡的文书叫到酒店里，灌醉了酒，——他们听到了全部事实真相。我走了以后，斯乔普卡喝了镇静药。但他再也不能办公了，于是就把文书打发走了。过了两个小时，安托什卡把文书叫了去，教给他关于我和斯乔普卡会见的情况应该怎么讲。

见证人一回到同学中间,几乎所有的人理所当然地都清醒过来,知道是被一群坏蛋给愚弄了。但是老实的切尔卡索夫还是有说的:"利卡昂斯基,你收买了文书。有失尊严地采取欺骗的办法,即使是出于友谊,这也很不好,利卡昂斯基。真理高于一切友情。列维茨基本人向我承认过。"

"同学们很懊悔。你跟他们和解了吧,列维茨基。"

"不,我的朋友。这样做徒劳无益。"

"你在生他们的气?"

"已经不生了。但是同那些哪怕是在很短的时间里把我想得这样坏的人去恢复友谊,这是徒劳无益的。生他们的气——那等于高抬他们了。再说,你也知道,我是一个感情冷漠的人。但是,蠢事就是蠢事。当我还不知道他们不善于用自己的脑袋思考问题又不采用别人意见的时候,很珍惜他们对我的好感。但如今我却看不到恢复这种破裂了的关系的好处。

"朋友多,有什么好处呢? 是为了在干大事情的时候有人手。但是这些轻信而又轻浮的人在重大的事情中担得起重任吗? 因此,反倒应该庆幸:我们及时地认清了他们是什么样的人。这在将来要干事情的时候,可以防止我们犯错误。离他们越远越好。"

利卡昂斯基也认为确实如此。只有切尔卡索夫一个人使我感到很可惜。他不可能扮演独立的角色。但是,他对于信念的无限忠诚可以弥补他不善于迅速地认识事物的弱点。他是一个圣洁的人。利卡昂斯基对这一点也全无异议。他说服我打消了给他写信的念头。我的任何一个友谊的字眼,都可能被他看成是我的忏悔,看成是我承认自己有罪过。那他会更加坚信,我真的想要同斯乔普卡搞好关系,而仅仅是大家一致的不满情绪才迫使我放弃了卑鄙的企图。我不应该迈第一步。让他自己清醒过来好了。那个时候再让我来跟他随便怎么亲热都行。

切尔卡索夫来找我的时候,我在哪里呢? 我们的女佣人告诉他说,我在一个年轻的女邻居家,她正在同丈夫闹离婚。什么? 我已经在恋爱了? 利卡昂斯基听完我的计划之后说,很明显,阿纽塔那方面,不会遇到什么困难。但是,他像往常一样,议论起我的多情和我的强烈情感来,他还说,我的这种不露声色的谈话和表情只能欺骗别人,但欺骗不了他,如此等等。关于我的多情我不争辩:我的感情是很容易激发的;但是他总拿我的强烈感情开玩笑。"利卡昂斯基,我向你说实话,在你问起阿纽塔之前,整个一天没有一次连续想过她五分钟以上。"

的确是这样,整个一天几乎没怎么想她,因为我很忧郁。

2日 一大早我去找她。"昨天,我从总督那儿回来,到您那儿去过,您还在睡着。""房东告诉过我,说您的申请得到了很好的受理。我很高兴,您现在可以自由地安排自己的生活了。您想做什么呢? 您想怎么生活呢?""对付着过呗。"我开始向她倾诉自己的感情。她,可爱的人,甚至哭起来了:"上帝啊!您这是怎么谈论我呀,弗拉基米尔·阿列克塞伊奇! 无论从谁那里我都没有听到过这样的话呀!"我们亲吻,随后我就去找别墅了。

根据我的描述,她很喜欢坐落在叶卡捷琳娜戈夫的那一幢小房子。等她亲自见了,会不会喜欢呢?"明天一清早我来得及搬过去吗? 清理家具很麻烦。"我告诉她,应该把家具扔在这里,让她丈夫拿走好了。她同意了:"但是说到床和被褥,他可不能说那不是我的。是别人送给我的礼品。"我说,床和被褥也应该扔下。她把这理解为嫉妒:"那么,好吧,我不带走。这就是说,应该卖掉。""也用不着卖,扔掉吧。""沃洛佳①,为什么呢?"这一点她也理解了。我吻过她,就走开了。我不能留下,因为我没有足够的毅力使自己的举止很得体。她太迷人了,因为她腼腆,所以就更加迷人。向一位姣好的女人提出请求,问她是否愿意同我生活在一起,这意味着我是一个青年人。这一点对我的女房东以及她的女佣人来说并不是什么新闻:她们看得见,我已经长起胡子了。至于说我强烈地爱着这个我愿意同她一道生活的女人,她们认为,知道这件事和议论这件事是完全多余的。

可爱的阿纽塔! 我对她的评价并无偏私。我看得见她的缺点,但是必须公正:这不是她的过错。这些缺点很快就会消失。她很聪明,她的心地也很善良。委婉娴雅的情感会得到发展的。

---

① 列维茨基的爱称。

晚十一时。真想上她那儿去。为了不放纵情感,我要写。让她那辛酸悲痛的往日占据我的心田。想入非非的念头会平复下去。

阿纽塔的母亲是一个小市民。父亲,人并不穷,任过公职,挣了不少钱。她不记得她母亲。父亲行事比其他人要强:他没有赶走这个非婚生的女儿。他想让她受正规的教育,就把她送进了寄宿学校。她到现在还记得几句法语。在她十二岁的时候,父亲死了。继承人是父亲的妹妹,她是一位高级官员的太太。是一个很坏的女人。她当然不愿意付寄宿学校的费用。"最低限度您也要把她领回家去,"出钱办寄宿学校的人说,"不管怎么说,她也算是您的亲戚。总不能把孩子撵到大街上去啊。"姑姑把孩子领回家来,交给她的女佣人照看:让女佣人教她干活儿。女佣人教她干活,阿纽塔一天天长大。过了两年,她自己就可以顶一个最好的女佣人使唤了。太太辞退了那个老女佣,她是个真正的老姑娘,还有一脸麻子。阿纽塔是一个非常好的女佣人。我相信这一点:她性格温顺,又能吃苦耐劳。这位身为太太的姑姑脾气凶狠,但她也很少有不满意这个女佣人的时候。阿纽塔已经长过十五了。姑姑的丈夫,别看在他老婆面前是一个唯唯诺诺的家伙,但是却向阿纽塔调起情来。阿纽塔不知道该怎么办才好。告诉太太?太太非常嫉妒,会把她赶出去。她到哪儿去呢?阿纽塔正在盘算的时候,老爷就在半夜里偷偷地钻到她这里来了。阿纽塔惊醒了,黑暗之中没有弄清楚是谁搂她,她迷迷糊糊的,以为是小偷,想要掐死她,就猛喊了一声。老爷安慰她,叫她别声张,她哀求老爷别纠缠她。老爷就此作罢,溜回卧室,上他老婆那儿去了。阿纽塔知道,不能不说,应该告诉太太。可是一清早太太特别凶。在她发脾气的时候告诉她,她不等听完就会发起火来,揍阿纽塔一顿。阿纽塔等待时机,看她什么时候变得和善一点。另外,老爷总是不停地在跟前转来转去,这也很碍事。等他上班走了再说,总不能当着他的面说呀。但是太太在老爷离家之前就到什么地方去了。老爷开始求阿纽塔别声张,他答应以后再不缠她了。阿纽塔不能相信他的话,所以没有保证不声张。他临走的时候,吓得失魂落魄。过了一段时间,太太回来了。跟她一起还进来了几个警察。警察队长冲着阿纽塔说:"跟我们来。"太太把他们领到阿纽塔的箱子跟前。警察队长对阿纽塔说:"你打开。"阿纽塔打开了。警察开始翻着箱子里的东西,并且从那里翻出太太的一个钻石别针来:"亲爱的,这是什么东西?"阿纽塔惊呆了。"把她抓起来。"警察吩咐自己的助手说。阿纽塔被抓起来,放到车上,运到了一个地方。桌前坐着一个卡着一副兽相的中年人:"你承认你偷了别针吗?""不,也许是太太自己把它放进去的,可是她放不进去啊,我的箱子是锁着的。再不就是警察从他自己袖子里掏出别针来的。是他从袖子里掏出来的,没有别的可能。""好啊你,小坏蛋,我让你说是你太太给了他别针让他塞到你的东西里去的!让你说是他们通同作弊!小坏蛋,你承认不承认是你偷的?""我没偷。""不承认?抽她!"阿纽塔被鞭打了一顿。"承认不承认?""我没偷。""抽得还少,把她拉下去,再抽她一顿。""大人,她太弱了。"听命的人当中,有一个这样说。"嗯,既然太弱了,就让她休息休息。明天再说,你好好想一想,亲爱的;最好是承认了,抵赖没有好处。"人们把她领走,关了起来。第二天,人们又来了,提她、送她、送到了地方、鞭打一顿,还是毫无结果。又领走、关起来。这以后,第一天没抽她,第二天也没抽,第三天也没抽。第四天又来了人,提了她去,送到了地方。"你想好了吗,亲爱的,承认不?""不,我没有偷。""抓住她,给我好好地抽!"那些人把她拉到板凳上,用鞭子抽她。突然间,也没有人下令,他们就不抽了,阿纽塔站了起来。进来了一个新的警察,很可能他的官衔比他们都高:原来的那个官阶最大的、长着一副兽相的警察,在这个新警察跟前,像琴弦一样绷得笔直。"你们在审问她吗?""是的,大人。""什么案子啊?""女佣人偷了太太的别针,搜查的时候在她箱子里发现的。""怎么,难道说她还抵赖吗?""她还在抵赖,大人。""嗯,这么小的年纪,就成了这样一个骗子!你听我说,亲爱的,"新警察走到阿纽塔近前,"亲爱的,我劝你还是承认了:你抵赖没有什么便宜,赃证俱在。"他说话的口气很严峻,但他的脸是人脸,而不是兽相。"亲爱的,自己坦白会减轻你的罪过,如果你再矢口抵赖,那就只好再用鞭子抽你,然后惩办得更重些。亲爱的,我奉劝你。"阿纽塔跪下来,抱住他的腿说道:"可怜可怜我吧!我都告诉您!""你说吧,亲爱的,这很好。""请允许我只对您一个人说,因为我太害羞了!可以,亲爱的,走吧。"他领她走过了好多房间,开始是一些脏乱的,后来是一些洁净的,再后来是一些摆着漂亮家具的房间,最后领她走进一间办公室,很大,很阔气;他坐下来:"你说吧,我听着。"

"你听我说,我的亲爱的,你叫什么名字? 是叫安娜[1]吗? 你听我说,我的亲爱的,非常可能,非常可能你没有偷。可是我不知道应该怎么发落你。你的案子很棘手。最重要的,你的太太不是一般人物,要把你的案子翻过来,不利于她——这可是难事,甚至是办不到的事。阿纽塔,你懂吗? 如果她一口咬死原来说的话,那么要认定你无罪,就只能说她有罪。而这是无论如何也办不到的。我办不到,也不想办。我真的不知道怎么处理你好。"他开始考虑起来,"我真的不知道。""您是我的恩人,请您救救我吧!"阿纽塔吻着他的腿。"你站起来,亲爱的,"他扶起她来,"说实在的,我很可怜你,亲爱的,只是不知道怎么才能办成这件事……是不是这么办:我到你的太太那儿去,看她同意不同意撤了这个案子。那时候就把这些公文一撕,一了百了。"阿纽塔又扑到他的脚下,这可怜的人已经高兴得泪流满面了。"你先等一等再高兴,亲爱的:谁知道她会不会同意呢? 你自己说过,她是一个很凶狠的婆娘,我也听说过。但是很有希望,非常有希望。我告诉她,说你留在我家里,这样她自然就不会担心她丈夫再和你有瓜葛了。你祷告上帝吧,最好能让她同意。"

他打铃叫人。"你告诉他们,说这个被告,安娜,向女主人行窃的犯人,暂时留在我这里。你会干什么活啊? 能洗荷兰布衬衣吗?""不仅能洗好夏布,连丝织的和线织的花边我也能洗得好。""你能洗丝织的花边? 这倒不必要。既然是一个好洗衣工总是有用的。你暂时就留在我这儿吧,亲爱的,喂,把这个姑娘领到斯切潘尼达那儿去。"佣人把阿纽塔领到斯切潘尼达那儿。斯切潘尼达老太婆也听她讲了自己的身世,对她深表同情。另外一个女佣人,年轻漂亮的姑娘,听了以后同样不无同情之感,随后对她说:"好吧,假使你能长期留在这儿的话,上帝保佑你,看样子你是一个老实姑娘,大概咱们不会老是吵嘴打架。本来我也没有多少便宜好占,不值得特别爱他,我是说伊万·伊里奇。"

午饭前,阿纽塔被叫去见伊万·伊里奇。"你感谢上帝吧,亲爱的。你的女主人撤了这个案子了。"阿纽塔高兴得忘掉了一切。"阿纽塔,你的背还疼吗?"

---

[1] 安娜是阿纽塔的正式名字。

斯切潘尼达和另外一个女佣人已经医治过她的背了。"现在好多了。""太好了,祝你早日恢复健康。你去吧,再见。"

阿纽塔的背伤很快就医治好了。"好了,现在你到他那儿去接我的班吧,"另外一个年轻的女佣人说,"他问起过,我告诉他说,今天我就打发你去。""你跟我一块去吧,我一个人不敢去。"

"唉,你这个傻丫头,真傻! 好吧,那我就陪你去。"她把阿纽塔领了去,手递手地交给了伊万·伊里奇。

"你看哪,斯切潘尼达,"第二天早上伊万·伊里奇过去的那个宠姬说,"你看看这个姑娘,我是说阿纽塔! 伊万·伊里奇对我说,她没撒谎! 可是我和你原来不信呢。我说你呀,阿纽托奇卡,亲爱的! 你昨天还不敢去! 我就觉着好笑! 好了,这回你可要彻底留下来跟我们一块儿过了。你心眼儿好,别看你准能得到他的宠爱,可是你不会挤对我。"

事情的发展正应验了这些话。很快阿纽塔就得到了伊万·伊里奇的极大宠爱。正因为这么宠爱她,她才敢满足原来受宠的那个女人的愿望,向伊万·伊里奇说情,让他把这个过去的宠人儿嫁出去。这是一件很微妙棘手的事。但是阿纽塔并不笨,她为自己的女友促成了这一件好事。

她无可怀疑地得到了他的好感,而且她变得让他越来越觉得可爱了。过了一年半的光景,他已经让她穿戴打扮得很漂亮了。她早就不洗衣服、不当佣人了。但伊万·伊里奇可是个舍不得花钱的人。只有在一年半以后才让她在平常的日子也穿上绸子衣服。后来她又得到允许坐伊万·伊里奇的马车出门。那曾是一段幸福的时光。

斯切潘尼达对阿纽塔的聪明才智感到惊奇。她这是用的什么法子迷住了伊万·伊里奇的心呢? 斯切潘尼达很早就待在他这儿,在她的眼皮底下先后换过很多人。所有的人都是和她住在一起,住在女佣人的房间里,所有的人也都没离开自己所干的活计:有的人当洗衣妇,有的人是裁缝,有的人给厨师打下手。只有阿纽塔一个人出息成了一个真正的"太太"!

这并不难理解:阿纽塔的举止风度不全然像是没有受到任何教育的姑娘。小的时候她是一位小姐。有四年的时间住在为上等人家小姐准备的寄宿学校里。在她的谈吐和举止当中有着很明显的高雅风度的痕迹。她确也忘掉了很多东西,正像忘掉了法语一样。然而,她的举止的优美典雅并没有丧失殆尽,犹如在她的记忆当中还保留着相当多的法语词汇一样。

可爱的阿纽塔!你会恢复你的本来面目的。所有的人都将尊敬你,我将为你感到骄傲。——十二时半。你已经睡下了,我亲爱的。我的冲动必须服从于温柔的情感,这种情感禁止我去惊扰你的梦。明天见,阿纽塔。

3日 是的。她可爱,她是我的亲爱的。

午夜一时。她睡得是那样柔美、那样娴静。重新叫醒她未免太狠心、太残忍了。我愿把自己纹丝不动地钉在这里,直到睡梦也把我降服。

"我要结婚了,阿纽塔。你不能再留在这里了。你要到另外的一所住宅去住。必须打发你出嫁。你别伤心,阿纽塔。我会像从前一样和你一起生活。我的妻子肯定比你差多了,即使不差,你也不是多余的人。"

想到这些安慰的话都将成为事实,阿纽塔的心情十分伤痛。并不是她很爱这个人。如果他不加那一句宽心话,说他和她还要像从前那样要好,大约她不会伤心得这样厉害,而可能轻松些。同时,也不是她不喜欢他,她喜欢,因为做他的情妇,她生活得很舒畅,非常舒畅。之所以舒畅,是因为生活在他跟前,生活在他家里。可是要到另外的一所住宅里去生活,她知道那将完全是另外一番景况,完全不是那么回事了,所以,继续跟着他就没有什么可高兴的了。他的这种许诺不可能带给她多少安慰;她意识到,她的幸福时光已经结束了。

她在他身边度过了三个多年头,其中最后两年对她说来是幸福的时光。她缺少过什么吗?凡是心里想要的东西,她应有尽有,再说她也不想要更多的东西,只需感谢上帝。

当然,伊万·伊里奇并不是那种随便花钱的人,尤其不是那种让某一个女人对他的钱袋有丝毫支配权利的人。但他还不能算是惜金如命的吝啬鬼,他仅仅是一个精打细算的人,非常会精打细算,他的性格是抠钱抠得很紧。花钱满足别人的偏爱,这可不符合他的性格。但他自己却喜欢生活得很舒适,而且在那之前他已经有了这样的职位,他在自己身上不再舍不得花钱了。何必舍不得花呢？反正是发了财。这个职位太好了！啊,这真是一个美差！怎么还舍不得花钱呢！再说那样也太说不过去了:职位摆在那儿,也需要讲讲体面啊。他可不愿意让人家说:官儿当着,可就是不会生活。主要是因为这一点他才不那么吝啬,并且还在形式上把阿纽塔当成了自己的情妇。这个人担任着这样的职务,自己又没有结婚,怎么就看不见他的情妇是什么样呢？她在哪儿呀？难道说他当这么大的官儿,还跟什么洗衣妇或者女厨子在一起过吗？太不体面了！因此他不能那样做:形势所迫呀;交际场上需要这一套。

他过得很舒适,从某些方面来说甚至是很阔气。当他把阿纽塔抬高到一定地位时,阿纽塔也就跟着享受到他生活中的种种优越条件。

他的住宅异常阔绰。如果是自己花钱,他可能不愿意租这样的房子,不愿意这么改修、这么收拾:宽敞的面积和豪华的摆设都远远超出了方便和体面所要求的水平。然而这一切都是公家的,并且是他本人说了算。因此就非常阔绰。阿纽塔对他这一所住宅有了最高的管理权,于是她就充分地享用起这里的宽敞、豪华来,她在所有这些漂亮房间里尽情散步,而她的居室在所有这些房间里也是最好的。

不言而喻,她的居室当然是最好的,因为伊万·伊里奇是一个很会生活的人。阿纽塔自然要搬进卧室来住。如果一个人懂得真正的生活,不应该是为了供人观赏,而应该是为了自己享受,那么,他所需要的最好的东西不放在卧室里,还放到哪儿去呢？啊,卧室里的陈设该是多么惊人的精巧美好啊！无法描述,不可能形容这卧室中陈设的美观雅致和富丽堂皇！比如,那一张豪华的床！简直使人叹为观止！那床上的被褥！简直是珍品！购置这些他并没有吝惜花自己的钱,不好意思花这种价钱买这种东西让公家开支;如果这些东西不应该是最好的,那还有什么东西应该是最好的呢？他是这么认为的,并且极有道理。啊,被褥该多么华贵啊！怎么描绘也不如它本身好。看见它就舍不得睡在里面了:怕把它揉皱了;一旦睡在里面,就不愿意再起来了,它是那么松软、细柔和温暖,而且并不热！妙不可言,妙不可言！

阿纽塔从未缠着他,向他要这要那,是因为她聪明:她知道他的脾气,他说:"住嘴,滚到一边去。"如果再多缠几回,就会把你赶走。必须了解他的性格,将就他的脾气。但是,说实在话,也不应该抱怨他,不应该! 他给她穿,给她戴! 他不能在这上头吝惜钱:体面要求这样! 既然你养着一个情妇,你就要把这个情妇养得像个样子! 他明白这一点。也不能不这样做:除了他,还能是谁觉得脸上无光呢? 同僚聚在一起(有时还有上司),来进午餐,或者更多的时候,来进早餐,或者晚饭过后来玩玩纸牌,这时候她就是主妇,或者有的时候坐车出门,他也带上她,怎么能不带上她呢? 不就是为了这个他才叫上她:"你好好地当一个像样的主妇吧。"不就是为了让她出头露面吗?

正因为他是个聪明人,所以他才这么讲究地打扮她。因此就不能抱怨他。啊,那一段时光该是多么幸福啊! 当她穿戴得一团锦绣的时候,她真是一个最娇艳的小姐! 她打扮起来确实非常标致! 就是她在家里穿的衣服也没有一件价钱低于二十五卢布的,这只是说衣服,还不算彩带和花边。她还有过貂皮大衣,还有过钻石首饰。

他还让她坐自己的套着几匹好马的马车,他本人并不是所有的时间都需要车辆和马匹,相反地,他自己倒很少用。多数时间都闲着给阿纽塔用。当她套上这些好马,沿着涅瓦大街飞驰而过的时候,谁也不会想到,她仅仅是伊万·伊里奇的情妇,而这个伊万·伊里奇还不是一个将军。大家都会以为,她是哪个富豪的情妇。好多人都这样告诉过她。

啊,那曾是一段幸福的时光! 我想,我就要睡着了。

4日 没去授课:一分钟也不愿意离开我的亲爱的。让整个这一周成为一个连续不断的节日吧。利卡昂斯基来过。他看不够阿纽塔。"怎么样,利卡昂斯基,你还说我易于多情吗?""这一次我可不敢开玩笑了。"阿纽塔也很喜欢他。确实,当他放下他那永世不变的严肃劲儿和那副气冲冲的样子时,他很会海阔天空地闲聊。你留在彼得堡吧,利卡昂斯基,不是为了我,而是为了她。你看,比起我来她会更爱你。"如果要留下的话,我也不会为某一个女人而留下,哪怕她是你的情妇或者妻子,要留就只能为你留。我本来想留下的。可是我怎么安置妹妹们呢?""我们想办法让你能把她们接到这里来。""就算是有你帮忙,我在这儿能养活她们,可是这里有谁愿意要没有嫁妆的姑娘呢? 不行啊,列维茨基。"

他就是这样一个好人，不像我这样。他是一个心中怀着纯真率直的、恪守责任的人。但同时又永远准备着为信念而沉着冷静地牺牲。我羡慕他。

"你只要写几个字，说你需要我，我就会扔下妹妹们，马上赶过来。可是现在我必须为她们着想。"

而我，却是一个可鄙的利己主义者，我只为自己活着。诚然，我没有赡养亲属的负担。我的小妹妹们还不需要我照看。也许就是因为这一点我才能理直气壮地不当一个坏哥哥。但是，在我尚且自由的时候，我应该更加无限地献身于事业、事业。而我却为了阿纽塔忘掉了一切。

我忘掉了，并且愿意忘掉。就算我是一个利己主义者好了。但我愿意而且也准备去享受生活的乐趣。

我又要把自己钉在这个地方不动，一直等到睡梦把我也降伏了。

那天晚上，在切尔卡索夫到来之前，她无尽无休地向我描述她那个时候的穿戴：她听了我的笑话之后笑一阵，自己也说几句笑话，过了几分钟，无论是我还是她，又都不知不觉地谈论起穿戴来了。她曾经因为这些穿戴而幸福过。

我觉得，现在我真正开始爱她了。而在那个时候，我只是被她那美丽诱人的身躯、被她那姣好的容貌打动了心，我顺乎情理地冥想着，她全身的线条都是这般的美！关于她品德方面的优缺点我都觉得无所谓。她热衷于回忆过去的穿戴，我并不在意。现在，尽管我已经爱上了她，我也不能说，我喜欢她的这种嗜好。可是在当时我却认为她的弱点是可以原谅的。至于现在，我感到当时认为这是"可以原谅的弱点"的想法是愚蠢的，因为这个弱点根本就不需要有人原谅。这弱点在我看来可以是没有受到足够教育的标志——仅此而已。如果一个人不懂得算术、地理、不识字，我可以不喜欢这个人。但是，怎么能说："应该原谅他这一点，因为没有人愿意教他。"原谅他什么呢？他根本没有错。没有受到足够的教育也是这样，因此穿戴就成了世上最有情趣的事了。一个人能不希望幸福吗？能不珍惜那些使他变得幸福的事物吗？除掉穿戴所给予她的幸福，阿纽塔不仅不可能得到，而且也没有可能听人说起任何其他的幸福。

每当我读书读到有人责怪年轻妇女嗜爱穿戴的时候，往往会激起我一阵讪笑。我见过一些渐近老境的男人,一些性格沉郁、严肃正经的人,他们就因为能用一件小玩意儿装扮自己,能穿一件好衣服打扮一番,而欣喜欲狂,其实,那件小玩意儿远不如一个像点样子的扣环好看,那件衣服更没法同绣了花边的舞会礼服比美。我还没有见过年近老境、严肃正经的人不夸耀和赞赏自己身上的小玩意儿和穿戴呢,他们表现出来的那股欣喜若狂的高兴劲儿,也不亚于年轻妇女夸耀赞赏她们首饰和服装时的喜悦。当我还没有看到渐近老境、严肃正经的人变得不如年轻女人幼稚可笑的时候,我就不能认为年轻女人对服饰的偏爱应该受到原谅。年轻的女人可以回答那些指摘她们的人:

我们的祖辈父辈,

为我们率先垂范。①

她们年轻、经验少,应该以年长的、更有经验的人为榜样。这在道义上是必然的,这是自然规律。

当父亲们和祖父们尽量自炫自耀的时候,当他们千方百计满足自己愚蠢的权势欲、虚荣心时,当他们不遗余力地追逐效果、夺取胜利、压倒对手时,我可以认为他们所做出的是很坏的榜样。我可能希望他们不要继续做出这种无聊的榜样。但是,只要他们还在做着这种榜样,就不能不让年轻的妇女模仿这种榜样,争取炫人眼目的效果。

我鄙弃那些攻击妇女嗜爱穿戴的伪君子,人民受苦难,鲜血流成河,难道是这种嗜爱造成的吗?难道是妇女爱虚荣造成的吗?一个做医生的——首先要把自己医好再说别的,先把你自己眼睛里的大原木清除出来,再去挑剔你女儿或者你孙子眼里的细刺吧。

"我要结婚了。我还要继续和你一道生活。但是必须给你找个人家。"阿纽塔听了这些话非常伤心。除开对豪华服饰的嗜好,她还可能为别的而悲伤。她知道,不单是要从她手里夺走那些没有它们也照样可以生活的物品,此外还要从她手里夺走更多的东西。她必然要变得很穷。这样巨大的、从天上到地下的急遽转折总要使人感到伤痛,即使是她心中不存任何虚妄的奢念。

伊万·伊里奇能把她嫁给谁呢?谁能娶她呢?

---

① 引自阿·尼·韦尔斯托夫斯基的歌剧《特韦尔多夫斯基先生》。——译者注

她前面那位姑娘嫁给了一个职位很低的警察，生活很窘迫。但她丈夫是一个普通的小官吏，不比其他的小官吏更差，所以这位妻子也就不比其他小官吏的妻子生活得更差。

阿纽塔不能指望找一个哪怕是这样的丈夫。她前面的那位姑娘出嫁，是给自己的丈夫做妻子。可是他对阿纽塔却说："你别伤心，我要像从前一样和你一起生活。"这将是一个什么样的未婚夫呢？他结婚仅仅是为了把别人的情妇接到自己家里来吗？

如果为了这个能够提升几级，或者能给一大笔钱，当然也可以找到好人，甚至能找到很好的人。但伊万·伊里奇的下属知道，同他的情妇结婚没有什么便宜好占。他怎么犒赏和他宠姬结婚的人，他们看见过先例。退一步讲，即使是没有看见过的话，他们也会知道能从他手里得到什么；尽人皆知，他是一个很悭吝的人。还是让这个宠姬别像前一个那样退休了吧，让她继续把他抱在怀里好了，反正也不能给丈夫带来多少甜头。

伊万·伊里奇有什么必要让他的情妇有许多多余的东西呢？丝毫没有必要。他所需要的是很少很少一点：只需他的情妇有一间干净的房间；在这间干净的房间里有一床上好的被褥；情妇应该有上好的内衣，仅此而已，此外伊万·伊里奇再也不需要什么了。阿纽塔看透了这一点，下属也会看透的，阿纽塔甭想得到更多的东西。

但是他很想慷慨大方一回。他说，除了床、被褥、内衣，还要从阿纽塔在他家里穿过的那些衣服里拿出半打来送给她，还要从她戴过的首饰里拣出三个戒指、一副手镯送给她。这些都是额外赠送的东西，价值达五百卢布。面对这种慷慨大度，阿纽塔有些惊呆了。她觉得，伊万·伊里奇比她所能想象的要更爱她一些。

是的，他爱过她。他说，他的妻子不像阿纽塔这样漂亮，但要比阿纽塔热情，他觉得是这样：稍微碰她一下，她的眼睛里就燃起欲火，而且为人不笨，他将来的妻子就是这样一个人。但不管怎样，他每天都要到阿纽塔这儿来；他已经和阿纽塔眷恋惯了。还不止这一点能说明他眷恋的情感。他声明，谁要是娶她，就委任他当警察分所的副所长。这可有点过分了。本来可以许一个小点的职位,那也就够了。但是为了阿纽塔就这样好了:就陪送她一个警察分所副所长的职位,而且还要找一个好地段。

有这位妻子在,丈夫的生活将会很优裕。除必需品之外,阿纽塔还会有更多的东西。请她放心好了,丈夫将会把一切都交给她,即使丈夫藏起几个钱的话,那也是很少很少一点;收入是有数的;但收入会很不错。

他就是这样关怀备至而且慷慨大方。本来他还想给这个丈夫委派一个比这好得多的职位,但他想,这样做可能对他自己不利。那就会出现风言风语:"你们看,他把自己情妇的丈夫放到什么职位上了。"尽管出不了什么大事,但毕竟不好。让阿纽塔感到满意就行了。

于是,他当众宣告:谁要是娶阿纽塔,谁就当警察分所的副所长。

赏格很高,超过了一般,但并没高到下属中间的自愿者成群结队蜂拥而上的程度。任何一个人,只要他不是酒鬼,不是赌棍,就会这样盘算:我想办法为自己积攒些钱,或者人家会发现我办事努力。我将买一个或者人家给我一个副所长的职位。尽管不是现在,尽管是过一段时间。但最好我还是等一等,至少在结婚的时候我是和自己的妻子生活在一起,不必养活别人的情妇。这样结婚——没好处,双份开支。

求婚者准是一个十足的酒鬼。不可能不是这样。阿纽塔在等待期间哭过多少次,甚至消瘦了。但是她没有来得及瘦很多:时间不等人,离伊万·伊里奇的婚礼为期不远了。

如果时间允许的话,说不定还能找到一个尽管是酒鬼或者懒蛋,但总要好一点的人。但时间不等人:最多的期限只有一个星期。期限到了,除了一个人,没有第二个求婚的人。在不得不和他结婚的时候,真哭得够伤心的!连斯切潘尼达也哭了。"阿纽塔,您去跳河淹死也要比结婚好受一些,你看看他,这个流氓,到结婚这一天了,他脸上的伤都还没养好,鼻青脸肿的。看这家伙这么壮实,大拳头有一普特(一普特相当于16.38千克)重。"

有什么好看的!阿纽塔自己也明白,她去跳河淹死也比结婚好。就这样把她拉到了教堂,但她是带着这些想法去的,而不是说着这种话去的,在教堂里不许说这种话。

然而,她还想着别的,在某种程度上伊万·伊里奇说的也是实话:"他是个什么人,这和你有什么关系? 他是和我打交道,又不是和你。"阿纽塔这样想着:既然他跟伊万·伊里奇打交道,他是会老老实实的。她怀着这种希望,结了婚。

　　毫厘不爽:在他跟伊万·伊里奇打交道期间,规规矩矩。不喝酒,躲在自己的角落里,听不见他的动静。他要喝酒,也不敢待在家里。喝完他衣袋里的那几个钱,回家来,伸手要三两个卢布,阿纽塔可怜他没钱醒酒,给了他,他就又走了。阿纽塔都很少看见他。

　　这种日子还可以过。丈夫的薪水发到她手里;集体进项中分到丈夫名下的那些收入也交给她。她过得、穿得都很不错。当然是不比从前了! 但是,走到哪儿也不至于不好意思见人。她到任何地方去,伊万·伊里奇都不禁止:他对她的脾气秉性很放心,相信她绝不放任自己做出离谱的事来,如果她到人多的地方去,那绝不是去卖弄风情,而仅仅是为了天真无邪地消磨一下时间而已。这种日子还可以过。当然,有的时候,在回忆起从前的幸福时,也哭过,特别是最初的时候。但是怎么办呢? 找个好一点的栖身之处? 当然,她也想到过这一点。可是她所处的地位不是这样。对于自由的女人来说,这当然是首要的事——找一个有钱的好人。自由的女人不怕丢掉什么:她尽量地找,找到了算。然而,即使她们是最有头脑、最有眼力的人,即使最善于分辨这个人是不是在吹牛、是不是在装相,难道她们就能很快地找到吗? 甚至最老练的人,或许也要先上当一百次,才能找上一个好人。因此,当你还有一个是虽不十分好,但还过得去的存身之处的时候,你的理智就会拦住你,不让你轻举妄动。如果你总是到处找,在找到之前,这一切就早让供养你的人知道了。如果说他是一个性格软弱的人,那还可以。但是跟伊万·伊里奇那种脾气的人可开不得玩笑。只要他听到一点风声,阿纽塔就会没有饭吃,就得敝屣褴褛地去沿街行乞。真可怕。因此,她只好这样活着,听凭上帝的安排,并且还要因为这样安排而感谢上帝。当然,这不如从前幸福,但是当伊万·伊里奇还在这里的时候,她无论如何总还可以说自己是相当幸福的。可是,他走了,这时阿纽塔可遭了殃了,真是活着不如死了好。

他仅仅是一个月以前才走的。事先也没有告诉一声说他要走。当然,他知道事先告诉阿纽塔,阿纽塔就会去另外找人,而他却想着一直到最后都利用她,因此他事先只字不提,突然告诉了她,使她大吃一惊:"您把我也带去吧,伊万·伊里奇。""不行啊,阿纽塔。到了那边,全城都会眼睁睁地看着你,而且也瞒不过妻子去。"当然,他抬出妻子来,只是一个借口。最主要的还是他心里有盘算,他说的是实话:全城人众目睽睽地望着省长的这位情妇。由于体面的要求,她要生活得像一个省长的情妇。可是又不能从那个活着的丈夫手里把她夺过来,嫁给别人。把那个无赖也带上?可是又不便给他一个与省长情妇的体面生活相般配的职位,因为他是一个无赖,那会弄得满城风雨,太不好了。这样一来就只能是伊万·伊里奇自己养活她,这要花多少钱呢?因为他是一个自尊心很强的人,所以只能很好地供养阿纽塔,使他本人不致因此在众人面前觉得寒碜。阿纽塔了解他的性格,看透了他的这些算计。所以她自己也很明白,无论怎么恳求,他也不会答应的。阿纽塔只是一味地哭,没有任何希望:眼泪就这样地流着,流也白流。

我忘记问利卡昂斯基了。阿纽塔自己不说她需要些什么,而我又给忘了。真是一个好样的情人!

5日 利卡昂斯基的确有钱。他给我看过,将近二百卢布。这也就是说,我所有的钱都可以另派用场。

八月以前,我们的家庭开支算它是一百五十卢布。加上不得不从伊拉东采夫手里收下的那四十五或者五十卢布,足够用了。给切尔卡索夫一百卢布,也够了。还剩下一百四十五卢布可以零用。临近八月的时候,大概就开始领杂志的稿费了。

无论怎么恳求他,也没有希望,阿纽塔只能不停地流泪:"您走了,留下我可怎么办啊?您说过,不管丈夫是什么样的人都无所谓。有您在,确实无所谓。可是如今落到这个恶魔手心里,我的生活会怎么样啊?再说,您走了以后,人们也会把他赶走的:现在谁还愿意要这么一个无赖呢?我靠什么生活啊?""不会赶走。他们答应过我,他们说话算数,因为我还继续同他们有极紧要的交往关系,职务上的交往。只要你跟他生活在一起,人们就不会动他。

如果他要欺侮你的话,你何必要忍受呢?你的大好年华还没过去,可以说你刚刚开始进入芳年。上帝不会不仁慈,世上不会没好人。上帝恩典,说不定你会比从前过得更好呢。"

他讲的都是实情。可是阿纽塔的丈夫也了解这个实情。等阿纽塔一开始收拾自己的东西,想搬进另外一个住处,躲过丈夫,去寻找自己的幸福,一这时节,丈夫就堵住了屋门。他把她毒打了一顿,夺走了她所有的东西。他威胁厨娘和看院子的说,如果他们放走了他的妻子,他就要把他们抽个半死,说完就把妻子锁在卧室里,把钥匙交给了厨娘,径自喝酒去了。他不能不把妻子当成宝贝:他知道,只有和妻子在一起,他才能留在自己的职位上。因此,每当他出去的时候,总要把她锁起来。

怎么逃跑呢?她拿什么去买通胆战心惊地看守着她的厨娘和看院子的呢,特别是这位看院子的。她拿不出任何东西去买通他们,她的东西都给夺走了。还有更重要的:往哪儿逃,怎么生活呢?她丝毫没有准备。处在这种环境里,能想出什么办法呢?如果能想出办法的话,能实现得很快吗?她已经同厨娘慢慢地说通了。但是说服看院子的感到为难。他看得极严。当然,如果是已经找到了一个好人,那也可以逃得出去,但是她现在行动这样不自由,能够很快就找到好人吗? ……她并没有灰心;多少还有些希望。上帝总会发慈悲的。但是还没有一个万全之策……

6日 "啊,沃洛佳,你的心真好。为了我你什么都舍得!"但她不必费力就能明白,她能够花多少钱,这要靠她自己计算。她用车把我送到伊拉东采夫家,就自己买东西去了。

我到家的时候,她还没有回来,因此我就拿出那篇已经开了头的文章。早该干这件事了。应该早一些使自己放心,让我们的生活有保障。我一直在写,一直写到她回来。她觉得很难为情,怯生生地说:"沃洛佳,你能原谅我吗?我花钱花多了,还欠人家二十九卢布。"这值得怜爱的人,我没有说她,她高兴极了!过后我又和她重算了一遍我的钱;我说,如果她觉得到八月为止家用开支能少于一百七十卢布的话,她还可以从这里拿出钱来去添置衣服。"不,沃洛佳,我也是个会过日子的人,现在拿了钱,等以后又不够,那多不好。

将来剩下多余的钱我再拿去买衣服。"

布拉戈韦先斯基、博里索夫、斯文佐夫来过。都被阿纽塔迷住了；阿纽塔也很喜欢他们。我们邀请他们常来坐坐，最好每天都来。

伊拉东采夫见过部长了。切尔卡索夫会被派回他家乡去的。他可以走了，不必有任何怀疑。利卡昂斯基把给他的钱也拿去了。我担心这个老实人会不会猜到这钱是我给的。

伊拉东采夫的女儿写信给伊拉东采夫，说三四天以后抵达彼得堡。"我手头上还剩下四万股票。我要赶紧卖掉，即使损失它一千五、两千的，也在所不惜，只想在娜金卡①来到之前了结这件事。"又重新说服我，让我到乡下去。在说服的时候，又添了一项新内容——女儿。"我叫您去与其说是为了自己，不如说是为了娜金卡；我可以向您担保，您会喜欢她的。对尤里卡根本用不着多花工夫，让他利用夏天的季节在花园里玩玩，让他多跑跑。"以及诸如此类的老话。

我写作，但写得很少。

7日 "沃洛佳，你到警察局去做事吧：在那儿做事挣钱多。"她随后就说起，伊万·伊里奇挣多少，刚刚任职的那些人一旦博得上司的欢心能挣多少。"你进警察局吧，沃洛佳，真的，你去吧。"但是听我向她解释后，她就明白了："很明显，沃洛佳，这确实不是好事。我刚才建议你去，是因为我没有想这是不是好事。"

心地淳朴的切尔卡索夫根本没有想到那些钱是我的。他以为，我也像他鄙视我那样对他充满了愤恨。

文章写不下去，因此想起了说服利卡昂斯基搬到我们这儿来住的事。"这是为什么呢？""我这几天就可以搬到市里去了。我只回来吃中饭。扔下阿纽塔一个人——怪可怜的。她还不习惯读书；这儿又没有什么熟人，再说我觉得我们周围住的都是些坏蛋，不能跟他们打交道。""你想得可真够'聪明'，列维茨基。""为什么不聪明呢？""如果她不是这样水性杨花的话，你所说的我的高尚情操或许不会遭受到什么危险，然而她性情轻佻，喜好交际；她无意之中

———————————————
① 娜杰日达的爱称。

就让人感到激动,她自己也会心猿意马。""胡说,利卡昂斯基。"但是他仍坚持己见。

8日 切尔卡索夫走了。伊拉东采夫只剩下五千股票。他希望明天把这些也卖出去。

9日 像今天这样再写上三天,文章就可以结束。

10日 正常工作。

11日 利卡昂斯基逐渐确信,阿纽塔是很懂道理的人。

12日 离他走还有两天,这两天他搬到我们这里来住了。

13日 同昨天一样,写得很少。几乎全部时间都用来同利卡昂斯基闲谈。这个人永远不会背叛事业。

14日 我的真诚的、我的亲爱的朋友! 什么时候我才能再次拥抱你呢?无论是他还是我,谁都没有料到我们会这样地伤感。

15日 伊拉东采夫卖掉了他最后的一批股票。做了结算。一共三十五万股票,损失了大约八千五百。能够这么便宜地了结了这事,他感到十分高兴。"要不是有您,直到现在我还会继续处在这种盲人瞎马的状态,说不定还可能把另一块田产也抵押出去,买进更多的这种宝贝呢。"确实,当初我很奇怪,一个聪明人竟然能够被这种招摇撞骗所迷惑。"但是,至少可以说您的愿望是美好的。""我带着这种美好的愿望误入迷途,险些弄得不光是我和我的孩子们吃亏,甚至于农民也得跟着倒霉。""您不要再说了。不管怎样,您反正是会及时地认识到,这些废纸将一钱不值。""上帝知道,我是不是能够及时地认识到。"他不只是一个高尚的人,而且还是一个谦虚的人。他并不隐讳自己一直身处迷津。这是一种很难得的优点。女儿迟迟不来,他开始有些不安了。

"你现在感到寂寞吧,阿纽塔?我所有的朋友都走了,我一写东西,就只剩下你孤单单的一个人。""沃洛佳,有什么办法呢?你需要写东西呀。让我寂寞一会儿吧,就这样好了。以后我还可以去找过去的一些熟人,而且会有新朋友。"应该祝愿她,希望新的朋友能比过去的好。当我向她解释过后,她同意说:"既然是这样,沃洛佳,我再也不愿去找过去的那些熟人了。我没有想过,他们究竟是些什么样的人。"她一天比一天更让我高兴:她理解事物非常快。

16日 夜三时。写完了。现在我又全部地属于你了,我的亲爱的。

17日 沃尔金在城里,而且在家。他认出了我。因此,当即就翻看起文章来。认真地读了几页,翻看了最后几页:"有一个人告诉过我,这个人看人很少看错,他说您肯定是一个非常聪明的人……"。后来我问他,是谁向他这样推荐我的?"啊,这等我们彼此有了更深一步的了解之后再说吧。"他请我多坐一会儿,多谈谈。他自己谈得很少;总是让我谈。留我吃中饭,一直留到七点多。"好了,现在我们再见吧,弗拉基米尔·阿列克塞伊奇。一会儿有人要来取校样,我需要读这些校样了。跟别人我不会说这种话。可是您会看到我对您深有好感,所以没有必要讲究客套。请您明天上午再来。应该深入地了解您。您会写文章,这一点从文章的第一页就看得出来。但是需要更深一层地了解您。"

我原来就确信,我们是会合得来的。然而现在却超出了我的预想。

亲爱的阿纽塔!你不必担心没有钱用了!我沉浸在无尽的幸福之中,我还从来没有像现在这样,怀着这么热烈的激情拥抱过她。

18日 十点至四点在沃尔金家。"好了,现在我要到别墅去了。同我一起去吧。"我说,我还要去上课。"好吧,那么你上完课到我们那儿去。"我说我去不了。"那是为什么呢?"他这样严肃地看待生活,使得我不敢向他提起阿纽塔来;我说,我的一个朋友,利卡昂斯基,即将离去,我想同他在一起多待些时间。"那么,就后天见吧,弗拉基米尔·阿列克塞伊奇。后天我还回到城里来。我们再谈谈,再谈谈。其实,我现在就可以对您说:您愿意写什么就写什么好了,愿意写多少就写多少,请您自便。用不着同您详细讨论。我看得很清楚,您对事物的理解是正确的。经过昨天的谈话之后,我不怀疑,我在他的心目中是一个很好的撰稿人。但是他的这些话的确使我不胜惊异:"在这本杂志里您给我充分的自由?""如果不是这样的话,我还非需要您不可吗? 那种牵着他才走的撰稿人,大约要一百个也能有,可是有什么用处呢? 要你一看再看、一改再改,真是烦人,不如自己写来得便当。""您就不再看我的文章了?""您的文章有什么好看的呢? 我要坦白地告诉您,不仅在付印之前不看,就是印出来我也不看。即使这样,须要看的混账文章也就够多的了。哈,哈,哈! 请您谢谢我恭维您了。""但是,我可能出差错呀。""啊,不再谈您和您的那些差错了! 我们仅仅是在白白地浪费时间,哈,哈,哈! 好了,再会! 后天来吧。我们再谈谈,尽管是没有什么好谈的了。"

知道我将有一个固定的工作,伊拉东采夫感到由衷的高兴:"只是非常遗憾,现在不能把您拖到乡下去了。"女儿这么长时间还没到,他极感不安。"但是,非常可能是她姨母在某个地方比原来预料得多耽搁了些时间。根据您所讲的,请原谅我的直率,我觉得她是这样一个女人,往往是她第一天不知道第二天想干什么。""是的,是的。"他接下去说,本来就不应该让这位阿丽娜·康斯坦丁诺夫娜去接娜杰日达·维克托罗夫娜。不应该,何必让她去呢?"是不合适,我同意。"

19日 整个这一天我都属于阿纽塔。我知道,直到今天为止我爱她还是爱得太少了。我对她的爱情还将更强烈。

20日 沃尔金有些突如其来、莫名其妙的思想变化,使我甚觉不安。今晚从一开始他就思虑重重。但我看不出会发生什么重大的事情,在他讲过那些充满了信任和错爱的话之后,还能说什么呢?"自从我主持一本杂志,我就一直在寻找我可以分一部分工作给他的那样一个人。"……,在这些话以外,他还能再说什么呢? 我认为是有关我的某个不甚相干的问题引起了他的注意。像过去一样,他本人很少说话,更多的是让我谈。他曾经说过,"据我所知,您是唯一的一个正确评论现实社会状况的人。"……我觉得,他在说过这些话之后,还继续对我进行考试似乎是并不十分必要,或者至少是并不明智。然而,如果他愿意的话,就让这种考试继续下去好了,我心里想:他对我有好感,我尊敬他,让他考我好了。

就这样过去了大约四个小时。已经是后半夜了。"您看,时间已经很晚了,"他开始说,"可是我还一直在考虑怎么开这个头,因为在您听来会觉得莫名其妙,而我自己甚至觉得是很愚蠢,但这都无关紧要,愚蠢也罢,莫名其妙也罢,都无关紧要。如果须要这样做,那就是说应该这样做。"

他总在说自己愚蠢,自己的话是无稽之谈,因此他就能不断地拿自己的话来开玩笑。现在也是这样,他哈哈大笑,拿自己当笑话说,然后他沉默下来,思绪万千。我看他是想说一件不同寻常的事。什么事呢?沉默少顷,他开始说了。起初,根据他平素的习惯,有些缺乏生气,但很快地就极大地感奋起来。他的话有很多在我看来是过于灰暗了,过于失望了。但是我不应该忽略我们在年岁上和经历上的差异,我也没有忽略。所以现在我随时准备承认,他的观点可能比我的见解更正确;之所以我觉得过于灰暗,仅仅是因为我过于年轻的缘故。而与此同时,他的莫名其妙的谈话也诱发我产生了一种情感,这种情感很近似于他对现实、对现实当中的一切活动所怀有的那种极深沉的鄙视。

他一开头就说,昨天,特别是今天,关于我的问题,他考虑了很久;他说,同我进行开诚布公的谈话,在他来说是很难开口的,其实我自己似乎也觉察到,他一直犹豫不定。但是他有这么一个古怪的脾气:永远讲一些不着边际的话,可是现在这不是不着边际的话,而是真理,因此我不应该争辩,而应该听从。我应该怎么做,这一点他会比我看得更准。

这些毫无生气的、优柔寡断的表白像一条长长的锁链,突然,他换了一种热烈的、激动的口吻。是的,不管怎么说,不管我怎么看自己,不管他怎么看我,反正我还是一个十分年轻的人;即使不看才智和知识,单凭情感和期望来说,我也是太年轻了,同我相比较,他就是一位老人。老人也可能比年轻人更蠢些。但是,问题并不在于才智,而在于一切都是无稽之谈,都是鸡毛蒜皮,愚蠢而卑俗。

一个对生活充满了情感的青年不会那么深切地体会到这些,不像那个人有那么深切的体会,这个人如果单就他个人需要而言,他活下去还是不活下去已经完全无所谓了,他可能负有义务,但是他对于生活却没有什么依恋,因此他就应该认为,他的见解是相当的公正无私。从这一方面来说,他大约比我要优越,所以他的话值得我注意。这些话是:不必着急,因为一切都是鸡毛蒜皮和无稽之谈。当然,他这是指我们的社会生活讲的。对每一个人来说,他个人的事情是重要的,也应该是重要的。但整个社会的事情——那就是鸡毛蒜皮了。

是的。我们的上流社会除掉说废话,不干任何事情,比如说现在,就专门在为废除农奴制而着急。农奴制是什么呢？是鸡毛蒜皮。在美国,奴隶制就不是鸡毛蒜皮。南方各州的黑人工人同北方白人工人,在权利和待遇方面差别非常大。把奴隶同北方工人加以比较,有极大好处。我们这里就不是这样。自由农民的生活比起农奴来,能好多少呢？好得太少了,那种放在显微镜下才看得见的区别简直不值一提。因此,如果要把地主的农奴同自由农民加以比较的话,地主的农奴没占多大的便宜。但是不会拿去比较,因为这是不可能的。这不可能,是因为上流社会不考虑这件事。社会甚至也不想考虑可以从这个意义上去认识问题。但是只有从这个意义上认识问题,这个问题才不空洞无聊。这是不与其他问题相比,而仅就其本身而言的;倘使同很多重要的被遗忘的问题相比,它就很不重要了。上流社会在专门热衷于琐碎问题时,还专门从最空洞无聊的意义上去认识它。问题的实质在于:农民为了取得生存和劳动的权利,要付给私人(土地所有者)租子,交实物或者付现金,服徭役或者缴纳租税。为的是取得劳动的权利,因为土地本身并不具有任何价值;本身有价值的是小麦、马匹、羊、金子、钻石,这些物品本身都有某种用途。土地本身没有价值:拿出财物去换取土地,换取的仅仅是劳动的权利。为了有权在地主领地上进行劳动而交付的那份地租,数额很大,这个数额几乎在所有的地主庄园里都大到难以负担的程度。这才是问题的严重方面。在这一方面不会发生变化,因为上流社会不考虑这个。对私人有利的难以负担的地租依然如故。但是,地主在有权收缴这份地租的同时还有行政权。上流社会就专门来处理这个情况。地主是很坏的法官、地主是暴君、地主是恶棍,这样的地主也是有的。任何一个阶层都有坏人。但是在任何一个阶层中坏人总是少数。在地主管辖的两千万人当中,或许有二十万人,他们的地主是刁悍的坏人或者恶棍。取消了地主的行政权,这二十万人可能得到便宜。其余的广大农奴就得不到便宜;还可以推想,很可能会吃亏。我们从政治经济学中知道:最好的行政管理者是与被管理者的福利状况有直接的切身利害关系的人。地主有。任何其他官僚机构里的长官就没有。百分之一的农民得到便宜;其余的人只能吃亏。

"如果是这样,那真可怕。"我说。

"没有什么特别可怕的,都是鸡毛蒜皮。行政方针的性质主要决定于国家制度的总的性质。其他方面的影响与此相比是微不足道的。谁要觉得做好人有利,谁就稍微好一点,好得非常有限;谁要觉得做好人不利,他就稍微坏一些,坏得非常有限。坏的行政官员比当时当地的好的同僚坏得极其有限。实际上,这都是鸡毛蒜皮和无稽之谈。与国家制度的总的性质相对而言,这都是无稽之谈。益处将很少,损失也不大,问题就是这样摆着。

"真是无聊的事情。无聊得很。我们的上流社会将花费多少时间,忘记其他一切,而忙于这件鸡毛蒜皮的小事,并且这件小事也是从最空洞无聊的意义去认识的!好了,假定说,忙完了,弄好了,也赞叹够了,说什么过去的农奴已经解放了、享福了。这样,上流社会就可以去抓其他事情了。这一次轮到哪个问题了呢?陪审制。这同样是很重要的东西,但必须是不在这种总的国家制度的影响之下,在这种制度下任何司法形式都不会比陪审制坏得太多!陪审制问题就其本身而言非常重要。在都铎王朝和斯图亚特王朝时代,英国是不是存在过陪审制呢?它妨碍什么事了?拿破仑一世当政时期,法国是不是也有过陪审制呢?它碍过什么事吗?如今的法国存在着陪审制吗?碍什么事呢?当国家制度的总的性质不保护真理、不保护真理的捍卫者的时候,什么样的司法形式能够具有某种较为重要的意义呢?全都是无稽之谈。

"两件鸡毛蒜皮的小事——如果不发生什么特别事变的话,在一个相当长的时期内俄国上流社会为之忙碌、为之鼓舞的全部内容尽在于此。而特别的事变暂时还不会发生。无聊之至、荒谬之至、无能之至。"

除掉说废话,上流社会什么也不想考虑。上流社会不能容许与它的意愿相抵触的文学存在……当它只愿忙于说废话的时候,它就不会容许文学不忙于说废话。在上流社会的风气发生变化以前,文学注定是无聊的、猥琐的、可鄙的,正像现在这样。他自己写的尽是无稽之谈,我也可能将一味地写些废话。可是在俄国自由派的欢愉和谐的音乐会上我的喉咙可能发生不和谐的音调。公众舆论会认为我在破坏音乐会,这种舆论可能完全正确。是我破坏了音乐会,谁破坏,谁就滚开。我将成为异己分子,被人深恶痛绝;滚开吧,坏蛋。他想,这种前景我不会感到可怕;年轻人缺乏理智,并且认为这种缺乏理智是公民的忘我精神。这是愚蠢,绝非其他。

一旦我开始写作,我能有什么贡献呢? 我能说出什么,能阐明什么呢?不能明确地写与上流社会相敌对的东西。但是,任何一个严肃的思想都与它相敌对。无论我如何奋斗、如何挣扎,反正只能就鸡毛蒜皮问题写隐晦的鸡毛蒜皮文章。为了这样的无稽之谈我去毁掉自己,这是明智的吗? 他的良心允许他放任我去为这些无稽之谈去毁掉自己吗?

不。如果我不是这样一个人,就让我去毁掉自己好了,随我的便:酗酒也好,赌牌也好,偷窃也好,我愿意怎么毁掉自己都无所谓。他会说:“见你的鬼吧,谁需要你啊,愿意垮就垮好了。”如果我硬要拿脑袋往墙上撞,他也同样要说:“见你的鬼去,那你就写吧,既然你觉得这种灭亡的办法比酗酒好。”然而,他不能说:“见你的鬼去,随你垮去好了。”因为我不是那种即使灭亡了也于社会无足轻重的人。或者说,如果我认为:“管它社会怎么样呢! 让它见鬼去吧。”那么他就能表达得更正确些:我对人民有用。关于人民我大约不会说:“让他们和他们的要求都见鬼去吧”。

重大的时刻将会到来。什么时候呢? 我还年轻,因此它什么时候到来对我都是一样的:至少可以说,如果我爱护自己的话,我一定能在尚且年富力强的时候赶上这个时刻。怎么到来呢? 正像克里米亚战争的小小的麻烦事到来的情况一样;不须我们的操心,也不要我费力,任何操心费力既不能把涅瓦河解冻的日期拖后,也不能把它提前。怎么到来呢? 我们是在谈论力量的时间,而大自然的力量却是威力无边的:

旋风在空中自由地呼啸,

有谁知它来自何处又向着何方? ①

前景可能是各种各样的。哪一种能实现呢? 那不是一样吗? 究竟哪一种前景比其他前景更有可能呢? 我愿意听一听他本人的推断? 社会的失望以及由于失望而产生的新型格调的自由派活动(这种新的自由派活动对任何聪明人来说,无论他的思想方式如何,都依旧是猥琐的、可鄙的、令人讨厌

---

① 引自席勒的叙事诗《加布斯堡伯爵》。——译者注

的,无论对聪明的激进派来说,还是对聪明的保守派来说,都同样令人讨厌,它空虚无聊、造谣滋事、怯懦、下流而又愚蠢)将发展、再发展,始终是那么下流,那么怯懦,直到在欧洲的某一个地方,很可能是在法国,掀起一场风暴来,并且像1848年那样,蔓延到欧洲其他各地。

1830年,风暴只在德国西部喧嚣一过,1848年就波及了维也纳和柏林。根据这一点来判断,可以推想,下一次将会波及彼得堡和莫斯科。

这一点确切吗?这里确切的东西是没有的,只能说可能。这种可能性令人鼓舞吗?根据他的意见,同样没有什么好事。改良的步子越匀称、越平稳,就越好。这是一般自然法则:一定量的力在它作用均匀而持久的时候,才产生最大量的运动。政治经济学发现,这一真理在社会生活中同样是确定不移的。应该希望在我们这里一切都进行得宁静、平和。越稳当越好。

但是无论如何,重大的时刻终究要到来。为什么这是不容怀疑的呢?因为我们同欧洲的联系越来越密切,而我们太落后于欧洲了。无论如何,它要带动着我们向前进,向它靠拢。

重大的时刻终将到来。人民利益的问题将会提出。需要有人替人民讲话。我应该为迎接这一时刻而保存自己。

我记不清我是怎么离开沃尔金,怎么回到这里来,怎么在别墅度过这一段时间的。我像一个醉汉一样。能听到他说我对人民有用,这是应该沉醉的……在他眼前的时候,我还有理智掩饰自己的沉醉。但是,现在我发现,自从他拥抱过我,对我说过,"您再考虑一下,我的固执的、亲爱的朋友,您再考虑一下。不说服您,我是不会放手的。明天见。"那以后发生的事情,我就茫然不知了。我如何走下楼梯的,走了多长的路,在哪儿坐的车,车走得慢还是快?这些都不记得。怎么走进屋门的,还记得。那以后的事又不知道了:是一直坐着不动呢,还是站起来,不停地来回踱步?大约是进到屋里就一下坐到椅子上,始终是一个姿势坐在那里,一直到逐渐清醒过来。我的神经多么脆弱啊,我的虚荣心多么强烈啊!

我有很长时间处于这种疯疯癫癫的状态之中吗?现在是七点半。写了两个小时。在坐下来写这些之前,大约有半个小时的时间已经清醒了。离开沃尔金的时候,太阳刚刚升起,他说过,"啊,太阳出来了!好了,该睡觉了。"现在日出的时间可能是三点左右。让我来查对一下。

是的,是两点三刻。我大约是接近五点的时候开始清醒的。这种感情狂热的状态持续了将近两个小时。我被虚荣心所引起的激动情绪折磨得好苦啊。

早九时。怎么也睡不着。这是多么狭小的心胸啊!多么聪明的头脑啊!

然而,也应该替沃尔金说些公道话。

无论他关于我的奇特的念头有多么可笑,我还是很羡慕他。他的谬误说明他十分深情地珍爱我。他已经二十九岁了,我还不到二十一岁,而我却已经不能爱得这样深切了。比如说我对他的感情就是如此。我也很爱戴他。但是看得见他的缺点。他不相信人民,在他看来,人民也像上流社会一样坏,一样卑俗。他为什么会这样想是很清楚的:他很不希望出现恐怖局面,因此他就尽量地使自己相信,这种恐怖局面不可能出现。他主张忍耐,态度过于淡漠了,这在逻辑上很明显是错误的。"我和您可以忍耐,因为我们的处境还马马虎虎。"这一点我完全同意;但是他接着说,"因此让人民也忍耐一下吧。"而人民忍耐起来就不像我们这样轻松了。我爱沃尔金,但我对他的缺点并不是视而不见,这说明我是一个很好的观察家,但也说明我这个人并不好。

我不知道,我和他彼此相见怎么能不哈哈大笑。很难确定我们俩谁更可笑。他说我应该为了人民的利益而爱惜自己,因为我是这样一个人等等。而我,虽然保持冷静,但听了这些话,还是反驳他:"您错了,我并不是您说的那种稀世珍宝。"一个头脑清醒的人能够听得下去这样的话吗?我应该装出样子来,说我把这些话当成笑话来听,笑一阵之后起身就走,甚至要让他看出我多少有些生气,因为这个玩笑过于可笑了。当然是这样,这是唯一的办法,可以使我不至于在他将来冷静地思考问题时成为他心目中一个可笑的人。

不,还是我比他更蠢!我竟变得这样晕头转向、神魂颠倒!

十二点我还要到他家去。我们还怎么谈话呢?这真有趣。

四点半。太阳霞光万道,整个大自然都散发着幸福的气息。一只鸽子在我窗前向着它的情人"咕咕咕咕"地倾诉着自己的爱情,你呀,鸽子,我比你还要幸福。

我的亲爱的！你在哪儿呀？你听我说……在我的叹息中对你毫无怨艾！我感到痛苦，我的朋友，但我非常感激，感激你给予我的幸福！

十点半。很痛苦，确实如此。比和同学们决裂还痛苦得多。但那时自杀的念头曾非常强烈地吸引过我。而现在却没有丝毫的愿望想自绝于生活。如何来解释这种对自己沉重得难以忍受的痛苦心境的冷漠态度呢？难道说连过去曾经有过的那一丝多愁善感也变得完全迟钝了吗？

十一点半。我还要写点什么。我想，我能够写得有理智、有条理、不带多余的感情色彩。

今天凌晨，我从沃尔金的赞誉所引起的自尊自爱的激动心情中彻底清醒过后，坐在阿纽塔的床边，等她醒来。我感到，我一天比一天更爱她。或许这是真的。至少是最近我真正变得比以往更有充满了活力的情感。我们的生活很美满，我的神经受到这种幸福感的强烈刺激；此外，沃尔金每次谈话都更多地表示出对我的好感，这就不断地带来很大的刺激。他是一个忠于人民的人，当我看到他对我热诚相待、情感依依的时候，我的心情不能保持平静。最后这一夜我完全是在一种发热病的状态中度过的，由于这种状态，必然有一段时间要过度兴奋。加上亲爱的阿纽塔醒来之后，充满无限柔情地把我搂在怀中。

亲爱的，我不抱怨：你是在怜惜我。不，不，亲爱的！苦涩的、不利于你的情感一刻也未曾有过。同你分别——是无限的痛苦，但我从未间断为我们相遇的那一刻祝福。啊，我的亲爱的，你给了我那么多的幸福和快乐。

眼睛酸痛。应当吹灭蜡烛，想办法睡着。

22日　一切事务都料理完毕。未来的不可替代的人民的保卫者和领导人，为了祖国的利益，在保存着力量。

既可笑、又可耻。那个善良的正直的人还以为我是在听从责任感的驱使。可以把沃尔金的要求理解为丝毫不可开玩笑。当对一个人深有好感的时候必然会有所夸大，抛开这种夸大的成分不论，他的建议的确是值得注意的。昨天，当我说我们两人都应该做到问心无愧时，他就把话题转到这一方面。"好吧，就让我们问心无愧吧，"他像平常那样无精打采地回答说，"但是，既然您想写文章,那就是说您认为,您这样做会有益于人民。如此说来,仍旧存在着这样一个问题,您应该在什么时机做您力所能及的、无论大小反正是有益的事情呢? 是在需要严肃作家的时刻之前就去冒毁灭的风险呢,还是在需要这种严肃作家的时刻呢?"于是,我个人的品质问题就被放在一边,争论的中心转到了他昨天开始时谈到的话题,当时听了我并没有表示异议:俄国上流社会是否真的没有严肃的志向,甚至也不能向它灌输这种志向? 沃尔金观察事物要比我冷静,在这样一场争辩中我不可能不输。如果一个人根本不指望人们能干出好事来,他就会毫不费力地嘲弄那个对人们的理智和坚强还多少抱有幻想的人。但有一点我比沃尔金更有道理:任何情况都不应成为无所作为的借口;到任何时候都应该做可能做的一切事情。只此一端,就使得他对自己、对我的种种嘲笑都归于失败了,他嘲笑他自己的活动,认为那是很无聊的事情,他也嘲笑我正向往去做的同样的事情,即使真的是微不足道的、可怜的事情。"好吧,您再考虑一下;我不会放手不管的。""您继续管下去好了,直到您厌烦的时候为止。我还是坚持我的意见,我想工作。"

可是今天我跑去告诉他,说我接受他的建议。于是他说起,为了这种自我牺牲精神,为了我以这种精神战胜了自己的虚荣心和年轻人的焦躁情绪,我终将受到良心的犒赏,只好规规矩矩地洗耳恭听他对我的公民的忘我精神的赞誉,我怎么好向他说完全不是这么一回事呢? 任何一个正直的人一旦知道了促使我态度转变的真实原因,都会鄙视我。由于我的个人幸福受到了打击,我的精神就完全沮丧了!

这算是什么样的公民呢? 简直是一个只顾自己痛苦,而丧失一切力量的庸俗的生物! 我成了一架没有思想、没有感情的机器,任沃尔金向哪里推我,我都毫无反抗地倒向哪里。如今我还能有什么用处呢? 对我来说不是一切都无所谓了吗?

伊拉东采夫当然喜出望外。我说,沃尔金交给我一个很大的题目,我带上一二百本书,在乡下也可以完成。这像什么话? 难道说撒谎与不撒谎我都觉得无所谓了吗? 我不这么认为。大约是我真的讨厌谈论自己。无论哪种说法,只要能早一些把问题回避开,那就是最好的说法。还应该补充一条:不这样说又怎么解释,为什么沃尔金答应给我工作,现在又不想让我做了呢?太愚蠢、太可笑了。

不,可以这样回答:"沃尔金认为我要成为作家还为时过早。"合情合理,而且简单明了:尽管我为人不笨,但还是过于年轻。当初没有想到这一点。

我是否对伊拉东采夫讲得很恰当、能不能讲得更好些,真有兴致捉摸这件无聊的事!

23日 同女房东的谈话。"她这样对待您很不好。""您从哪儿知道她是怎么对待我的,又为什么认为这是很不好呢?""她自己说的。我刚从她那儿回来,是她把我请到她那儿去的。""她都安置好了?""安置得很好。那个人是个商人。她原来就认识他。这个人过去就是她一个老相识,现在对她更加老成认真了。即使从侧面观察,也能看得出他很靠得住。可以想象,如果有了孩子的话,他还会正式娶她。她在他家里是一个十足的主妇。那套房子多阔气啊!那些马真漂亮!除了别的礼品、东西,他还给了她两千卢布,让她添置些衣服。我怕您会生气,她委托我办一件事:她认为她欠了您的钱,她是这么算的:收了您一百卢布办理她那个案子;拿了一百四十五卢布买东西,那一天又拿了三十,以后还拿了二十五卢布,又拿过一次二十五卢布。总共是三百二十五卢布。是这样吧?""她本应该想到她并不欠我的钱,因为是我说服了她,让她把原来属于她的家具扔在她丈夫那里了,那些家具大约也值这些钱。如果她不愿意算这笔账,我也不去争了。"假使我认为是自己受了侮辱而大发雷霆,那就太愚蠢了。而最主要的,如果我不收这些钱,阿纽塔就会以为是我生她的气了。

我去涅瓦大街,买了一支胸别针。在我离开的那天写一封信一块送去,免得夜长梦多。买这支胸别针花了三百三十五卢布。非常遗憾,想买另外一支真正好看的,钱不够了。我剩下八十三卢布。大概到领薪水以前够用了。在路上只需要到莫斯科这一段的花销。再往前走就坐伊拉东采夫的马车了,也不能去显示自己的清白高尚,非算这笔路费不可。在乡下还能有什么花费呢?不要忘记同他讲妥薪水的事,免得以后又因为高尚的风格而彼此争来争去。

24日 没有什么特别的大事。给利卡昂斯基写了一封信,把给我寄信的地址告诉了他。

25日 一如昨日，完全无事。

26日 伊拉东采夫收到女儿的信：她和姨母自维也纳出发经多瑙河、黑海，前往乡下。根据他的计算，她们应该在昨天就到敖德萨了。我们明日启程。或许，我们到的时候，她们已经在乡下了。

27日 给阿纽塔的信写得很好：不冷淡，但又很平静。还有一个好处：不太长。余下一段时间去向沃尔金道别，他在市里。

28日 莫斯科，依然屹立在原来的地方。如果科托希欣[①]能起死回生，来看一眼的话，他会说："一点也没有变好，亲爱的故乡！"然而，关于彼得堡也应该说：这个城市依然如故，像彼得在世的时候一样文明开化、一样有人性。

29日 继续赶路。吃饭、喝水、谈话、睡觉。顺便说一句，这里所说的"谈话"，只是针对我和伊拉东采夫和尤里卡讲的；费奥多尔·达尼雷奇只一味地凝神观望。他呆望着、呆望着。伊拉东采夫身上有什么让人感到新奇的东西呢？我身上有什么让人感到新奇的东西呢？然而他却目不转睛地呆望着、呆望着。沃尔金在临别的时候也没有忘记夸奖我的公民的忘我精神，我敢以这种忘我精神发誓，我真想绰起一把叉子来捅瞎这个风度文雅、令人尊敬的年轻人的眼睛。我很早就觉得奇怪，为什么伊拉东采夫有这种嗜好，让一个蜡捏的假人当秘书。

30日 我终于忍耐不住了，我说："您是一位美男子，费奥多尔·达尼雷奇。"他正了正领带，喜滋滋地笑了一下，又继续呆望着、呆望着。我又忍耐不住了："我没见过施特劳斯，他曾经在巴甫洛夫车站广场演出过；听说他是一个美男子，费奥多尔·达尼雷奇，他长得像您吗？"他正了正领带，笑了一下："弗拉基米尔·阿列克塞伊奇，您这样认为，我非常感谢。然而确是如此，有某些相似的地方。"

---

① 科托希欣(1630—1667)，《阿列克塞·米海洛维奇在位时期的俄国》一书的作者，他在书中批评了17世纪俄国的国家制度和风习。——译者注

七　月

1日　费奥多尔·达尼雷奇对我怀有无限的深情厚谊。几乎完全不看伊拉东采夫,也不看尤里卡;始终盯着我。

2日　费奥多尔·达尼雷奇告诉我说:"我照过镜子,弗拉基米尔·阿列克塞伊奇,我有些晒黑了。""不要伤心,费奥多尔·达尼雷奇,有一种洗去黝黑肤色的药水。您往辛比尔斯克写封信,会给您寄来的。""我随身带着呢,弗拉基米尔·阿列克塞伊奇。""我非常高兴,费奥多尔·达尼雷奇。"

3日　抵达目的地。那幢房子坐落在离村庄半俄里远的地方,在一座小山脚下。这是一座木头房子,是平房。三面是花园。花园后边,在渐次升高的地方,连接着一片天然公园,从公园再往上走,沿着山脊是一片茂密的森林。这片森林遍布层层山峦,一直伸延到伏尔加河边。直接沿着小路走是五俄里,顺着大路走是十五俄里。"为什么村庄不直接建在伏尔加河边呢?""您看,这小河两岸是多么肥沃的草地啊;再说这里,在高处,土地也最好。如果走山路的话,怕还走不到这里来呢。"在小河注入伏尔加河的入口处,坐落着另外一个村庄。

我们发现,这幢房子仍然空闲无人,姨母很可能在旅途当中,在某处羁留过久了。

4日　我在花园里散步,看到费奥多尔·达尼雷奇坐在小河边的草墩上,用手帕捂着脸哭。"我想阿丽娜·康斯坦丁诺夫娜,弗拉基米尔·阿列克塞伊奇。您是知道我们的关系的。"原来是这样啊! 现在我再也不能埋怨伊拉东采夫了。倘若我是一个有钱的地主,倘若我也有一个岁入中年的贵妇人的亲戚,那么我也要养活一个完全和他一样的秘书。"您非常爱她,为此您应当受到赞扬,费奥多尔·达尼雷奇。但为什么要哭呢? 我理解您的失望心情,可是现在她很快就会来到的呀。""也许,她再也不爱我了。""您不要这样说,怎么可以这样想呢!""不,弗拉基米尔·阿列克塞伊奇,这是可能的。我能不明白,她为什么要出去一趟吗?""连有这种想法都是可耻的,费奥多尔·达尼雷奇,算了吧,您这是何苦呢!""不,弗拉基米尔·阿列克塞伊奇,我很久以前就在猜想,她在巴黎干什么!""即使她在那里寻些开心事,费奥多尔·达尼雷奇,难道说您真的就这样不通人情。""不能忘掉这些吗?宽宏大度一些吧,要抛开一切多余的怨恨,真心地爱她。""我并不嫉妒,弗拉基米尔·阿列克塞伊奇,但很可能是她对我冷淡了。她在那儿能够认识到多少男人啊,也许有些人比我还好。""您想到自己的时候,过于谦虚了,费奥多尔·达尼雷奇。同您相反,我相信她会充分地认识到,所有的那些先生们都是最无聊的人。我向您担保,她回来的时候,会对您加倍地亲近。"我使他放下心来,得到了宽慰。我做了一件好事。

伊拉东采夫说:"我和您还没谈我们之间的条件呢。""太好了,我们来谈谈吧。"他说:"我真感激不尽——不然我就陷在这些股票的鬼把戏里跳不出来了,说不定要糟蹋掉十万呢……""在我们最初认识的时候,您曾经谈起过,如果我毕业之后担任尤里卡的家庭教师,薪水是一千卢布。我希望您不至于说了不算吧。""那时候您还没有帮我这么大的忙啊。""是的,但做这件事并没费我什么气力,此外,您已经抵过账了,您帮助我的朋友切尔卡索夫谋到了职位。""别这样说!再说那个时候我对您还了解不深。"总而言之,彼此间进行着高尚风度的较量,这正是我原来担心的。真有些令人厌恶,因此我说:"我们最好谈点别的吧。您在等您的女儿。根据您谈到的她的教育者的情况来判断,我想她一定是一个值得尊敬的姑娘。今天早晨,我曾经安慰过费奥多尔·达尼雷奇;如果让她看到了的话,这像是什么话呢?"

他开始详细解释。说起来话长,写它也没趣。当时勒努阿夫人还住在他们家,根据她的建议,向全家人宣布说这一对天真无邪的人已经结过婚了,但婚事不便公开,因为阿丽娜·康斯坦丁诺夫娜是一位宫中女官。所以,他女儿从那个时候起就知道这件事了。

5日 没什么大事。进了藏书室。的确,藏书很多。百科全书派时期的法国文学甚至应有尽有。原来,伊拉东采夫的祖父,符合当时的时尚,是一个伏尔泰主义者。

6日 如果一个女人只是消极地允许情人向她表示温存,而这时她却想着给自己做一件什么样的衣服:是亮绸的还是细纱的,像这样的女人,可以爱她吗? 可以的,但是能爱得很久吗? 这要看爱的那个人是什么样的人了:有的人可能爱得很久,甚至整个一生。现在我才逐渐明白,为什么我没有想到自杀:我下意识地感觉到,伤痛是会过去的。

7日 娜杰日达·维克托罗夫娜给父亲来信了——是从彼得堡发出的!!我们星期六从那里动身,姨母星期一把她带到了那里。姨母中途改变了计划:原来要去维也纳却到了日内瓦,从那里又沿着莱茵河漫游,从科隆到达柏林,而后又没有去敖德萨,在半路上不知不觉地就到彼得堡来了。尽管伊拉东采夫心地和善,也发起火来:阿丽娜·康斯坦丁诺夫娜迫使他在彼得堡等女儿等了两个多月,而后又千方百计地让他从那里离开,可是时过两天她却同娜杰日达·维克托罗夫娜到了那里!

8日 我曾经想过,"如果一个女人只是消极的……"①那些想法完全正确,非常聪明。但并不新鲜。请看寓言《狐狸与葡萄》。

有一件新闻:我正在变成一个大自然的爱好者。我在房后的山坡上,在一株孤零零的枝叶繁茂的椴树的浓荫下,躺在一片草地上,向远处眺望,右面是村庄,山脚下面就是那幢房子,左面是田野。陪衬着这一切,在远方,一条宽阔的小河缓缓流过,它曲折蜿蜒,如同所有受到感情丰富的心灵钟爱的溪流一样。小河上有一架小桥。河对岸长满了密匝匝的灌木丛。再过去一点又是草地和田野,望也望不到尽头。这是多么美丽的风景画啊! 看来,我非要买上一块调色板不可了。但那时我又会懊悔,当初没学绘画:买调色板的钱白花了。

9日 阿纽塔是否能够提高文化修养呢? 值得怀疑。她并不笨,但只是在处理日常生活时才不笨。"她的生活是庸俗的、空虚的。"不,我曾经想要忘记,那些鞭笞可能会留下印记。而她却说:"沃洛佳,你到警察局去做事吧。"但她是一个善良的女人。尽管她觉得很厌烦,但我现在才看清:她还是那么耐心

---

① 见6日日记。——译者注

地允许我表示我的柔情。

10日 在下棋的当儿,伊拉东采夫说:"您开始过起悠闲的日子来了,弗拉基米尔·阿列克塞伊奇。早就应该让自己休息一下了,不然您会彻底累垮的。"由此我想到:是该开始写东西了吧?懒散的时间够长的了。一个非常美好的思想没有付诸实践。美好思想的命运往往就是这样。

11日 经过四年之后,我第一次看见了伏尔加河。我的心勃然苏醒。欣赏着它,我又变得快乐、善良。最好是永远不离开它。

我想着伏尔加,想着既往的感情的清新、思绪的纯洁;在这种恬静的遐想中,我往家里走,不知不觉地走到最后一个山岗,房子就在这山脚下面。我看了一下表,离吃中饭的时间还早。我躺在孤零零的椴树的浓荫下,躺在我自己那一席心爱的地方,我躺着,心里洋溢着温柔而又美好的情感、洋溢着少年的纯洁。

在左面,在离我很远的地方,从树林里走出两个年轻的女人。从她们那轻盈步态可以看出是两个年轻的姑娘,戴着草帽,帽檐很宽大,一个穿着天蓝色的衣服,一个穿着粉红色的衣服。可见是伊拉东采娃来到了! 因为毫无疑问,其中一个必然是她。那么,哪一个是谁呢? 我认得她的模样儿,她父亲曾经给我看过照片,如果能看清她们的脸型,我就能认出是哪一个。但是无论我怎么眯起眼睛来,怎么戴正我的眼镜,也难以看清:太远了。没有必要细看,反正我能猜得出来。父亲说过,她是中等身材。那个穿粉红色衣服的不是她,穿粉红色衣服的姑娘应该算是高个的了。穿天蓝色衣服的才是她,毫无疑问,因为她应该是一个和顺的、温柔的姑娘。穿天蓝色衣服的那个姑娘正表现出这种性格:衣服的颜色明快而又谦逊,走路的样子十分文静,这肯定是她。穿粉红色衣服的不可能是她:穿粉红色衣服的也很优雅,但似乎有些骄矜、泼辣,她头部的姿态正是这样,很显然她只是为了迁就她的同伴才放慢了脚步。这个穿粉红色衣服的人是谁呢? 不可能是姨母,姨母是一个胖胖的中年妇女。我知道,伊拉东采娃回来没有带家庭教师,也没有带女伴。我断定准是住在附近的那些小姐当中的某一位赶来做客了。算时间倒是够:伊拉东采娃出来散步,这也就是说,已经同爸爸、尤里卡,谈够了、亲热够了。这大约要占去不止一个小时呢。

她们沿着斜穿过田野的一条小路，朝向花园的门走来，离我还很远。

在岔路上，她们遇到从村子里走来的一位老太婆，她步履蹒跚，怀里抱着两个不算很大的面包。在远处，从我这里看，在姑娘们的左面，有几个干活的人。穿天蓝色衣服的姑娘走到两条小路相交的十字路口上，也过去迎接这位老太婆。那一个高个儿的、傲气的、穿粉红色衣服的姑娘，一个人沿着原来的方向走着。这样看来，关于这个穿粉红色衣服的姑娘我有点猜错了：她的性格我猜得对，她一个人走路就不那么文静了；但她是谁我猜错了。她不是客人：主人是不会离开客人的。她是自家人。那么她到底是谁呢？我无论如何也不能设想这是姨母。那只好算她是侍女，是玛丽亚·德米特里耶夫娜，伊万·安东内奇这样称呼她，而且他很担心，不知这个侄女会怎样对待他，但他却预先夸奖说，她一定比以前更聪明了。有一次，伊拉东采夫也提起过这个玛莎，说他女儿非常爱这个姑娘，这个姑娘也真心地依恋着娜金卡。我深深地相信，关于穿粉红色衣服的这位姑娘的推断，经过修正以后，肯定是正确的。但我却不能为将来验证后的胜利而过分自豪了：因为我没有一下子猜对，不得不修正一回。可是我一下子就把伊拉东采娃认出来了，没有丝毫的错误。这使我感到非常惬意。重新变成一个孩子可真好啊，我带着最舒心的微笑来叙述这一切。

伊拉东采娃同老太婆一起走去，她从她手里接过一个面包来。面包虽然不大，但是让这个已经相当衰老的老太婆抱两个，实在是过于沉重了。

那个穿粉红色衣服的姑娘（据我看，肯定的、毫无疑义的是玛丽亚·德米特里耶夫娜，或者叫她玛莎），走近花园门前，坐到椅子上，把手放在腰间，然后又举起来，停在眼睛的那个高度上，也就是说她取出了长柄眼镜，开始环顾周围的一切景物。这时她发现我躺在草坪上，她长时间地仔细观望。我很钦佩她的眼睛，就算是借助于眼镜吧，隔着这么远的距离，居然能够分辨出我这张漂亮无比的面孔来。如果我表示出我已察觉到她在看我，因此而剥夺她的这一种乐趣，我认为这太不近人情了；再说隔着半俄里，不拿长柄镜，去端详她，寻找同样的乐趣，也白费力气。因为这些原因，我觉得最好还是目送着伊拉东采娃和老太婆缓缓前进。

她们走到一小群干活的人跟前,离我大约有一俄里。伊拉东采娃在那里停留片刻,然后就向家里走去。我怀着深挚的好感望着她:我事先就确信,我肯定会比他父亲所预料的还更喜欢她。

当她走进花园的时候。玛丽亚·德米特里耶芙娜,或者说玛莎,已经不在门旁的椅子上了。我要多少地责备一下玛莎,或者说玛丽亚·德米特里耶芙娜。她为什么不多欣赏我一会儿呢?

这以后,我翻身倒向另一侧,继续遐想着,有时什么也不想。有时想着同伊拉东采娃未来的友谊,她是一个很好的姑娘,我深信是一个非常好的姑娘。椴树的浓郁下清幽凉爽,我置身于浓密的绿油油的草坪上,若无所思,若有所思,多么惬意啊!我的时间就这样过于童稚气,但却非常甜美地飞逝过去,再会了,真不情愿,但必须起来;该是去吃饭的时候了……

早在我走进屋来、被介绍给她之前,我就熟悉了娜杰日达·维克托罗夫娜的面容。我知道,我看到的将不是一个胜似天仙的美人,而仅仅是一个美丽的长着淡褐色头发的俄国少女的一张俊秀可爱的脸。但她本人比根据照片所能想出的更可爱,虽然那照片倒是很逼真的:她的面部表情温柔和蔼、毫不做作、纯洁质朴,真是非常吸引人。此外还要补充一句,一个长着淡褐色头发的、怀着纯洁心灵的、十八或者十九岁的少女,会长得越来越漂亮。父亲看到她给我留下了很好的印象,显然极为高兴。

后来在一起用茶点的时候,我又有很长时间同他们父女在一道闲坐;分手之后,我还继续重温着那在午饭以后就吸引着我的乔治·桑的田园诗,而且被那种摒弃了贪欲的、安谧的生活所感动,几乎快要哭出来了。过去我对待这些优雅迷人的富于田园诗意的作品很不公平。首先应该成为一个心地纯洁而善良的人,才不至于觉得它们太厌腻了。

我为什么不应该永远成为这样一个人呢?让我的生活也过得没有思虑,像现在这样明澈如水吧。

12日 如果说这里有一个风度优雅的姑娘,那么这个姑娘不是娜杰日达·维克托罗夫娜,而是她的侍女。娜杰日达·维克托罗夫娜仅仅是一个好姑娘。

她举止优美是因为她不知道做作,是因为她的思想纯真无邪,是因为她就是善良、温柔、谦和的象征。她的优美,是她内心完美的外在表现。而玛丽有的却是——高雅的风度。

我曾对玛丽有过先入为主的偏见。责任在伊万·安东内奇身上。他曾经赞美地说,他侄女从国外回来将像一位"真正的小姐"。这促使我想到,我将要看到一个很蹩脚的、追求上流社会风度的侍女。在我从山坡上从远处见过她以后,这种偏见仍未消失。然而,我不能不觉得,她走路的姿态的确袅袅婷婷。但这并不说明任何问题:她以为不会有人看她。一个体形健美的姑娘,如果她不想到有人在看她,她就一定能、一定会十分袅娜。只有在旁边有人的时候,她们才忸怩作态,变得令人讨厌。我仍然深信,只要玛丽在自己身边看到一个男人,哪怕是像我这样不讨人喜欢的人,她就会变成一个矫揉造作的人,因此我无意寻找机会在近处看她。

我犯了天大的错误啊!她——就是优雅格调的化身。我还不知道,她的谈吐是不是也学得这样清秀风雅。但是从姿态、举止来看,她是十足的贵族小姐。即使有一大群最风姿秀逸、人才出众的年轻人一窝蜂地围上她,她也会照样自然大方、无拘无束、端庄稳重,她理所当然地充满着信心,她不需要故作媚态去博取他们的注意:他们自然而然会要注意她。

今天早上我们在走廊相遇。我往藏书室走,她去给娜杰日达·维克托罗夫娜送衣服。我微微一躬,默默地走了过去。看得出来,我这样做得到了她的赏识,她理解了我沉默的含义:"我看到一位高雅的姑娘,我应该记得,在没有把我介绍给她之前,就首先同她搭话,这未免太鲁莽了。"

她是一个金发姑娘,长着一张椭圆形的脸,微微有些清瘦,但双颊却布满了红晕。她是一个美人呢,还是仅仅以她的优雅的风度、以她富于表情的面容、以她泼辣但又谦柔的眼神使人觉得心醉呢?她那宽宽的前额该有多美啊!她那一双淡棕色的眼睛流露着多少智慧啊!

她非常聪明,这是毫无疑义的。但她是极度的善良呢,还是不同寻常的狡猾呢?今天早上,在我和她相遇之前,伊万·安东内奇就觉得有一件事可以告诉我了,他曾经担心他侄女在他面前会很高傲。的确,当他侄女已经像一个真正的小姐那样学会了说法语的时候，他还怎么能算是她的叔父呢？他不知道怎么迎接她才好：是不是可以死乞白赖地跑到她跟前去拥抱她呢？但是她却吻着他的手说："叔叔，我怎能忘记，您代替了我的父亲和我的母亲。"这位老人被她弄得神魂颠倒："过去玛申卡①很高傲，现在变得这么有教养、这么聪明，一点都不高傲了。"他已经忘记叫她"玛丽亚·德米特里耶夫娜"了，说她的时候，用的是"玛申卡"。然而我发现，我非常愿意受蒙骗，愿意对她偏心。"是善良呢还是狡猾呢？"——这还是我的疑案！但愿在她对待伊万·安东内奇的那种让人陶醉的态度里能有哪怕是一星半点儿的亲人的情感。玛丽不仅在对待叔父的态度上这样讨人欢喜，她对所有的人都那么殷勤有礼、笑脸相迎。这已经是纯粹的、真正的狡猾了。据伊万·安东内奇讲，阿丽娜·康斯坦丁诺夫娜从彼得堡带来的两个侍女因为玛丽的友好相待而非常高兴；这里所有的佣人在等候玛丽到来的时候，心里更多的是怀着嫉妒和反感，如今却盛赞她的平易和善良。而尤里卡则跑到我跟前说："姐姐非常好，玛丽比姐姐更好。"他那弄得脏兮兮、青乎乎的嘴唇、鼻子、脸蛋儿、双手都可以证明这一点。玛丽出屋来看一看他和伙伴们玩得怎么样，于是就教他玩，并且让他们到河边的灌木林里去采浆果，还根据采得多少发了钱：有的人给三个戈比，有的人给五个戈比，给了他四个戈比，然后就把这些浆果分给他们大家吃；但是没有全给他们，因为在吃中饭之前不能吃这么多浆果。她这样做是对的。他把剩下的浆果藏起来留着下次再吃。所有的小朋友都说，瓦夏也说、斯乔巴也说，世界上没有比她更好的人了。只有一件事情他们不满意；她让他们擦鼻子。但是在这一件事情上他更同意玛丽的意见，而不同意他们的意见：为什么不擦鼻子呢？难道说擦鼻子是很难的事，需要很多的时间吗？可是现在他没有时间多说：他是半路上跑来的，他赶忙去洗脸。是她让他去的：让他自己洗，洗完之后玛丽要看一看他是不是真的喜欢玛丽，要是喜欢就自己洗。很好。他会洗得非常干净。之所以要他洗脸，是因为她不能跟一个脏孩子在一块玩；因为当瓦夏和所有的人都在的时候，玛丽只是教给他们玩，她自己却在一边坐着，没有玩。现在那些人都回去吃饭了，玛丽自己要跟他一个人玩

① 玛丽亚的爱称。——译者注

了。玛丽在等他,他没有时间……

无论我对她如何偏袒,让我在这些行为当中悟出一颗善良的心来,也是枉然。非常明显:她是一个巧伪人。然而,就让她是巧伪人好了,反正我很喜欢她。她是不是一个有教养的姑娘,这我还不知道。但她的确很聪明,善于理解一切事物。她能否做我的知心朋友,这很值得怀疑。但是有一个能谈得来的人毕竟是好事,更何况这个人还是一位姣好的、优雅的姑娘。同她这样一个聪明人攀谈,要比对她这样一个女人抱有微小的欲念更使人感到满意。

尤其值得称赞的是我的耐心,我今天一直在等待自行到来的、能使我们彼此相识的机会。命运之神在阿丽娜·康斯坦丁诺夫娜的协助之下不成体统地滥用着我的耐心。刚刚用罢早饭,阿丽娜·康斯坦丁诺夫娜腾地站起,拉上娜杰日达·维克托罗夫娜,就去拜访邻居去了,等她把娜杰日达·维克托罗夫娜送回家来,天已经很晚了。这时我已经回到了自己的房间,而在这之前我却同维克托·李沃维奇徒劳地玩了三个来小时的象棋,巴望着娜杰日达·维克托罗夫娜能回来,能坐在我们身边,玛丽也能来到她跟前,娜杰日达·维克托罗夫娜能给我们彼此介绍一下。不,明天可不能这样过去了,再不能依赖命运之神了:本来她自己就不十分机灵,有阿丽娜·康斯坦丁诺夫娜陪伴着,她会愚蠢到不可忍耐的地步。我得自己想办法找个机会同这位可爱的、聪明的姑娘认识一下。

13日 如果伊万·安东内奇少夸一点自己的侄女就好了。这个无辜的罪魁祸首毁坏了我的田园诗意。"弗拉基米尔·阿列克塞伊奇,玛莎怎么能不这样举止高雅呢? 有两年她是在巴黎生活的。""在巴黎? 伊万·安东内奇,我还以为,她一直生活在普罗旺斯,在勒努阿夫人家,和娜杰日达·维克托罗夫娜在一起呢。""不是,她很快就离开了莎尔洛塔·奥西波夫娜,到巴黎去当女店员了。图薪水多。可是她自己还没有意识到,她多么爱娜杰日达·维克托罗夫娜。所以您看,最后还是抛开了一切:抛开了薪水,抛开了像巴黎这样的城市。她不能离开娜杰日达·维克托罗夫娜生活,她非常爱她。""这是一种非常强烈的、非常美好的情感,伊万·安东内奇。""请您原谅,弗拉基米尔·阿列克塞伊奇,她又怎么能不这样去爱娜杰日达·维克托罗夫娜呢? 娜杰日达·维克托罗夫娜是惹人喜爱的。再说,我们一家,从祖父那一辈起,就一直受他们家的恩典,我们不能没有这种感情。玛莎也是在这种感情熏陶下教育出来的。"

她在巴黎不可能不大展宏图。金发姑娘在那里最时髦。此外,她又聪明,又有心计,更无须说,她长得很漂亮。究竟为什么她要扔下她的远大前程,而要重新做一个侍女呢?但这对于我无关紧要。重要的、多少有些令人不快的仅仅是我的田园诗意全毁了。如果玛丽是一个娴静质朴的姑娘,我们可能会亲密相处,而且我无论如何也不至于产生那些粗俗的欲望。但是和一个放荡了两年的姑娘建立一种纯真无邪的友谊,这是不可能的。然而对于娜杰日达·维克托罗夫娜的尊敬严禁我在她的家里搞这种恋情。非常遗憾,不得不下决心不同玛丽接近。

从一大早,客人就云集而来。吃中饭的时候,有三十多人了。我发现,过去我不到这种万不得已的时候绝不愿看这些人一眼,这是很有道理的。爸爸们和妈妈们都是一群败类。女儿们——是一群矫揉造作得令人讨厌的姑娘,甚至那些长得很有姿色的姑娘也会让人鄙弃。我感到美中不足的是这些姊妹的兄弟们没有在场。不幸得很,这些兄弟们离得太远了:在当骠骑兵、枪骑兵,有的在彼得堡当官吏。我想这些人要比当骠骑兵好一些,大约对国家更有用一些。吃过中饭,我立即逃开了。有两三家人家干脆留下来过夜。哎呀,阿丽娜·康斯坦丁诺夫娜! 真是好样的! 看来这些乌七八糟的大聚会将会接连不断、无止无休。

对我来说,这倒是好事:少消遣一些。什么时候想要工作,就可以尽情地工作。

14日 我想,我有很长时间没有像同玛丽开始谈话时这样庸俗、这样愚蠢了。一个聪明的姑娘生活在乡下,没有可以愉快相聚的女友,没有任何能够多少使她感兴趣的交友,她只好和小孩子玩一玩,作为自己唯一的消遣。但是她从早到晚,所有的时间都是空闲的,因为照料娜杰日达·维克托罗夫娜穿衣打扮最多只占去半小时的时间,于是姑娘就来读书。大约,应该说这是十分自然的事。她感到自己受的教育很不够,她发现家里有很多藏书,所以想利用这个条件,多少学一点东西。但是从哪儿入手呢? 选哪些书呢? 她不知道。身边就住着一位有学问的人，于是她去向他求教："请您给我提些建议吧。"看来，这里没有任何不可理解的东西。但我太聪明了，总是想："这是什么意思呢？哈，这可不是毫无用意。我要多加小心。她别想用这种求知欲来让我上当！"这种猜度真庸俗，就是一个大笨蛋也会感到可耻。而我竟这么聪明，现在又来怀疑："不，这可不是毫无用意。"

伊万·安东内奇问，我是否有空闲的时间？玛莎想就读书问题向我请教；这时，我的第一个想法就是拒绝这位老人，蓦然间嵌入我脑海里的是怀疑，我觉得读书只是一个借口。但是表示拒绝未免太难为情了。我非常客气地答应了这位忠厚的老人，并且跟他到他屋里做客去了，因为玛丽昨天就安排好了，让娜杰日达·维克托罗夫娜准许她从自己隔壁的房间里搬过来同伊万·安东内奇一起住，这使叔父惊喜不已。现在他们两人住着三间屋子。玛丽把其中的一间收拾成一个小小客厅的样子，放着最简陋的家具。"我，不好从老爷的家具里搬过桌子或沙发来：太阔气了，别的人会嫉妒的。"这位忠厚的老人昨天这样向我解释，并且想掩饰，这些主意都是玛申卡想出来的。我就在这间简朴的小客厅里看见了她，她在缝制一件细纱的衣服。正像她房间布置得十分简朴一样，她本人也厌恶任何多余的奢侈，我暗自这样想着。但我仍然保持着自己高明的怀疑态度。

她的叔父给我们彼此介绍过后，就到自己的房间去了。他这个不看书的人何必要妨碍我们呢？

我似乎是应该让我的聪明的怀疑无限地发展下去。我最好是做这样的推断——我的高尚美德将要受到可怕的蛊惑，这个阴险狡诈的姑娘的真正意图不是别的，正是要加害于鄙人。我还没有想到这一层，但是要我成为一个彻头彻尾的白痴，就差这一层了。一个稍微有点理智的人，只要看玛丽一眼，就会对姑娘的真诚打消怀疑——我来了，她那样由衷地高兴；她那样真挚坦率、那样严肃地说：她现在看得出，像她叔父说的一样，我是一个很善良、很客气的人，丝毫也没有说错；现在她相信，她在这里的空闲时间不会白白地浪费了。她很愿意学习，她知道她这一个半月、两个月的心得将比过去一整年的心得还要多，因为她开始学习已经将近一年了。很长时间她根本找不到人请教。后来,当她又重新回到勒努阿夫人家里生活的时候,勒努阿夫人非常好心地帮助她。但是,她怕给勒努阿夫人添很多麻烦,可是自己完全不能阅读严肃的书籍:所有的词语都不是她原来知道的那些含义,全都不明白,这些书在她看来像是用一种新的语言写的……但是在旅途当中她继续阅读,多少习惯了一些。她不会给我增加很多负担,现在她自己可以粗浅地理解有关历史和地理方面的书籍,包括俄文的和法文的,她自己也能想办法学会看懂其他书籍,仅仅要我告诉她,需要读哪些书。

她知道,有可能读一千本书所得到的正确知识,反倒不如从十本好书里得到的多。这是真的吗?真的可以比较迅速、比较简洁地了解到有知识的人们怎么认识事物吗?

这些话说得是那么亲切,那么真诚,怀着那样由衷的喜悦,一个聪明人只要听到她的真正兴奋的语调的第一个声音,就会放弃任何怀疑。可是我有很长时间还疑虑重重。她看出了这一点,于是我感觉到,她几乎快要哭出来了:她非常伤心,她的真诚被当作了虚情假意,她的严肃态度被认为是做戏。但她是一个知道分寸并且很刚毅的姑娘,她相信自己,相信她最终能够让我睁开自己的眼睛。而我的眼睛已经在逐渐睁开:我看到,她的伤心并不是装出来的。我开始变得喜欢说话了,我很快就发现她的求知欲的确是真的。

这时,我们的谈话就变得和谐了。她见我表示出信赖,便放开胆量,急不可待地想听到那些使学者激动、看来也有很长时间使她深感兴趣的问题的真谛。可以相信上帝吗?可以相信来世吗?平等是可能的吗?世界是怎么创造的呢?世界上的秩序从何而来呢?基督教是什么?为什么到处都有贫困和压迫?……我没有察觉,午饭前的时间(大约有三个小时)是怎样飞逝过去的,我甚至也不反对在午饭过后继续这种头绪纷繁地漫谈世界万物的讲课。然而,也许是她真的没有时间,也许更确切些说是她不好意思占去我过多的时间,她把继续听课的时间推迟到明天晚上,她还笑着说,她要尽多地读我向她推荐的书籍、尽多地发现问题、尽多地让我来讲解,用这些来赢得我的夸奖。

她很狡猾、她可能别有企图。但是这与我们之间所建立的这种联系丝毫无关。这种联系,从她的角度来说,现在是、将来也仍然是完全高尚的、没有私心的、纯洁的。从我这方面来说——我就不知道了，但我希望，我也能像玛丽仅仅把我看成是一个有学问的人那样，把她仅仅看成是一个聪明的求知欲很强的人。

我愿意信赖自己，但我发觉，也愿意欺骗自己。如果我不能说我是一个不知羞耻、没有良心的人，那么至少我是一个多情的人。我想，我将要经历一场自我斗争。我何以知道，当我向玛丽献殷勤的时候，她会不受我的勾引呢？做一个诱惑者，这太卑鄙龌龊了。相反的，如果我想到她是一个质朴的姑娘，即使她再迷人一千倍，我也不会惧怕同她建立友谊。但是现在，我可以预见，这种接近将要给我造成很多的烦恼和痛苦。

随它去好了。最低限度我还可以体验一下，由于我拒绝了那种在一个纯洁的姑娘家里不能出丑的义务感所禁止的享乐，我的良心是不是会给我以奖赏。道德家肯定说，应该有所奖赏。如果这不是撒谎的话，那倒非常有趣。

但是，丑事是不会发生的，这一点可以肯定。玛丽不会受我的迷惑，这是很宽慰的。同样毫无疑义的是，很不幸，关于我未来的热烈的情欲，我绝不会透露一个字，也绝不会有一丝一毫的流露。我只能在自己的内心深处当傻瓜——我准备永远这样做。但是要把自己拿去给大家嘲弄——我可不愿意干这种事情。

让我们友好相处吧，玛丽。即使让我将来爱上您，那也不是什么坏事；但您根本不会知道这一点。

15日 "弗拉基米尔·阿列克塞伊奇，我们在哪儿上课呢？如果您觉得在哪儿都一样的话，那最好是把讲堂搬到您的房间去。我有些担心，怕我叔父开始听您讲话，您会失掉他对您的敬爱：他可是一个保守派。"因此，今天我等玛丽来我这里做客。我在体味自己的性格时，发现其中有一个很古怪的特点。我是一个缺乏热情的人。什么叫易受感动，对这一点我甚至完全没有体会。可是，新的情况、新的关系却促使我的想象力得以充分发挥，乃至达到荒唐的程度。这好像是某种热烈的情绪。应当说，一个感情冷漠的人不该有这样一些迷恋的情趣。如果仔细分析情况，我发现我在实际上的确也没有这些情趣。我仅仅是热衷于思想的连锁反应，同时我自己还讥笑着这些思想的愚蠢无聊。比如说,我昨天日记中最后几行就很清楚地说明了这一点:从那几句话里可以看出,我当时已经感觉到关于我会爱上玛丽的那种幻想是极为荒唐的。

现在我看得很清楚,我不会因为无望地爱恋着这个可爱的姑娘而叹息不止,不仅如此,我还认为,使我产生了无谓担心的那种思想本身也是非常庸俗的诡辩,甚至是卑鄙下流的偏见。

"如果她是一个质朴的姑娘,我就不会去诱惑她了。"是这样。但是,她在巴黎,或者是随便在什么地方,在一年以前或者是在别的什么时候,究竟过的是什么样的生活,哪怕她就在昨天,就当着我的面放浪形骸,这些同我有什么关系呢? 当我现在看到她的举止完全是一个质朴的姑娘时,这些不就是毫无所谓,与我绝不相干吗? 我必须尊重她,我没有权利不尊重她。良心应该做出这样的提示。而我却过于聪明、过于高洁地做出论断:"在某个时候她曾经沉湎于恋情,或者行为不检点,因此我若损伤她的名誉、破坏她的生活,就不是什么可耻的勾当了。"

一面鄙弃庸俗卑劣的偏见,一面又深受这些偏见的影响,这真令人厌恶。这就是所谓意志薄弱、缺乏主见。

那么,什么是过分的自尊自爱呢? 这就是:当你发现人家所想的比你自己对自己的认识要好些,这时,你不是受良心的谴责,而是暗自高兴。"我到您房间里去坐。"而我的房间是这幢房子里靠这边角落的唯一的一间。这就是说,玛丽认为我是一个正直的人。一个令人喜爱的姑娘(因为她自己清楚地知道,她是令人喜爱的),同我在一起可以不必感到拘谨,不必有任何担心。而且还不只是她一个人这样认为:除掉考虑实际安全,她还应当考虑到,别人是不是会说什么坏话;这也就意味着,别人不会说。这意味着在这一幢房子里所有的人都坚信我是一个正直的人。对于我的自尊心来说,这倒是一桩快事。然而是不是当之无愧呢? 只是没有机会去做卑鄙的事情罢了,大约仅此而已。

然而,不论这种美好的评价我受之无愧还是有愧,它都使我深受感动。我所有的情欲的幻想都云飞雾散了。当大家给予我充分信任的时候,我情愿也罢,不情愿也罢,反正是不能辜负大家的信任。要用自己的行动、言辞回答大家的信任——但这还不够。还必须学会左右自己的思想。只有这样才能算是对得起大家的信任。我愿意我能问心无愧地看玛丽的眼睛。

为什么她想单独同我相见,不让别人在旁边听呢? 要谈些抽象的问题,像昨天那样隔壁有她叔父,也同样是可以的。他会来仔细听这样的谈话吗? 即使想听,五分钟过后,什么也没听懂,就会觉得还是打个盹儿好些。她又不想向我卖弄风情,这也很清楚。我敢说,她一定是要我来解释一下,为什么我一直回避她。她大约已经发现,我对她有偏见。她很可能以为,是她在巴黎的生活损害了我对她的评价。当然,她心里明白,是由于心地善良的叔父的那一套花言巧语哄骗不了我。很可能她为我准备了另外一种性质的故事,富有诗意的、悲剧性的:纯洁高尚的爱情等,这一切都妙极了,从头到尾都值得深切同情。不必这样,玛丽,您用不着编这样的故事。我认为,凡是男人不觉得可耻的事情,在女人来说也绝非可耻。当您确信我持这种见解的时候,倘使您愿意讲的话,就会如实地向我讲您在巴黎的种种际遇,这里并没有什么不好的成分,现在,当您还认为我可能责备您的幼稚的嬉戏时,我绝不愿去追问您的那些事情。我想向您提出与此毫不相干的另外一个问题:您是出于什么动机又重新来给娜杰日达·维克托罗夫娜当侍女呢? 啊,玛丽! 这个动机不会像爱的要求那么高尚;不会像一个年纪轻轻、精力旺盛的女子一时迷恋于嬉戏、迷恋于放荡生活那样幼稚天真,即使是略微地多放荡了一点,那又怎么能算是可耻呢? 啊,玛丽! 这不算是坏;真正的坏——是明明白白地贪图私利……您为了什么扔下了您那种快活的、大约是很不俭朴的、但毕竟是并非罪您的巴黎生活呢? 玛丽,那种生活不如侍候娜杰日达·维克托罗夫娜有利可图。娜杰日达·维克托罗夫娜很富有,又爱您,从她手里能得到好多钱! 好多礼物,非常贵重的礼物! ……不,玛丽,我们之间不需要做任何解释。您会看到,您没有必要在我面前为您在巴黎的生活辩白。至于那些我不相信的东西,您也无法辩白清楚:我有什么必要要追问您呢? 我不希望改造您。在不希望改造您的情况下却要迫使您感到羞耻,这是一种不必要的残忍行为。

玛丽确实是想要我做出解释,这一点我没有猜错。但是,我原来以为她会要我解释我为什么回避她,这一点我猜错了。我对玛丽有多么不公平啊!作为一个精力旺盛的、高尚的姑娘,她可能有她的缺点,但她完全值得尊敬。如果我是一个上了年纪的人,或者她长得丑陋的话,我一定会吻她。

我们长时间地谈着昨天的那些问题。她听得津津有味,她所提出的问题也说明她始终在不知疲倦地聚精会神地听我说话。但是,从一开始就能看出,她在寻找机会把话题转到我们之间的个人关系方面来。当我发现我确实猜中了她希望解释的时候,就小心翼翼地通过议论抽象题目使她明白,她担心我会因为一个女人陷入恋情或者行为不检而瞧不起她,这种担心是大错而特错了。我随便地讲到了我的一个信条:在一个正派人面前,女人没有必要为了男人并不感到耻辱的事情为自己辩白;玛丽心里十分明白为什么我顺便提到了这一点。

"我没有料到,您会这样想。"她说。

"为什么您没有料到我会这样想呢? 但是,不管您为什么没有料到这一点,反正您已经知道,您想错了。"

她沉默片刻,让我继续我的包罗万象的从男女平等问题到灵魂不死问题的谈话。

她半严肃半开玩笑地说,如果能把灵魂不死这一条保护下来,她会非常高兴。

到了该结束我的无止无休的讲课的时间了,因为她事先曾经说过,十一点她要去睡觉:她得早起,因为娜杰日达·维克托罗夫娜也起得相当早。"十一点了,玛丽亚·德米特里耶夫娜。我必须放您走了。明天再会。还是晚上吗?"

她坐在那里沉默不语。

"您答应明天还给我上课,我非常感谢您。您这么好心,使我感到您对我的印象很好。"

"我想您没有理由怀疑这一点。"

"但,说不定我有理由怀疑。"她停住不说了,又思忖起来。"的确,现在我还找不出原因,为什么您会对我印象不好。但同时这又是事实:您的确对我印象不好,弗拉基米尔·阿列克塞伊奇。这是因为什么呢? 我请您告诉我。"

我不能撒谎,说她想错了。我还唱我的老调:"既然您自己都认为您不该这样想,那么我凭什么还会对您印象不好呢?"

"您是在回避问题,"她决断地说,"我曾经犹豫过,我是不是应该坚持要您谈谈。我应该。为了我心神宁静,我需要这样做。我不能说服自己,说是我想错了。不,我看得很清楚,您把我想得很坏。"

她既已看出这一点,我就无须辩解了。我昨天不是看到,她非常高兴地欢迎我吗?她为什么这样高兴呢?她曾经担心,我可能不愿意满足她的愿望,可能不来。这就证明,她的确看出来我对她颇有偏见。我还是不要同她争辩,不要回避问题吧。我第一次见她的时候,还不曾这样,当时我对她的印象很好。但是后来我却产生了怀疑、不信任。她看出了这一点。要不要说出来呢?这就是她要尽快同我相识的主要动机。我现在确实相信,大约她真的想成为一个有教养的女人;她想就选择书目问题征求我的意见,这并不是一个虚假的借口。但是,如果仅仅是因为这一件事,她就会等待我主动去帮助她。过一星期或两星期都算不了什么。我一定会听到人家告诉我,说她在努力自修,那时我会自告奋勇,向她提出建议,对她提供帮助,尽管我对她的印象并不那么好。她本来会有足够耐心来等待时机,或者她会有足够的自尊心要等待时机。但是,她难以心平气和地忍受我对她抱有很坏的印象。基于什么原因我会有这种偏见呢?现在她一点都不知道,因此她就更加心绪不宁。啊,最好让我全说出来,使她能够彻底为自己辩白清楚。她恳求我这样做,因为她很珍视我对她的尊重。

她说得很真诚、很激动,深深感到忐忑不安。如果不真心地回答她就太缺乏诚意了。

首先我请她完全不去考虑我不向她问起的那些事。我不问的事,对我的思想丝毫不产生影响。假如将来我们能友好相处,假如她在感情激动的时刻愿意对我讲一讲她对于某些往事的回忆,那么我会来听的,并且会怀着很大的同情。但这要等到将来,等我们彼此很亲近友好的时候。现在我仅仅请她回答我非常直率地提出的一个问题。我听说她当过办事员或者店员,拿很高的薪金。我不知道是不是这样,但这对于我完全无所谓,对于我对她的尊敬毫无影响。我提到这一点仅仅是为了说明我的怀疑的基础究竟在哪里。我的怀疑与她的这一个生活时期并不相干,这一个时期在我看来是完全无可厚非的,不需要她做任何辩白。我打算、我希望问她的只是现实的状况。她曾经有过独立自主的生活,很快乐,大约也很富足。为什么她又重新来当侍女呢?伊万·安东内奇用她对娜杰日达·维克托罗夫娜的爱来解释这一点。我无法接受这种解释。侍女的地位对于她来说太低下了。我请她……

当我提到她的巴黎生活的时候,她镇定自若,但是当我刚一触及她当侍女的事,就从她的灼热明亮的眼神中流露出一种激动情绪,她难为情起来:我就是这样理解她的激动情绪的。我继续心平气和地说着,甚至还有一些似乎替她庆幸的意思:她觉得难为情,这也就是说,我的责备并非没有效用。但突然间,她脸色苍白得使我深深惊恐起来。我恍然感到,在选择词语上我过于大意了,使她从这些话里体会到有侮辱的意思,而我由于热衷于关于奴性和贪图私利的说教,并没有察觉到这一点;她可能以为我在怀疑她的正直诚实。我大吃一惊,连忙去吻她的手,恳求她平静下来,宽恕我,因为在我的思想当中没有一丝一毫侮辱的意思,我甚至都要跪下来了。如果有人偷看一眼的话,一定以为这是一个求爱的场面。我对她说,她把我的话理解错了,在我关于她的那些想法中没有一个想法不可以部分地适用于我本人。如果说我指责她,那么我在自己身上也看到了我加之于她的那种为自己打算的心计……

"您在说什么呀?"她终于从长时间妨碍她理解问题的那种激动情绪当中恢复了常态,她说,"我不明白您是在说什么?您还有什么为自己打算的心计?您为什么用怀疑我有的那些缺点来自责呢?"

我发现,她的理所当然的不满情绪已经平息了,她说话也恢复了理智。"我在伊拉东采夫家做家庭教师,这种职位在某种程度上是有失尊严的。我为什么承担了这个职务呢?因为这个职务有利可图。我并不认为这是可耻。但在某种程度上说明我是一个重视金钱利益的人。家庭教师、照看孩子的老人、保姆、侍女,不一样都是奴仆吗?我们的地位有很多相似的地方。而您也会同意,当侍女比做家庭教师更不体面。如果一个女人不是没有饭吃的话,她来当侍女,就说明她是很有些算计的……"玛丽听着听着就大笑起来。

"好了；您把在自己身上看到的自私自利强加在我头上，为了这件事我完全宽恕您了。"

她像孩子一样高兴起来，甚至还开起了玩笑。啊，我尽可以放心：的确，她不应该认为我的话里有什么令人感到屈辱的东西。她不曾想过，她没有任何必要、没有任何打算，要盗空娜杰日达·维克托罗夫娜的私囊；她可以满足于用正当手段从没有经验的、轻信的、爱她的娜杰日达·维克托罗夫娜手里哄骗东西，这样会更有利。或者我连这一层也没有想过。噢，当然，是没有想过：何必要哄骗呢？不用耍什么花招，她就会得到很多东西……

这是一种热病似的欢悦情绪。好像是玛丽又相信、又不相信她为了我的话而生气并不完全对，这些话可能有不得体的地方，但无论如何不可能有侮辱的意思，因为在我的思想当中根本没有过这种东西；好像是玛丽又认为、又不认为我现在已经放弃了自己的不信任态度，她不必再来回答我提出的问题，请她忘掉这个问题好了。

"不，"她想了想说，"事实上如果事情就是您所知道的这些，那么您可能是对的。我必须在您面前辩白清楚。不然的话，一旦您不再懊悔的时候，又要把我想得很坏，您无意间使我非常难过，对这件事您感到懊悔，而这种懊悔情绪是会过去的。我要把真实情况讲给您，尽管您说过，您并不需要知道。"

不，她到这里来，并不是为了来当侍女。她爱娜杰日达·维克托罗夫娜。如果我愿意的话，也可以不相信，但我一定会看清这一点，并且迟早不再怀疑她的确非常深情地爱着娜杰日达·维克托罗夫娜。"在她身边生活，照料她，——这使我愉快。我可以用自己的名誉向您担保，如果为了娜杰日达·维克托罗夫娜的幸福须要做出牺牲的话，我自己不知道我怎么可能不牺牲很多东西，甚至牺牲一切。您可能要把这种情感称作为奴婢的情感，但我不能忘记，我的亲人和我自己，我们都应该感谢伊拉东采夫家族的恩典。而娜杰日达·维克托罗夫娜，我的上帝，让我怎么能不爱她呢？我的确多年给她当侍女，因此比任何人都更清楚，她有着怎样一种天使般的性格。"但是我想得完全有道理：当侍女，这可不是单凭依恋的情感就可以决定的事情。她的确有所算计，我说得对。但不完全是我所推想的那种算计。"您不愿意知道我的巴黎生活的详情,为了这个我非常感激您。您说我没有必要为我在巴黎的生活辩白,您说我可以把这些放到将来我自己想向您讲的时候再讲,我理解您的暗示。我现在只想告诉您,若是考虑从娜杰日达·维克托罗夫娜这里得到薪金和礼物的话,那么舍弃巴黎就太不合算了·我另有打算——我想在上流社会占据一角位置,我继续留在巴黎就不可能有这种地位。我是个爱虚荣的人,这是我的弱点。"

她觉得她已经很好地掌握了上流社会所要求的语言和风度。她开始想到尤里卡。尤里卡刚刚十岁。她知道尤里卡还没有开始学习,仍然还由保姆照看着。但是已经到时候了,应该把他交给一个有文化的人来照料了,交给家庭男教师或家庭女教师,在十岁的时候还都无所谓。当然,做父亲的首先要考虑男教师。但是,如果他发现家里有一位能胜任女教师工作,又十分喜欢尤里卡的姑娘,他会认为,可以把尤里卡交给这位女教师两年、三年。两三年的时间,啊,为了在上流社会赢得一个有利的名声,结识许多朋友,这足够了……她的前途就可以有保障了。将来如何安排? 她还不知道是哪种可能性她想得更多些:是开办一个寄宿学校还是出嫁,但不管怎样,她总可以为自己安排一个很美好的前途。

然而,直接把自己想当尤里卡的女教师的心愿讲出来——她知道得非常清楚,这是不行的。维克托·李沃维奇习惯于怎么认识她呢? 他最初认识她的时候,她刚刚学会读俄文书。她在他印象当中就是这样一个姑娘,甚至连梦见她当家庭女教师都觉得荒唐……此外,他会怎么想她为人的行为准则呢? 他知道,她曾经到巴黎去过。这并不妨碍我尊重她(因为她现在已经看到我对她的偏见业已消除,我很尊重她),啊,她不会忘记这一点!(她握了握我的手。)但不是所有的人都像我这样认识事物……因此必须让大家首先看到她的性格如何,她为人的行为准则如何。只有这样,人家才不会认为是荒唐,才不会把她的愿望说成是恬不知耻,才会把尤里卡交给她。她必须把这个想法隐蔽起来。

使用什么方法她才可以返回伊拉东采夫家庭,让大家能看到,可以把尤里卡交给她呢? 关于这一点我可以非议。她采取了一种狡猾的手段。让我非议好了。但是……不，我不会过多地责怪她……啊，等她找到了力量把全部情况向我讲述过后，我就完全不会责怪她了。她不是一个道德家。她没有资格做道德家。但她不完全同意我关于女人恋情的看法。这种看法是高尚的。这种看法在另外一种社会制度下或许是正确的。但是在现在这个制度下……不，不！千万不要让任何一个女人运用她作为一个普通人所享有的自由权利吧……啊，数不尽的痛苦和磨难……

来到彼得堡以后，她知道她想要占据的位置已经被人占去了，她就是为了这个位置才下定决心又暂时做了侍女。这是一个沉重的打击。但是，她曾经经受过比这可怕得多的失望，因此她没有灰心。总的说来，她的处境并不坏，不致使她垂头丧气。她手上有一些钱，还有值几百卢布的东西。如果需要，叔父还会倾其所有来帮助她，她确信这一点，大约我也能看得很清楚，他的确是一个善良的人。有半年的时间，不，还要多，有一年的时间，她的生活不会有困难。而在这一段时间里她完全来得及在寄宿学校里找到教课的机会。她法语说得很流利。稍微再自修一下，也能胜任地理、历史教员的工作，如果在巴黎，像她这样的教员似乎要嫌基础差一些，但在彼得堡要求并不那么高，是这样吧？啊，现在她不会没有出路了！

在我们住在乡下的这一段时间里，当一个侍女她不觉得有什么特别的不愉快。跟娜杰日达·维克托罗夫娜这样一个可爱的姑娘在一起，这个职务本身一点都不繁重、不枯燥乏味，甚至也没有任何卑贱的成分，我可能认为这是一种奴婢的感情，就算是这样好了，但她并不因为她属于娜杰日达·维克托罗夫娜就感到轻贱。继续当侍女只有一点令人不快，上流社会瞧不起仆人。但在我们这里聚会的这些上流社会的人物，他们的轻蔑或者尊重使她很少感兴趣。到了彼得堡她未必会遇上他们当中的任何一个人。即使遇上的话，在那里他们自己也不那么显贵了。我们住在乡下的这一段时间，她还可以继续当侍女。仅一个半月、两个月，可以忍耐，也必须忍耐，因为要有时间同勒努阿夫人写信商量。勒努阿夫人知道她的设想，到目前为止只她一人知道。我是她进行推心置腹的谈话的第二个人。还不能把真实情况告诉别人，再说别人也不需要知道这些真实情况……

我握了握她的手,说道:"您有一个缺点,玛丽亚·德米特里耶夫娜,很大的缺点。您有些过于狡猾了。但是我衷心地喜欢您。"

"我狡猾,我怎么能不狡猾呢,弗拉基米尔·阿列克塞伊奇?"她忧伤地说,"我是一个女人;用您的话来讲,这意味着——是一个奴隶……"

的确,难道可以因为她是一个小小的阴谋家、因为她在尽量地讨好这里所有的人,而责怪她吗?大家等待她来的时候,是准备着嫉妒她、指摘她、加害于她。她年轻、漂亮。她过去的生活为蜚语谣言提供了极好的口实。凡是打算嫉恨她的人,谁能不想:"有两年的时间跑出去一个人过,哈哈!我们知道!你是一个坏胚,我的亲爱的。"于是笨伯、笨妇们也就兴高采烈和义愤填膺地吼叫:"坏胚!"而且还不停地向她炝蹶子。托上帝的福,除掉蠢驴似的笨伯、笨妇,差不多再也没有人了:整个社会事业靠的就是他们。如果在一千个长着驴脑袋的人当中能找到一个长着人脑袋的,那么不超过二十四小时,一切都会坍塌毁灭。

我开始对玛丽说,她不要认为我是她计谋的障碍。等她赢得声誉,人们答应把尤里卡交给她教育的时候,我就把位置让给她。这个位置对我来说,既不重要,也不需要,我曾长时间地拒绝接受它,而且如果不是凑巧我在哪儿度过夏天都无所谓的话,我本来也不会接受的。

她极为惊异,深受感动,但决断地说,她不能同意。怎么能把她同我相比呢?这样的替换对尤里卡将会是一个损失。她愿意对自己有利,但不愿有损于人。我开始解释,尤里卡不会受到损失,而只能得到好处。担任家庭教师需要的不是学识,而是耐心、关怀等。她现在就可以是一个很不错的家庭教师,再过一个半月、两个月她就能准备得十分称职了,这一点我可以向她担保。她会比我更关心尤里卡,这一点可以绰绰有余地弥补她的知识不如我多的缺陷。我们争论了一阵,分手的时候已经成好朋友了,她请求我不要再重提尤里卡的事,我保证绝不重提,直到她将来确信,我把位置让给她绝不是什么自我牺牲。

当然,她很快就会看清这一点。那时她会同意的。她也不会不知道尤里卡不致因此而受什么损失。她推辞仅仅是因为对我客气;这是显而易见的。

16日 "您如果向我保证,您以自己的名义去说,不把我搅到里面去,那我就告诉您,应该做一件好事,或者最好是说,应该破坏一件愚蠢乏味的坏事。""向您做什么保证都可以。""太好了。我是否认为娜杰日达·维克托罗夫娜并不厌烦这些让人无计可施的客人呢?""我没有考虑过这个问题,玛丽亚·德米特里耶夫娜。根据娜杰日达·维克托罗夫娜欣喜的表情来看,我觉得她很愉快。"不,大约是我想错了。娜杰日达·维克托罗夫娜强忍着自己的寂寥心情,因为她觉得她父亲很喜欢这些客人。而父亲却以为,她高兴同他们在一起。她父亲和我想得不对是很自然的:她是个年轻姑娘,还没有在交际场上露过面,她怎么能不高兴呢?但是,娜杰日达·维克托罗夫娜并不愚钝,她虽然缺乏经验,但有良好的习惯,并且生来就厌恶庸俗。这些上流人物有一天、两天可能使她感兴趣,现在大约已经让她觉得乏味无聊了。她非常善良,因此或许她自己还不十分清楚和这些人待在一起很无聊究竟是什么原因;她的纯洁的心地很难把坏人看为坏人。但她本能地因为他们而苦恼。最好由我向维克托·李沃维奇提示一下,请他问一问女儿,她是不是喜欢繁乱热闹的场面。"好,我去告诉他,并且我认为您是对的。可是您为什么不愿意自己告诉他呢?""您忘记了我在这个家庭里的微妙处境了。我不便出头,引起大家的注意。"这一点她也是完全正确的。

17日 玛丽非常满意,她关于娜杰日达·维克托罗夫娜内心感到乏味无聊的猜测居然是正确的。由于受到这次成功的鼓舞,她开始安排一些小小的计划,好让维克托·李沃维奇想办法使娜杰日达·维克托罗夫娜心情愉快。这都是些小事,但却令人感到可意,这些小事除了显示玛丽有很深刻的洞察力,还说明玛丽真诚地关心着娜杰日达·维克托罗夫娜。我觉得玛丽的一个设想尤其可意,她建议把花园里的一个凉亭收拾得尽量像娜杰日达·维克托罗夫娜在勒努阿夫人家所住的房间一样。最主要的是常春藤和葡萄架。玛丽计算过:几间大厅里的常春藤足够用了。其他所需要的植物,花房里全有。维克托·李沃维奇到过勒努阿夫人那里,应该记得女儿的房间,他会把凉亭收拾好的。

只剩下杰丘辛一家人留下来吃中饭。晚上,他们也走了。

阿丽娜·康斯坦丁诺夫娜马上感觉到一种近似绝望的懊丧。家里只剩下了维克托·李沃维奇、娜杰日达·维克托罗夫娜、尤里卡、阿丽娜·康斯坦丁诺夫娜和费奥多尔·达尼雷奇、我、玛丽、伊万·安东内奇、阿丽娜·康斯坦丁诺夫娜的两个侍女——这么大一幢房子就十个人！空荡荡的！可怕！这位可怜的人只有一条生路：东奔西走，到邻居家去做客。这样做，前景也不乐观：五十俄里的范围内，不是些三等户，就是些吝啬鬼。上哪儿去寻找欢乐呢，也就是说上哪儿去寻找热闹的人群呢？

18日 娜杰日达·维克托罗夫娜散步去了。维克托·李沃维奇找来些人手，开始把凉亭改造成普罗旺斯样式的房间。但是发现，他过于相信自己的记忆力了，于是不得不把常春藤和其他一切都搬回原处，免得让娜杰日达·维克托罗夫娜猜出来，破坏了这一件出其不意的赠礼。我把这件出其不意的赠礼说成是自己的想法，玛丽很不愿意要她来帮助我实现"我的"设想。但她知道她不能拒绝，因此就不再推诿了。后来，当只剩下我们两个人的时候，可以清楚地看到，如果她事先料到有这样一个结局，她就不会提起普罗旺斯的房间来了。她略略地责骂我几句之后，也不得不承认，这并不是我的过错。

19日 维克托·李沃维奇带着娜杰日达·维克托罗夫娜坐车兜风去了。他们回到家来，普罗旺斯的房间已经大功告成。娜杰日达·维克托罗夫娜见了这件意外的礼物，欢喜雀跃。确实是这样，这个房间使她回忆起那充满幸福的、无忧无虑的、半孩提似的生活年代。

20日 杰丘辛来过，邀请维克托·李沃维奇去做客！啊，只有俄国人才具备这样令人钦佩的坚定性格！外国的恶棍与我们相比是望尘莫及的：他们没有这种毫无掩饰而令人折服的、不屈不挠的、不知羞耻的劲头儿。欧洲的恶棍是学出来的恶棍，我们这里，生出来就是恶棍。

幸好，可爱的娜杰日达·维克托罗夫娜看不透这些尔虞我诈。她以完全坦率平静的心情问她父亲，在杰丘辛家怎么度过这段时间。他为了回避说起他们，就邀我坐下来和他下棋，他心不在焉，都输了。这多少缓和了一下我对他的态度，至少是我觉得不好意思了。

21日 玛丽问我听说过弗拉索夫这家人家没有。"我没听说过，他们是谁呀？""是一家并不很富有的地主，他们家离我们有二十俄里；夫妻俩刚结婚不久；妻子十九岁。我根据传闻判断，他们是非常好的人，弗拉基米尔·阿列克塞伊奇。"从这里当然要引申出，我应该向维克托·李沃维奇建议，为了娜杰日达·维克托罗夫娜，要结识一下弗拉索夫一家。"说不定，她和弗拉索娃会彼此很投机呢。"有一群不三不四的客人，这很无聊。但是没有几个好相识，除掉自己家人再看不到任何人——这也很单调。娜杰日达·维克托罗夫娜和父亲、兄弟在一起，有音乐，能读书、散步，不会感到寂寞。但有一个好朋友，对她这样一个可爱的姑娘来说并不是多余的。"弗拉基米尔·阿列克塞伊奇，我听说弗拉索娃很活泼，很有朝气，性格愉快开朗，我很替娜杰日达·维克托罗夫娜高兴。""真的，您的心真好，玛丽亚·德米特里耶夫娜，而且对娜杰日达·维克托罗夫娜有很深的依恋感情。""弗拉基米尔·阿列克塞伊奇，有的时候我自己也不知道应该怎么评论我的心，"她若有所思地说，"为了安排好自己的生活，我想得很多。但我不愿无缘无故地损害任何人。与其遭到人们的嫉恨、敌视，我倒更愿博得人们的好感……到目前为止我好像还没有对任何人做过一件坏事……我想，我将来也能够避免做坏事……从这一方面来说，在巴黎的时候，我的道路真是如临深渊，如履薄冰：轻薄、挥霍，当一个姑娘鄙薄您称之为偏见的那些准则时，就很容易发展这样一些极坏的品质……由此便产生了：阴谋、欺骗……挥金如土，又视财如命……想方设法使笨拙的人倾家荡产……不论您如何谈论偏见，但我却深切体验到鄙薄这些偏见会有多么危险……然而我有理智，或者可以说我有一颗善良的心，能够节制自己去做很坏的事……我曾经迷恋过爱情，后来又不够检点，但我没有使任何人破产，甚至也没有给任何人带来损害，除掉给自己……我想，我现在就更少有兴趣做有损于任何人的事了……我觉得，说到我的时候，只说我有一颗善良的心，还是不够的。谁有一颗善良的心，他就少些自私自利……您对我太好了，弗拉基米尔·阿列克塞伊奇；啊，如果您对我能永远保持现在这种看法，那多好啊……我不知道您是否会保持下去。至于说到我爱娜杰日达·维克托罗夫娜，这不会是您的错觉，我可以大胆地凭我纯洁的良心告诉您……""在您对自己性格所提出的五点否定当中确有正确的一面，玛丽亚·德米特里耶夫娜；但无论如何我还是很爱您的。"她笑着说："我知道是这样，而且平心而论，我也不认为是受之有愧;您也应当爱我,因为我对您胸怀坦荡,"她又笑起来,"'胸怀坦荡',这就是说还不够彻底。但您等些时候,我会把我的全部胸臆都向您敞开来的,我甚至想,这个时刻很快就会到来。""我也这样想,玛丽亚·德米特里耶夫娜。我们的友谊会很深、很诚挚。"在提到友谊和坦率的时候,我顺便说了一句:"您是否已经相信,我把尤里卡这个位置让给您,从我的角度来说并不算什么很重的情谊呢?您是否已经相信,我告诉您这对我来说并不是什么很大的牺牲,这话确实是很坦率呢?""我差不多是快相信了。""那您来做尤里卡的家庭教师吗?""我不拒绝做,但我也不说我做。看将来的情况吧。""这就是说,您回避谈这件事? 这就是说,您还不完全相信我对您态度真诚?""对于您的真诚我完全相信,但对于您能否持久,则不尽然相信。我们还没有认识多久呢。"她笑着回答,说完就离去了。

22日 维克托·李沃维奇去拜访弗拉索夫夫妇,回家的时候把他们也请来了。他们在这里吃过中饭,回去的时候已经很晚了。的确是非常正派的人。弗拉索夫不是才华出众,但并不笨;思想真挚淳朴。弗拉索娃不是什么美人,完全算不上美人。但是自然大方,毫无卖弄显示之心。他们夫妻真诚相爱。明天,娜杰日达·维克托罗夫娜将去拜访他们。

23日 阿丽娜·康斯坦丁诺夫娜宣布,明天要回彼得堡。她在东邻西舍当中游来荡去、四处奔跑,他们全都是极好的人,因为在她眼里所有的人都同样极好,但不管怎样还是不能再继续忍受这种绝望情绪。无论到哪儿去都没有她所需要的那种热热闹闹、高朋满座的情景。费奥多尔·达尼雷奇同样也开始收拾东西准备上路。他们都没有预见到,他们即将遭受多么沉重的打击。"如果早一点向他们挑明的话,阿丽娜·康斯坦丁诺夫娜准能流无数的眼泪,会把我们的两脚都浸没的。"维克托·李沃维奇用这种话来为自己诡谲的保密进行辩护。

24日 阿丽娜·康斯坦丁诺夫娜热泪满面地跑进维克托·李沃维奇屋里:"兄弟! 您不放费奥多尔·达尼雷奇跟我一起走! 兄弟,放他走吧!""不行啊,阿丽娜·康斯坦丁诺夫娜,让他稍微等一下,到后天再走,总共才两天,您就做这么一次牺牲吧。""这样一来,可不是两天,我的兄弟,而是一路上我们都分开了。这是整整一个星期呀！""不能不这样,阿丽娜·康斯坦丁诺夫娜。""好兄弟,为什么不能呢？为什么不许他跟我一起走？""因为您是一位闺中小姐,我的妹妹,您要考虑您的名声,不能对任何人说您非常爱费奥多尔·达尼雷奇,不是这样吗？""是这样,我的兄弟,我知道应该保持沉默,因为我是一位小姐。""如果他和您一起走的话,大家就都会看到您非常爱他,是这样吧？""是这样,兄弟。""现在您自己也看明白你们不能一块走了吧？""我懂了,兄弟,看来只好这样,我们分开走。"关于这样一个女人,大家都这样说,我本人也这样想——"一个愚蠢的女人！"这有多么不公平啊！唉,如果所有的人都能这样明白、这样通情达理,那就好了！

25日 很奇怪,为什么我这样懒散。前一些时候我不干事,那时有充足的理由懒散:开始的时候一直为阿纽塔悲伤,后来又反复思量,值不值得悲伤;当一个人的心里充满了这样一些沉重的痛苦和思虑的时候,他还有什么兴致干事呢？当我刚刚开始明白不值得去考虑值不值得悲伤的问题时,又来了很多的新人,又要观察我将同谁一道生活,这花去了两三天;而后,又被玛丽的友谊所吸引,那几天也无须埋怨自己没有干事。但是,我和玛丽建立友谊关系已经有一个星期了,我再也不必为揣摩她的性格而伤脑筋。心情很轻松,思绪不为任何事物所萦绕,看来是可以干事了。我确也在干事情——但这样疲沓,整个一星期还没有写出一天就可以写完的东西。如果是畅畅快快地愿意懒散也好;不是,我正因自己的懒散而感到百无聊赖;然而却打不起精神做事情。觉得寂寞——于是坐下来写东西,过一刻钟又觉得没意思了——于是又扔下笔躺到床上,或者出去散步,或者招呼维克托·李沃维奇下象棋。不能一整天总下象棋,不能一整天总是散步,躺着的时间也不能过久,躺久了腰疼;于是又想,"真无聊,还是着手干事吧",结果又是周而复始这一套。这一套该有多么荒唐啊！我曾尝试从这样一个角度来认识这段过程:"该不是我爱上我的朋友玛丽了吧？"这是最恰当的解释,有了它,一切都迎刃而解了。然而不是,我无论怎么剖析自己,除掉对这位高尚可爱的姑娘的友情,我在自己心中再也找不出别的情感来了。跟她坐在一起很惬意,分手以后,就忘记了她,脑子里浮现出彼得堡、杂志、我们那些自由派,还有沃尔金,他绵软无力地嘲弄说:"唉,您哪!跟这一帮败类在一起能搞出什么名堂来呢?"我就反驳沃尔金:"在什么地方、什么时代,上流社会不是由一群败类组成的呢? 但是,正派人却在一切时间、一切地点都工作着。""当然是出于愚蠢,任何时间、任何地点的聪明人都是愚蠢的,弗拉基米尔·阿列克塞伊奇;水中捞月能算什么快事呢?"沃尔金继续绵软无力地挖苦说,"历史不是靠聪明人的思想和工作推动的,而是靠昏头昏脑和不学无术的家伙们的愚蠢推动的。聪明人用不着乱管闲事;管闲事就太愚蠢了,请您相信。"就此我回答他:"问题不在于管闲事是否聪明,而在于你能不管吗? 我的身体因为寒冷而战栗,这聪明吗? 我的心胸在令人窒息的氛围中感到压抑,这聪明吗? 很愚蠢,如果能不这样,我会觉得更好。但是我天性如此:觉得寒冷就会战栗,见到卑鄙的行为就感到气愤;如果找不到工具凿穿令人窒息的监牢的墙壁,那我就用头来撞它,让它纹丝不动好了;至少头是会撞破的,不管怎么样我都算胜利了。我看见他那绵软无力的笑容,我看见他在连连摇头:"唉,弗拉基米尔·阿列克塞伊奇,当然,从这个意义上看您说得有道理;但是,请您相信,不值得有这种情感。""问题不在于值得不值得有,而是你已经有了。"

时光就在这些遐想当中流逝过去,不无寂寥,这确是事实。但我也不无乐趣地调侃自己:这样度过时间太没意义了。

26日 除费奥多尔·达尼雷奇启程去同阿丽娜·康斯坦丁诺夫娜团聚外,再没有别的可记了。

27日 我坐着读书。听见有人蹑手蹑脚地进到屋里,当然是玛丽,不会是别人:家里只剩下两个人穿着便鞋,她和娜杰日达·维克托罗夫娜;同娜杰日达·维克托罗夫娜,我们还没有这样的深交,再说她的性格也不致使她想这样淘气。但是玛丽想干什么呢? 到目前为止,她对待我也就像我对待她一样庄重有礼。但是,如果她想出了什么花招的话,就让她开成这次玩笑吧。我装作没有听见。她悄悄地走近我背后,用手捂住我的眼睛。"我猜不出来是谁:是您吗,玛丽亚·德米特里耶夫娜,还是您呢,娜杰日达·维克托罗夫娜……是您,玛丽亚·德米特里耶夫娜?"她笑起来:"您知道我为什么要捂起您的眼睛来吗? 这是因为这双眼睛对您来说毫无用处。""是这样吗?"我抓住她的双手:"这回给您点厉害看看,好叫您以后不再这样胆大包天。"我吻了一下她可爱的细柔的手。"您尽管吻好了,我已经不觉得可怕了。""您曾经认为可怕吗?""我说得不完全对;曾经感到过危险。""原来是这样!""我不是开玩笑,您曾经担心,如果您不用自己冰冷的态度来扑灭我的热烈情感的话,您自己也可能燃起激情来。""不是燃起激情,而是变得不完全冰冷啊,那可是天大的不幸!""不是天大的不幸,而是一种不必要的,并不算很大的苦痛。""现在危险已经过去了吗?""已经过去了。""我很高兴,并且表示祝贺。""唉,您不要高兴,也不要祝贺!原来的危险过去了,代替它来威胁我们的是另外一种更为实在的、无可回避的危险。""如果讲出来不是非常吓人的话,那么这是一种什么危险呢?""我们将会争吵起来,或者不这样说:并不是我不喜欢您,而是您会不喜欢我。"我似乎觉得,她这样说并不完全是开玩笑。这样说的时候她可能怎么想呢?一种可能是:我将要追求她,她不得不对我说,我讨她喜欢只是作为一个朋友,而不是作为崇拜者,我听了会伤心、会生气。但是,如果她这样想的话,那又何必让自己开这样一个很亲善的玩笑呢?倘使我真的有意追求她,那么这种玩笑是会让我的热血沸腾起来的。难道说正是为了看一看我是不是有意要这样做,看一看她是否应该离开我远一点?或者,也有可能她在想,我会把她对待我的冷淡态度看成是她在谨慎从事、她在担心,不仅仅是为我的感情担心,也为她自己的感情担心?从她的话里也可以引申出这种结论来。她在跟我取闹,我却应该从中领悟到,她对我完全淡漠。

我是这样领会的,并且针对她所讲的将会争吵这种开玩笑似的预言,回答说:"您的不祥的预言将不会成为现实:我将永远像现在一样喜欢您。""这非常好。"她深有所思地,而且极为严肃地说。"我觉得,我是理解您的想法的,玛丽亚·德米特里耶夫娜;我向您担保:我永远也不会给您造成争吵的口实。""我相信这一点。"她回答说,随后便讲起她今天读过的书籍,以及在读书当中她并没有完全理解的问题。

28日 毫无疑问,我猜对了玛丽昨天开玩笑的含义。她对待我的态度再也没有取闹的意思了。我真诚而严肃的保证使得她对我的理智完全放心了。

29日 在这四天当中,我走了四十多俄里路;下了肯定是超过四十盘的棋;读了杂志上登载的四十多篇糊涂文章,同时写了不多于四页的东西。这篇文章如果全写得像这几页,就一定不会生动活泼。

30日　清晨迎来了第一缕曙光,太阳随之升起——我没有看见这些,但我想会是这样。太阳按部就班地沿着苍穹走过之后,落下山去;随后,天慢慢地黑下来;随后,夜就降临了。这些都是确凿无疑的事实,我亲眼所见。

31日　昨天那一系列著名事件的结局是:到了习惯的时间,我想要睡觉;我躺下来,很快就睡着了。今天醒来,发现已经天亮了,而且从一切迹象来看,已经天亮很久了。此后,那些著名事件又以昨天的顺序重复。然而,我在成为一个多么了不起的幽默作家啊!细腻、聪明、泼辣!读者能有这样一位作家是很幸运的。

八　月

1日　确实,我越来越笨,笨得颇有成绩。

2日　同维克托·李沃维奇和娜杰日达·维克托罗夫娜一道去拜访弗拉索夫夫妇。弗拉索娃对我说,她怎么也高兴不够:维克托·李沃维奇是一个多么善良、多么体贴入微的父亲啊。这的确是事实:自从阿丽娜·康斯坦丁诺夫娜走了,他几乎没有离开过女儿。"如果不是因为他和杰丘辛娜的暧昧关系,我会非常尊敬他。"这种关系使他在我的心目中黯然失色。但他现在要比过去好多了。已经有一个星期或者更多的时间,杰丘辛娜没有在我们家露面,也没有打发丈夫来接维克托·李沃维奇。"不可能!""是这样。""真是这样吗?""是这样。大约是他不准她做出丢脸的事来。""啊,如果是这样,那可太好了!那我就会宽恕他了!让杰丘辛娜掠夺他的钱财好了——这对于孩子们来说还不算是什么了不起的损失,不像是她用自己的厚颜无耻损害他在娜杰日达·维克托罗夫娜心目中的尊严!""您以为娜杰日达·维克托罗夫娜明白她同他的关系吗?""我不知道,弗拉基米尔·阿列克塞伊奇;这很难说。这位太太恬不知耻到无以复加的程度,所以我想娜杰日达·维克托罗夫娜不可能不明白。但也许她不明白。"我也认为娜杰日达·维克托罗夫娜不明白:她的思想距离诸如此类的事是那么遥远,她很难理解这些乌七八糟的东西。

3日　同玛丽随便闲聊或者进行正经的交谈,同维克托·李沃维奇下棋或者就进步的题目漫谈,在漫谈当中顺便也同娜杰日达·维克托罗夫娜对谈一句两句,读书、散步,在做这些正经事的间隙时间,在已经开了头的那篇文章里加写二三十行字,这种生活有哪一点是不配人过的生活呢?

4日　但是,的确很奇怪,并非没有足够的兴致工作,然而工作却进展得慢吞吞的。

5日　收到一封短柬,是杰丘辛娜写来的! 她邀我到她家去! 怎么会有这样的咄咄怪事呢？维克托·李沃维奇同娜杰日达·维克托罗夫娜一起坐车兜风去了，必须等他回来，不知道事情的原委不好随便回答：大概还是应当去。即使是弄一身马粪，也比摊上这件事令人少些烦恼。我吩咐人转告：午饭过后如果不是我亲自前去拜访的话，就打发人去送回信。

是不是他拒绝了她要他担任的角色呢？只有这一点才好解释她这封短束的来由；她会以为这种决裂是受了我的影响，所以她想应该贿赂我一下。但是不像，让人不信他有足够的勇气同这个美貌的、无耻的女人一刀两断。

他的确有了足够的勇气。的确决裂了；彻底的、无可挽回的决裂。天良给了他力量。

他是一个极有天良的人，这我是知道的。但是，当我们谈起这件事的时候，他那样感到羞愧，这却使我很为吃惊。换另外一个人就会觉得，既然已经克服了自己的弱点，就无须再感到羞愧了。凡是战胜了鄙俗的情欲之后还继续为往事感到羞愧的人，他就会以自己的谦逊态度迫使人们宽恕他的那些往事。

"请您看一下，维克托·李沃维奇。您告诉我，济娜伊达·尼卡诺罗夫娜·杰丘辛娜需要我干什么呢？"

他异常地难为情；他匆促地用眼睛把短束扫了一过，又读了第二遍，读得很慢。他沉默半晌。

"我给她写过信，说我们的关系不能再继续下去了，您知道这是为什么。"

"我真替娜杰日达·维克托罗夫娜庆幸。您是一位好父亲，维克托·李沃维奇。"

他又沉默了好长时间。

"您是说，好父亲？这我不知……但我很爱娜金卡。"

而后，他讲话就轻松一些、理直气壮一些了。杰丘辛娜给他写信，他不再接受她的信件。杰丘辛娜派了些男女密探来向我们家的佣人探听决裂的原因。也许，她现在已经把她所需要知道的一切，都探听去了，或者她已经确信，除了她所知道的，再也探听不出什么东西来了。他认为，她已经看到再也不可能在他身边占据原来的地位了。但她还不情愿失去希望；她叫我去是为了看一看，从我的话里能不能发现一星半点儿于她的计划有利的东西，大概她是有一些计划的……

"说得简单点儿,维克托·李沃维奇,她是想收买我。"

"是的,是的! 正是这样!"他随声附和说,"她是想收买您! 但是我请您还是到她那里去一趟;您的谈话最能说服她,让她不要再来打扰我,她无论怎么操心费力我也不会屈服,我不想,而且也不能屈服!"

我认为这样做是很对的。我告诉他说我去。

夜一时。她是一个高尚的、胸襟宽阔的姑娘,有着一颗无所畏惧的心灵,但是却同一个有负于她勇敢的自我牺牲精神的人交了朋友。我这样疏忽大意是不可原谅的。我们这家所有的人都认为我是一个正直的人;但是,不是我们周围所有的人都能够,或者都愿意把同我们住在一起的人的意见作为准则,我没有想到这一点,这确实是不容宽恕的。这位姑娘越是高尚,越是敢作敢为,就越应该关心备至地保护她,免得她受流言蜚语的伤害。我忘记了自己的义务。

她却记得周围的人。她知道,关于我们的关系他们是怎么想的。她早就向我预言过我现在听到的这些话。这次谈话是在哪一天呢? 那还是二十七号那一天。"您会不喜欢我的,弗拉基米尔·阿列克塞伊奇。"我当时没有懂,我当时用最荒唐的办法来解释这些话。如今这些话明明白白。她不愿意说得更明白,因为她已经不顾一切地打定主意去做流言蜚语的牺牲品了,只要能不夺走我和她从我们的友情中所得到的纯洁的喜悦,只要能不把我从她身边推开,一直到我自己认清我应该离开她为止。她希望我当时没听懂她的话,但她希望把这些话说出来放在那里,等到日后我会对她说"我们彼此应该疏远"的时候,她好来加以引用。我了解她,我知道她将怎样回答我:"这对我已经不是新闻了,弗拉基米尔·阿列克塞伊奇;您是否还记得,我曾经预言过,说您会听到的。如果我现在要回答您,说不用改变我们的关系,那么这并不是热烈情感的冲动,这是我由来已久的冷静的看法。请您回想一下,我当时说过:'您会不喜欢我,而我不会不喜欢您。'您会不喜欢我,这意味着:您想疏远我,而我不会不喜欢您,这句话在当时、在现在都意味着:我不认为您必须疏远我。让我们像过去一样亲近吧。"我知道她是会对我这样说的。善良的、温柔的、无所畏惧的姑娘！为了这些,我多么喜爱她啊！

当看清我即将听到人们怎么议论我们、我即将决定我需要疏远她的时候,她怀着无穷无尽的信任感,愿意向我显示她的友谊的全部深情！她怀着宽广豁达的胸襟决心在离别的时候对我表示爱抚,好使离别变成我们继续亲近的保证,好用爱抚的力量把我们彼此联结得比过去更紧密,好使我没有足够的勇气同她断绝往来！

然而,我们还是告别了,不是同我们的感情,我们没有必要同我们的感情告别,而是同我们过去的关系告别。

伊万·安东内奇进来告诉我说,马车已经准备好了,我拿起了帽子;这时玛丽走进屋来。

"我想跟您说几句话,弗拉基米尔·阿列克塞伊奇。叔叔,请您出去一下:这是秘密。"

"唉,你呀,总开玩笑,弄神弄鬼的!"这个忠厚的人说着,狡黠地摇了摇头,走开去,他很得意。他也会开开玩笑。但我看到,玛丽却十分忧伤。

"清早起您说过,您不愿意到杰丘辛娜家里去,可是刚才叔父告诉我了,您是要到她那儿去吗?"

"是的,玛丽亚·德米特里耶夫娜;然而我从内心里真不愿意去。"

"我也不愿意让您去,我很悲伤,非常悲伤,弗拉基米尔·阿列克塞伊奇,但迟早您会知道您将从她那儿听到的事……您还记得吗?我曾经开玩笑似的对您说过,我怕您会不喜欢我。这个时刻来到了;等您回来的时候就已经不再喜欢我了。但是我想,"她握住我的手,伤感地微笑着,"我想在这之前让您知道我对您的依恋是多么深,您不喜欢我会使我多么伤心,"她说话的声音时断时续,"在离别的时候,我要拥抱您一下,我的好友,最好这不是离别!"她轻轻地拥抱我、吻我,"当您还像我喜欢您那样喜欢着我的时候,请您也拥抱我一下吧。"

她的眼泪流到了我的面颊上;我也哭了。她的温柔的爱抚蕴含着几多哀愁啊!

"玛丽亚·德米特里耶夫娜,您不必用您的疑虑来使我伤心:我了解您,我不会听到任何能够使我改变对您的感情的话;无论我听到了什么,我都将和从前一样地尊敬您,喜欢您。"

"好的,"她开着伤感的玩笑说,"您向我下了保证了,说您永远不会不喜欢我,我放心了,现在我可以放您走了。去吧,我送送您。"

我穿过一个个房间,独自一个人从门口的台阶上走下来,坐到车上,这一切都像是在梦幻中,她站在台阶上,目送着我,一直到马车拐过花园去……我也一直在望着她,我心中萦绕着这样一种感情,仿佛我是离开她到很远的地方去,去很久很久……

开始什么都没想:深沉的、混沌凌乱的忧戚压抑着我的思想,使它模糊不清。继而这种忧戚被一种替玛丽惋惜的情感所代替,当我清醒过来的时候,就更为自己感到惋惜。在同我有过这么多次谈话之后,她怎么还好意思担心某个谣言(即使是关于她在巴黎有过很轻浮或很不体面的艳遇的谣言)会减弱我对她的尊重呢?本来应该严厉地说:"您这样看我应该觉得可耻,我因为您这样看我而深感遗憾。"但是我却十分伤心,同时还一本正经地辩驳着,我做的该有多么笨拙,多么愚蠢。训诫要比充满了感情的辩驳明智多了。

如果说我做得很愚蠢,使这次离别变得这样多愁善感,那么,玛丽的担心却是很自然的事。说一说倒很容易:"我超越于偏见之上,对男人来说不算羞耻的事不应该降低一个女人在我的心目中的尊严",然而偏见却非常顽固有力,我不应该因为玛丽还没有完全确信我不受偏见的左右,而生她的气。维克托·李沃维奇可能知道,玛丽曾经是一个冒险家,他可能露出了口风,他不可能不向杰丘辛娜透露这件事;杰丘辛娜在狂怒之下会中伤这家庭中所有的人,乃至厨房里最末的一个小厮;玛丽一定会受到她毒舌的残害。建筑在授人以柄的事实基础上的巧妙诽谤,谁能不觉得印象深刻呢?我不能长时间地因玛丽担心而生她的气,所以我们离别的场面又重新使我心醉。我同玛丽的友情是多么可人、多么柔媚啊……我们两人都哭得很伤心……

如果有人看见我们拥抱痛哭的情景,一定会以为这是恋爱的场面。

这个想法在我脑海里刚出现,它就使一切都变得透彻明亮了。玛丽说的正是这些!是的,不是对我们有很深了解的人,或者存心要说我们坏话的人,一定会把我们的友谊看成是爱情关系。我不愿理解这一点，我是一个没心没肺的人，一个不可饶恕的没心没肺的人。在我的想象中，玛丽担心的是关于她在巴黎风流放荡的谣言会不会减少我对她的好感和尊重；然而她想的却是——当我听到我们亲密关系正在成为谣言的口实的时候，我是不是会疏远她……

这种担心是正确的——结果也证实了这一点……

我很惋惜，我必须同玛丽保持很远的距离；人们不能理解任何纯洁的事物，我因为人们的偏见、庸俗和卑鄙而十分恼怒，由于有了这个永远想不完的思考题目，我不知不觉地来到了杰丘辛娜夫人的府邸。

一个老太婆腋下夹着一把桦树枝条①从房子里出来，穿过院子，跑着去做事情。她在追一位穿着长浴衣的男人。这男人听见马车的辘辘声，回头观望，原来他是杰丘辛先生。然而，该是睡觉的时候了。

6日 续昨。"弗拉基米尔·阿列克塞伊奇，是您来了？我妻子等您都等得着急了！"杰丘辛高喊一声，追向我的马车，马车夫把车停住。"请原谅我，我去洗澡，"杰丘辛高声喊着，他看见了拿着桦树枝条的老太婆，就一面向我走来，一面同她对话，"娜斯佳呢？""她不来，彼得·基里雷奇。"老太婆回答说。"好啊，她这个骗子！"地主老爷猛然大叫，"她为什么不来？她怎么说的？""她说，我不愿意去；她说，没工夫。"老太婆回答。"骗子！一点儿都不听话了！"地主老爷极端不满地说着，等他的怒火平息下来，又对老太婆补充了一句，"好了，你去吧，我同客人谈一小会儿。向您表示敬意，弗拉基米尔·阿列克塞伊奇，"他走到马车跟前，两只手支撑在车上，重又和我交谈，"您是来看我妻子的。不是来找我，所以，或许，您会原谅，我去洗个澡。""您请便，不要客气。""我在这个家里还有什么地位吗？"他开始说道，心中再次充满了愤怒，"这也叫地主老爷，这也叫丈夫！简直是耻辱！您听到了，他们在怎么执行我的命令！这个人是谁呢？是我的情妇！没有工夫，这就是对你的全部回答！我还一点儿都不敢惩治她！你打打她试试——她就会抽你的嘴巴，这个小坏蛋，她是抽地主老爷的嘴巴呀！而且她还不会受到任何处罚！'我没有工夫''我不愿

① 俄国人洗蒸汽浴时，习惯用一把桦树枝条拍打自己的身子。——译者注

意',这是您亲耳听见的,不是我瞎编!可是她还不是这么说的,我知道!仅仅是老太婆不好意思当着客人的面向我,向地主老爷转述那些话罢了!我知道她说的是什么!'我去给他洗身子?多大的派头。我可不是什么萨什卡或者杜妮卡,我给他洗身子!让他给我洗好了,那我就去。'就这样,您看,我不得不随便找个人搓搓身子,谁想给我气受,谁就给我气受!萨申卡,我的心肝儿,你到澡堂去吧,求求你!好吗?"他冲着一个出现在台阶上的穿着破旧印花布衣服的姑娘喊道。"您看,我不是来了吗,彼得·基里雷奇,"姑娘回答着,从台阶上下来,朝洗澡房①走去。"这很好!不然就没人给洗了。""可是那个拿着桦树枝条的女人已经在那儿了,她不去也有人洗呀。"我这样说。"不,那个婆子只是拿桦树枝抽打,真是会抽!要洗,她可不行:她年纪不轻了。好了,咱们走吧,我的心肝儿,萨申卡。对不起,弗拉基米尔·阿列克塞伊奇,我耽误您了。是啊,这算是什么事呢,您说说看,弗拉基米尔·阿列克塞伊奇:从维克托·李沃维奇那方面来说这样好吗;他派人给济娜伊达·尼卡诺罗夫娜送来五百卢布,表示安慰。我坦白地告诉您,我没想他会这么吝啬!假定说,您不愿意跟一个女人在一起生活了,那就不生活好了,一个人有这个自由,我认为是可以的;但你要给她像样的犒赏,我说得对不对?""有人等着您去洗澡呢。"我回答说。"当然,这种谈话在您听起来很不愉快,因为您是站在他那方面的,对不起,但我不能默不作声。然而我相信,您本人在内心里是同意我的看法的:给五百卢布很不高尚,很不高尚!""这些细情我不知道,但是我却不认为他只送来了五百卢布,您是怎么知道的?""啊,我真蠢!我怎么也没有想到这一点!"他惊呼道,"他来的信没拿给我看!这个骗子骗了我!唉,您虽然擦亮了我的眼睛,又能从我这儿得到什么呢?您看到了我的处境:就连娜斯季卡也把我看得一钱不值。这是什么缘故呢?这一切都来自一个根源!请您相信:我一个星期才从妻子那儿乞求来非常可怜的二十五个卢布!娜斯季卡怎么能高兴呢,而且她也应该说:跟狼打交道,就要学狼叫!这不是娜斯季卡的过错,都是我妻子!""可是,您多余这样悲伤,这个姑娘不是高高兴兴地去了吗,您还何必伤心呢?""区别可太大了,弗拉基米尔·阿列克塞伊奇,娜斯季卡长

---

① 在俄国农村,一般家庭都在院中单独盖一间房子,专门用来洗浴。——译者注

得漂亮,这些姑娘都不能跟她相比,再说,人又聪明伶俐,这个小骗子! 总而言之一句话:迷人精! 依我看,我可以坦白地告诉您:她不比济娜伊达·尼卡诺罗夫娜差。因为,我也不是在所有的时间都白白地被称作丈夫,我也知道济娜伊达·尼卡诺罗夫娜什么样,我可以坦白地告诉您,就像我在上帝面前一样:娜斯佳甚至更好一些。”“您快去吧,在等着您呢。”“是的,我谈得太久了,请您原谅,弗拉基米尔·阿列克塞伊奇。”

他向洗澡房走去,我驶到住房近前。

前厅里一个侍者在打瞌睡。从客厅传来一个年轻女人爽朗的声音:“我跟您说过了,三个卢布,少了我说什么也不收:不能落价! 跟您要两个卢布,别人该说了:哼,您还收过两个卢布呢。您去找萨莎吧,给她一个卢布她也高兴的。”屋外,一个男人在回答:“我要萨莎干什么! 对我来说,萨莎又不是什么稀罕事儿。我再向您求爱。给您三个卢布,有什么办法呢! 您什么时候出来呀?”我走进客厅,看见一个穿着短短的绿绸连衣裙的女子的身影:她的头探向窗外,身子很平稳地趴在窗台上,两只脚在半空中悠荡着,穿着一双嵌有金色电光片的红色便鞋,脚上是一双薄薄的很干净的绣花袜子;那白嫩嫩的、胖胖的小腿、那一双小脚悠荡起来自由自在,连衣裙并没有缠裹在腿上,毫无妨碍;葱绿色的绸裙非常非常短,下摆上的金色花边刚刚到膝窝的地方,随着裙子轻轻摆动,袜子上面的一部分肉体也隐约可见;上衣的开领很大,短短的袖子只有一俄寸①左右,可以让人尽情地欣赏她那迷人的后背的上半部、她那圆圆的肩头、美丽的手臂;她的手掌把着窗台,帮助身体保持平衡,双肘微微抬起,甚至肘间的皮肤也极光滑、细柔。我朝着这个并不十分文雅但却可爱的身影走去。她听到了脚步声,没有转过身来,还继续悠荡着两条腿,对走近前来的人说:“费佳,我这样好吗? 我在游泳呢。”“非常好。”我说。“哎呀,是个生人!”她惊呼一声,从窗台上跳下来,飞速地把脸转向我。站在我面前的是一个眉眼很俊俏的十七岁左右的姑娘,她的两只脚彼此踢打着,双手叉在缝着金银花边的口袋里,她的连衣裙是芭蕾舞剧里瑞士牧羊女的式样,上衣的前胸缝着许多金色绦穗和无数的电光片。她丝毫不觉得难为情,相反地,没

①1俄寸等于4.44厘米。——译者注

有比此时再高兴的了,她带着一种最大胆的亲热劲头儿微笑着。她一半是出卖自己肉体而不知羞怯的女人,她粗野泼辣到寡廉鲜耻的地步;她一半又是天真无邪的孩子,这不是指她的身长和体形而言:她高高的个儿,身材发育得像一个二十岁的姑娘,而是指她那赤子一般好奇的、无忧无虑的神色而说的,指她无耻态度的浑厚质朴而说的,仿佛她根本没有考虑什么体面不体面。"一个生人,一个生人!"她兴高采烈地重复着,仍自踢打着两只脚,就像是她恨不得把我拉过来一起跳舞似的,"一个生人,一个生人!您到底是谁呢?可能是济娜伊达·尼卡诺罗夫娜等烦了的那位弗拉基米尔·阿列克塞伊奇·列维茨基吧?""是的,我是列维茨基。那么,你是娜斯佳喽?""您怎么知道的?""我全都知道,我还知道你跟谁约会来着,跟叶菲莫夫,警察所长的书记员。""哎呀,您在瞎说!"她用一只脚支撑着转过身去。"我根本没跟他约会,我仅仅是想跟他开个玩笑。""你是不是跟我也仅仅开个玩笑呢?""哎呀,您真会瞎说!"她把一双小手抬到胸间,用双手摆弄着一串长长的大块琥珀项链,项链上面系着一支金十字架;她时而用这只脚,时而用那只脚转个半圆儿,左右两侧转动着身躯:"哎呀,您真会瞎说,真会瞎说!""为什么说我瞎说呢?好像你不知道你有多么漂亮似的?""反正您是瞎说:少了我,您还会有别人。"原来是这样!我本来准备着从济娜伊达·尼卡诺罗夫娜嘴里听到这些,可是还没见到她本人就已经听到了,这倒也好,何况娜斯佳(算是我幸运)还是这样一个漂亮姑娘!为了辟谣,我可以很愉快地使用这种原来没有想到的论证方法。再说,我想就是没有任何其他道义上的目的,我也会被这个可爱的小娃娃所迷惑。我像一只饿狼似的看着这个瑞士的牧羊姑娘:"除了你,我还有人?我还有谁呢?""那个法国女郎呗!""啊,法国女郎啊!我倒是有个法国女郎,可是她没法和你比,她的长相倒还可以,就是那一双五大三粗的手太脏了,还总用袖筒子抹鼻涕。""这是谁呀?"娜斯佳问着,睁大那一双灰色的眼睛。"可是有什么办法呢!我告诉你,好让你看见她以后拿我来取笑!我又能怎么办呢?她们所有的人都这样,脏兮兮的。""这么说,她是一个普通的村姑呀?""你若能给我找来一个不是村姑的人,我就送你一件比这个还短的连衣裙,跟我一起坐车去找吧,我这就去跟济娜伊达·尼卡诺罗夫娜说说,之后咱们就坐车去找不是村姑的,怎么样?"娜斯佳把那一双眼睛瞪了又瞪,两只手把那系着十字架的沉甸甸的琥珀项链向上一撩,忽地跳到我跟前,悄声对我说:"您不是瞎说,真的招呼我去?""你要是能跟我一块儿去,我就会非常热情地亲吻你的小脚。""您那儿有好糖吗? 对我来说最要紧的是糖渍的水果——越多越好,越多越好!""也能弄到糖渍水果,还送你整整五个菠萝。""好啊,好啊,"她跳起来,连连拍着巴掌,"五个菠萝,五个菠萝!"她跳到我紧跟前,一只手拉住我,另一只手放到自己胸前,凭借这只手,身躯向后一仰,扬起小脸,直瞪瞪地望着我,用乞求的口吻悄声说着,由于喜悦而气喘吁吁:"我请求您,亲爱的,带我上您那儿去做客吧! 为了您,济娜伊达·尼卡诺罗夫娜肯放我去一天的。可是您要好好求求她!"瞬息间,她又陷入绝望,双手捂起脸来:"上帝啊,我怕她不放我去!您不知道,我连两个小时都不能离开家里。必须看着所有的人,济娜伊达·尼卡诺罗夫娜一个人怎么能行呢? 她亲自到处跑、看着所有的人,也太不体面了! 我们这一家人全是贼,连彼得·基里雷奇本人都算上——凭天地良心!怎么会是这样? 就在前两天:我一看,整个大坨子糖不见了。这是怎么回事?这是谁捣的鬼? 我没从衣袋里拿出过钥匙来呀,原来是他半夜里从我这儿把钥匙偷去了,后来又放回我的衣袋里,您说怎么能放他到我身边来! 他一再地哀求! 花言巧语说动了我,我把他当成一个好人,放到自己身边,可是他却来了这么一手! 卖给了这个叶菲莫夫,我调查清楚了,卖了两个半卢布,为的是给萨莎和杜妮奇卡,给她们一个人买了一条头巾。凭天地良心,我们家净是这号人! 费佳虽然比他和他们都强,但是也不能相信他,说偷就偷。上帝呀,我就是这个命! 连出去做客都不行!""你别哭,娜斯金卡:我一定能说服济娜伊达·尼卡诺罗夫娜,她会放你去的。""哎,不会放我去,不能放我呀!""一定会放的,你放心好了。"她感到宽慰了。"可是你得领我去见她呀。""您在这儿等一小会儿,弗拉基米尔·阿列克塞伊奇,应该先向她禀告一声。"瞬息间娜斯佳的举止和说话的口气都变了:她从一个与其说是厚颜无耻的,不如说是浑厚质朴的、不知害羞的年轻姑娘,变成了一个下流女人的婢女,变成了一个虚伪的生物……即使它确实无懈可击地恪守道德准则。我由于阿纽塔的出走而伤心痛苦,由于一个更为可爱的女人的友情而感到喜悦,因为这些缘故,我已经有一个半月的时间忘记了越出这些道德准则的范围之外了。娜斯佳顿时变得举止端庄,她用装腔作势的语调说:"必须禀报济娜伊达·尼卡诺罗夫娜一声。她生病了,卧床不起。"说着就迈起郑重其事的步伐走去,这步伐配上她那过于短小的裙子和她那娃娃般的性格,显得极为可笑。对这个无辜地模仿着大人的榜样、儿戏般出卖着自己肉体的轻佻姑娘,本来我已经开始怀有某些温厚的情感了,然而她由一个天真幼稚的不知羞耻的姑娘变成一个弄姿作态的伪善的女人,赶走了我温厚的情感,于是我重又在这个芭蕾舞剧里的牧羊姑娘身上看到一个专爱炫耀确实很美的大腿的女人;娜斯佳前去禀报时那种酸溜溜的步伐很可笑;但她的小腿肚却透过绣花袜子放出非常迷人的光彩。我想得并不对;但我当时的感觉确实是这样的。

有好长时间不见她的身影。最后,她终于非常规矩有礼地出现在门口,她闷闷不乐,因为看见了济娜伊达·尼卡诺罗夫娜的病痛,所以她悲伤万分。"您请吧,弗拉基米尔·阿列克塞伊奇,济娜伊达·尼卡诺罗夫娜请您,"她用忧伤的语调说。"你在济娜伊达·尼卡诺罗夫娜那儿耽搁得真够久的;显然是她束腰的紧身衣的纽带打了死结,很难解开吧?让她穿着紧身衣躺着好了,我不会去碰她,看她短衫下面有什么、系没系纽带;何必这么麻烦呢?只要脱掉连衣裙,穿一件短衫就行了。""您说这个也不害羞,济娜伊达·尼卡诺罗夫娜真的病了!"我的这个装腔作势的娃娃从嘴里挤出这一句话来,很替自己的病人感到气愤。

病人躺得好好的,罩着白短衫,盖着一床薄被。床头的小几儿上摆着各种药水,一只茶杯,里面盛着半杯水,散发出药水的气味:原来如此,她真的病了!我必须这样认为:因为茶杯不满,她喝过茶杯里的药。在这些药物当中,我看见有一个细羊皮的小盒子,这种药不是给她用的,而是为我准备的,专治我对她的恶感。可是这是什么呢?戒指?小盒嫌太大了;一只领带上的别针?也不像,小盒又嫌太宽了。不管里面是什么东西,反正这很体面:不是用钱,而是用东西,把我治好;这样更斯文高尚些。

济娜伊达·尼卡诺罗夫娜确实病得不轻:说话很吃力,刚刚能动弹一下,然而这只是在她没忘记的时候;等她一旦忘记了生病,高谈阔论起来,就像发表演说一样用最大的劲头儿打着手势,那种劲头儿连全省最健康粗壮的女性都钦羡不已;再说也很难使她不忘记自己生理上的痛苦,因为那心理上的痛苦太折磨人了。当她一旦记起她是在生病,就又变得疲惫不堪,虚弱得像马上就要晕厥过去似的:声音越来越小、越来越低,说着说着就闭上了眼睛,不说了……"唉,我的上帝。我好像是晕过去了,太虚弱了。""是的,济娜伊达·尼卡诺罗夫娜,您是晕过去了一会儿。"

她曾经多么爱过他呀!为了他,她做出多少牺牲啊!我不无兴趣地了解到,除掉女人们通常为亲爱的人所牺牲的一切东西,她还为维克托·李沃维奇牺牲了一位省缙绅代表,这可的的确确是爱情的最难得的证明。有多少田产不多的贵族太太能够夸耀一下,说她们为了其他更加高尚的亲密关系而把省缙绅代表甩掉了呢?我应该由于受感动而落泪,由于惊异而张大嘴巴。我尤其应该这样做,因为这位省缙绅代表为人非常"高尚":他在两年的时间里,在她世袭的三十个农奴之外又给她添置了本村的五十个农奴,还添置了有七十多农奴的整个一个邻村。她完全相信,再过一年,最多一年半,他还会给她买下叶诺塔耶夫卡村,她已经把领主说动了,就剩下在省缙绅代表身上再使一把劲儿了,而在叶诺塔耶夫卡却有一百五十多个农奴,还有多少片牧场呀!八百六十俄亩(1俄亩约等于10900平方米)最好的牧场。这在这一带就等于是宝藏,等于是金矿……

的确,她为维克托·李沃维奇做出了极大的牺牲:我理解,并表示同情;但我能做什么呢?什么也不能做,不胜遗憾之至。

啊,我可不要这样说!她知道我有力量能左右维克托·李沃维奇的思想,她对这种力量有过痛苦的体验,因为到目前为止我对维克托·李沃维奇的影响一直在危害着她,我还是不要矢口否认吧,她说这些不是为了责怪我,她甚至很理解我的误会,但这种误会却给她带来了这么大的痛苦:我把她看成是一个背叛了自己丈夫的女人,对这样的女人都群起而攻之,然而并不是所有的时候都应该指责她们,有的时候她们更应该得到同情,而不是受到指摘,因为她们的丈夫迫使她们渴望另有所爱。她的处境就是这样。她的丈夫娶她不是为了爱情,而是因为她有八十个农奴……

"您讲得太激动了,济娜伊达·尼卡诺罗夫娜,这对您很有害。"我一面说,一面计算着她是在什么时候有的这八十个农奴的陪嫁,原来她有三十个世袭的农奴,省缙绅代表的第一次解囊是五十个农奴,等等等等。

"这是真的,我的确说得太激动了。"她赞同地说,随之便陷入极度疲惫的状态中。

但是等我日后听到她丈夫的生活情况时,我就会认为她是无辜的。她的丈夫完全依靠她生活,她丈夫过去一无所有,现在仍然一无所有,丈夫曾在缙绅会里当过一个芝麻大的小官吏;她供养着丈夫,她曾经下决心要爱他,也确曾爱过他……为了这一切,她丈夫用什么来酬谢她呢?

"您讲话这样激动是很有害的,济娜伊达·尼卡诺罗夫娜。"我说着,同时看到,那位令人崇敬的丈夫所说的话得到了印证,他曾经说过,他有时不只在名义上是他妻子的丈夫,我计算着,那个时候恰好是从缙绅代表那里转到维克托·李沃维奇那里的间歇时间,如此看来,说是为了维克托·李沃维奇才牺牲了叶诺塔耶夫卡的牧场就大可怀疑了:或许没有这段间歇时间? 不可能没有:她不是那种需要两个男人的女人,连一个都很少需要,这是一种很无聊的勾当,但为了叶诺塔耶夫卡可以花点气力;如果漫无目的,那又何必呢? 偶尔也可能出现这种念头,但只是偶尔而已,因为老谋深算的脑袋没有工夫去胡思乱想。

"我以人格向您担保,济娜伊达·尼卡诺罗夫娜,我不认为您是一位迷恋情欲的女人。您的气质并不追求爱情的感官享受,我还可以进一步说,这种享受对您说来,同其他一些更高尚一层的交结朋友的动机相比较,是很微不足道的。"

"您很理解我。"她有气无力地说着,她疲惫不堪,但却得意万分。

你这令人可憎的生物,你都不能在甚至畜生也会忘记饮食而乐于追求的那种活动中体会到乐趣;叶诺塔耶夫卡的牧场要比你的人的本能要求更使你动心,只有卑鄙的献媚才能引起你的神经紧张激动,牛羊也不至于为了讨取主人的欢心而这样低声下气。

但是她欣悦异常,在她看来,是我把她称为安琪儿了。这位天使般的生物在困倦之中闭上了眼睛。

她睁开了眼睛，又开始说，我长了一颗不是没有感情的心：我会爱人，我很幸福，我能够理解一个失去了爱情的女人会有多么痛苦……啊，还有什么能比纯洁的爱情更高贵呢？

她又累了；睁开眼睛之后，开始夸奖起玛丽来：玛丽真是聪明的姑娘，她举止娴雅，而最主要的是，玛丽是一个极漂亮的姑娘……

我现在能够比原来更加准确地分析那个细羊皮的小盒子了。这比我原来所想象的还体面：文雅不仅表现在不是用金钱来收买，而是用礼品，还表现在这礼品不是送给我，而是送给我的"情妇"。

我以一种急切的心情等待着，看她将如何厚颜无耻地把贿赂交给我，然而她又累了。

真使人感到好奇，她将如何完成这一项艰巨的"英雄壮举"呢？我是这样想的，但我发现我想错了：这完全不是什么艰巨的壮举，对她来说这是易如反掌的寻常事。

她睁开眼睛，拿起小盒子，打了开来，我看见里面放着一对耳环，嵌的不是有色的宝石，比我给阿纽塔买的胸别针上的钻石还要大。"这是金刚钻吗，还是人造宝石？"我这样想着，我凭我极端卑劣的多疑心理推断，这是人造宝石。

她把打开来的小盒子转来转去，使宝石熠熠发光，她问我这对耳环好不好，我说非常好。她把小盒递给了我，充满感情地说："您的心会告诉您，我应该把这件礼物通过您转赠给谁；这对耳环经过您的手，就会变得加倍令人喜爱。"

"我很感谢您，济娜伊达·尼卡诺罗夫娜，我非常喜爱这对耳环，请您等一下，我这就告诉您，我能不能收下它；如果这是（我拿起茶杯，从小盒里取出一只耳环），如果这是人造宝石……""这是金刚钻！"她大声喊道。我用耳环的石尖划了一下茶杯：宝石划得动玻璃，这的的确确是金刚钻！唉，我真是一个很卑贱的人！我这么卑鄙地怀疑这个女人的慷慨好义该有多么不公平啊！

"济娜伊达·尼卡诺罗夫娜，我是想说，如果这是人造宝石的话，我就非常高兴地收下。但这是金刚钻石，我不能收，请您原谅。我对您说过，您过分地夸大了我对维克托·李沃维奇的影响,但这还算不了什么:我会接受您作为奖励赠送给我的礼物的,即使不是因为我将给您带来什么好处,也是因为我愿意为您效力。问题不在于我有什么不必要的顾虑,我从来不在意这样一些小事。然而我要坦率地告诉您,我拿了这件礼品毫无用处。如果是人造宝石的话,我把它送给那个除现金外也接受我的戒指和耳环的姑娘,会使她感到幸福万分,然而,金刚钻石却和她的装束,和她的举止谈吐,和她的家庭状况,和她的一切一切,都完全不般配。她只能把它卖掉,当然,只能卖上半价。这么大的损失太可惜了。还不如直接给她钱。但这样做,请您同意我的看法,太难为情了:您也不会提出来给我三百卢布、四百卢布,让我送给我的情妇。我还可以再多说一句:即使有这些为难的地方,但如果我有心送给她贵重礼物的话,我本来也会收下您的耳环,或者甚至您给她的现金。可是我没有这个愿望。这个姑娘不值得这样待她。她模样长得并不漂亮,无论肉体也罢,心灵也罢,都很冷淡,既不热情又不温柔,像冷血动物一样,从心眼儿里对任何人都没有依恋缱绻的情感,从来都没有过。而同时,她又非常贪婪,但像这样的情妇是不可能哄去很多钱的,这也是事实,然而就连送给她的这为数不多的几个钱,也觉着花得有点儿可惜。我和她在一起,是因为偶然间碰到一起了,仅此而已。所以说,我不能收这对耳环,免得白白地糟蹋了这么贵重的首饰。"

这位无与伦比的理想主义者听着甚感惊异,而且惶惑不已;但惊异的感觉很快就消逝了,惶惑的心情消逝得就更快:"我还以为是……"她打住不说了。

"您还不大了解我;我不喜欢那些经过艰苦追求才能得到的胜利和那些繁难费事的暧昧关系。如果您愿意的话,也可以把这称之为恬不知耻:我因此觉得羞愧;但我的准则是,为了讨取欢心决不花费五分钟以上的时间,如果到了第六分钟我还没有被拥抱在怀里,我就会说:'她可能非常漂亮,但不适合我的口味。'如果在相互接触当中彼此交谈不是限于:'你过来''现在你可以走了,我再不需要你了',那么这种关系,使我一想起来就会觉得讨厌无比。这当然不是殷勤备至,但却方便异常。"

"您真不知羞耻!"她以一种理想主义者必然会有的惊恐口吻大声喊道。

"我已经对您讲过这一点了。"我以威严的口吻回答。我们的那些被指控有民主思想的自由派也是用这种威严的口吻回答的:"是的,我们并不隐讳我们对人民的热爱情感;如果这种热爱的情感是有罪的话,那么我们准备牺牲。"

济娜伊达·尼卡诺罗夫娜又精疲力竭了。耳环没派上用场。应该考虑下一步怎么办。

"难道您对这个姑娘就完全无动于衷吗?"

"不是的,我不是所有的时间都对她无动于衷。几乎每一天,有时一天还不止一次,我对她不无动于衷,持续时间为一刻钟。我一感到对她有不无动于衷的欲望,就到村子里去,走进她的房舍。这房舍随着我一步步走近,逐渐变成天上的宫阙,因为小爱神作为一个妙手回春的建筑师、美术师和香料制造专家,早已在我的前面飞向那里。一旦小爱神飞走,我也就赶快离开,因为那房舍极不洁净、臭气熏天。我在我的情人身上也逐渐开始感到这些特点。在她没有被小爱神幻变为天仙的时刻,她并不喜爱整洁。这件事本来是可以补救的:把她领到河边,让她洗个干净。那时节即使没有爱神,她也可能变成为差强人意的交谈的伴侣,只要她不是非常愚蠢(但愚蠢这一点无论怎样洗也都难以挽救),只要她稍微漂亮一些……"我不必花很大工夫,就很详尽地描绘出我情人的模样,为了这幅画像,我准确地利用了阿纽塔的一些特征。她给我的印象是一个容光焕发的、相当美丽的姑娘,然而却是一个毫无头脑的、愚昧粗俗的女人,如今我不是拿她去同那些明日黄花的马路天使相比,而是同娜杰日达·维克托罗夫娜、玛丽、娜斯佳乃至济娜伊达·尼卡诺罗夫娜相比,这些人尽管风采各异,但有一点是相同的,她们都很美丽,极其美丽。

"既然您这样无动于衷地对待这个阿纽塔……"

对待阿纽塔?!难道我真的说出了这个姑娘的名字了吗?唉,非常遗憾!但是我相信济娜伊达·尼卡诺罗夫娜为人质朴;我恳求济娜伊达·尼卡诺罗夫娜保守这个机密;阿纽塔的母亲倒很袒护我们,但她父亲可能会把她和她母亲都痛打一顿。济娜伊达·尼卡诺罗夫娜宽慰我,让我放心。更使我放心的是,在我们村庄里一定可以找到上百个阿纽塔,而且很可能有十来个想进一步打探什么消息的话,那就请便好了,随您去找吧。不,济娜伊达·尼卡诺罗夫娜已经深信不疑了。

"既然您对这个姑娘这样无动于衷,那我的这件礼物确实就没有什么意义了。我不强迫您收下。但我们还会相见,是这样吧?我会另外找件什么礼物送给您本人……我根据您的描述判断,这个阿纽塔也不十分好看:您既然对她这样无动于衷,您也可以扔掉她。难道没有比她更好的姑娘了吗?"

"有,但是她们不是自己说来就来了,让我去追求,我又不愿意,这我已经向您讲过了,如果要说出全部真情的话,还可以说我也没有这份本事。我这碗饭不算是特别好吃,但能吃饱肚子,要我打掉这只饭碗,忍饥挨饿,对不起,我谢谢您的建议!"

"啊,真不知羞耻!"这位理想主义者重又以惊恐的口吻高喊了一声,"幸好您提到了吃饭问题。我一点儿食欲都没有,我忘了该是进茶点的时候了,大概您不反对进些点心吧?劳驾,请您拉一下铃儿。"

我拉了一下铃儿。进来一个穿着破烂不堪的粗布衣裳的姑娘,她是个普通使女,模样也不好看。

"阿夫多季娅,我不想喝茶了。告诉娜斯佳,给客人准备些点心……还是让她自己来一下吧,我告诉给上什么样的葡萄酒下饭,省得你去乱传,传错了。"长得不好、穿得很破的使女走了出去。"我这样发号施令,请您原谅我,弗拉基米尔·阿列克塞伊奇。我觉着我比刚才强多了,但还是非常虚弱,咱们交谈也把我累坏了,可是我们却有好多好多话要说……趁您在那儿喝茶吃点心的时候,我休息一会儿。我要强迫您寂寞一阵,您只好一个人。我不敢也不想建议您去招呼我丈夫:和他在一起比自己一个人还更无聊;他又愚蠢又下流。就您一个人您会很寂寞,但请您原谅我斗胆这样专断地安排您的活动:一个有病的女人不可能不是个人主义者和专制主义者。"济娜伊达·尼卡诺罗夫娜粲然一笑。

娜斯佳仪态端庄地走进屋来,她脸色沉郁,怎么能不这样呢?济娜伊达·尼卡诺罗夫娜正忍受着病痛的折磨。

"不要悲伤,娜斯佳,我好多了。"娜斯佳顿时停止了悲伤,但还继续保持着最不可一世的端庄态度。济娜伊达·尼卡诺罗夫娜告诉她,吃饭的时候应该上什么酒。"请快些准备好。我已经很对不起弗拉基米尔·阿列克塞伊奇了,早就应该想到这一点,可是我一直都没想起来。"娜斯佳转身要走,她这次转身不是用一只脚,而是堪称楷模的严肃庄重。"你等一等,你等一等,娜斯佳,我本来还要告诉你一件事情,我想不起来了……"娜斯佳停住脚步,重又朝她半转过身去。"让我想一想,娜斯佳。唉,我的上帝!我刚才还想着这件事,可就是回忆不起来了……"娜斯佳重又回到她的床前,站到这位正在恢复健康的病人放脚的一边,一只手支撑在床背上。正在恢复健康的病人闭上了眼睛,为了帮助回忆,通常都是这样做的,特别是那些尚且感觉着身体虚弱的人……娜斯佳兀自站在那里,胳膊肘轻轻地挂在床背上,一条腿担着另外一条腿,对我露出笑脸,并且用担起的那一只脚的脚尖在地毯上划来划去,那只空着的手摆弄着上衣上的条穗,撩动着她的系着十字架的琥珀项链。济娜伊达·尼卡诺罗夫娜看不见,还不仅仅是她看不见,她把娜斯佳叫住,必是知道娜斯佳的性格,也就是说,即使她看见了,她也不会生气……娜斯佳和我两个人都是这样理解的,所以娜斯佳就越来越起劲儿地用些淘气的小动作卖弄风情,而我则眉眼传情,一再地鼓励她。她一面玩弄着项链,一面用胳膊肘支撑着,全身慢慢晃动。济娜伊达·尼卡诺罗夫娜睁开了眼睛,温厚而严厉地说:"好了,别再耍闹了,娜斯佳。"娜斯佳不再摇晃身体,也不再投我以笑脸,用一种精力集中的目光望着济娜伊达·尼卡诺罗夫娜,然而,尽管比刚才稳重了些,却还继续玩弄着项链,一只脚站着、胳膊肘倚在床背上。"对了,娜斯佳,"济娜伊达·尼卡诺罗夫娜终于想起来了,她开始吩咐,"弗拉基米尔·阿列克塞伊奇还要在这里待很久,因此你去安排一下,让人喂喂他的马,给他的马车夫开晚饭。我的上帝啊,我的记性有多么不好!想了这么长的时间,我就没能想起这样一件平平常常的小事!"她对我说完,又继续对娜斯佳说:"别忘了这些,要正经些。对了,还有,你过来,凑到我跟前来。"娜斯佳走过去,她站在床榻和我的座椅中间,俯身把耳朵凑近济娜伊达·尼卡诺罗夫娜。济娜伊达·尼卡诺罗夫娜悄声地说:"我很累了,也许在客人吃茶点的时间我会睡着;没关系,娜斯佳,等客人吃完了,你就叫醒我,立刻就叫醒我,不要可怜我,也不要告诉他。"

也是这位正在恢复健康的病人万幸,我听见了这悄悄耳语的每一个字。我表示反对。如果她睡着了的话,怎么好把她叫醒呢?睡眠,这是最有疗效的药物。"要叫醒!""无论如何不能叫!"济娜伊达·尼卡诺罗夫娜争来争去,最后不得不让步:我态度坚决,更主要的是,非常明显,我说得有道理。娜斯佳直立着身子听我们争论,现在她衣裙的花边堆落在我的手上,我的手依然像原来一样恭谨谦逊,保持着必不可少的礼貌。济娜伊达·尼卡诺罗夫娜对我的不同意见表示让步,我把手拿开,于是娜斯佳用一只脚转过身来,半迈着舞步,飘然遁去。当她的身影消失之后,济娜伊达·尼卡诺罗夫娜拿起手帕,凑到自己眼睛上。

"我的上帝啊,我的上帝! 您看见这个姑娘了,她是我最宠爱的人,因为……她是我的亲戚,她……她……是我母亲的女儿……一想到娜斯佳,我就止不住要流泪……她是我的妹妹,我这样爱她,可是那个没有心肝儿的人,我的丈夫,自己没有任何感情,也不可能尊重别人的感情。他下流无耻,又毫无怜悯……但是我没有因此而不爱娜斯佳……她也像以往那样爱我——爱我一个人……我已经失掉信心管住她、不让她淘气;但她的确只爱我一个人……"

济娜伊达·尼卡诺罗夫娜的母亲很早就成了寡妇。娜斯佳的父亲既不愿同她母亲结婚,也不愿照管自己的女儿。母亲没钱把女儿送到一个地方去受教育,她希望能遇上另外一个比娜斯佳的父亲高尚一些的人。所以必须把和娜斯佳生父的这一段关系隐藏起来。这个孩子是作为一个女农奴的女儿登记的。这一家农奴就作为陪嫁送给了济娜伊达·尼卡诺罗芙娜。娜斯佳那时才十岁左右。济娜伊达·尼卡诺罗芙娜把妹妹领到自己身边,她只能把她当成一个心爱的孩子那么照看,而不能当成妹妹,因为母亲改嫁了,必须像过去一样,把娜斯佳的出身掩盖起来。但济娜伊达·尼卡诺罗夫娜的丈夫知道这个小姑娘是她妹妹……无论什么都不能阻止他……娜斯佳那时才14岁。不能怪罪娜斯佳……

不能怪罪娜斯佳,但可以怪罪你,你这没良心的使手腕耍阴谋的女人。

你知道你丈夫是一个下流坯;你知道,你用自身的榜样和你对你丈夫生活的宽容态度,使你家所有的使女都变得腐化。你可能不希望这样。我也相信,你不希望你的妹妹变得和她们一样,和你自己一样,我相信这一点。但是你对她的爱仅仅是喜欢用她来消愁解闷。你愿意有一个玩偶,你……如果我扔下这些无稽之谈,前去吃饭,那就不是什么大的不幸,何况已经招呼我吃饭了。我再不会有时间继续写完了?这也没有什么特别严重的损失。再说,我已经很心满意足了,从我的笔端竟然源源不断地流出那么多细节来,这使得我有了很大的耐心等待玛丽归来。

再过半个小时就应该出发到我可爱的小娃娃那儿去了。半个小时来描述正文,而它的一个前言却写了整整六个小时!绘声绘色、戏剧性强的故事将代之以简洁有力的深邃的哲理,我必须由麦考莱[①]变成塔西佗[②]。

济娜伊达·尼卡诺罗夫娜谈论娜斯佳,是一派装腔作势,从中勉强能够看到她对异父同母姊妹的一点弱而又弱的怜爱之情,但仅仅这一点也足够使我吃惊的了:我没有料到这个爱搞阴谋的女人对自己的妹妹还有像平常人对过路人所有的那种友善的感情。娜斯佳进屋来:茶点准备好了,我跟随娜斯佳出来,我们喝了十分钟的茶,吃了两分钟的点心,其余的时间从八点半到十点,做着济娜伊达·尼卡诺罗夫娜没有想到的事情,毫无疑问这段时间她在闭目养神。最后娜斯佳宣告说,应该到济娜伊达·尼卡诺罗夫娜那里去了,他赶我出来。我们一块儿坐车走;我在我们家的门前下车,她仍旧待在车里,我拿上钱拿上内衣。还要向维克托·李沃维奇打个招呼(毫无疑问,他在等着我回去),然后就出来,坐上车到辛布希诺,在那儿换乘一大早就出发的轮船,到辛比尔斯克去玩儿三天,在那儿她要把菠萝吃个够。我事先就可以确信,无论是济娜伊达·尼卡诺罗夫娜还是维克托·李沃维奇都不再需要我了:既然我那么喜欢济娜伊达·尼卡诺夫娜送给我的这份礼物,她就再不会怀疑我的建议是出自真诚;而维克托·李沃维奇也可以忘掉她还存在于世上。

事实正这样应验了。济娜伊达·尼卡诺罗夫娜把我认作是忠实的朋友,

---

① 麦考莱(1800——1859),英国史学家。

② 塔西佗(约55——约120),古罗马历史学家。

即使不是这样,我想她也会同意我的建议,无论我对她友好也罢,不友好也罢,这些建议没有一个字是假的。一个头脑聪明冷静的女人,不可能不清楚地看到这些建议是很明智的。维克托·李沃维奇同她断绝关系是出于尊重做父亲的义务。对这个事实应当采取妥协的态度。济娜伊达·尼卡诺罗夫娜余下的这段夏季时光就算它白费好了。娜杰日达·维克托罗夫娜出嫁,大约是在今年冬天;有这样一份陪嫁的姑娘不会久待闺中的。明年夏天,维克托·李沃维奇再来乡下,大约就完全无牵无挂了,如果济娜伊达·尼卡诺洛夫娜能像一个怀着一颗破碎的心的高尚女人那样,逆来顺受地、宽宏大量地等着明年夏天的到来,那么,维克维·李沃维琦不难再用自己的爱情来使济娜伊达·尼卡诺罗夫娜幸福万分。"我自己也倾向于这样想,"济娜伊达·尼卡诺罗夫娜说,"无论他这种执拗态度多么莫名其妙,但我自己已经开始感觉到,他是因为自己女儿的关系,才决断地牺牲了我……我曾经想,我只是对他进行报复……但是,的确不能授人以柄……他一定会回到我身边来,高度评价我的宽宏大量,我的沉默无言忍受痛苦的精神。"我和济娜伊达·尼卡诺罗夫娜之间再也不讲任何虚假的客套了。由于娜斯佳的关系,我们在某种意义上还是亲戚呢;再说,济娜伊达·尼卡诺罗夫娜睡过一个半小时,这使她恢复了体力。她原来预见到了这一点。如今她已经完全康复了,她把我送到娜斯佳的房门前,随即离我而去,在走开的当儿他极其和蔼可亲地说,她不愿用自己的笑脸去鼓励娜斯佳卖弄,但是娜斯佳被她的溺爱娇宠坏了,所以她请求我尽些心力,哪怕能稍微地开导一下这个天真的调皮鬼也好:我的话或许比她这位过分迁就的姐姐的批评,对这个淘气姑娘更起作用。我走进娜斯佳的房间,看见她在……伊万·安东内奇说,车马已经准备好了。"玛利亚·德米特里耶夫娜还没有从弗拉索夫夫妇那里回来吗?""还没有回来。""我等一等,看她是否能回来。我要出去三四天,或许更长的时间,我不愿意不同她告别就走。""上帝呀,您真是一位好心人,弗拉基米尔·阿列克塞伊奇! 你这样喜欢我的玛申卡,我不知道该如何感谢您才好! 您真是很喜欢她呀!"的确,我很爱她,你没有说错,你这个忠厚的人:即使你的玛申卡是我的亲姊妹,我也不会比这爱得更温存。

不，不同我可爱的玛丽道别，我不能走，道别，不是这个字眼：我已经道别过了。但是我需要同她交谈一下：书信无法替代当面的对话。让她知道我爱她不亚于过去，她作为一个朋友，对我来说比情人更亲。

但是我想，我对娜斯佳也会恋恋不舍。在走进她的房间要把她接走以前，我无论如何也意想不到会是这样。我没有料到，这个不知羞耻的姑娘，可能在我的心里唤起温柔的情感。她睡着了。我走开以后，她就开始收拾东西准备上路，她打点起一包衣服，把包袱放到床边的椅子上，开始穿衣服，她穿上了袜子，拿起了连衣裙，打着瞌睡就躺下了，连衣裙还在她的手上，她就这样睡着了。她睡得很实，没有听见我走到跟前，我轻轻地拍了一下她的肩膀："起来吧，娜斯佳，我们该走了。"她半睁开眼睛，如泣如诉地说："亲爱的，你别碰我，我想睡觉。"她懒洋洋地调转身来，就在那一瞬间又睡着了，她睡得很实、很恬静，像一个孩子一样，我开始仔细地端详她的脸庞，她的表情很文静很天真，也像一个孩子一样。我把连衣裙从她的手里拿开，取过一床被子（她身上什么也没有盖，就睡着了），给她盖上，重又开始端详她那文静的天真的小脸儿。然而她是那样的可爱，我不忍心同她分开，我又拍了一下她的肩膀，说："起来吧，娜斯佳穿上衣服，咱们坐车走吧。"她挂着胳膊肘抬起了头，接着就哭了，她懒于彻底清醒过来："亲爱的，我求求你明天吧，我想睡觉。"说着便倒头躺下立刻又睡着了。我兀自站在那里，望着她娴静的小脸。怜爱之情占据了我的心田。我俯身过去，静静地，深情地亲吻了她一下，她没有睁开眼睛，只是在睡梦中哀怨地说："亲爱的，我求求你不要这样，我想睡觉。"这是一个天真的孩子的声音；那温存的爱的泪花在我的眼里夺眶而出。我久久地望着她，最后离开了，免得哭起来：就因为这恬静的、酣实的、天真的睡相，她在我心目中变得这样可爱。

济娜伊达·尼卡诺罗夫娜的房门是开着的，我进去告诉她。行期推迟到明天晚上。济娜伊达·尼卡诺罗夫娜大声笑道："我看得出你是真的爱上了我的娜斯佳：不忍心叫醒她！确实是一个钟情的恋人！""不，我不觉得我确确实实爱上她了；但是我体会到对她有真正的好感。"娜斯佳居然知道我以这样的好感对待她，济娜伊达·尼卡诺罗夫娜感到荣幸万分。我何必这样急着回去呢？天还不算晚，她不想睡觉，随便谈谈吧。咱们可以随便谈谈，但要放到明天。我不能让济娜伊达·尼卡诺罗夫娜为了盛情接待我就不顾自己的健康。在和娜斯佳商量之前，我不能和她约定什么。

我决心收留这个被娇宠坏了的姑娘，这是不是明智呢？问题不在于这样做是不是很明智；问题在于不可能有别的比这更明智的方法。本应该在五年以前把娜斯佳交给一户住着一个有教养的妇女的人家。现在连想都不要想了，哪里能找到一个正派的妇女，愿意收留这样一个不顾廉耻的姑娘呢？即使找到这样一个妇女，娜斯佳也会从她家里逃走。哪个忠厚人家能受得了，允许娜斯佳把头探到窗外，在半空摆动两条赤裸裸的腿，同过路行人谈讲生意呢？而娜斯佳又不可能一下子改掉这样一些习惯。不得已，我只好自己收留她。没有其他办法重新教育她。所幸我早就做好准备——我一不留神，她就和随便什么人干起可耻的勾当。但这会过去的；况且我可能很快就会和她相依不舍了。那时候这种艰难的责任就不至于很枯燥乏味。不管怎么说吧，反正已经这样决定了，这个意思有一大半也向济娜伊达·尼卡诺罗夫娜流露过了。当已经不能挽回的时候，后悔也晚了。只能接受这一次的教训，将来处事明智一些。也许，我和娜斯佳，我们会彼此相爱，为什么我不可能爱上她呢？她非常漂亮。当她改掉这不知羞耻的毛病之后，也会非常可爱。过一年、一年半，我们就能知道，我们是去结婚呢，还是分道扬镳。

在路上，我这样遐想着，很快就睡着了，要感谢这辆车，它缓缓地悠荡着，像摇篮一样，更主要的是要感谢娜斯佳，她的疲惫不堪，也使得我的心猿意马彻底宁静了几个小时。只是当马车在我们家的门前停下的时候，道德高尚的劳作者安逸沉静的梦才被打断。

维克托·李沃维奇在等我，他在第一间方厅里来回踱步。我们到了他的书房。"怎么样，弗拉基米尔·阿列克塞伊奇？"他问，心情是明显的焦躁不安。真是胆小如鼠！济娜伊达·尼卡诺罗夫娜有什么可以使他害怕的呢？我过去就不愿过问多余的细节。现在我看到，关于他想要知道的这一切，必须以后找个时间，等他心情平静一些的时候再说。"怎么样，弗拉基米尔·阿列克塞伊奇？杰丘辛娜怎样理解我和她的决裂呢？"

"她理解事物很正确。她确信,您的态度会一直很坚决,她无论怎样费力气、使手段,也不可能有所收获。她决定默默地做一个宽大为怀的受难者。"

他静默片刻。"那么她为什么要请您去呢?"

"为了贿赂我,礼物对我不适用,这时她又送我一件更可爱的礼物:娜斯佳,您认识她吗?我对这件礼物非常满意。从那以后济娜伊达·尼卡诺罗夫娜就深信我的建议是出自诚心的了,于是,就像我方才对您说过的那样,我们共同决定,她应该做一个沉默无言的受难者。现在我们成了好朋友了。明天中饭过后,我就去接娜斯佳,我和她到辛比尔斯克去,去多久我还无法确切地告诉您;大约不超过一星期就回来。"

"娜斯佳是个漂亮姑娘。可是您从她那儿或者从杰丘辛娜口里听到什么新东西了吗?"

"从娜斯佳那儿知道,如果我能送给她糖渍水果的话,她就会非常爱我。从济娜伊达·尼卡诺罗夫娜口里我听到了一些更为有趣的东西,比如省缙绅代表的慷慨好义,还有她因为爱您而牺牲掉叶诺塔耶夫卡村,总之有不少我很感兴趣的新闻,但对您来说,都不是什么新闻了。这些我们都留着等下次再说吧;现在我想去睡觉了。晚安。"

他想要说点什么,但没有说;或许是想让我再一次详详细细地告诉他,他没有什么可怕的;或许他自己也知道,重新提出我已经回答过了的问题,从而暴露自己焦躁不安的心情,既可笑又难为情。"刚刚才十二点半,"他说,"睡觉还嫌早,我们下一盘棋吧。"

"还不算晚,这倒是对的。但是我累了,我睡了一道。晚安。"他没有再拦我。

我问起过玛丽,伊万·安东内奇告诉我说,她不在家:维克托·李沃维奇想等我回来,所以不能到弗拉索夫家去接娜杰日达·维克托罗夫娜。只好让他伊万·安东内奇去接;玛丽请求叔父把她也带上,坐车玩一趟。弗拉索夫夫妇不放娜杰日达·维克托罗夫娜走,也留下玛丽在那里过夜。我的可爱的玛丽!她感到寂寥惆怅,她在寻找乐趣,什么都好,即使跟叔父出去跑一趟也是好的。

俄国社会未来的领导者在睡过一个好觉之后,今天早上十一点钟醒来,听伊万·安东内奇说,大约一小时以前,维克托·李沃维奇到我这里来过,站了一会儿,看了一会儿,见我睡得香甜,便坐在桌旁,写了一张便条,随后就去接娜杰日达·维克托罗夫娜去了。

我拿起便条,里面夹了二百卢布:他不知道我是不是有很多钱;娜斯佳是一个惯坏了的姑娘;大约跟她出去一个星期要破费我很多钱。这非常之友好可亲,但我怕娜斯佳会迫使我把所有这些钱都花个精光,还不算我自己积攒下的那些钱。他没有给我留得更多,这也是我的幸运。他在 Post-scriptum①中说,他不知道在我出发到杰丘辛娜家去接娜斯佳之前,他是否能赶回来,或许娜金卡想到辛布希诺去玩儿一趟。昨天她说过,这一定会是一次非常愉快的远游,特别是和弗拉索夫夫妇一道去。

然而他赶回来了,辛布希诺之行推迟了:没有时间。弗拉索娃想做一个波斯女人,这位可爱的年轻夫人,她自己总爱开玩笑说自己长得很丑,她曾经多次对我说,为了保持丈夫对她的爱,她必须做一个波斯女人:她深信,她穿上波斯服装就会成为一个美人。她让玛丽给她剪裁一套波斯服装,和娜杰日达·维克托罗夫娜一起,她们全体三个人缝呀,缝呀,她们发誓,不缝好不离开地方。等做好了,她们就到这儿来:弗拉索娃想让我欣赏一下她这位美人。我真有兴致写这些无稽之谈! 在等待玛丽归来的时候,除掉写日记这种消愁解闷的根本方法,很难再找到别的方法消磨时间,如果真是这样,那么我是否可以反躬自问:我等待玛丽归来,这本身是不是明智呢? 我想离开她,她预见到这一点,她有过预言,我们甚至还道过别,何必再做新的解释、新的道别呢? 手写累了,这在很大程度上帮助我头脑清醒:我扔下不写了,我还想,我不再等玛丽了,如果我不去找维克托·李沃维奇下象棋的话,我就走。

夜三时。娜斯佳真是一个聪明绝顶的姑娘! 但是,可以推迟到明天再来描述她的聪明智慧;现在最好是躺下睡觉。

7日醒来,我去找伊万·安东内奇:"玛丽亚·德米特里耶夫娜在哪儿? 在她自己的房间里吗?""在娜杰日达·维克托罗夫娜那儿。""她在娜杰日达·维克托罗夫娜那里干什么呢?""一直在缝制衣服。"这算是什么? 做衣服的季

---

① 拉丁文:附言。————译者注

节?"伊万·安东内奇,她们在做什么衣服呢?还是波斯装吗?还给谁做呢?""不是波斯服装,弗拉基米尔·阿列克塞伊奇,是给娜杰日达·维克托罗夫娜做一件无袖长衫。弗拉索娃说,娜杰日达·维克托罗夫娜穿上无袖长衫一定会很合身。您想想看,弗拉基米尔·阿列克塞伊奇,弗拉索娃穿上波斯服装真漂亮极了!说真心话,实在增色不少!简直可以说,天仙一样!您就会看到的。她昨天感到非常遗憾,她们来的时候没有遇上您,您已经走了。她就是想给您看看。今天早上她听说您又回来了,您没有走,她高兴极了!""太好了:您去告诉她,我已经起来了,我在这里等着,请她出来,让我见识见识,我也好称赞一番。"说真的,让她出来好了,那时,娜杰日达·维克托罗夫娜和玛丽亚·德米特里耶夫娜也就都扔下衣服不做了,我非常想早些看见玛丽亚·德米特里耶夫娜。"不行啊,弗拉基米尔·阿列克塞伊奇,这位爱开玩笑的太太又说了,我们不做好就不动地方。这位弗拉索娃,真是一位快活的人!我真喜爱这样的人。"不能不喜爱这样的人,伊万·安东内奇说得对。任她开心地说笑吧,任她逗引其他人和我好心的玛丽,使她们忘记烦恼吧。我可以等到缝好这件无袖长衫的时刻。我来得及和玛丽交谈一会儿,完全来得及,因为的确没有什么好谈的,那一次亲切道别的时候,她全都谈过了。

应该承认,当一个人爱着像弗拉索娃这样美好的年轻夫人、像娜杰日达·维克托罗夫娜这样的姑娘时;当一个人同像我可爱的玛丽这样高尚的人友好相处时,不值得而且也不应当去写娜斯佳。

美德遇到恶行的突然袭击,不可能不感到忧伤。我为娜斯佳感到忧伤。但是有美德的人的悲伤不会持续很久:上帝给人以鼓舞和安慰;那最初看来很悲伤的事,会变得有利于讲美德的人,并且使他感到欣悦。

昨天,当我写累了的时候,我想,如果我不能用下棋消磨时间的话,也决不闲着无聊,我不再等娜杰日达·维克托罗夫娜和玛丽。于是我就去负起责任,关心那个由于心地单纯而把大腿举得比上流社会所允许的要高一些的姑娘的道德新生问题。当这位未来的教育者遥遥望见杰丘辛娜的村庄时,太阳还很高呢。

在通向宅子的路上,迎面走来一个女人,在能看清衣服颜色之前,我根据裙子下面一只赤裸到膝盖的小腿辨认出,走来的是娜斯佳。这个需要在道德方面新生的人,看见马车之后,便放开脚步跑向促使她新生的人,啊,我的美好的天真的姑娘!她在等我,她拼命地奔向应许给她的那些菠萝,尽管她还没有预料到,这些菠萝不仅仅是菠萝,还是促使她新生的保证!在我的眼睛借助于眼镜刚好能够望得清楚的距离上,我看到她的裙子在飘摆,一双膝盖在裙子下面时隐时现,她脸色绯红,转瞬之间,她跳上马车,一下子直接朝着我,而不是朝着那一小筐菠萝,猛扑过来,我快速地向前俯了一下身子,用手把住坐垫,免得她把我推到车外去,也免得她一头撞在马车的靠背上,她紧紧抱住我,哭诉着:"亲爱的,您想怎么安置我呢?您是想请求……"她对我说,"您是想请求济娜伊达·尼卡诺罗夫娜,让她把我交给您!亲爱的,请您不要去求她吧!如果您彻底把我接到您身边的话,那您就叫我太悲伤了!我随时都准备非常愉快地去做您所愿意的一切事情,用不着给我菠萝,我心甘情愿,亲爱的,因为我深深地爱上了您;但如果您去求她,让她把我给了您,那您就会让我太伤心了,因为她一定会给的,一定会给,啊,一定会的!可是我,说什么也不愿意和您在一起生活,亲爱的。千万别向她要我,那时,就是没有菠萝,亲爱的,我也会深深地爱上您,如果您不喜欢的话,除了您,无论是谁,我都不许他们碰我!凭天地良心,无论是谁都不许,也不许费佳用手抚摸我,更不要说做其他您不高兴的事了,可是对您,我会帮您洗澡;哪怕在睡梦中您叫我,我也会为您醒来!"她的泪雨洒满了我的脸,她用尽全力紧紧地抱着我,有的时候喘息都很困难。这些想法之间的联系不好捉摸,但总的意思很清楚:她不愿意跟随我。

我拥抱着她,慢慢地安慰她,我告诉车夫,让马放慢脚步:很明显,这是一次密谈,应该在济娜伊达·尼卡诺罗夫娜听到以前就谈完;我错了,她在离家两俄里以外的地方等我,不是为了菠萝!"您不要哭,娜斯金卡,我不再去求济娜伊达·尼卡诺罗夫娜,您不要怕,我不愿做任何您不同意的事情。"她渐渐地相信了,放心了。

"您现在完全不担心我会向济娜伊达·尼卡诺罗夫娜去要您了吧?""是的,是的,我再也不担心了。"她在车上跳了起来,因此我必须扶住她,免得她摔下车去;她连连鼓掌,扑过来吻我。"好了,娜斯佳,您来给我讲一讲,我不能理解,您为什么不愿意让我向济娜伊达·尼卡诺罗夫娜要您呢? 而您又是那么真心地爱我,甚至都不要这些菠萝。您还是坐下吧,不然会摔下去的,"我扶她坐下,拿起小筐,放到她的膝盖上,使她不能再跳起来。"吃菠萝吧,一面吃,一面说给我听,为什么不要我请求济娜伊达·尼卡诺罗夫娜把您要过来呢?"

她捧起一个菠萝:"最重要的原因,我的心爱的人……"她咬了一口,"最重要的,如果没有这个最重要的原因……"她吧嗒吧嗒地嚼着,"世上就再也没有别的事比您把我要了去,更让我高兴了……"她又吧嗒吧嗒地嚼着,"我的心爱的人,因为我已经深深地爱上您了。"

她一面咬着、嚼着,咬着、嚼着,一面向我说明这个"重要的原因",这原因倒的确是很重要的;无论你怎么非议,无论你怎么伤心,但不能不承认:我的这个娃娃是个聪明人,是个头脑非常清醒的娃娃。

济娜伊达·尼卡诺罗夫娜非常爱她,早就告诉过她,说她还很傻,她应该再聪明些;但济娜伊达·尼卡诺罗夫娜仅仅在口头上叫她傻姑娘,济娜伊达·尼卡诺罗夫娜自己说过,别看她傻,但还没有傻到不能依靠她做事的程度,还说她会变得聪明起来。她现在就已经很聪明了,连济娜伊达·尼卡诺罗夫娜本人也看到这一点了。是的,她显然是看到了,不然的话,她决不会想着要放她走,让她去靠自己的聪明才智生活;不然的话,她不会这样想,也不会许这个愿,因为她很爱娜斯佳。然而,济娜伊达·尼卡诺罗夫娜却向她许过愿了:就在这一两天里,济娜伊达·尼卡诺罗夫娜在等着伊万·基里雷奇到来。伊万·基里雷奇是彼得·基里雷奇的弟弟,但他不是这种人:彼得·基里雷奇是一个混蛋,只会游手好闲,还一坨子一坨子地偷糖,还总向别人要钱;昨天他又从济娜伊达·尼卡诺罗夫娜这里要去十五卢布。唉,这位济娜伊达·尼卡诺罗夫娜真是一个好心肠的人! 根本不应该给他:别让他再偷东西,要教训他一顿。然而,伊万·基里雷奇可不是这样的人:他很聪明,他的收入很多! 他做官做到了上校,指挥过一个团,他那时挣的钱真多! 他现在要去当市警察局局长了,在某一个市里,天知道是在哪一个市里,我想不起来了,总之是一个最大最好的城市,在那儿,面包都是买着吃,那儿的商人都富得要命!他会挣很多很多钱,多得要命!他现在就在彼得堡张罗这件事呢,已经任命了,他很快就要去上任了,他要顺路到辛比尔斯克,他母亲住在那里,让他母亲看看他,高兴高兴,从那儿就到济娜伊达·尼卡诺罗夫娜这儿来,一定来,他答应过的,济娜伊达·尼卡诺罗夫娜也不会放他,她要打发彼得·基里雷奇到辛比尔斯克去接他,如果他自己忘记了他曾经答应过要到哥哥这里来,那就把他接来,但是他自己是不会忘记的!他同济娜伊达·尼卡诺罗夫娜经常通信,爱她爱得要命!济娜伊达·尼卡诺罗夫娜对娜斯佳许过愿,说要把娜斯佳嫁给他:他会收留的,一定会!济娜伊达·尼卡诺罗夫娜说:"他会收留你的,娜斯佳,我来安排这件事。"济娜伊达·尼卡诺罗夫娜这样说过。济娜伊达·尼卡诺罗夫娜对她说得多好啊!"原来我并不认为应该促成这件事,娜斯佳,但这是一个好机会,不能白白放过。"还一直说着应该做一个聪明姑娘……娜斯佳开始告诉我,她怎样才能变成一个聪明的姑娘……

她认识事物相当清晰。我见她理解事物这样透彻,就不能不对她将来的生活感到放心了。当然,不能指望她在起初的时候,不再做错事。但开始的这段时光她会在济娜伊达·尼卡诺罗夫娜的监视之下度过;那时,济娜伊达·尼卡诺罗夫娜会严格监视她,不会不批评她,随便放过她的任何一件错事我相信,警察局长不会看到她做任何错事,即使他发现了什么,甚至恼怒起来,有济娜伊达·尼卡诺罗夫娜居间说合,也不致发生什么重大的误会……过那么个把月就可以放娜斯佳和他一块儿走了,娜斯佳也将学会完全避免做错事:聪明的姑娘能很快就改掉轻浮的毛病,而娜斯佳确实是个聪明的姑娘。

如今我觉得很欣慰;但是过去我却为娜斯佳而伤心过……我甚至开始向她讲起,济娜伊达·尼卡诺罗夫娜很爱她,这是肯定的,但却是一个坏女人,也教了她很多的毛病。

有一阵,娜斯佳睁大了眼睛,听着,然后哈哈大笑:"哎呀,我的心爱的,您在说什么蠢话呀!"

的确,我说的是蠢话。如果和我在一起生活半年之后,娜斯佳再听我讲,坑蒙拐骗不是好事,那些教唆坑蒙拐骗的人不是好人,就不会大笑不止了。

在我们认识的第二天就开始向她灌输这样一些她闻所未闻的看法,未免太早了。而且,关于济娜伊达·尼卡诺罗夫娜答应为她安排幸福生活这件事,也知道得太晚了。应该理解这一点,完全不讲起这些话。我是理解了,但仍然还说起了这些,不仅开始说起,而且在她彻底批评过后,还继续说……她开心地笑着,不住声地笑着,她大笑不止,很快就使我变得哑口无言了。胜利了的娜斯佳惋惜地说:"心爱的,如果您考虑问题这样滑稽可笑,那您将是一个最不幸的人,"说完她就往车座的后背上一靠,使身体彻底舒展开来,她尽量把嘴张得大一些,两只手拿着菠萝,尽量地把菠萝往嘴里塞得多一些,之后把两只手放到两侧,就这样坐着,嘴咧得很大,嘴里塞满菠萝。吃得多恐怕是因为太甜了,而把这么好吃的东西从嘴里吐出来又太可惜了;最主要的是,她能把嘴张得这么大,她自己觉得非常好玩——由于这令人惊异的辉煌成就,她高兴得眼睛都发亮了。我的可怜的胜利者娜斯佳!她不知道她在很天真、很自然地大笑不止的当儿,浪费了多少菠萝啊!我因自己的聪明计划归于失败而感到某种高尚的苦痛,我虽然心情沮丧,但有一个想法已经孕育成熟:既然如此,这将是我最后一次会她。

我告诉车夫让马跑起来。我们在村子当中驶过,为观众提供了一幕妙不可言的奇观:我,挺直胸膛,两手交叉在胸前,直直地望着前方,恰好是望着马车夫的胳膊肘;娜斯佳舒展自如地坐着,向上仰着脸,嘴张得大大的,塞满了菠萝。

昨天我告诉济娜伊达·尼卡诺罗夫娜说,我要郑重其事地同她谈一谈娜斯佳的事。应该谈一谈。于是我就谈起来,虽然并不完全是昨天想谈的那些内容。我很喜欢娜斯佳,但非常遗憾我不能收养她:她一个月就可能让我欠下几年都还不清的债。但是我愿意为她做一切我力所能及的事情。如果她能获得自由权,她同济娜伊达·尼卡诺罗夫娜的关系当然不至于疏远。我想知道……济娜伊达·尼卡诺罗夫娜打断了我,脸羞得通红。济娜伊达·尼卡诺罗夫娜居然羞红了脸!我不相信自己的眼睛!也不相信自己的耳朵:济娜伊达·尼卡诺罗夫娜毫无虚情假意地说,用不着赎金,她还说她很感激我,我提醒了她;早就应该把娜斯佳从农奴改籍为小市民了,她把这件事忘记了,她很羞愧……这是她的真心话,是质朴的话,有人性的话。我很惊异,甚至很受感动。当然,一分钟过后,她那种令人讨厌的、假惺惺的、故意做戏的习惯又占了上风:尽美尽善、超凡入圣、矫揉造作的那一套又来了。

我是在十二点半或者一点的时候写下这些的,很少考虑这些无聊琐事的内容,我写这些仅仅是为了消磨时间,不寂寞,等待着做完那件无袖长衫之后,弗拉索娃终将把玛丽从禁闭之中放出来。我认为弗拉索娃本人的波斯服装和娜杰日达·维克托罗夫娜的无袖长衫,都是这位可爱的、快活的年轻夫人出的主意,我尤其认为她们发誓不缝好衣服决不离开地方,是她的建议。伊万·安东内奇走进来,对我说,娜杰日达·维克托罗夫娜派他来看一下,我是否忙着呢,如果忙着的话,就叫他什么也别说,如果我没有忙着,就让他请我到她那里去一下,她在书房里。他心里反复考虑着:要等到什么时候我才能不忙呢?我起身前去。

可爱的善良姑娘抱歉地说,她请我帮忙做一件事:她同我的友谊还不够深,还没有权力要我帮忙;但是她想求我的这件事,对我来说当然不会是很大的累赘。昨天,还是在弗拉索夫他们家的时候,她就发现玛丽的眼睛有些发红。玛丽说:"我不知道是怎么的了,大概是路上的风尘刮的吧?"她相信了。今天,在做长衫的时候,她又看见玛丽的眼睛有些红。玛丽说:"我也不知道,或许还是昨天的缘故。"这一切她都相信了,但是她说,不应该这样做活计累自己的眼睛。玛丽说:"这不碍事。"她和弗拉索娃夺下玛丽手中的活计,让她出去,省得她又坐下来做针线。等玛丽走开以后,弗拉索娃很快就心烦了,于是她躺下看书。娜杰日达·维克托罗夫娜也去取书,她读的那本书放在她的那间普罗旺斯的小亭子里了。她走进那房间,见玛丽正坐在桌旁哭呢,桌子上洒满了鲜花。"玛丽,你哭什么呀?"玛丽很镇静,甚至很快活了,手里还拿着花:"我根本没想哭,也许是眼睛疼,流出几个泪花。""你哭过,玛丽。""根本没哭,您看,我在编戴在无袖长衫外面的花环,还要编一个花冠,穿俄国式的衣服,这也是不可缺少的。我选的花好吗?""你哭过,玛丽。你为什么事伤心呢?""您这是从何说起呀,娜杰日达·维克托罗夫娜!""你为什么事这样伤心呢?(当然,娜杰日达·维克托罗夫娜对她表示同情,要比向我转述这些话温存得多。)是谁使你这样伤心呢？你不想说吗？我会以为是我由于什么事情让你伤心了呢。""您让我伤心？"玛丽十分激动地喊了一声，抓起娜杰日达·维克托罗夫娜的手亲吻着；娜杰日达·维克托罗夫娜赶忙抽回自己的手。"你的心情很不好，玛丽。""不是的，娜杰日达·维克托罗夫娜，我的心情很宁静、很愉快；只是您的善意感动了我。我爱您，娜杰日达·维克托罗夫娜；我非常地爱您。您不要管我，娜杰日达·维克托罗夫娜，不要再安慰我了，不然我真要大哭起来了。"玛丽到底怎么的了，我是她的好友，她也许能告诉我。她现在大约还在原来的地方，在普罗旺斯的小亭子里，她又坐在那里编那套俄式服装的花环，那套俄式服装是弗拉索娃根据她的提示才替娜杰日达·维克托罗夫娜想出来的。

我很高兴，玛丽终于是自己一个人，我可以和她交谈了。我想，我知道她为什么哭：是因为我确实看到了有必要疏远她，或者还多少因为我过于轻率地在这样一种义务面前屈服了；在我第一次访问济娜伊达·尼卡诺罗夫娜之前我们分手，从那时起到现在已经过去两天了，即使是没有机会和玛丽谈，但毕竟是两天了！如果找不到单独见她的时间，我也可以写几个字。我想，她还因为我和娜斯佳的关系而伤心；她还不可能知道，我再也不想看到这个可怜的姑娘了；她可能担心，娜斯佳会使我破产，会使我误入歧途，干出很多荒唐事来。我想，她也会觉得很难过，她的朋友竟然同这样一个堕落的姑娘搅到一起去了。用不着想到嫉妒上面去：玛丽像弗拉索娃一样，很少有心思嫉妒我。如果弗拉索娃知道的话，弗拉索娃也会反感：一个女人，倘使她的熟人情愿放弃同她诚挚交往，转而去干那些有损女人尊严的下流勾当，她不可能不感到是自己受了侮辱。玛丽同我的友谊比弗拉索娃更深，因此她会更加感到伤心痛苦。我是这样理解的。

我推开小亭子的门。桌子上放着花环，玛丽坐在那里编花冠。花冠从她手上掉了下来，红晕骤然涌上她的双颊，但这窘态只有一瞬之久；我还没有跨过门槛，玛丽已经镇定自如了——虽然她脸色绯红，但却用安稳的动作屈身去拾花冠。她拾起之后用两只手拿着它，仿佛是想继续编下去的样子，而后抬起头来，勇敢地望着我，刚毅地说："啊，是您哪，弗拉基米尔·阿列克塞伊奇!"

我蓦地停住了脚步;这目光是那样地冰冷;这刚毅的声音是那样地令人难以捉摸,仿佛是在挑战,仿佛是她遇见了敌人,这是怎么回事呢? 难道说,因为我和娜斯佳的关系她觉得受了屈辱。这种心情比我想象得更甚吗? 她不可能有嫉妒的心情;但她开始鄙视我! 我是这样理解的。而且确实如此;我从她的目光里看出来:"您有何贵干,尊敬的先生? 您为什么要光临这里? 您应当明白,我不想见您。"确实,从娜杰日达·维克托罗夫娜关于缝制长衫的那一段话里我明白了:出访弗拉索娃,为弗拉索娃缝制波斯服装,也像这件长衫一样,全都是为了避免同我见面,对她说来我竟变得这样陌生! 比陌生还要严重,她的目光向我说明:她迎接我像迎接一个敌人! 我的心忧郁得紧缩在一起了。

"玛丽亚·德米特里耶夫娜,您不想把手伸给我吗?"

她的脸色顿时变了过来:脸上焕发出喜悦,她的眼神里又闪耀着往日的温柔友情。

"您想要我把手伸给您吗?"她从容不迫地站起来走向我。"您还是我的朋友吗? 我谢谢您!"她文静地、紧紧地拥抱了我,没有吻我,就像利卡昂斯基临行前和我拥抱一样,就像好友拥抱一样,他们是想通过这种拥抱表示出:这种感情的力量不是一时的冲动,而是我对你的永恒持久的好感。"弗拉基米尔·阿列克塞伊奇,您不怀疑我? 我很感谢您!"她紧紧地拥抱了我,随后又从容不迫地走开,坐到座位上。

还在我到她这里来的时候,就预感到心情会很激动。而现在的确被深厚情感打动,我知道,倘若我坐下来,尽情地吐露自己的胸臆,我就会激动得流出眼泪来。而眼泪却是不可动摇的决心最坏的证明。我知道,我不应该坐下。应该尽量短、尽量快地说完要说的话,趁眼泪没有涌出之前及早离开。

"不,玛丽亚·德米特里耶夫娜,我不可能怀疑您。在您胸襟坦荡地向我道过别之后,我明白了我应该同您保持距离,就在那一刻我才领悟到,您早就知道我没有预想到的一切,您早就把那些关于我们之间的关系的谣传置之度外,而且打算继续置之度外,同我保持旧日的亲密关系。但是我不同意妥协,我太喜欢您了。我在您的名誉问题上的疏忽大意正是来自我非常真诚地喜欢您。我不知道为什么,但我从来没有把自己想象成是您的丈夫,不,我知道为什么:因为我看到,我不能把自己想象成是您的丈夫,因此我不可能时时想着您是一个女人。您也看到了这一点;您看到了我并没有想着您很年轻、很漂亮。我对您极为敬重,甚至超过对自己思想的尊重。这样,我怎么还能允许自己继续害您呢?不,我不能同意您的这种胸怀宽大的无畏态度,而使我们的亲密关系继续下去,而给关于我是您的情夫的谣言继续造成口实。不,我们应该彼此疏远,我们会彼此疏远的。"

我感觉到,必须在我还没有哭出来之前,尽快把一切都和盘托出,我不停顿地一直说到最后,但我发现,我的话给她造成的完全不是根据我的预想应该造成的那些印象。我原来预料,她事先或多或少地能猜到我的心理。但是她却像是在听完全出乎意料的新闻一样:她面部的表情很惊异,她的两只手交叉在腰带前,双手交叠着,手指握得很紧,双肩微微耸起,仿佛她很惊诧,不知道对她所听到的事应当作何感想,这些事情同她所预想的相去该有多远啊。

"弗拉基米尔·阿列克塞伊奇,您在说什么呀?我对您所说的理解得对吗?是把您说成我的情夫了吗?谁说的?"

"济娜伊达·尼卡诺罗夫娜·杰丘辛娜。"

"她真的对您说,我是您的情妇吗?我觉得,我没有领会错您说话的意思,但您是否错误地领会了她说话的含义呢?噢,不,我何必问这些呀!您自己决不会希望,我像她所理解的那样,是您的情妇!您绝不会误会她有这种想法!我无法理解,我无论如何也不能理解!也许是我听错了,您说的不是这些,再不然就是您听错了,您回答的并不是我提出的问题!"

玛丽一直在说着,不胜困惑,万分惊异,但她的情绪并非很激奋,既无恼怒,也无忧伤,因而我也就不再担心会闹到流泪的地步了。很显然,这次谈话将要延长下去。于是,我坐了下来。

"我对您所提出的问题理解得完全正确,玛丽亚·德米特里耶夫娜,您对我所做的回答也理解得明白无误。"

"那就怪了,弗拉基米尔·阿列克塞伊奇!"她耸起肩膀,摊开双手。"济娜伊达·尼卡诺罗夫娜·杰丘辛娜对您说,我是您的情妇?而您到这儿来就是为了告诉我,您仍然保持对我原有的感情,但您想回避我,以免继续有损于我的名声?是这样吗?"

"正是这样,玛丽亚·德米特里耶夫娜。"

"看来的确是这样。然而,不管您如何想,这实在是很奇怪的事。"

"玛丽亚·德米特里耶夫娜,过去您对待我的态度不至于促使我认为,您对我有爱慕的情意或者可能有爱慕的情意。直到现在我看到的仍是这些。您喜爱我,像喜爱娜杰日达·维克托罗夫娜一样。"

"当然是这样。如果您看到的不是这种情况,那么我们之间就不会有这样内心宁静的、感情深厚的友谊关系了。因为我要问您的绝不是为什么您在听说我是您的情妇时,不向我求婚。我要问的是:您来向我转述济娜伊达·尼卡诺罗夫娜·杰丘辛娜的这种看法,还向我说明您决定要回避我,而且只谈到这些为止,这让我怎么来理解呢?难道真的这就是您想告诉我的全部内容吗?我原来所料想的完全是另外一番谈话,根本不是关于杰丘辛娜,也不是关于我是您的情妇等等。"

"玛丽亚·德米特里耶夫娜,这么一来,我反倒听不懂您的话了。您料想我对您会有一番什么样的谈话呢?请您告诉我,我完全糊涂了。"

她凝神静思,目不转睛地望着我。但在我脸上除掉茫然不解的神态,再也没有其他表情了。我发现,她心里很清楚,我为什么没有把她想象成自己的妻子或自己的情妇,而且她也一如既往,并不希望我心存类似的奢念。既然她不愿意我向她求婚,那么她要我怎样呢?我困惑不解,耐心地等待着她说明就里。她目不转睛地端详着我这种羊一般温顺而无表情的眼神,又陷入了沉思。

"难道是我产生了错觉吗?"她一面说,一面又凝神望着我。"我请求您把您听到的、知道的一切,把您自己所说过的一切,以及您所想的一切都告诉我。您收到了杰丘辛娜的短柬,您不想赴邀,但最后您还是决定去了,当我知道您要去的时候,同您告别。您是怎么理解这一次的告别呢?"

"您预见到我会听杰丘辛娜说我是您的情夫,因而我会觉得有必要疏远您。我刚才已经向您谈过这一点了。但您说您并没有预见到这一点。这样说来,您同我告别是另有含义了?什么含义呢?怕不是您预想到我会沉溺于那些不尴不尬的勾当吧?"

"您是说那个可怜的姑娘吗?是的,我不曾认为没有那种可能。但我并没有把这当成一件什么了不起的事情。即使您为了满足她的稀奇古怪的欲望花掉几个钱,那也损失不大,您会很快就清醒过来,您不会永远醉心于这样一个毫无价值的人物。我并不为您担心。我同您告别的时候,想的不是这个。我想的是什么呢?我发现,您还不知道。我发现,我原来认为您对我的友情已经冲破了我所忧虑的那种怀疑,这种想法错了。我发现,我刚才拥抱您,把您当成一个好友,这好友在行将到来的磨难之中不会抛弃我,这种做法也错了。很可能出现我所担心的事情:您会从我的朋友变成我的敌人,变成谴责我的人。但现在您还没有不爱我,所以我请求您如实地回答我提出的问题,您答应这样做吗?"

她说这些话,那样深自悲伤,使我的心情不禁又激动起来。

"玛丽亚·德米特里耶夫娜,您预料到会有令人痛苦的事发生吗?是什么事情呢?"

"我预料,我无比深沉真心钟爱的人们会仇视我、谴责我。我已经说过了,其中也包括您在内。"

"即使所有的人都反对您,您也不应该对我有所怀疑!我对您的友谊是始终不渝的!"我以热烈的口吻说。我似乎觉得,现在我一切都明白了:她一定是爱上谁了!是谁呢?难道说是爱上了弗拉索夫吗?他很爱自己的妻子,他不会去引诱玛丽,如果他确实引诱过的话,那么,他不比我好:这样一个诱惑者太不足畏惧了!然而,天下之大,无奇不有!说不定更可能是她怀有某种完全荒唐的情欲,比如说钟情于某个青年农民!从她的话语里是可以得出这样的结论来的。那些像我一样对她有真诚好感的人,除掉因为这种恋情,还会为着什么去同她作对呢?"即使所有的人都反对您,我也继续是您的朋友!请您告诉我,究竟是怎么回事?您是产生了恋情、爱上谁了吧?"

"不是的,弗拉基米尔·阿列克塞伊奇。由于恋情我经受了那么多的痛苦,已经够了,够了,够了! 我早就对自己说过:我不想,我不要,决不要!"这些话她讲得十分激昂。随后凄然一笑,又以平静的口吻补充说:"现在后悔做出这样的决定已经太迟了,即令是我有意失悔的话。然而我过去和现在都无意失悔。噢,我曾经求您答应过如实地回答我的问题。"

"我一定如实回答,玛丽亚·德米特里耶夫娜。"

"好。您是说杰丘辛娜把我看成是您的情妇? 这是真话,是完全的真话吗?"

"是的。"

"那么现在呢? 现在她怎么看我呢?"

"大约是忘记了您的存在。"

"忘记了我的存在! 知道我不是您的情妇就忘记了我的存在?"

"很可能是这样。"

"您是这样认为的吗? 这是真话,是完全的真话吗?"

"是的。"

"我错了。您并没有说出我所预料的那些事,也许情况就是这样。我从您的眼睛里看出,您的确毫无所知! 然而,我还是不敢相信。最后一个问题,这个问题将决定一切:我对娜杰日达·维克托罗夫娜的态度如何?"

"难道说她有什么地方使您感到遗憾,使您失悔自己真诚地喜爱她吗? 她是非常善良、非常有礼貌的啊?"

"不,我想说的不是这个。我是想说,维克托·李沃维奇对她喜爱的程度要比应该的淡漠多了。他不是一个好父亲。"

"您对他太不公正了,玛丽亚·德米特里耶夫娜。"

"我对他很公正。我希望娜杰日达·维克托罗夫娜不至于不幸。我希望她的处境会越来越好。可是他关于女儿却考虑得太少了。幸好我还可以……幸好我还可以……噢,不。够了,我不想再说下去了。"

玛丽默然不语,编起花冠来了。我仿佛觉得,在此之前,她的心情还是相当宁静的。但现在却看到,她需要花费很大的气力才能勉强保持那宁静的表情:而她的两只手已经发抖了。

"您太爱娜杰日达·维克托罗夫娜了,她也当之无愧。但这一点使您变得对她父亲太不公正了。做父亲的义务感给了他力量,使他断绝了同杰丘辛娜的关系,在这种情况下还能够说他很少考虑到女儿吗?"

玛丽继续沉默,努力地编着花冠,而她的双手却抖个不停。

"啊,我的心情很沉重,弗拉基米尔·阿列克塞伊奇! 我请求您离开一下,不然我不知道,我会怎样,我觉得,我可能要犯歇斯底里病。"

她脸色变得很苍白,激动地喘息着,我不知是否应该像她所要求的那样走开,去招呼人来照看她,招呼娜杰日达·维克托罗夫娜或者弗拉索娃,因为这里离开房子很远,这要费去十分钟。我怕把她一个人留在这里。我不甚清楚什么是歇斯底里病,但我知道,这是一种很可怕的惊厥,是一种又哭又笑的神经病。怎么可以单独留下她一个人这么长时间呢? 离家有半俄里远啊。

"我怕把您一个人留下,玛丽亚·德米特里耶夫娜。"

"您不要怕,没关系。您去吧。"玛丽说着安慰的话语,可是已经听得出,她很难用平和的声音说话了。

"我怕离开这里,玛丽亚·德米特里耶夫娜。"

"那么,在我还能够走的时候,还是我离开这里。"她站起身来,用刚毅的步伐走去。

"这样也好,我们一起走,回到房里去,如果发生什么事的话,也好有人照顾您。"

看上去她的心情像是很平静,只是脸色苍白,呼吸急促。我们这样走过二十来步,她的步伐很坚毅,我开始放下心来,突然她连笑带哭地狂叫起来,摔倒在地上。我搀起她的手臂。

"快,回到凉亭里去! 不要让他听见!"她继续趔趔趄趄地走着,"快回去! 回到凉亭去!"她狂笑着,"谁也不应该听见! 我再也没有力量沉默了,您是我的朋友! 还要对您隐瞒吗! 我再也没有力量隐瞒了! 太沉重了! 我全都说出来! 啊,您是多么喜爱我啊! 您什么也不明白,是因为您太喜爱我了! 难道说您会不再尊重我吗? 请您告诉我,说您不会鄙视我! 我再也没有力量了,真羞死人啊! 唉,您为什么要那样地尊敬我呀? 不然,我也不至于这样感到羞愧了啊！请您告诉我,您不会鄙视我吧？我把一切都说给您！我没有力量沉默,也没有力量说出口！您到他那里去吧,告诉他,他会把一切都说给您的！不,他不知道,他不应该知道！还是我来说给您!"她又哭又笑,身子绵软无力地依在我的手臂上。"我说不出口！您去找他,让他告诉您！您不要相信他的话,他不知道！他要说是他引诱了我,请您不要相信他的话！是我诱惑了他啊!"她用一种痉挛的力量挣脱开去,猛跑起来,跑过十来步就摔倒了。

我把她抱了起来,她一再推开我的手,但却虚弱无力,像一个小孩子一样。我把她抱回到凉亭里,她躺在我的怀抱中,仿佛是昏睡过去了。我把她放在沙发上,有好长一段时间,她纹丝不动,似乎也不大喘息。"您不要怕,"她终于轻轻地说,声音很微弱,刚刚能够听见,"已经好了,都说出来了,病也好了。您走开吧,您不在,我还轻松些;我羞于见您,我很羞愧。"

我不知道是仅仅出于怜悯呢,还是依然保留了一部分好感,相信她心地善良,或许只是因为我自己也不知道我在做什么、在说什么。我吻着她的手说:"玛丽亚·德米特里耶夫娜,我相信您,您不可能是一位不好的人,我了解您,您有一颗高尚的心。

"不,不,请您走开吧,"她声音微弱地说,"有您在我面前,我就要鄙视自己,您走开吧,不然我又会犯起病来的。"

我走出凉亭,坐在近旁,等她恢复过来。

半小时过后,她走出凉亭,面色仍然有些苍白,但并没有苍白得会让不知内情的人觉得吃惊,从而引起怀疑、引起议论。她累了,或者头疼,仅此而已。我默默地低垂着眼睛,放她过去。她也径自走过,没有力量向我张望。

她这样珍视忠实朋友对她的尊重,她因为在朋友面前有羞愧感竟这样伤心痛苦,她把所有的罪责都揽在自己身上,而发出这样高尚的叹息:"不是他引诱了我,是我诱惑了他",如果她不自甘沉沦的话,她可以成为一个多么美好的人啊！

我想到,娜杰日达·维克托罗夫娜当然会比我更善于相信好的事物,而不会想到坏的事物。她会不相信我在这次交谈之前深信不疑那种种想法吗？当我的确可能有这种纯洁感情的时候,她会怀疑我对玛丽的纯洁友谊吗？我什么也不愿意想,脑子里空荡荡的,仿佛是我一头撞到了墙上,我很庆幸,我对娜杰日达·维克托罗夫娜已有现成的回答。这个回答还有一点可取之处,是它可以很好地解释我同玛丽今后的关系。

娜杰日达·维克托罗夫娜到书房里来找我:"玛丽为什么哭啊?""娜杰日达·维克托罗夫娜,您看到我和玛丽很要好。我们疏忽了,这会给谣言造成一些口实。我听到了这些谣言,感到应该同她保持一定距离。她就是为了这个才哭的。"

可爱的、善良的姑娘,可以毫不取笑地称她是天真无邪的姑娘。她为玛丽多么伤心啊!

"设身处地地想一下,我很理解,她不能不哭。在此地您是她已经得到的和可能得到的绝无仅有的好友。我很喜爱她。这是事实,但我们的关系使她不能不感到拘束,更何况她自尊心很强。同弗拉索夫夫妇相处,她还随便一些,然而,尽管他们是很好的人,但他们总不能忘记,玛丽是一个侍女。唉,这侍女的地位完全不适于她这样一个骄傲的、有教养的姑娘!无论我对玛丽依恋的感情多么深厚,与其看见她是我的侍女,我倒更希望完全不见她。必须使她另换一种处境,不是这样吗?勒努阿夫人也说过,让我关心一下这件事。勒努阿夫人说,她可以做一个家庭教师,她可以胜任,是这样吧?那时,她又可以重新和您做朋友了,那时谁也不会对此说坏话了。您住在我们家,她可以天天到这里来,她也可以到我这里来做客,不是吗?谁还能说坏话呢?您想是这样吧,对吗?因为您也很喜爱她,像她喜爱您一样,对吗?"

我说,我很喜爱玛丽,因此早就给彼得堡的友人写过信,请他们帮忙替她谋一个家庭教师的职位。我还没有把这件事告诉她本人,免得事先就引起争论:关于玛丽,以及关于应该为玛丽做些事情,我们想到一处了,为此我们俩都非常高兴。

我回到自己的房间,为可怜的玛丽哭了一阵:她何必要成为这样一个不好的人呢?

然而,我不想抛弃我在亲吻着可怜的玛丽的手时曾经有过的那个想法,当时我对她说,我不可能把她看成一个不好的姑娘。是的,玛丽会同意离开这里！她会同意的，我知道：那时，我将不会记恨她，而仅止于责怪她，为她哭泣。哭也毫无怒意，只是遗憾而已，责怪也会宽容大度。还是让她去彼得堡吧。我们可以过几天就去。如果她非要这样做不可的话，让她做维克托·李沃维奇的情妇好了。在彼得堡，这件事可以做到不为大家所知，不致有害于娜杰日达·维克托罗夫娜对父亲的态度。那时候只有我将为我可爱的玛丽痛感惋惜，她本来可以成为一个极好的姑娘，但她却没有成为这样的人。她情愿变成一个不好的姑娘，由此除掉她本人，不会给任何人招来不幸……可怜的玛丽！这是何等的屈辱啊，是极度的、心甘情愿的屈……

　　我正写到这里，伊万·安东内奇走进屋来："弗拉基米尔·阿列克塞伊奇，今天我这是第二次打断您的工作。""没关系，伊万·安东内奇，我这事并不急，您有话要说吗？又是娜杰日达·维克托罗夫娜打发您来的吧？""不是，弗拉基米尔·阿列克塞伊奇，我是来找您谈谈。"我猜出了他的心事。"伊万·安东内奇，谈什么呢？""谈谈玛申卡的事，弗拉基米尔·阿列克塞伊奇。"中饭以前好长时间，玛申卡从花园回来。他看见她的脸色很苍白；是不是病了？她说没病，只是有些头疼，躺一会儿就会好的。他问她要不要请大夫来，她说不要，很快就会好的。现在她已经起来了，但却呆呆地坐在那里，一声不响。他担心，到晚上是不是又会不好？病人常常是这样：白天好些，到晚上病情就又加重了。他问我是怎么想的？或者他应该请我过去看看她。他问我意见如何？"她没有病，伊万·安东内奇，仅仅是很伤心。""为什么伤心呢？"我把对娜杰日达·维克托罗夫娜讲的那些话，对他重说了一遍。他一拍巴掌："啊，我的天！世上什么样的人都有！有谁没长眼睛会看不见，您和她的友情像是什么不清不白的事吗？难道说我们家里有谁会编派出这种蠢话，变得这样卑鄙吗？""不，不是出自咱们家，是济娜伊达·尼卡诺罗夫娜·杰丘辛娜说的。""噢，原来是这样，她什么都干得出来！""您想得很好，伊万·安东内奇：如果我再去同玛丽亚·德米特里耶夫娜谈一谈，或许会有好处。"这个上了年纪的人去告诉她这件事。

　　我把长期以来迷住了自己眼睛的这种田园诗般的幻觉也告诉了他，我不知道这样做是不是聪明。如果玛丽想利用这一点，那将如何呢？如果人人都说我是玛丽的情夫,那将如何呢?这对她来说是极为有利的。我却尽心竭力地在给她提供条件,让她利用我的名声来掩饰真实情况。我的处境将是荒唐透顶的。随它去,反正一样。只要能避免家庭里出现极不愉快的事就好,即使我在她的心目里,在我自己的心目里成为一个笑料,也无所谓。我这样想着。在我反复思索的时候,伊万·安东内奇回到屋里;玛申卡暂时不想跟我谈,她怕又破坏了她的情绪。

我想,这会不会是一个圈套,她会不会为了先和维克托·李沃维奇商量一下而推迟我们的谈话?于是我就到维克托·李沃维奇那里去了,出于什么动机,我自己也不清楚。难道仅仅是出于狭隘的自尊心吗?难道是我在想:"既然我已经知道了有人在跟我要手腕,那么我就不能再让他们要我。玛丽亚·德米特里耶夫娜,大约您会借口说,从我们坦率谈过之后,您还没同维克托·李沃维奇打过照面呢。我想知道,事情是否真是这样。"或许我确实感觉到,为了同玛丽谈话,必须首先认真地考察一下维克托·李沃维奇,了解一下,她对他究竟能有多大威力。我觉得,正是这一迫切的要求促使我去见维克托·李沃维奇。是也罢,不是也罢,反正我到维克托·李沃维奇那里去了。他正在读报纸。"维克托·李沃维奇,您愿意下象棋吗?""我什么时候都不反对下象棋,我没想到这时您会有兴致,不然我就会请您去了。我以为您一定很忙,您没出来吃中饭,而是让人把饭送到您房间里去的。"他情绪甚佳,谈锋亦健,他昨天对我的态度也是这样好,不怕见我,不感到窘迫。"我只是对佣人说我很忙,实际上我并不忙,我是情绪不好……情绪非常不好,我为今天早上从玛丽亚·德米特里耶夫娜那里听说的那件事,感到非常痛心。"他神情倦怠,张开嘴巴,又合上,一言不发。脸涨红了。"您大概以为我还是前天晚上从济娜伊达·尼卡诺罗夫娜·杰丘辛娜嘴里知道了这件事,可能您就这样转告了玛丽亚·德米特里耶夫娜,或许就是由于这个原因她才躲着我,就是由于这个原因,在我今天早上终于见到她的时候,我们有很长时间彼此不能理解。""难道说在此之前您真的不知道吗?怎么会是这样呢?我觉得您从杰丘辛娜家里回来后,在同我谈话时暗示过这件事。""我不可能暗示。您断定她知道了这件事,并且她把这件事告诉我了,所以您就在我的言谈当中听出了我连想都没想过的意思。""是的,现在我想起来了,您的确一句也没有提到过这件事。您像是很生气的样子,简单地说到杰丘辛娜不会再找我的麻烦,说完就走开了。当时您显得是那样的气愤,使我不可能怀疑您的确知道了全部真情。于是我就告诉她了。""第二天您发现我对您毫无愠色,于是您就以为我在起初感到遗憾之后终于忍让了,是这样吗?""是的。但是她却坚信,您不会忍让。您到现在还不忍吗?""我暂时什么也不能对您说。我先要同玛丽亚·德米特里耶夫娜谈一谈。可是您刚才说,今天早上您已经同她谈过了。""是的。但是她当时以为我已经知道了事实上我并不知道的事,因此我们有很长时间彼此无法理解对方,由于这一点,这次谈话对我来说是十分困难的,对她来说就更是痛苦的了,她患了惊厥症,她急忙跑掉了,她需要卧床休息。""她病了吗?"他顿时脸色苍白,霍然站起,手足无措。我不得不抓住他的胳膊,拦住他。"如果您不放我去,或许我真的应该老老实实地坐着,不动声色,免得使人看出我对她十分珍爱,如果您不放我去,那么您就到她那里去一趟,探望一下,把情况告诉我,好让我放心。"我极力向他解释,说这仅仅是过度疲劳,如果不是已经好了的话,那么也是很快就会好的。但他无论如何也要我现在就去探望玛丽,了解过后把情况告诉他。

"我的玛申卡已经起来了,到花园去了。她还说,刚才多余不愿意跟您谈话,她说跟您谈话会更好些。只是还没有打发我去请您,也许是她想先去呼吸一点儿新鲜空气吧。"伊万·安东内奇说。我向着那条蜿蜒在河岸近旁的林荫路,那条她所喜爱的林荫路走去。我猜想,她会在那里。她缓缓地走着,低垂着头,脸色依然有些苍白。看见了我,脸上泛起红晕,但她骄傲地挺起身躯,投我以一种勇敢的目光。

"我想到,我刚才多余拒绝同您谈话,这是一种怯懦:我没有必要感到羞愧。但是我不愿意您这么早就到我这里来:我在镜子里看到我的脸色还有些苍白,我不愿意由于这点而引起您的同情,我不想追求效果,我还担心我会脸红,但终究还是脸红了,我不愿意让您看到这一点,因为这是怯懦。这种怯懦使我感到很难为情:如果您觉得并没有做什么坏事,无论别人怎样议论,也不应该在众目之下感到脸红。我想等到黄昏,那时您就看不见我苍白的脸色,也看不见我无须有的羞愧了。但是您却早早地就来了，并且看见了这一切。反正一样，或许这样更好些。我原来不想让您看到我是怎样的一个怯懦的人，但是随您看见我本来的面目好了。这样更好：让我在您面前作假，这太难了。您见过维克托·李沃维奇了吗？您对他说了些什么？他同意什么了？"

"我见过他了，但是除去把我们早上的谈话告诉他，什么也没对他说。我自己也不知道因为什么我要去见他：也许是因为我想到，您打算先和他商量一下所以才推迟了我们的谈话，也许是因为我想了解一下您对他究竟有多大的威力。可是我……"

"和他商量？不，如果非要我去找他商量我应该在哪方面让步或者他不能答应哪些条件，那我对他的威力就的确太小了。那样的话，我就不会和他有这样的关系了，我就不会让他做我的情夫了。如果我不坚信，我会赢得他的强烈的爱恋，我也就不会到这儿来了。您不要以为我是想炫耀自己，想给您造成错觉，想夺去您的勇气，不，我只是想告诉您，我是怎样认识我和他的关系：我觉得，我可以不担心任何人对他的影响。在这一点上我的认识正确也罢，错误也罢（我的认识也可能是错误的，因为我还没有机会来考验我对他的威力），我比您对他的威力要大，我的这种认识对也好，错也好，无论如何我都非常感激您，因为您不愿意在和我商谈以前同维克托·李沃维奇谈什么。由此我看到您对我还保存着一丝原有的好感，保存着一丝原有的信任。您想要我怎样做呢？我想不出我会对您的什么要求表示异议，除非要我断绝同维克托·李沃维奇的关系，这是办不到的。办不到！为了实现这一梦想，我在自己身上花费了这么多的精力，让自己饱尝了这么多的艰难困苦，经受了这么多的不快和烦恼！来到这里以后成功速度极快，比我所期望的还要快。可是为了有可能到这里来，却需要做多么长久、多么艰难的准备啊！要摈弃自由、要抑制一切欲念，抑制情感和骄傲。不，我不可能为了某种可以随便舍弃的梦想，忍受住这样长久而艰难的困窘处境！如果我能够随便舍弃这梦想的话，我早就舍弃了：实现这一梦想的道路是艰难的，异常艰难！但是我不能舍弃它，这已超出我的能力以外了！请您不要让我做我力所不及的事吧！其他任何让步我都心甘情愿。"

"我想可以这样做:您到彼得堡去,假定说,在那里找到一个教授法语的工作。您在离维克托·李沃维奇府邸很远的地方找一个住处。过一周或一周半我们也会去。在彼得堡,只要您愿意,您同维克托·李沃维奇的关系是可以不让任何人知道的。为了保持女儿对父亲的信任,必须这样做,她正值这样的年龄,这是十分重要的。"

"的确是这样。为了在求婚者当中选一个好人,这也是很要紧的。"

"当然,为了使您和维克托·李沃维奇的关系不为大家所知,您必须委屈一些:阔绰的生活会引起猜疑,会暴露一切。娜杰日达·维克托罗夫娜出嫁以前,您应该过得十分简朴。我请求您,为了娜杰日达·维克托罗夫娜,您就决定这样做吧。"

"我早决定这样做了。我的生活将比您意想的还要简朴。我是一个靠授课糊口的姑娘,我的生活将是很清贫的。为了不引起流言蜚语,我不会过别样的生活。但这并不是为了娜杰日达·维克托罗夫娜的利益而做出的牺牲,我自己也需要这样。不是为她,而是为自己,我早已决心这样做了,从决定离开巴黎的那一刻起,就下定了决心。请您放心好了。您的要求也是我本人的愿望。"

"那么您什么时候离开这里呢?"

"随您便,什么时间都可以。我巴不得马上就走,对我个人来说越早越好——现在已经过了好几天了。那一天我就没走成,您还记得吧?当时我蒙住了您的眼睛,一周前又没走成。已经有好些天了,我可以走,也愿意走:我对维克托·李沃维奇的威力已经相当牢固了。既然是这样,您能理解,我不会不愿意早些离开。当使女是很令人不快的;但这并不使我过分地难堪。我爱娜杰日达·维克托罗夫娜,除弗拉索夫夫妇外我们没有别的客人来,即使有客人的话,外人也看不出我是处在使女的地位。而弗拉索夫夫妇是很讲体面的人,待我相当有礼貌。他们不完全懂礼貌,这倒也是真的,但是,这些地主、这些世袭的贵族没有彻底学会讲究体面,也不能责怪他们。这是他们力所不及的,他们诚心愿意做识体面的人,这已经足够了。能看到这一点,就不会对他们的某些不得体的举止见怪。在我们这种离群索居的生活里做一个使女,这倒算不了什么。但可怕的是天天都在担心：只要维克托·李沃维奇稍一不慎，冒出一句不适当的话来，或者被人发现了眼风，就一切都暴露了。您已经看到，我是多么怕杰丘辛娜知道这一切啊！我曾经相信，曾经确信，她全都知道了！这是一种可怕的、使人难堪的等待。原来她还没有打探到、没有猜到，这真是令人难以置信的幸运！但是，只要我在这里，每一小时都可能暴露真相！生活在这里我感到可怕！对我来说走得越早越好！弗拉基米尔·阿列克塞伊奇，您明白这是出自我内心的话吗？"

"您对他的威力是牢固持久的，我看到了这一点。您希望同维克托·李沃维奇的关系不为别人所知，我理解这一点。因此……"

"您理解我为什么不愿意让人知道我是维克托·李沃维奇的情妇吗？"她没有让我把话说完，就急忙说下去，并且脸色变得有些苍白，"啊，在和您谈话的时候，我过于兴奋而忘乎所以了！是的，完全相信一个人的诚实和谦虚是非常危险的！感情稍微一激动，就会说走了嘴，向他露出真情！我曾多次说走了嘴，向您露出真情，说我希望成为、说我已经成为维克托·李沃维奇的情妇。您一直没有理解这些最粗心的表白，您一再地想出最牵强的解释来，因为您对我的尊重使您不能理解这些表白，啊，您曾经对我多么怜爱啊！如今失去了这种爱的感情，我是多么痛苦啊！但是，我已经失去了它，因此我再也不能指望您会不理解我现在无意中说出的话。我太兴奋了，我打断了您的话，矢口抵赖或者沉默都已经晚了。如果您不是已经理解了的话，您总是会理解的。当沉默已经为时过晚的时候，最好是彻底坦白。是的，弗拉基米尔·阿列克塞伊奇：最好是我不曾希望维克托·李沃维奇成为我的情夫。如果能够避开这一点，那要好多了。的确有过这样的时刻，我曾经幻想过可能避开这一点。如果不是有了这种梦想（当然是极不理智的梦想），我几乎可以确信，我是不会离开巴黎的。但是现在为巴黎、为我那无拘无碍的、虽则不是十分令人起敬，但毕竟在实际上是正直体面的生活而感到惋惜已经为时太晚了。自由、欢乐、交游——我告别了这一切：再见吧，永远的再见了！我并不十分清楚我决心要做的事会多么艰难！但是现在已经晚了！而且早就晚了！因为在很久以前，从一开始的时候，我就曾经有过可以冷静思索的美好时刻，当时我就知道不可能避开这一点。啊,弗拉基米尔·阿列克塞伊奇,我为自己选定的生活是一种艰难的生活!做使女是艰难的,但毕竟可以忍耐!在我身边的都是我所爱的人:他们一共三个人,因为我也很爱他,比起尤里卡来,特别是比起娜杰日达·维克托罗夫娜来要爱得差些,但还是爱他,请您相信,我是爱他的,为什么不爱呢?他为人善良,我在亲人中间长大,亲人们教诲我要热爱他,我一向对他很有好感,而现在他又是我的情人;他还不老,他还很英俊,我对他开始产生了依恋之情,完全出自内心,也应该这样,他是多么无限地爱我啊!我感到他们三人都很亲切可爱,还有您,您过去曾经是我的朋友,我也由衷地热爱叔父,过这样的生活即使做一个使女也是惬意的。当我还在这里,当我还是一个使女,和将来的彼得堡的生活相比较,我依然是很幸福的,在彼得堡将只有我自己,我自己……真可怕,真可怕!没有朋友,没有女伴,没有熟人,几乎也没有娱乐,过隐士的生活,唉!我不是为了做一个隐士而生的!但是有什么办法呢!必须这样。我能忍受这一切,能忍受,然而我为自己选定的生活太严酷了!”她停住不说了,随即哭泣起来,她哭了很久,“唉,多么没有乐趣的生活在等待着我呀!”

“您会有乐趣的。”只是为了要说点什么,我才这样说,因为她对这种郁郁寡欢的生活的恐惧也笼罩在我的心头。我并不可怜她,因为是她本人为自己选择了这困窘的生活,然而这困窘的生活是过于艰难沉重了,所以对于她这种生活的思虑,重重地压在我的心上:“您会有乐趣的,您忘了……”

“和维克托·李沃维奇的幽会?是的,只有这些幽会将穿插在这孤独的、空虚的、忧郁的单调生活当中,但这些幽会将成为一种探监。为使监牢里的生活不称其为监牢里的生活,不称其为孤独的、空虚的生活……无论这些幽会有多么长久,也嫌太短了。”

“您会有另外一种乐趣,我说的是孩子。”

“我不会要孩子,不会……永远不!我不应该有孩子……永远不!不,他的儿女不会埋怨我,说我剥夺了他们的任何东西……无论是他的爱情还是他遗产的一部分,我都不剥夺……我没有这种权利,不然他们就会理所当然地疏远我,我不愿意这样。他们应该爱我,就算他们是我的亲生儿女好了!”她失声痛哭起来,猛然站起,快步走开。

我坐在那里,沮丧苦涩的心情使我几乎恼怒起来:如果她愿意的话,她会成为一个多么完美的人啊! 如果她身上少一些虚荣心的话,她该是多么完美的人啊! 我非常可怜她,乃至于生起她的气来:她为什么情愿成为一个让我觉得可怜的人呢!

"弗拉基米尔·阿列克塞伊奇,您还在这里吗?"耳边响起了她的声音,她走在林荫路拐弯处的沙土小路上,我听见了她轻盈而坚定的脚步声:她又走了回来。

"我还在这里,玛丽亚·德米特里耶夫娜。"我站起来,迎着她走去。

"我太兴奋了,所以说了不少多余的话,随后又走开了,忘记说完应该说的话。我说很想离开这里,而且越快越好。但是您知道,我一离去就会使得他和孩子们随我之后很快地到彼得堡去。我并不要求这样。我相信,两三个月的离别对我来说并不可怕,再说夏季只剩下一个月了,我尤其不必担心了。我想,您当然不会利用我不在的时间做不利于我的事情,是这样吧?"

"您说过,您希望在一段很长的时间里,大约到娜杰日达·维克托罗夫娜出嫁以前,最好在彼得堡没有人能知道您。"

"是的,直到娜杰日达·维克托罗夫娜出嫁以前。"

"既然您这样决定了,我还有什么可以反对您的呢? 他和您的关系将不会破坏娜杰日达·维克托罗夫娜对父亲的好感,现在她能继续诚心地听取父亲的意见,这对她的幸福来说是很要紧的。为了她,为了尤里卡,特别是为了娜杰日达·维克托罗夫娜,我甚至很高兴他和您,而不是和其他别的女人接近。他不可能没有情妇。且不说像济娜伊达·尼卡诺罗夫娜·杰丘辛娜这样的女人,即使是彼得堡的一个舞女,即使本人是个很好、很善良的女人,也必然会引诱他和孩子疏远。而有了您,他就会为孩子们想得更多些。为了他,为了孩子们,我很高兴你们的结合,我只是为您本人感到遗憾,玛丽亚·德米特里耶夫娜。唉,为什么您没有成为本来应该成为的那样一个美好的人呢!"

"没有成为让您高兴见到的那样一个美好的人,我本人也很遗憾,"她笑了笑说,"但是关于这一点我们以后随时都来得及谈。您的理想主义又使得我非常激动,因而我已经很劳累了;由于早上的神经发作我很虚弱,并且还哭过一阵。我太疲惫了,需要躺下休息。我回来仅仅是要说:无论我怎样想离开这里,我都没有,也不打算把这件事告诉维克托·李沃维奇。我不知道娜杰日达·维克托罗夫娜是不是高兴我这样做。或者可以说,我确信这件事会使她很伤心。您知道,虽然我会建议他,在我不在时,娜杰日达·维克托罗夫娜愿意留多久,他就留多久,但是在这件事上我的话会毫无意义:他连一个星期也待不了。求求您,请您先同娜杰日达·维克托罗夫娜谈一谈,看她是否愿意过一个半星期或两个星期就到彼得堡去。我和她不是那么亲密,对她的心思还拿不准,我担心,这样安排会使她很不愉快,但也有可能是我想错了。所以请您同她谈一谈,然后您认为应该怎样做就怎样做好了:告诉维克托·李沃维奇让我走,或者不告诉他。"

"玛丽亚·德米特里耶夫娜,我相信,娜杰日达·维克托罗夫娜会不大愿意离开乡下:这里有一所女子小学,她还常常去探望病人,此外这里无拘无束,天地宽阔,还有弗拉索夫夫妇,这一切很亲切可爱,离开是会令人遗憾的;但是这种不快的心情并不值得十分在意。"

"弗拉基米尔·阿列克塞伊奇,这一切本不值得十分在意,我也不会在意,我本来早就会离开这里,如今您也打算动身离开。但我觉得,娜杰日达·维克托罗夫娜的不快心情要更深沉,而且更值得尊重。"

"除去这些使人感到亲切可爱但无关紧要的情感,还有什么可能使她对乡下觉得难舍难分呢?"

"您同她谈一谈,看看会给您什么印象;我不想说,免得在我的思想影响下使您先入为主,把本来没有的事看成有。"

"那是什么呢? 是秘密,是爱情?"

"好像您不了解她似的!"

在她的言谈中蕴含着多少慈爱,她请求我在了解清楚女儿的感情之前,先不要和父亲交谈,在这一愿望中蕴含着多少温存的体贴! 她没有对他说起,也不想对他说起她愿意离开这里,因为她的愿望对他说来等于是法令,而从女儿的角度看或许最好是留在乡下! 女儿是一个温顺的姑娘,善于忍让,会掩饰自己内心的意愿,会表示同意,只要他说一句:"我在这儿待腻了。"她就会说:"我也很高兴离开这里……"

"如果娜杰日达·维克托罗夫娜要说她非常愿意在这里多留些时候呢?"

"那就听您的意见了。我已经对您说明了我最好的出路,请您决定吧。这样做对娜杰日达·维克托罗夫娜是否有益,您看得比我清楚。我对您说,或许是我看得不准:我是一个使女,不可能和她过于亲昵,特别是现在。和弗拉索娃交往我就更谨慎,虽然显得更随便些。我也不愿意通过维克托·李沃维奇去打探她的心意,他很可能不善于把这件事说得使娜杰日达·维克托罗夫娜察觉不出父亲的意图来。这样一来,我从维克托·李沃维奇那里知道的并不是女儿的心意,而是她出于对父亲的热爱同意做哪些事情。在她身上利己的想法是那么少,温顺、忍让、爱的情感又那么多,要照顾对这样一个姑娘的幸福真是不易啊!"

"玛丽亚·德米特里耶夫娜,当您谈到她的时候,您该有多么美好!究竟为什么您要……"我说不下去了,由于流泪,我的喉咙哽咽了。我毫无理智地希望玛丽能够为了爱娜杰日达·维克托罗夫娜而牺牲自己的虚荣心,因为她非常真诚而强烈地热爱这个温顺可爱的姑娘。我为这不理智的奢望而激动得泪流满面……

她会感觉到,这种自我斗争的胜利将比她所追求的那一切都更值得珍爱……那时候她将是一个多么完美的人啊!"玛丽亚·德米特里耶夫娜,我真可怜您!"我痛哭流涕,仅仅说出这一句话来。

"您又在因为我没有像您所要求的那么美好而痛哭吗?年轻的孩子,这是不可能的,不能这样活在世上,"她带着凄苦的戏谑说道,"但是,您还是一个极美好的年轻孩子,一个极友善的朋友,为了这一点,请来吻吻我吧。"

"我不愿意,玛丽亚·德米特里耶夫娜,我不爱您,"我说着,同时哭得比原来更加厉害了,"我为您感到痛心,痛心,玛丽亚·德米特里耶夫娜!"

"我不够好,不值得您吻我,这倒是真的,"她笑了笑说,"至少您来吻吻我的手吧。"她把手贴近我的嘴唇,然后吻了吻我的额头,便走开了。

我兀自留在那里,留在我们心爱的长椅上,留在小河近旁,哭泣着。我流着眼泪坐在那里一直坐到天彻底黑下来,我想,这样坐了有半个小时……说真的,有时候我的确像是一个孩子。

上面这些是从晚上十一点开始写起的,因为回到房间以后,我仍然心情抑郁,我躺在床上,只是躺在那里胡思乱想,十一点才坐起来写日记,写到三点,然后倒头便睡,由于为玛丽伤心痛苦而弄得筋疲力尽,所以睡得死死的。一觉醒来,听说弗拉索夫夫妇已经走了,娜杰日达·维克托罗夫娜散步去了。于是坐起来,写完昨天的种种奇遇,此时已是今晨,也即……

8日 写完之后,我看了看表,使我感到惊奇的是已经快要吃中饭了,因此同娜杰日达·维克托罗夫娜的谈话只得推迟到中饭以后。

我没有给她精神准备就说了这件事,为的是更清楚地了解她的反应,但我很后悔没有给她精神准备,她的反应太强烈了。

我为她做了一件小小的好事:我觉得她在乡下很乏味,所以刚才我同维克托·李沃维奇谈起这件事时,维克托·李沃维奇说:"嗯,她觉得乏味,这倒更好,我也需要回彼得堡去,我和她商量一下,要走就走。"

她顿时变得脸色苍白,甚至连嘴唇都发白了。

"娜杰日达·维克托罗夫娜,您害怕了吗?请原谅我的失言。我不能不认为您在这里太乏味了:除去弗拉索夫夫妇,没有人到我们这里来,也不可能有人来,因为这周围并没有正派的人……而维克托·李沃维奇并没有说他非要回去不可,也许还可以再拖一段时间,如果您……但是您究竟为什么……"

她感到害怕,是因为在她的想象中,离开这里还是很遥远的事,她完全忘记了秋天即将到来。她不愿意想到这一点,而时间却疾速地飞逝过去了,她根本没有想到很快就要离开乡下。如果由她决定的话,她会长久地不离开乡下,她不知道她什么时候会愿意到彼得堡去,或许永远也不愿意……这是因为她在这里感到非常幸福……此外,勒努阿夫人对她说过,让她尽可能留父亲在乡下多待一些时候:他们在乡下的开支比起在彼得堡的开支来是极小极小的;她应该记住——在乡下住一个星期就会替父亲节约两千卢布,再说现在在俄国正酝酿着要解放农奴,到那时候她父亲的境况越好,就越容易在解放农奴时为他们的利益做成一切他所愿意做的好事。为了安排好解放自己农奴的事,他需要很多钱。她对我重述这些话不会像勒努阿夫人对她讲得那样好,但是,我当然对这一切了解得更透彻;父亲对她这样说过,我完全知道应该怎样解放农奴……

这段时期,我完全忘记了维克托·李沃维奇的财务情况,忘记了从这一角度来认识玛丽到彼得堡去的问题,以及她的离去所带来的不可避免的后果——加速我们迁居那里的问题。娜杰日达·维克托罗夫娜的话像一件新闻一样使我感到吃惊,于是我大大地动摇起来。

但是很显然,除去农奴的利益,娜杰日达·维克托罗夫娜还思考着别的事情,这件事她不能对我说。她是一个非常好的姑娘,所以想在解放农奴的问题上,助父亲一臂之力,当然这也是她很关心的事,正如是我很关心的事一样。但是,她不能不知道,一两万卢布在她父亲的事业里算不了什么大数目。对于他在解放农奴时能做出多大让步,这点零头不会有什么影响。如果这小小的节约计划遭到破坏,娜杰日达·维克托罗夫娜会感到沮丧。但是这还不至于使她害怕到嘴唇都发白的地步。这里有个人的情感因素。

"当然是这样,"玛丽说,"她是为自己担惊受怕。她之所以惧怕彼得堡是理所当然的。勒努阿夫人对她的教育使她很严肃地看待生活。勒努阿夫人对她讲过:'爱情不是儿戏,而是一种可怕的情感,是一种沉重的少女病,难得能有幸福的结局,几乎每次都导致长时间的痛苦,如果这是不可避免的病症的话,那就越晚越好——还是先让理智变得更坚强,还是先尽量多得到些识别人的本领。'她还对她说过:'只要你在社交场上一露面,所有显贵的求婚者就都会跑来给你献殷勤,他们当中好人是很少的,但是善于装成好人的人却很多。你若是选择失误的话,那就要倒霉了。'她不是那种热情的姑娘,她的想象也是纯洁无瑕的。她情窦未开,因此一想到彼得堡和那些求婚的人就胆战心惊……"

"她胆战心惊也不是没有道理。如果她是一个并不很富有的待嫁姑娘,她就会进入另一个社交圈子,那里能遇到一些配得上心地纯洁、感情温柔的姑娘的人。可是有了这么多陪嫁,就毁了她了。"

"看来,您已经不是在可怜我了,您记得吗?昨天您还为怜悯我而哭泣,而今天,您大约会为她而痛哭,于是忘记了对我的怜悯。"玛丽笑着说道,但她却十分忧伤,好像内心里已经知道她做出了令人不快的决定。我看得出来,她已经做出某种决定了。她不再像是昨天的玛丽,不再像是得了病的,哭泣着的,犹豫徘徊在怯懦和勇敢、羞愧和骄傲之间的玛丽。她端庄娴静,脸上的红晕是匀称的、细柔的、健康的,她笑得欢快,眼神豪放:"看来您非常可怜她,甚至准备建议我留下来,好让她能在这里多待些时候,继续做一个免于危险的、幸福的姑娘,是这样吧?"

"是的,玛丽亚·德米特里耶夫娜。最好您能继续留在这里。尽量使这姑娘宁静的幸福多延长些时光。"

"弗拉基米尔·阿列克塞伊奇,那怎么能行呢? 如果我不早些走,我就会毁了她。您忘记了:我是她父亲的情妇,这件事一旦暴露了,一旦她失去了对父亲的信任,那就全完了。"玛丽带着凄苦的讪笑说。

"您不要拿我开玩笑,玛丽亚·德米特里耶夫娜,虽然很值得这样对待我。即使我昨天的悲伤是愚蠢的,但那也是出于对您的真诚的爱,您不该拿我的这种情感开玩笑。尽管我昨天的想法过于激动,但这种过度的激动是出于内心痛苦所引起的大脑失调,而我并不因自己内心痛苦而感到羞愧。她是一个善良的姑娘,保护她是做好事。昨天我过分担心了,甚至到了荒唐的地步。我曾经非常地热爱过您,我怎么能不丧失理智呢?"

"现在您已经不爱我了,所以您的头脑也恢复了常态。现在您能够提出冷静的、明智的建议来了。我谨此恭候。"

"我求求您,请您宽宏大量,不要开我的玩笑。我们严肃地谈一谈。"

"好的。依您的意见,我应该留在这里。但只要我在这里,每一分钟都可能暴露维克托·李沃维奇是我的情夫。时时都提心吊胆,我可怎么办呢?"

"请您忘掉它,事情并不那么严重。您同维克托·李沃维奇的关系什么时候暴露了,您就什么时候走。那时候大家会看得清楚:他为了女儿牺牲了情妇。这样就不仅不会动摇,相反地却会更加坚定女儿对他的父爱情感的信任。"

"我独自思考的时候,也曾这样想过。现在我不能这样做:如果我不走,您就会以为昨天我说我想走是虚伪。但我却想尽可能地保持您对我的尊重。然而这倒不是主要的,更重要的是我留在这里是极不明智的。当我一个人思考的时候,一股热情鼓舞着我,它给我力量,使我漠视危险、使我忘记,大家越是少想着我是使女,就越对我有利。大家交谈比一个人思考好,因为交谈可以使人冷静,使人变得更理智。我不能留在这里,弗拉基米尔·阿列克塞伊奇。"

"那么娜杰日达·维克托罗夫娜的切身利益呢?"

"弗拉基米尔·阿列克塞伊奇,那有什么办法? 我们不能让她在这儿留一辈子。她不会去当修女。她总要迈入生活,总要被谄媚、追求所包围,总要做出选择。根据您的意见来推论,好像是应该剥夺她的遗产,而且这还不够,还应该让那些求婚者甚至在维克托·李沃维奇过世之后也别指望得到什么遗产。"

"差不多是这样,玛丽亚·德米特里耶夫娜。"

"请您去告诉维克托·李沃维奇,说我要走了,后天走。本来想明天就走,可是已经错过了给我们送信来的日子。明天您就说接到了信,信里说已经为我找到了家庭教师的职务。匆匆忙忙地准备当天就动身,这不大合适,只好后天早上走。请您去告诉他吧。我本来可以不求您,但是我自己不能很快就见到他。"

我劝阻她。然而她却因为有此决心而十分庆幸。"在这里的每分钟都可能给我带来沉重打击,使我日后很难再恢复元气。让我留在这里等候沉重打击的突然降临,这对娜杰日达·维克托罗夫娜损失不大。但我不能不考虑自己的利害得失。"她没听完我的坚决劝阻就走开了。说实在话,也不值得听,我有什么理由来反对她的这一决定呢? 不可能无限期地推迟娜杰日达·维克托罗夫娜跨进社交界的时间。事实上她总不能去当修女。推后两三个月是否就可以减少危险,免得她爱上某个坏蛋呢? 即使不是一个坏蛋,至少也是不可能使这心地温柔而善良的姑娘幸福的人。初恋永远是天真幼稚的,纵然把这种恋爱拖到三十岁也是如此。

我去见维克托·李沃维奇,但听到娜杰日达·维克托罗夫娜在他那里说话,于是又回到蓝色客厅,拿起报纸,坐下来等候娜杰日达·维克托罗夫娜从我身边走过。我坐了大约有半个小时,玛丽急匆匆地走进来,她的眼睛闪着光亮。

"您对他说了吗?"

"还没有呢。"

"谢天谢地!我改变主意了,我留在这里。我不能剥夺她的幸福,谁知道在彼得堡等着她的是什么命运呢!能让她幸福一天还是让她幸福一天吧。至于我,我无所谓,您看着办好了。"

"我怎么对他说呢?他在等着我的意见。"

"您愿意怎么说就怎么说吧。但是不要告诉他说我想走,我不走了。我不能做对她有害的事。"

"玛丽亚·德米特里耶夫娜,这怎么能算是对她有害呢?实在是微不足道。但是对您说来继续留在这里是很痛苦的。"

"无所谓。"她十分激动,在客厅里来回地踱着步。她站定之后,擦了擦前额说:"这是怎么的了,我怎么还待在这儿呀?我觉得好像才过了五分钟似的,也许是他不在家吧?他散步去了吗?"

"娜杰日达·维克托罗夫娜在他那里。"

"是她在那里?您知道她为什么去见他吗?"玛丽忧伤地、怜悯地笑了笑。

"我想,她在问他,是不是真的必须在最近几天就回彼得堡。大约他猜测到这是我的意思。至于他怎么回答我就不知道了。"

"他回答说现在还不好讲,等明天再说。他先要了解清楚这究竟是谁的想法,是您的还是我的。幸好他还不知道我也同意了这种想法。不然我就要给他增加很多麻烦。唉,弗拉基米尔·阿列克塞伊奇,他为人善良,我也开始对他产生了依恋之感,但他并不是一个好父亲!唉,可怜的姑娘!她的前途将会怎样呢?他将如何帮助她选一门好亲事呢?您看,比起女儿来,我对他更有吸引力!我究竟是他的什么人呢?情妇!然而对他来说我却比女儿更具有吸引力!如果我愿意的话,我就可以做不利于她的事!但是永远不会这样!永远不会这样!我的头脑有些发胀。我要去散散步。如果我去久了还没有回来,请您告诉叔父一声,最要紧的是告诉他一声:他很可能惊慌失措,大肆声张起来。请您告诉他们,不必担心。我身体很好,但我需要呼吸一点新鲜空气,而且不想见任何人。我想到树林去多走一会儿。"

我隔着窗子望见她穿过花园向树林走去,直到她的身影消失。我不想在蓝色客厅里继续等下去,我让伊万·安东内奇在娜杰日达·维克托罗夫娜离开之后告诉我一声,随后便回到自己房间去了。我不必再在蓝色客厅里进行监视:我很惭愧地想到我刚才坐在那里守候察看玛丽是不是在耍花招,她是不是想事先告诉维克托·李沃维奇,我要来说什么和他应该怎么回答。当她的身影消失在远处,消失在林荫路拐弯的地方时,我内心深感羞愧,不只是因为自己多疑,而且还因为我太愚蠢:除非是一个盲人才看不见她根本无意耍花招。

我想,过了不到十分钟的光景,伊万·安东内奇就来告诉我,娜杰日达·维克托罗夫娜从蓝色客厅走出来了。

一切都像我和玛丽猜测的一样。娜杰日达·维克托罗夫娜问父亲,他是否必须回到彼得堡去。他猜到了我对娜杰日达·维克托罗夫娜说这番话的意思,但不知道这是我的意思,还是玛丽也认为这是必要的。因此,就模棱两可地回答说:"是的,在彼得堡确实有些紧要的事要办,应该早些回去。但是,娜金卡,我看得出,你很希望我们在这里再多住些日子。我记得,过去你就讲过这样的话。让我考虑考虑,明天再说。"女儿开始很激昂地讲起她如何惧怕彼得堡,惧怕上流社会的交往。她说明自己的心意,并没有像玛丽对我说得那么明白,我不知道这是因为她羞于启口呢,还是她自己尚且不能清晰地理解自己的感情。她只是一再地强调说,她惧怕、十分惧怕上流社会的交往。父亲听了这些话,仅仅理解成是一个并不把自己想象为绝代佳人,所以生怕尴尬、丢丑的谦逊少女的怯生而已,因此他回答她说,很喜欢她的这种胆怯,并且说等他仔细考虑过后,假如能够办到,就一定能满足她的愿望。他极其慈爱地宽慰着她。但毕竟在放她走的时候只是说,他要到彼得堡去办的事是很要紧的,他考虑一下,看能不能不必他亲自到场就办好这件事,但他拿不准这是否行得通。他说这样的话觉得有些歉疚,但不这样说还能怎么样说呢?也应该可怜可怜玛丽呀,在这里他们的关系不可能长期不被人发觉,特别是还有杰丘辛娜的暗地察访……此外,闹出事来对于他们父女间的友好相处也是不利的……虽然他还不能确信我的想法已得到玛丽的赞同,但要怀疑这一点却是很难的;因为玛丽是那样的聪明、高尚。

"是的,她的确是个极聪明、极善良的姑娘,正因为如此,她才没有同意我的想法。所有的人在这儿都觉得很惬意,她不愿破坏这安谧的生活。等出来闲话的时候她再走,她不认为必须提前走。"

他觉得又吃惊、又高兴、又惶恐不安。他为女儿高兴,他为他们所有的三个人而惶恐不安:为女儿,为玛丽,也为自己。但是为女儿能如愿以偿而产生的愉快心情很快就占了上风。随后便欣喜异常地去告诉她说,他翻看过文件之后,确信可以不回去。过不多久又回到这里发起愁来:玛丽在冒极大的风险。我不知是我们中间的哪一个促成了这件事,是我还是玛丽,也不知这件事是愚蠢还是聪明,是坏事还是好事,这些我都无法分辨,如果是蠢事、坏事,反正后悔是来不及了。我只能安慰维克托·李沃维奇。我说,对玛丽来说风险确实很大,但比起发生关系的最初的那些日子,风险已经小多了,肯定在那时候维克托·李沃维奇的感情远比现在强烈,现在他逐渐可以更好地控制自己了,因此他和玛丽的关系能长期不被外人发现。他听来十分欣慰,突然凝神沉思,随后看了看表说:"时间还不晚。"这时是八点半。"对不起,我在您这里写几个字。"他摇了一下手铃就坐在我的桌前写起字来。伊万·安东内奇走进来,维克托·李沃维奇对他说,让他吩咐一声立即备马,套上一辆轻便马车,还让他收拾一下准备上路。说完又继续写起来。伊万,安东内奇禀报说车马已经准备好了。维克托·李沃维奇匆促地写完了最后两三行,封好信后,交给了伊万·安东内奇,并且告诉他说:"把这封信送交济娜伊达·尼卡诺罗夫娜·杰丘辛娜,不要吝惜马匹。问她一声,是否要您在那里等候她写回信,还是她以后打发人送来。"伊万·安东内奇走了。他转身对我说:"我给她写信说,在咫尺之间忍受离别之苦要比在远处更使人备受折磨。换一换环境排遣一下,可以使人忘掉忧愁。为了减轻内心的痛苦,她是否愿意出去旅行一趟?她启程我可以提供五百卢布,以后每月三百。让她走开好了,那样就不会再有人想来打探消息了,玛丽会更安全些。"我同意说,这办法很高明。

他坐着向我讲述了他同玛丽接近的经过。但是还没讲完，伊万·安东内奇就回来了。杰丘辛娜十分多情地写道，她要考虑一下，明天早上再做最后答复。（维克托·李沃维奇曾经加写过一句话，说再过两天就没有钱了。他这一招儿也很高明，不然的话她不会很快离开，而要无止无休地讨价还价。在两天之内她也来得及提高身价，但将会很快地离开这里，不再打探消息。）维克托·李沃维奇睡觉去了。这时已近午夜一时。我坐下来写日记。大约两点钟的时候，玛丽走进我的房间："叔父已经睡了，我去看过，维克托·李沃维奇可能也睡了吧？""可能。""好像是有人来过？我是在睡梦中听见的，也许只是我的错觉？""伊万·安东内奇给杰丘辛娜送去了维克托·李沃维奇的一封信：让她出去旅行。""是您替他出的主意？""不，是他自己想出来的。""如果是这样，那倒使我非常愉快：他自己想出这个主意来，既聪明又可爱。这件事仅仅从这一个角度使我感到高兴。我反复思考着，感到有些困倦，心情完全平静了：无所谓，就算是明天让大家都知道好了，对我来说无所谓。""如果我正确地理解了您并没有直接说出来的内心意图，那么……""您理解得很对，我也多次很明确地说过：您看，我多么信赖您啊，虽然您已经不爱我了。""我甚至把这样的机密都告诉给您了，您只要向维克托·李沃维奇暗示一下，就可能毁了我。""我想说，既然您有这样的计划，那么大家知道还是不知道维克托·李沃维奇是您的情夫，对您来说并不是无所谓的。""无所谓，弗拉基米尔·阿列克塞伊奇。如果我出身显贵、有万贯家财，我同他发生关系就不会为我招来祸端。只要知道我的亲属是奴仆，我本人是他女儿的侍女，即使我的身世像娜杰日达·维克托罗夫娜一样清白无瑕，也减轻不了对我的非议。我之所以引起非议和公愤，仅仅是因为我出身微贱，因为我贫穷。其余的一切都毫无意义。"我同意，她讲的是实话，地地道道的实话。"玛丽亚·德米特里耶夫娜，刚才您到哪儿去了？我都为您开始感到不安了。""在树林里走来走去，走累了，靠在一棵树下，打起盹来；然后又走来走去。我一直在想还太早，他们还没有睡下。我不想看见任何人。心里感到忧伤，弗拉基米尔·阿列克塞伊奇。"我默默不语。我不想说："是的，怀着一颗并不坏的心灵，但沿着一条坏的道路前进，心情一定忧伤。""我很伤感，弗拉基米尔·阿列克塞伊奇，尽管没有任何可以使人感到遗憾的事,因为一切结果都非常好,好得都想象不到。您看得出,我不敢相信这件事至今还没有被人发觉,但确确实实没有被人发觉:您说杰丘辛娜刚刚送来了复信,根据您的谈话来看,那里连一点暗示的影子都没有。""没有。她并没有怀疑,这是可以肯定的。一切都很好,您不必伤感。只是我觉得很伤感。"这一回是她默默不语了。"祝您晚安,弗拉基米尔·阿列克塞伊奇。""请您等一下,玛丽亚·德米特里耶夫娜。他对我讲起了这一段经过。您还记得吧,过去您曾经激动地呼喊着,让我不要接受他对你们亲近的这一段历史的看法,因为他不知道真相。的确,有很多事他都没有想过。可是当时您还补充过一句,说是您诱惑了他。我怎么也看不出是您诱惑了他。怎么会是这样呢?""这句话我说得过于激烈了,当时我极度冲动,大声地狂笑、喊叫,陷于惊厥状态,这是一种病态感情的病态的呼喊。如果您愿意的话,就可以用这句话来形容。但就实质而论,事情当然是这样。的确,从这个词的通常意义来说,我并没有诱惑他。我并没有用那些低劣粗俗的手段去追求他,也没用所谓天真无邪的献媚去勾引他,我对他态度严肃而谦虚。不单是谦虚,也很真诚。必须这样。您能理解,必须这样。您知道,我不想把他掠夺一空之后再把他一脚踢开,我想要的是难以动摇的关系。强迫自己伪善一辈子——这太沉重了,不能强迫自己受这种拘束,如果我真想这样的话,我知道,我也不能坚持很久,他很快就会发现我并不是起初的那种样子,他会感到失望,从而冷漠下来,他会明白是我在欺骗他,因而会失去对我的尊重。而我希望他能相信我一辈子。我必须对他诚实坦白:从来不用惑人的媚眼去望他,因为我不想扮演情妇的角色;从来不说一句假话,是因为只有彻底的真诚才能赢得牢固持久的尊重。我的举止,我的言谈,一切都无懈可击。我不是用引诱他的办法吸引了他。不,我自己也没有去吸引他:是你们把他引到我这里来的,是你们,是所有同他谈话的人。我回避同他见面,有人的时候我也很少同他说话。你们所有的人都在他面前替我说话。我迷惑过、欺骗过你们当中的任何一个人吗? 现在您知道了,我对你们大家——从娜杰日达·维克托罗夫娜到弗拉索娃——的好感都不是装出来的。这就是我用来左右他思想的办法,而且当他在你们大家的怂恿下走到我面前时,我也确实左右了他的思想。你们把他引到我的面前比我希望的还要早，本来我希望在临去彼得堡之前，或者到彼得堡之后。您已经看到，在这里这种关系对我来说太沉重，也太危险了。我没有做好和他谈话的思想准备，我被弄得措手不及，所以也没有提防自己的过分陶醉。您知道，也许他还没有告诉您，我曾陶醉在多么激动的感情之中啊！那是一些没有经过深思熟虑的话语。但您也有过类似的感情，所有的人，从弗拉索娃到我的叔父，都曾有过这种感情，我毫无准备，因此说了出来。他一句话也没说就走开了，只有这时我才明白过来，一切都成定局了。我不曾希望这件事发生得这样早，我也没想到，他已这样强烈地迷恋于我。这件事这样早地成了定局，我感到十分不快。但是已经不能把无意之间说出的种种责难的话收回来了。当他说他已经给她发去信了，这时我能回答他什么呢？我想阻拦他不让他表白自己的感情，但这可能吗？我求他理智些，但我能够长时间地说服他吗？我们的谈话，几乎每一分钟都有可能被发现，你们所有的人总接连不断地待在周围的什么地方，待在跟前，不是这个，就是那个，另外她肯定还在打探消息……必须中断这种令人忐忑不安的关系……这种关系也让我感到忐忑不安，有的时候我也忘记做出内心平静的样子来，因为我也是人。虽然我对他没有那火热的感情，但是我对他的好感却是相当强烈的。应该阻止他这样不管不顾地找机会同我说话，应该中断这些谈话，因为有时我也忘记留神是不是你们有人从旁边走过，我必须回答他。我是不是真诚坦白地回答了他？依您看，是不是真诚坦白？我向他说的是我良心要求我说出的一切，除去我真心感受的东西，我没有说过任何话……一切都是严肃的，真诚的，一切都是好的。根据您的看法，只有我的意图是坏的，因此我想做的便是坏事。实际上我真想做坏事吗？不，弗拉基米尔·阿列克塞伊奇，我不想，也决不做，我不允许有任何坏事发生。随您怎么评价我的意图都可以，但我问心无愧，而且决心已定，我决不做任何坏事。我的意图是否就坏呢？过去我也曾想过这一点：不，不坏。我的行为，我为实现这一意图所采取的手段，在过去和将来都是真诚的；非但如此，就连意图本身也不该引起非议。在我来这里的时候，一路上就是这样想的。现在呢？现在仍然这样想：在我的意图当中没有任何不好的东西。是的，别看您对我的见解具有那么大的影响，我现在还是这样认识。是的，弗拉基米尔·阿列克塞伊奇，一想到您，一个正直的、爱我的人，也要谴责我，一种惶恐不安的感觉便笼罩在我心间，然而无论这种感觉多么沉重，我依然坚信，我是理直气壮的。但我很伤感。您会说，这是由于我并不感到自己完全理直气壮。难道说，只是有过失的人才感到内心沉重吗？理直气壮的人就不可能非常痛苦吗？那些不应该有伤心之感的人就不会内心沉重吗？弗拉基米尔·阿列克塞伊奇，我之所以伤感，或许就是由于您——一个我真诚热爱的人，认为我不配领受这种好感，或许就是由于我预见到其他的人也可能要疏远我——不爱我、憎恨我，而这些人正是我像爱您一样真诚热爱和比爱您还更加热爱的人。我的叔父，尤其是娜杰日达·维克托罗夫娜，大概很快就会这样对待我，而过一段时间或许还有尤里卡。可这都是因为什么呢，弗拉基米尔·阿列克塞伊奇。您很清楚，将来无论到任何时候，我会瞧不起我的叔父吗？到目前为止，我做过什么对不起娜杰日达·维克托罗夫娜的事情吗？而且将来我也永远不做任何这样的事。难道我能不利用我对维克托·李沃维奇的影响做有利于她的事吗？将来永远会是这样。我情愿这样做，我也有足够的决心，无论如何也要这样做。为什么她要不爱我呢？但我却预见到她将会不爱我的：她也会像您一样，待我不公。你们根据什么认为我是一个坏女人呢？为什么你们不相信我的意愿是纯正清白的呢？在你们眼里我犯下了什么过错呢？我的过错仅仅在于我不是贵族。如果我出身高贵，如果我有一笔可观的财产，我就可以追求我现在所追求的一切，那时候你们会看到我对娜杰日达·维克托罗夫娜和尤里卡的关心程度要差得多，然而不管怎样，你们也不会以为我将对他们不利，你们也不会认为我是一个坏女人，也不觉得我有失尊严，或者我想占有他的心灵并非出于真诚。那时你们就会认为，我对他的好感可能是真心的。那时，我只需要有您现在对我（对我的人品，如您此前不久曾经说过的，我高尚的品格）了解的百分之一，我只需要有赢得您信任的那些品德的百分之一，有百分之一就足够使你们不再怀疑我对他的感情是真诚的，不再怀疑我对他子女的爱是不可动摇的。我为什么就不能够不仅仅是爱他的子女，同时也对他产生真心实意的情感呢？他善良、高尚、彬彬有礼，他还不老，他依旧还是一个很英俊的男子。我不是说,我已经迷恋上他了,不仅仅对您不这样说,对他也不这样说:要我迷恋于他,他嫌不够年轻了;更重要的是,我的心憔悴了,不,我不可能燃烧起欲火来,我没有那些迷梦,我对任何人都不可能产生狂热的爱。但是,一个极多体验过动心享乐的女人,一个怀着由于放纵情欲而疲惫不堪,而备受折磨的心灵的女人,为什么不可以在一种宁静的依恋当中寻求休憩呢? 如果我和他地位相当,我就可以嫁给他,你们也不会认为我为人很坏。但我是一个小市民,很贫穷,因此我必然是在说谎,因此我也不该有女人的感情,我还必将是他的险恶的谋士,是他子女的仇敌。正是这样,弗拉基米尔·阿列克塞伊奇,我不是贵族,在你们看来这就是我的过错,这就是我的罪孽!您曾经说过:应当从地球上消除等级和贫富的差别,请您首先在您本人的思想里除掉它吧。请根据我的行为而不要根据我是一个小市民,我很贫穷来对我做出判断吧。我将如何利用自己对他的威力:是损害他的子女的利益呢,还是真诚地(甚至做出自我牺牲)去关心他们的幸福,请根据这些来对我做出判断吧。我期待着您的公正的对待,我会等到的,这种信心在宽慰着我。"她握了握我的手,没有容我回答,就走开了。

其实,我也不知道我能回答她些什么。我心烦意乱。大约有半个小时,我的心情都十分烦乱。她的话音总是响在我耳边:"您曾经说过:应当从地球上消除等级和贫富的差别,请您首先在您本人的思想里除掉它吧……"一个民主主义者、社会主义者、革命者,听到这样的话是不会很愉快的,恐怕他也应该听到这样的话……恐怕是应该听,因为她所说的没有一句是假话,全部是真理,全部是真心话……"我是一个小市民,我贫穷,在你们看来这就是我的过错!"除此之外,的确没有别的……当我受到这沉重打击,开始渐渐恢复起来的时候,我发现我仍旧过分地激动,难以继续写日记。于是我躺下睡觉,但长时间地辗转反侧,反复思索着,我在理论上是一个多么出色的民主主义者以及这个主义者和那个主义者啊。而在实际上,那些非常善于同情一切民主事业的人,只要不要求他们拿出理智和良心来把他们的感情化为行动,那么他们有时又是多么的聪明和美好啊。今日早晨,也就是——

9日 醒得很晚,写昨天的日记。结束之后,出去散步,因为我心情忧郁,不想工作,甚至也不想看书。在小树丛和大树林里步履蹒跚地游荡了许久,而后拖着两条疲惫的腿走回家来,但那情绪仍然浓重如初。于是躺下来,继续患那忧郁症。本想不出去吃午饭,吩咐一声让佣人把饭菜送到我房间来。但仔细一想,玛丽肯定会猜到,维克托·李沃维奇也许会猜到,关于我没有时间、我在工作的说法,都是胡扯。说穿了,不过是这个民主主义者、社会主义者和革命者有些心情沮丧,因此我便出来吃中饭。原来,弗拉索夫夫妇在我们这里做客。可爱的弗拉索娃太太像往常一样兴高采烈,说起话来滔滔不绝。听着她那无伤大雅的、海阔天空的东拉西扯,我觉得很开心。中饭快要结束的时候,我自己也开起玩笑来。离开饭桌,大家都来到蓝色客厅,我也跟随着我的清谈的伙伴来到这里。一个非常出众的年轻夫人,我衷心地热爱她。和她聚在一起,你就不再是一个糊涂蛋。更为美好的是,看见她的确令人很高兴:她本人很幸福,而且也使她丈夫成为世界上最幸福的人之一。我坐下来同维克托·李沃维奇下棋,并且安慰她说,保证既不耽误听她讲话,也不妨碍同她闲谈,我实现了自己的保证。她一再要求我,让我和他们一起出去,同她、她丈夫,还有娜杰日达·维克托罗夫娜,去到湖中划船。维克托·李沃维奇表示反对:让我不要中了卡捷林娜·费奥多洛夫娜的诡计,她叫我去不是出于爱情,而是因为怜惜丈夫;她想让我去划桨,而她丈夫就可以优哉游哉地坐在那里。我看得出,他是想继续昨天的自白,于是我就留下来了。他们走了。丝毫不错,他很快就不再玩棋,开始闲谈起来。就这样,我们坐了很久。我听着,有时问一两句。玛丽走进屋来。"他们在花园里散步,现在又到湖边去了,想要划船到对岸去。他们从我手里领走了尤里卡和他的两个稍微干净些的小伙伴。我怎么也教不会他们洗脸。"她说完就坐下来同我们留在一起。家里剩下我们三个人,只有我们三个人,她叔父给杰丘辛娜送钱去了,我们三个人可以坐在一起了。维克托·李法维奇移到窗户跟前,不时地望一望门口和院子,免得有人出乎意料地撞上我们。我们三个人就这样坐着,闲谈有两个小时。她对他态度从容而严肃,没有温情媚态,也不存心要表现出想着他还是不想着他。需要的时候,她也怀有好感地看着他;不需要的时候,她就不看他,好像他就是她的丈夫,或者说更像是哥哥或者叔父之类的人,或者是一个她十分热爱但又不需要多想的亲朋好友。但有时她看着他,是带着那样一种好感,真像是一个善良温顺的女人望着跟她生活了不止一年的丈夫:那像是一种安详的爱,或者更多的是一种由于丈夫爱她、由于她心神恬静而流露出的感激之情。她对待我同过去完全一样,仿佛我们仍像从前那样友好。说实在的,她也的确热爱我,这一点是显而易见的。现在我的眼睛很明亮,能够觉察出任何一点微小的矫揉造作。但她是那样的纯朴和无拘无束,甚至使我不时地忘记了一切,还像从前一样看待她。我们什么都谈,遇上什么谈什么,就像过去我和她一个人谈话时一样,也像过去维克托·李沃维奇跟我在我们没有什么可说的时候所进行的谈话一样。她泰然自若、从容大方、举措得体,对我、对维克托·李沃维奇都产生了极大的效用,我们坐着、谈着,就像有半年的时间我们三个人天天都是这样坐在一起似的……她跟我谈起书来,维克托·李沃维奇也谈。维克托·李沃维奇跟我说,我想得很对,应该在辛布希诺建一个码头,她也说这是一件有利的事,并且说除此以外还可以做很多其他的事情:因为维克托·李沃维奇现在手上有那么多闲置的钱款。她记得听人说过,小河上游的土质非常好,应该请一个技师来看一看,这种土可不可以做陶器? 这也是很有利的事……我们就这样海阔天空地谈着,甚至也不回避谈他们之间的关系,仿佛我们都忘记了这是一件新闻,又仿佛连我也没有想起这件新闻还很难说是不是一件好事。她谈话的口吻,她谈话的内容,使得我好像不记得这是一件新闻:她说,维克托·李沃维奇已经不是年轻人了,不该一大早就躺在草地上,她亲眼所见,这很不好。我也说,如果这是在一大早,草上还挂满了露水,那的确不好。于是维克托·李沃维奇也说,是他不注意,那时的确草还湿着呢。他问,既然她看见了,那么她是什么时候起来的呢? 她八点钟起来的,虽然躺下的时候已经两点半了:就是这种习惯。等我们搬到彼得堡去,那时候她会养成晚起的习惯。她曾经请求维克托·李沃维奇同安德留沙的父亲谈一谈,他没有忘记这件事吧? 我问:"这是怎么回事? 跟安德留沙的父亲谈什么? 这个安德留沙是什么人?""这是一个孩子。他时常到厨房来,人很聪明,应该送他入中学,乡村小学里教的那些课程他已经学会了……"我说,我没有看见她戴她的那枚宝石戒指。她说,尤里卡把它给弄坏了,甚至还擦伤了她的手。"玛丽,您手上的伤好了吗?"他问。"昨天就看不见伤痕了,我给您看过。""不,昨天还看得见擦伤的痕迹。"……谈话就这样接触到了他们的关系。当然,关于他们的关系也没有什么别的可说的:仿佛这已经是陈年旧闻,一切都明确了,一切都决定了,除了日常琐事,再也没有什么彼此感兴趣的事了。我也感到仿佛事情就这样,见她在这里那样从容不迫,那样安详,维克托·李沃维奇也有同样的感觉,同时他在我面前也显得完全轻松自如。我们还谈到娜杰日达·维克托罗夫娜。维克托·李沃维奇问我是否觉得娜金卡在一天天漂亮起来。我觉得是这样。玛丽说,应该是这样,娜杰日达·维克托罗夫娜十八岁了。她接着问我是否发现娜杰日达·维克托罗夫娜更喜爱听音乐了。我说,我没有发现。维克托·李沃维奇说,我工作的时间太长了,最好多出来听一听,还问我现在写什么呢?于是谈话又转到我的工作上来了,谈的主要是想象中的工作而不是现实的工作。当谈话涉及娜杰日达·维克托罗夫娜的时候,每次都是这样:在维克托·李沃维奇或者我谈到她的时候,玛丽也谈她,有两三次玛丽自己也提到了她,好像是顺便想起、随便说说似的,但玛丽并不寻找机会主动说起她,或者拖长关于她的谈话,尤其不想显示自己对她的热爱——当着维克托·李沃维奇的面,这已经是多余的了。只有我还可能这样认识或者不这样认识。她用不着向维克托·李沃维奇谈论,她对他的孩子们是爱还是不爱……时而我也仿佛感到不必怀疑——她不会有害于他们,而会有利于他们,就像她一再强调的那样,她希望有利于他们,这是肯定的。至今我仍然相信她有这种愿望……我认为她在对待她们的态度上能够做到她所希望的那样。她的意志非常坚强。再说也没有必要做有害于他们的事。为什么要有害于他们呢?为的是钱吗?她并不贪婪,她很聪明,她不必吝惜送给娜杰日达·维克托罗夫娜最大的一份陪嫁,要什么样的都可以,反正剩下的也足够她用的了……时而我确信,在她的意图中不会有任何有害于他的子女的东西。她那样自由,毫无矫饰,好像的确是完全理直气壮……维克托·李沃维奇说:"他们回来了。"她安静自如地站了起来,走出屋去,完全不像一个情妇那样躲躲闪闪,生怕别人看出她和情夫在一起。不,她像一个女主人去察看一下是不是什么都准备好了,并且吩咐送茶点,因为他们跑够了,玩累了,想吃点什么……如果他们几个人真的看见她从蓝色客厅里走出去的样子,他们准会认为她仅仅是经过了我们坐在里面的这个房间,而且他们未必能注意到我们坐在这里,因为她走路的神态是那样的安静自如……"她说得对,"当她走开之后,维克托·李沃维奇重又走到棋盘跟前说,"她根本不是我的情妇,而是我的朋友。"说这话的时候,他以怀疑的目光望了望我:玛丽不在场,他又失去了信心,不知我是否认为这一切都很好……"她也对我这样说过。"我说……他们走进屋来,尤里卡和他们一起走进来,欢天喜地地抱住了我,大约我们有两整天没有见面了。"说真的,我很喜欢您,弗拉基米尔·阿列克塞伊奇,但是说真的,玛丽比您更好。""不仅是更好,而且还更聪明,尤里卡。"我说着,心里又萌发出苦涩的反对她的情感。维克托·李沃维奇同女儿和弗拉索夫夫妇聊起来,没有听清我这句愚蠢的、不够正直的荒唐话。刚一说出口,我自己也后悔了。我挣脱了尤里卡的拥抱,走回自己房间,我懊恼已极。她这样一个十分美好的人,为什么情愿自轻自贱呢?……玛丽坐在我写字台近旁的一把椅子上,低垂着头,若有所思地摆弄着一条小缎带。"我在等您,我知道您很快就会离开那里。""您知道我刚才在那里说过什么吗?我用这样的话来回答尤里卡……""即使维克托·李沃维奇听见了,那又有什么关系呢?您的暗示对他来说不会是出乎意料的事。""我没有问过他,但是看得出他心里明白,您准会把我看成一个骗子。我想,起初他本人也有过怀疑,尽管只是间或有过。""无论我们如何看他,他并不迟钝,很有阅历,见识的骗局也够多的了。""是这样,玛丽亚·德米特里耶夫娜。但我不是说,我不慎冒出来的这句荒唐话可能影响你们的关系,而仅仅是说,当我自己还不清楚我是怎么想的时候就做这种暗示,我是多么愚蠢呀,弗拉基米尔·阿列克塞伊奇!我感到痛心的,并不是您在极度懊恼的情况下冒出一句刻毒的话来,这还算不了什么。您不了解我的性格,我不会埋怨您的愤慨。有的感情比激发的愤怒使人更难以忍受。请您看看这一条缎带:这是我的,是我从地上捡起的……您最好还是把它扔到窗外。但是它就在这儿,在您的眼皮底下。激动已经过去了,在已经平静下来的心灵里只残留了冷漠的蔑视。"她泪如泉涌。"我来的时候心情并不忧伤,弗拉基米尔·阿列克塞伊奇……"幸好我手里不止一条她送的缎带,另外还有两条。我拿出日记来给她看,两条缎带就夹在那里。这时她才相信,这件事是出于偶然。我记起,原来是本子掉在地上,我捡起的时候没有发现有一条缎带掉到椅子底下去了。我们开始谈起来。但是没过多久,尤里卡就来了,想尽一切办法也哄不走他。她跟他一起去了。然而也无所谓。多余辩论,她很固执。想要劝说她改变主意,这岂不是一种完全丧失理智的行为吗? 只有我这愚蠢的头脑才能产生出这种想法来。有了这种意图,人们是不会再去改变它的。至少是当他们心里明白他们自己想要做什么的时候。她早就明白这一点。从我们友好相处的第一天起她就明白。尽管她过去认为她是一个堕落的姑娘等等,但这并不算是她的什么耻辱。当维克托·李沃维奇连想都没有想到将来会做她的情夫时,她已经知道:在她一生中,到那时为止,她没有做过任何坏事,只有这个意图除外;她知道她在走向自己的第一次的道德沉沦,但还是继续往前走。而且达到了目的,同时在沉沦之后并不感到震惊,不,她还有勇气继续做一个欢快的人,她庆幸自己的第一次胜利,她是那么庆幸,有时甚至欣喜地难以控制自己。和我在一起的那个场面:她跑到这儿,捂上我的眼睛,高兴地开着玩笑,由于过度的喜悦,她变成了一个活泼的小姑娘! 而当时机来到时,当我即将知道她不光彩的事情时,她有两三天感到羞辱,然后还固执地说:"我早就沉沦了,您多余这样伤心!"不,既然这样还能指望她怜惜自己吗! 她特意闭上双眼,而你却要说服她睁开,这是白费唇舌!"我是盲人,我什么也看不见。""您穿了一双很脏的鞋,扔掉它吧。""我没看见,我想,我从来都穿这样的鞋,可能只有您一个人说脏。或许在我的鞋上向来就有灰尘。不在玻璃罩里成长生活的女人,她们的鞋总要沾上灰尘,我的鞋也是这样。但我看不出脏来;您多余伤心……"既然这样还怎么能指望她会可怜自己、不彻底沉沦呢! 不,我不能保持对她的好感。一开始当然会陷于伤感。但总不能长久地为一个幸运的人而伤感吧?

其实,我的伤感丝毫也不可笑。劝说她改弦更张,这是荒唐的幻想。但是我从内心里同情她,却是有道理的。无论她对自己如何残酷无情,她本人也是很伤感的。她不应该成为一个坏女人。在她身上美好的东西那么多,而丑恶的东西那么少。除去虚荣心,没有任何丑恶的东西。只有这一点。

弗拉索娃打发人来叫我去吃晚饭。我去了,没有一丝一毫的不情愿。如果不是他们决定明天早些起床到山上去看日出,要十一点就睡觉的话,我会很高兴同他们坐在一起,无止无休地聊个没完。在同玛丽进行最后一次谈话的前后,我的情绪竟有这样大的差别。她这样固执、这样狠心,使我不由得对她冷淡起来。我想,现在已经变得十分微弱的最后一点对她的同情,明天就会消失殆尽,我会完全淡漠地看待她的沉沦,但是现在还多少有些惋惜。当我还没有不愿意想到她的时候,应该及时记下我对她的内心活动的认识。无论如何她也是一个杰出的人物。

应该对主人、恩人怀有与其说像对人不如说像对神那样永不动摇的、纯真的忠诚之心——她就是在这种感情的熏陶中怀胎于母腹、降生在人间、吃奶长大的。她的没有姓氏的母系和父系的祖辈,有三代或者四代,都忠心耿耿地为著名的伊拉东采夫家族服务,为此他们曾经问心无愧地得到嘉奖,享受忠实奴仆敢于企望的一切人间幸福和荣耀。维克托·李沃维奇接受了最高权力之后,还赏赐给他们自由(而且不仅仅是赏给了他们这几个人,同时还赏给了所有的侍仆)。借这个机会,这个无姓氏的家族(其中包括在母亲的怀抱里用忠诚的奶汁喂养着的小娃娃玛申卡)根据玛丽祖父的名字,也即根据父名,取姓为安东诺夫,登记注册为小市民:德米特里·安东内奇·安东诺夫,偕妻子和女儿。其弟,独身,伊万·安东内奇·安东诺夫。他们的主人兼解放者结了婚,收拾行装准备到国外去生活。"你们同我们一道去吗?""听从您的吩咐,随您的便。可是我们自己考虑,我们能做什么呢? 请允许我们留在这里吧。""好的,你们认为怎么好就怎么办吧。你们是兄弟俩,给你们两个职务:彼得堡有一幢房子,在伊拉东还有一幢房子。谁到哪里你们自己定吧。但我建议:德米特里·安东内奇有个女儿,对孩子来说乡村的空气要比彼得堡的更清新健康,最好是你,德米特里·安东内奇到伊拉东去。"兄弟俩商定:这很对。伊万·安东内奇留下在彼得堡做管家,德米特里·安东内奇搬到伊拉东去做管家。

娜杰日达·维克托罗夫娜诞生的消息是用这样的话转告给四岁的孩子的:"你看,玛申卡,你的小姐诞生了。"当伊拉东采夫一家从巴黎来到乡村暂住时,玛申卡被领去看看她的小姐。玛申卡所受的教育使她把自己的小姐视若神明,大概在未来的侍女的眼里,娜杰日达·维克托罗夫娜不是一个娇小的娃娃,而是一个小天使,即使比不上其他的天使。这位小天使温柔、恬静;未来的侍女却是一个活泼、勇敢的小姑娘,八九岁的时候就已经在扮演自己未来女主人的保姆的角色,等待着将来成为她的侍女。玛申卡的父亲死在为老爷效力的工作中,死于尽心竭力地服务:在监管一项翻修工程时受了风寒。母亲因伤心痛苦而日渐虚弱,没多久也去世了。这个孤儿过继给了叔叔。玛申卡那时是十一岁左右。

过了三年,维克托·李沃维奇返回俄国居住,带着小小的婴儿尤里卡和十岁的娜金卡。当小姐的侍女还嫌为时过早。再说,未来的侍女也还是一个半大的孩子。伊万·安东内奇请求收留他侄女替小姐做事。勒努阿夫人为此事对伊万·安东内奇说:"让您的玛申卡长吧,玩吧,以后来得及做事。"玛申卡一面长着,一面玩儿着,还玩儿布娃娃呢,但她更爱和自己未来的小姐一起玩:十四岁的姑娘玩布娃娃已经感到有些害羞了,但还是很喜欢。最好去找小姐一起去玩儿布娃娃,这样一来就不会有人笑话说:"这么大的姑娘还玩儿布娃娃!""不是我自己要玩儿,是我哄着娜杰日达·维克托罗夫娜玩儿。"玛申卡就这样生活着,她越来越多地长在小姐的屋里。"当我不再喜欢布娃娃的时候,我就拿娜杰日达·维克托罗夫娜当布娃娃,"玛丽曾经这样讲述过,"啊,如果您能在那个时候看见她就好了,她那样小、那样快快活活!我从早到晚打扮她,给她梳头! 真是个有耐心的小姑娘,无论我怎么给她梳头,怎么修饰,她都规规矩矩地坐着,一直到勒努阿夫人吩咐说,别再折磨孩子了。对这样一个娇小的、温顺的小孩不可能不产生依恋的感情……"勒努阿夫人也发现玛丽非常热爱自己未来的小姐,还发现这十四五岁的保姆或者侍女是一个非常懂事、非常谦逊的姑娘,于是爱上了她,对她的聪明、谨慎和细心照料都很放心。"玛丽,娜金卡和你在一起我就放心了,"勒努阿夫人说,"我可以走了,你们玩儿吧。"说完便去安排家务,看看仆人干的活儿,提出建议,纠正领班的错误……"当然,在最初那些年里她很少管我,这是很可惜的,"玛丽说,"如果那时候她管教我严厉一些,也许后来我就不会变得这么坏了。我想,那个时候还能够防止我身上的坏习性向前发展。但是她的杂事很多:阿丽娜·康斯坦丁诺夫娜当时也在,她还有孩子气呢;还有维克托·李沃维奇,他对那些惯使手段的女人过于轻信,又过于慷慨大方;五十个仆人、吵架、告状、各种各样无谓的纠纷,还需要她提出建议,给予帮助,操持整个这个又大又阔绰的家庭的全部内务……除掉关怀娜杰日达·维克托罗夫娜和尤里卡,这些杂事就占去了她全部的剩余时间。有的时候好几个星期她都挤不出半小时的闲暇时间看看书、休息一会儿……当然,如果那时她感到必须劝诫我不要变坏,那么她会不吝惜精力,也会抽出时间来,因为她很喜爱我。当时看上去,我是一个非常美好的姑娘,即使是把照看我当成唯一大事的亲生母亲,也不会怀疑我身上有什么不好的东西,而只会为这样一个聪明、质朴的姑娘感到高兴。勒努阿夫人还能怎么样呢?她只能夸奖我,爱抚我。"玛丽说这话,指的是三年前她在巴黎沉溺于其中的那些恋情。我不知道,假设能够防止她有这种自由的和纯粹的享乐,她的生活会怎样发展,是更坏些还是更好些。对于一个少女来说,确实会有很多悔恨和这联系在一起。一个年轻的男子就不会感到这些;人们不会因为他正当地(甚或是不完全正当地)寻欢作乐而辱骂他;但人们却昧着良心为最无可非议的享乐而谴责一个姑娘;在她还没有嫁人改姓之前,她怎么胆敢有一般人的感情?但我终究还是不知道,对于一个姑娘来说,究竟什么更轻松些、更好些——是在心灵和肉体的不可克服的欲望面前表示屈服,因而遭到责难呢;还是尽量用禁欲主义的、半禁欲主义的以及其他种种方法来抑制这种欲望?这些方法都同样无能为力,同样有害于身心健康。

　　玛丽谈到这一点时口气非常坚定,她感受了极多的伤心和痛苦,因此在审视自己这些寻欢作乐的念头时就极为苛刻。她十分惋惜:当她还能够感到畏惧、当她还能够克制自己的时候,她的情欲的最初表现并没有显露出来。就算她说得对吧,我不好判断。但是她在说她十五六岁的时候"看上去"是一个谦虚谨慎的姑娘时,她是那样不公平地严苛地形容自己。在她提到自己生活的这一个时期时,只要不联想起后来的那些寻欢作乐的事,就可以知道,那时她不仅看上去是,而实际上也是一个非常谦虚谨慎的姑娘,直到那些关于带有银制辔头的马匹的梦想、那些关于花边和宝石的梦想占据她的心灵以前为止。这事发生在迁居国外之前不到一年的时候。他们到国外去的那一年，她年满十八岁。然而，到睡觉的时候了。明天再继续写完。

10日 不仅十五六岁的时候她是一个非常谦虚谨慎的姑娘，到十六七岁的时候她仍是如此。她生来就聪明伶俐，而且严肃认真，她既活泼，又顽皮，但绝不轻浮，人们一直向她灌输：轻佻就等于毁灭。她的体魄还没有发育到激烈兴奋以致产生强烈情欲的程度，而她也不会用人为的方法去激起这种情欲：她神经健康，头脑被周围的事物和欢快所占据，心是宁静的。她的心保持宁静有赖于她所处的显贵地位。由于她家族的关系、由于她职务的关系，她比其他仆人的地位要高得多。伊拉东采夫出国以前，玛丽的父亲是管家，母亲是管钥匙的，叔父是随身侍仆，或者更准确些说，是总侍仆。现在我们在这里生活很简朴，所以他只是一个随身侍仆。在彼得堡的时候，伊万·安东内奇有两个副手，他总管所有的侍仆，他给老爷服务仅仅是为了抬高自己的身价：说实在话，不能让一个乳臭未干的毛孩子去给维克托·李沃维奇递礼服啊，这个毛孩子会自高自大起来，伊万·安东内奇是这样向我解释的。当主人迁居国外以后，玛丽的父亲和母亲做了管家。维克托·李沃维奇回国以后，叔父愿意重新再做总侍仆；玛丽的父亲和母亲去世之后，管家和管钥匙的这两个职位一直空在那里。勒努阿夫人自己管理家务，所以仆人当中除了玛丽的职衔以外，再也没有和伊万·安东内奇相等的职衔了。作为年轻小姐的侍女，她的地位要比阿丽娜·康斯坦丁诺夫娜的侍女高得没法比。仆人当中的小伙子可以追这些姑娘，如果玛丽自己不愿意，就没人敢追她，而她自己是绝不愿意的。她整天地待在勒努阿夫人跟前，习惯于朴朴实实、彬彬有礼。她已经学会在言谈举止当中很好地保持从容大方的态度，也很懂得高雅风度的种种规范。他们家的这些年轻仆人以及到她叔父这里来的同样身份的客人，都不可能让她喜欢：他们很粗俗，而且过分地忸怩作态。而维克托·李沃维奇的客人则没有机会来追她：来客人的时候，勒努阿夫人不让她到客厅那边露面。而且不能不服从，因为叔父就在那边。同时也没有那么大的兴趣不服从：这姑娘又高傲、又严肃。她知道那些老爷是怎么向使女献殷勤的：摆出一副高不可攀的样子，拍拍脸蛋儿，这就是赏光了。玛丽丝毫也不想客人对她这样赏光,而阿丽娜·康斯坦丁诺夫娜的使女却很喜欢这一套。

不错,玛丽从小听过很多粗俗的话、很多丑闻,而且很早就对她所听到的这一切理解得相当清楚。不仅是理解了,而且还看见过。阿丽娜·康斯坦丁诺夫娜为了消遣,而某些使女也出于淳朴的风俗和素有的习惯,她们都曾不加周密防范地做出各种各样天真的举动来。玛丽的叔父、他的朋友以及朋友的妻子都是些道德严谨的人,他们说话从来都使用谦恭谨慎的字眼儿,从来都包含着极好的道德劝诫;但也说起过很多丑事。当然了,不是出于对猥亵话题的偏爱,而是因为必须讨论分析决定着他们自己前途命运的那些人的性格和关系。受人支配的人不能不研究自己上级的生活和他们所做的事情。有的时候玛丽也会听到阿丽娜·康斯坦丁诺夫娜的侍女、女佣当中调皮的年轻妇女的轻浮谈话。很可能,这些欲念很少引起她的兴趣。这很明显,因为她一躺下就能睡着,她一醒来就马上起床。她在谈话时无意之间提到过这件事。我记得她甚至有一回偶然说起:"一直到我恋爱为止,我不知道什么是失眠。"从她第一次热恋的事实也能看出这一点。这些事实说明,在这之前玛丽还没有体验过情欲的感觉,不然她第一次恋爱就不会是这样的了。

孩提无忧无虑的时代过去了。智力发育成熟了。对未来的考虑已经超过了明天的界限。这姑娘开始幻想,究竟什么命运在等待着她。不可能不考虑这一点:叔父说过,她已经到了定亲的年龄了。求婚的人暂时还没有:在那些可能求婚的年轻人当中,没有一个人不断定,自己必然遭到拒绝。玛丽对他们的态度就是这样。而叔父却既不当媒人,也不做说客,相反地倒赞成她拒绝。所有的人都清楚他是怎么设想的。什么才算侍女最明智、最好的出路呢:她应该根据她小姐的生活来安排自己的生活。暂时娜杰日达·维克托罗夫娜还没有结婚,玛申卡也不应该出嫁,做侍女是她在小姐跟前的职务。小姐出嫁以后,那时候她才好选择未婚夫,而且应该尽量选这样一个人,或者他本人就是年轻主人身边的侍仆,或者他通过这种联姻有可能成为这种侍仆,就像她在女主人跟前所处的地位一样——成为第一个人,成为亲信。玛丽的母亲是什么命运,也应该希望玛丽有这样的命运:当一个掌钥匙的女管家,做管家的妻子。先于小姐出嫁是不明智的事。在娜杰日达·维克托罗夫娜出嫁之前办这件事,即使玛申卡没有失算,但谁知道娜杰日达·维克托罗夫娜将来的丈夫是什么样的人呢?玛申卡的丈夫是不是适于给他做亲信呢?若是不受欢迎,玛申卡这一辈子就算毁了。玛申卡总不能跟丈夫分着过,丈夫也不能依赖玛申卡吃闲饭;再者玛申卡的丈夫也不能去当小厮或者看门的。那就意味着玛申卡要因为丈夫的关系不得不离开娜杰日达·维克托罗夫娜,换句话说也就是失去自己的幸福。一切别的做法都不中用,唯有一条:先让娜杰日达·维克托罗夫娜出嫁,然后,玛申卡再选丈夫,而且是选这样的丈夫,或者他已经博得了年轻主人的好感,或者在将来可能博得他的好感。伊万·安东内奇就是这样认为的,他的意见极有道理,谁也不会不同意。的确,就应该这样认为。伊万·安东内奇是个聪明人,这没说的,聪明人,办事牢靠。

侄女也是这样想。人们从小就对她灌输这样的思想,说她天生就是这样的命,这样做最聪明不过,没有比这更好的了。

玛丽在学会用自己的头脑考虑问题之前一直坚信,不可能有比这再好的出路,因此她也就不可能去想那些求婚的人:为时尚早。也没有人来求婚:由于她还不想出嫁,由于她叔父也不希望把她嫁出去,所以谁也犯不上硬着头皮来说亲。玛丽是一个聪明的姑娘,她的举止态度使得大家都没有向她提亲的念头。叔父是个聪明人,看得见她现有的和想有的这种举止、态度。但他作为一个聪明人还认为,不妨现在继续经常地、努力地开导她:她就应该保持这样的态度。有必要经常劝喻她:她长到这个年龄了,应该牢牢记住自己需要有什么样的态度:"玛申卡,你长到这个岁数了,女人一辈子的幸福都取决于这个岁数。在这个岁数上一个姑娘对自己的幸福怎么想,将来就会是什么样。"如此等等。伊万·安东内奇说得十分聪明。听完这样的话,姑娘不可能不开始认真地考虑自己的幸福。或许没有叔父的开导她自己也会考虑这个问题。很可能没有这些开导她已经开始想了:已经有半年多她不再愿意拖长同娜杰日达·维克托罗夫娜玩布娃娃的时间。总要想点什么。她有越来越多的闲暇时间想心事:娜杰日达·维克托罗夫娜十二岁了。功课紧张起来,需要花费很多时间。这些时候玛丽没有什么可干的,她就想心事,慢慢地觉得看书还有点意思。她看的书当然是小说,当然是那种带有病态狂热的小说,或者是讲情场丑闻的小说,或者是神奇小说,总之都是些低劣的、无聊的小说。她当然要把自己想象成所有那些惊人故事当中的女主角。但在那时这仅仅是一种娱乐而已,她是个聪明的姑娘,品行端正,小说还不能使她脱离开现实生活。她极其正派、懂事,甚至对小说并不感到入迷:她又不是小姐,她不能自己整天坐在那里或者成宿不睡觉,就为了看小说。玛丽的头脑从来是清醒的,而且有毅力。当时,这种清醒的头脑没有使她对小说爱得入迷。同样,在以前、在当时,或者在以后,几乎一直到巴黎生活结束为止,这种清醒的头脑也没有使她的好奇心得到发展。小的时候学会了认字,也多少会写一写。依叔父的意见,这就足够了。孩子自己当然乐意不学。勒努阿夫人来到之前,她就会这些。勒努阿夫人喜欢上了这个女孩。这孩子很有天资。当时她只有十三四岁。"还不算晚。"勒努阿夫人这样想。她告诉叔父说,她要把他的玛申卡培养成一个家庭教师,于是就开始教她。叔父喜出望外:家庭教师——这已经是小姐了,他的玛申卡将来要成为小姐了!但是玛丽却是一个懒惰的、漫不经心的姑娘。只要勒努阿夫人一转过身去,她就把书扔下,而且把勒努阿夫人讲过的都当成耳旁风。勒努阿夫人的全部努力都毫无结果。"你怎么不明白呢,玛申卡,莎尔洛塔·奥西波夫娜是为了你好!"叔父责怪说。"叔叔,这有什么用?"小姑娘反驳说,"小姐们才需要念书呢,我不需要。""如果你要学好了,你自己就是小姐了。""那算什么小姐呀,叔叔?你自己说过,只有有钱的人才是真正的小姐,穷小姐还不如我们呢。你自己说过,在娜杰日达·维克托罗夫娜身边我将过得非常好,连小姐们都会羡慕我。"这个受教育者对于灌输给她的那些思想,态度非常坚定,比教育者本人以及他的男女助手,那些同样聪明的人、同样忠诚的男女仆人,都更加坚定。她信守他们的思想方法,在这一点上比他们更坚定,这是因为她比他们性格更坚强,头脑更聪明。叔父由于受到小姐的空头名衔的迷惑,被搅晕了头。而玛丽却记得,当一个有吃有穿、生活豪华、地位荣耀的侍女,比做一个没钱的小姐强。她就这样摆脱了她并不需要的学习。

将来给像娜杰日达·维克托罗夫娜这样一个富有的、高贵的、而且十分善良的女主人当打头的侍女,这是多么幸运的差事呀!当她还是一个无忧无虑的孩子时,这个差事使她感到陶醉。她不仅在十三四岁的时候是这样生活的,就在十五六岁的时候也是这样生活的,长到了十七岁,还继续这样生活。但是,聪明的、关心道德教育的叔父越来越多地对她进行开导,正像聪明的、关心道德教育的亲人通常开导已经长大成人的姑娘一样。而更重要的是,那些她所熟悉的姑娘,那些贵族奴仆当中像她一样显贵的姑娘,那些比她大不了多少或者和她同年的姑娘,一个接一个地举行了婚礼。她们都有了未婚夫或丈夫。她也应该考虑自己的未婚夫或丈夫了,于是这个由于继承关系而十分幸运的姑娘,对于自己的幸运感到愕然了。

侍候娜杰日达·维克托罗夫娜——这很好,如果只有这件事,那就再好不过了。但是不只需要侍候娜杰日达·维克托罗夫娜,而且还需要出嫁。那么她的丈夫是谁呢?应该是娜杰日达·维克托罗夫娜的丈夫的侍仆。他是一个什么样的人呢?他就像她的女友所嫁给的这些人,就像她不屑一顾的这些年轻人一样。他也就是这样一种人啊!"不,我不爱这样的丈夫!最好别让我有这样的丈夫!最好没有他!我不嫁人。完全没必要。"

的确,完全没必要。可以留在娜杰日达·维克托罗夫娜身边,而不嫁给她丈夫的侍仆。娜杰日达·维克托罗夫娜并不强求这样做。对娜杰日达·维克托罗夫娜来说完全无所谓。是这样。但是,"我不嫁人",这样想一想倒很容易,而不出嫁将意味着什么呢?这意味着——做老姑娘!嘿,天大的笑话!嘿,真丢人!做一个老姑娘,世上没有比这更坏的了!玛丽已经看到自己将是一个什么样的老姑娘:她坐在那儿,或是在走动着,骨瘦如柴,面黄如蜡,下巴翘起来,像个尖尖的钩子。所有的人都彼此递眼色,悄声地嘀嘀咕咕:"好一个老姑娘!"不,与其这样,还是出嫁好!

但是,怎么能嫁给这样的丈夫呢?丈夫的形象又浮现在她眼前。不用看他的模样;既然他扮演这样的角色,还用得着详细考究他的模样吗!准像只仙鹤!你看他怎么摆布自己的胳膊!天哪,他挖挲着胳膊!他以为这样就时髦,就有老爷派头!他觉得自己很机灵,因而洋洋得意!还嘿嘿地笑!天哪,他的脸也是那副样子!把脸摆成一副老爷相!猢狲,真正的猢狲!

天哪,这是什么命运啊!或者做老姑娘,或者嫁这样的丈夫!玛丽真想哭出来。天哪，难道不能不嫁给这样一个丈夫吗？不能。不然就去嫁给一个不是猢狲的人，但他虽不是单纯的猢狲，却是一个无赖，一个折磨人的人！有些蠢丫头愿意嫁给小官吏(她们的确也出嫁了)，甚至嫁给军官！她们都过得怎么样呢？过得很穷，甚至还不如穷好：丈夫是酒鬼、恶棍，打她们！很自然，除了仆人，还有什么好人愿意娶一个侍女呢？那些不是一副猢狲相的好人不会娶侍女，而仅仅会勾引她们。是的，侍女不可能找一个既是好人又不是猢狲的人做丈夫，但有些侍女却可以找到这样的情夫。她们的生活会比最富有、最显贵的夫人跟前最受宠爱的侍女要好得多。没法比哦！所有的人都羡慕她们！拉伊萨·彼得罗夫娜、莉莎、娜塔莎、普拉斯科菲娅·谢苗诺夫娜，甚至安娜·费奥多罗夫娜自己，以及所有的人都说："天哪，完全不是我们这种生活！"但所有的人都说这是坏事。女人们、男人们，还有叔父，所有的人都说：这是坏事。天哪，多么不幸，做侍女的就只有这么一条出路，还是坏事！

天哪，为什么是这样呢？再说，难道真的是这样吗？

关于道德的传统准则，一旦发展到对它提出怀疑："难道真的是这样吗？"事情就不妙了。只要能想到应该观察一下，一眼就可以看清：不是这样。这种道德是混话，是谎言。这是多么荒唐的混话，多么明显的谎言啊。任何一个不太愚蠢的小孩，从五岁起已经有了足够的认识，只要想认真考虑一下，就会大声地嘲笑这种混话，就会蔑视这种谎言。从小小的年纪开始，在每一个并不愚蠢的头脑里都已经形成了一个答案，是不知不觉形成的。这个答案形成起来非常容易，非常简单。它不被人所察觉，是完全现成的，装在昏昏欲睡的头脑中。一旦需要，只要思想稍微一动，它就浮现出来了，很现成、很清楚、不可动摇。我记得，我也有过这么一段经历，和这一模一样：我一直相信这种道德，后来遇到时机需要思考一下，于是我就发现：这是怎么回事，好像我真的相信似的！也许我两岁的时候相信过，但从我记事的时候起，就一向看到，人们并不按照这种道德来理解事物，也一向听说，只有不需要违反这种道德准则的人，才按照它生活。从我记事时起，我就不相信它。只是在意想当中好像是相信它，因为我没考虑：我是不是真的相信？

玛丽也是这样。在这以前，她想象着她相信叔父，以及他那些对这孩子进行道德教育的男女帮手、所有那些安娜·费奥多罗夫娜和她们的丈夫、父亲和姐妹——总之是所有有道德的人所宣扬的道德。这是毫无疑问的。她似乎觉得,她相信这种道德、尊重它、照它办事。在这以前她一直这样认为,这是因为没有必要仔细观察,究竟这种道德里面有多少内容,有多少真理。人们告诉她:"不要拿别人的东西。"她生下来既不是小偷,也不是贪婪鬼,她没有拿别人东西的癖好。人们告诉她:"不要撒谎。"她很高傲,而且勇气十足,撒谎与这种人的性格不符。人们告诉她:"人品要端正。"她很高傲,而且有头脑,她也不可能有兴趣用轻薄来降低自己的人格。她个人的爱好和以道德的名义要求她做的完全一致。所以,她在根据自己的爱好行事的时候,还以为是在尊重向她灌输的道德……然而,一旦想到问自己一句:"是这样吗?"她就非常惊奇地发现,她很早很早就明白了所需要的一切,从而坚决地回答说:"这是胡说,这是最愚蠢的谎言!"

"这是坏事。"为什么这是坏事呢?"他们都说这是坏事。"他们是谁? 都是些什么人? 举例说,是她叔父吗? 他是最善良、最诚实的人,这是真的。但是他目光短浅,胆小怕事,还不如一个小孩子。他的那些朋友也都是这样的人,他们说的每一句话都出于真诚。因为他们善良而诚实,所以不能不爱他们;因为他们轻信而头脑迟钝,所以又不能不取笑他们。怎么能信赖这些人的意见呢? 怎么能信赖什么也不懂的人的意见呢? 所有的人,谁高兴骗他们,就骗他们;谁想怎么骗,就怎么骗。这是不是狡猾的人想出来的花招呢? 为的是不让他们闹事,让他们规规矩矩,好在他们身上备上鞍子,骑着他们走? 已经给他们备上鞍子了,而且骑在他们背上了。也许这一套就是为了这个才想出来的。"靠有钱的人养活,这是坏事。"但是为什么这是坏事呢? 好像莎尔洛塔·奥西波夫娜也认为这是坏事。是的,她也这样认为。她也是聪明人,而且不骗人。也就是说,这的确是坏事。天哪,多么不幸,连她也这样认为,也就是说这真是坏事! ……但是她为什么会这样想呢? 这什么也说明不了。她不可能判断这件事。她是太太。就算她不是俄国人,并且她说他们那里没有太太,但是反正都一样,她是太太,虽然他们那里不是这样称呼。就算是她也不富有,但究竟是太太,而不是使女。这可完全是两码事。她这样认为倒很轻松,让她试试生下来就是使女,而且还要嫁人,那时候她就知道这是什么滋味了。那时候也许她就不愿意这样认为了。

但到底为什么这是坏事呢?他们都说:"所有的人都瞧不起这样的姑娘。"这可不是实话!他们这些人会赞叹地说:"和我们的生活没法比!"他们还鞠躬……实在说,他们自己并不明白,他们反复强调的是一回事,他们所做的、所感觉的完全是另外一回事。他们听惯了胡说八道,也跟着一再重复,完全不解其意……

这个少女的幻想就这样开始了。而她还完全是一个品格端庄的姑娘,不仅没有过那些轻薄的来往,甚至也还没有感觉到爱的欲望。她想到的仅仅是,只有给自己找一个有钱的情夫,才能摆脱掉可怕的命运——或者当一个老姑娘,或者嫁一个猢狲丈夫。

起初她还记得,这些念头仅仅是她伤感的想象的游戏,而这伤感本身也还仅仅是想象的而已。她离老姑娘还非常遥远呢。就连考虑出嫁还是保持独身这样的问题也还很远。等娜杰日达·维克托罗夫娜嫁人以后才需要做出决定——虽然可能在那之后并不太久。可是娜杰日达·维克托罗夫娜也许还要过四年才能订婚。什么时候才轮到受这个罪,嫁给娜杰日达·维克托罗夫娜的丈夫的侍仆啊。再说,怎么就知道那位未来的尚不可知的主人的那个尚不可知的侍仆就一定像一个猢狲呢?比如说,她自己是一个侍女,可是她又不像侍女,侍仆也可以不是那种做派很坏的、矫揉造作的家伙。总而言之,没有比她想出的这种荒唐念头更蠢的了。"都说我是个聪明的姑娘,"玛丽从自己这些梦幻中清醒过来之后想着,"如果我要告诉他们,是哪些愚蠢的念头缠绕着我,他们一定不会相信!"

然而,这些幻想虽然很愚蠢,但却使人感到惬意。说实话,做一名侍女怎么会有自己的带着银制辔头的马匹呢?愚蠢的梦幻又回来了,并且成为一种习惯。这时玛丽逐渐发现,除了它不现实,其中并没有什么愚蠢的地方。要有一个有钱的情夫——可是让她怎么去找到他呢?她,永远处在仆人和叔父的众目睽睽之下,更糟的是还有勒努阿夫人!没必要想这种不可能实现的事。但这事该有多美呀!马匹都戴着银制的辔头,自己一身珠光宝气!滚着花边的衣服多么漂亮！……有一次玛丽嬉笑着讲过这些，但她又停住不说了。

"处境艰难！必须有一个情夫，而又没处去弄到他！但我相信，您还是找到他了吧？"

"找到了。但是我不能再向您多谈了。您不可能想象，我是多么想把我的这一段生活细节向您全部讲完呀。那样，我的心情将如释重负，感到轻松了。然而我没有勇气继续说下去。以后再说吧，现在我没法说。"

她自然没法说，她自然没有勇气，自然不能说。即使这样，她所说的也已大大地超出谨慎允许的范围了。她开玩笑地描述了不可能找到情夫的情况，而后又回答我说"找到了"，这些都说得太多了，太不谨慎了。可是想使自己心情轻松下来的愿望迫使她说了出来，假如她有足够的勇气承认自己的意图，那么她自然也会全部讲完的。可是，为什么我偏偏不明白她已经把没有勇气说出来的事向我和盘托出了呢！

如果年轻的贵族客人有机会追求她，大概她会看上他们中间的某一个。但是这种追逐风流的事从来没有在她的住室中发生过，因为她的时间几乎全部是在娜杰日达·维克托罗夫娜身边、在勒努阿夫人眼皮下度过的。客人聚会的时候，玛丽没有到客厅那边去过。勒努阿夫人早就立下了这条规矩。玛丽一直严守这条规矩，因为这符合她孤傲的性格。现在要打破这个惯例会成为一件反常的新鲜事。勒努阿夫人会立刻猜测道："玛丽，你真的想变成一个轻浮的人吗？"玛丽不想成为轻浮的人。她只需要一个有钱的情夫。如果认真分析一下，甚至连这个情夫也根本不需要。玛丽在她严肃考虑问题时依然认为，她的祖传的幸福在于给娜杰日达·维克托罗夫娜做一个心爱的侍女，这才是最美好的幸福。向往比这更好的事——那只是虚无的空想。不能为了一时好玩儿而在勒努阿夫人的眼里降低自己的人格。这种想法当然不会生出什么聪明事来。在客人身边走一趟，听几句赞美的话，仅仅这些还不能给自己捞到一个情夫。再进一步就不可能了，到处都是仆人。一旦停下脚步来回答那些恭维话，过五分钟叔父就会知道，他知道了就会去向勒努阿夫人告状："玛申卡在同年轻的先生们低声细语，莎尔洛塔·奥西波夫娜，您要制止这个傻丫头这样做……"

没有办法找情夫,而没有情夫就做不成情妇。于是只好确定让那唯一在身边、唯一在眼皮底下的人来做情夫。维克托·李沃维奇哪一点不配做情夫呢?

再说,即使可以挑选的话,玛丽大约也要选他当作考虑的对象。从孩提时代开始,她关于自己的一切想法都围绕着他,受他左右:她的全部幸福都取决于他的好感、他的恩典。当需要考虑新的幸福的时候,自然要想一想,这个幸福是否仍旧可以在他身上找到呢? 当然可以——他需要有情妇。他现在就供养着一个情妇。她过得真阔气! 很少见到过得这样好的情妇! 或许一个都没有。对于教育玛丽的那一群人来说,除维克托·李沃维奇以外,维克托·李沃维奇的情妇是世界上最使他们感兴趣的人物了。她的阔绰,也即她的幸福,是人们惊奇、崇拜和羡慕的最主要对象。维克托·李沃维奇是幸福的,关于这一点已经无需谈论了。伊拉东采夫一家是完全特殊种类的人,他们生来就应该这样幸福,无法拿自己的命运去同他们相比。但维克托·李沃维奇的情妇就不同了。不久之前她还自己跑到小铺子里去哀求人家赊给她两磅砂糖呢。她是在穷困中长大的,地位不高,何止是不高! 比现在议论她的人低多了……拿她自己的命运去同她的幸福相比,她的幸福是令人惊奇、羡慕的……所有的人,包括叔父本人在内,都对玛丽说:"你看哪,玛申卡,是她坐在车里呢……"关于她的住室、餐具,关于她出席舞会、观看演出时所穿的衣服,玛丽甚至比她本人知道得更详细。她给维克托·李沃维奇做情妇为时多久呢? 总共才一年半。在她之前是另外一个人,过错都在那个人自己:跟别人纠缠搞得太公开了。现在这个能维持很久吗? 他已经听到关于她的风言风语了,但暂时还保留着情面,因为他的心太慈善了,另外她也在支吾搪塞,为自己辩解,或者不为自己辩解,而在请求宽恕。这样是不能维持很久的……

如此说来,玛丽的教育者,这些道德家把所有现成的东西都提供给她了:向她灌输了幸福的理想;指明了在什么地方可以找到它;而且有了空缺。他已经在寻求,或者即将要寻求新的情妇了……"为什么他不可以要我呢?"玛丽一想,并且开始经常地照起镜子来。可以要她。她比现在这个情妇不差,甚至还更好些。

他本人也这样认为。他自己就对她叔父说过："您的玛申卡出落成一个多么标致的美人了,伊万·安东内奇。"叔父总是把这些话讲给大家听,随后大家又来转告玛丽,其实叔父自己早已直接对她讲过了。

"只要我愿意这样做,他立即就会用我去代替她。"玛丽想。只要我愿意……我又怎么能不愿意呢? 生活将会那么幸福! 他本人又那么好,不能不承认这一点:美妙极了! 教育叔父的那一群人都认为,无论就哪一方面来说,世界上都没有一个人可以同维克托·李沃维奇相比:无论就聪明而言,还是就风度而言,无论就走路的姿态而言,还是就谈吐而言,他都超群出众,论容貌也是如此,美极了,没有别的可说! 这是一种奴仆的崇拜。的确,维克托·李沃维奇论容貌即使现在也还是一个相当年轻的男子汉,而且很英俊。而那时他才三十五六岁。可是怎么能做到这一点呢? 应该开始向他调情,应该这样。玛丽决定了。

所有这些思想没有一丝一毫是属于她自己的,既没有发自内心的东西,也没有出自她头脑的东西。完全都是别人的思想,别人的追求,是那些道德家,是她叔父及其周围的一群人,通过谈话、赞叹塞进玛丽的头脑中来的。他们由于爱财富而赞叹,但继续受穷;他们对一切卑鄙的成功都佩服得五体投地,但却继续做事诚实,因为他们生来头脑笨拙、心软胆怯、意志薄弱,不善于冒险,甚至于没有那种强烈的愿望,他们用一些毫无意义的词句来为自己的冷漠和怯懦辩护,他们不能理解,这是在自欺欺人。玛丽透过他们用来赞颂自己软弱无力的那些空洞词句,分析出他们真正的信条。一个成形的幸福理想放进了她的头脑当中,指明了通向幸福的道路。一切都是别人灌输的,属于她自己的部分仅仅是善于理解和勇于前进。

她有勇气,但是她天性淳朴,完全没有调情的经验。关于调情的事她倒听了不少,偶尔也见过一些。但是她却不会调情,既害羞,又胆怯。每天早晨她都想:"今天早上维克托·李沃维奇要来同娜金卡玩儿,如果莎尔洛塔·奥西波夫娜不在跟前,我就开始向他调情。"他来过,莎尔洛塔·奥西波夫娜也根本没在跟前,或者去安排家务,可是他最后离去了,玛丽只能埋怨自己胆小:他什么也没有察觉,而且他也没有什么可察觉的……她幻想得越多,那一切就在她的幻想中越变得活灵活现:她在跟他调情,他受到勾引,她对他说:"啊,可怜可怜我吧!"而自己却倒在了他的怀抱中。脸烧得滚烫,心跳个不停,但这心跳竟是那样地甜美……姑娘开始是羡慕那些带花边的衣服,但现在却受到这些爱情场面的吸引。对情夫的幻想变得比对宝石玉器的幻想可爱得多。只要想一想,心就能够跳得这样甜美!然而,这是可以做到的事吗?如果他要拒绝她呢?他愿意用她来代替那个情妇吗?一开始玛丽满怀信心地幻想着自己的成功,但半小时过后又陷于绝望:他那个情妇是那样地善于讨他喜欢,而她却这样胆小!就在这自信和犹豫之间,在勇敢的计划和羞涩的无所作为之间,时间一天接一天地过去了。突然来了一个新消息,可以稳操胜券,而且不容迟延:再没有竞争的对手了!维克托·李沃维奇的情妇很早就想在自己家里组织几场牌局。他禁止她这样做。但她终究还是和一伙赌场骗子搞到一块去了,并且把自己的家变成了一个赌窟。"我不能和一个参与抢劫的女人生活在一起。"他说。"随你的便好了。"她这样回答。他把她抛弃了。趁他还没有新的瓜葛,必须赶快下手。明天她就去向他谨慎地、诱惑地笑一笑,用慵懒的媚眼向他瞥一下,于是明天他就属于她了!明天来到了,明天又过去了,一天接着一天相继度过,她见了他,但是没有勇气瞥他一眼,一晚接着一晚都只在"明天就做"的幻想中逝去。如今,夜晚在幻想中飞逝,几小时就像几分钟:成功是这样的有把握,恋情的场面离得这样迫近,心也跳动得越来越激烈,由于激烈的心跳,血液开始沸腾,沸腾的热血愈加强烈,从而热遍了全身。她的意念已经变为梦幻,意念也朦胧不清了。"就在明天,就在明天",但明天仍旧是来到了又过去了,而她依然没有向他调情……当然,现在占据她心田的已非昨日的幻想,而变成了梦幻的时候,即使她真的会调情的话,也没有勇气调情了。她所能做到的仅止于跑上去拥抱他而已。

下面是他的叙述,这叙述使我有可能迫使她做出上面的自白,她承认,那时不仅想成为他的情妇,而且也对他怀有深沉的爱恋之情,开始是由于别人的提示,想着车马、花边,渐渐才有了爱情的幻想。

他注意到,玛丽过去对他从来都是无拘无束、爽朗活泼,在他面前常常很顽皮,而现在完全变了:他走进女儿的房间,看见玛丽在跟她玩着。但玛丽立刻羞红了脸,马上停止游戏,他伸手问好,玛丽轻轻地、怯生生地握起他的手。他和女儿坐在那里的期间,玛丽躲在一边。一个聪明的、正派的姑娘到了这个年岁理应有这种变化:她开始明白,她已经是一个成熟的姑娘了,如今,爽朗活泼将成为放肆,顽皮将成为轻浮。

有一次,他早上才回到家里因此他醒得很晚。"莎尔洛塔·奥西波夫娜散步去了吗?"当伊万·安东内奇给他端茶来的时候,他问他。勒努阿夫人通常在这个时间(一点至两点之间),领着娜杰日达·维克托罗夫娜出去散步。但是家务事很多,她不可能严格遵守这段散步的时间;根据情况有时早些,有时晚些。"我不知道,也许还没走呢,我去看看。"伊万·安东内奇回答说。"不用费事了,我自己去看,这又累不着,我随便问问,我以为你可能知道。"维克托·李沃维奇说道。伊万·安东内奇便去忙着检查老爷出门穿的衣服,看洗得是否干净,而他喝完茶之后便到女儿那里去了。"有勒努阿夫人在的时候,我曾是一个好父亲,"他说,"我想着孩子们。"女儿不在屋里,玛丽一个人坐在那里缝东西。当然,他进来时,她站了起来。"你好啊,玛丽。莎尔洛塔·奥西波夫娜和娜金卡大概散步去了吧?""是去散步了,维克托·李沃维奇。"她回答说。他似乎感到,她有些气喘吁吁。他仔细地看了看她:她站在那里面色苍白,而且他感到,似乎她的嘴唇、她的双手都在颤抖。"你病了吗,玛丽?""是的,维克托·李沃维奇。""你怎么了,是寒热病吗?""是的,维克托·李沃维奇。""赶紧回到你的房间去躺下休息,请人去接医生来。""好的,维克托·李沃维奇。"她说完就走,刚刚向前迈了一步,身体就摇晃起来。他挽起她的胳膊,免得她摔倒在地。手不冷又不热:真是怪事,既不发冷又不发热,但全身发抖,马上要跌倒,这是什么寒热病呢?"这不是寒热病呀,玛丽。你觉得哪儿不舒服?""我不觉得哪儿不舒服,维克托·李沃维奇;非常感谢您,我自己能走,您不要挽我。"可是她却抖得越加厉害。"玛丽,头不疼吗?""不疼,维克……"还没等说完,腿就软了。他把她挽扶到娜杰日达·维克托罗夫娜的床前,这是离得最近的地方,他让她坐到床上。"玛丽,你怎么了?""没什么,维克托·李沃维奇,您不必担心。这没什么。我是害怕了。""你怕什么呢? 没有什么可怕的。很可能是因为某件事在难过吧!""不是,维克托·李沃维奇。我没有什么,这是真的。""不,我看得出来,你在为某件事难过,玛丽。我告诉莎尔洛塔·奥西波夫娜,让她和你谈谈。""千万不要!"她惊呼一声。"你害怕莎尔洛塔·奥西波夫娜吗?这是怎么回事呢?好的,我不去告诉她。那么,你怕我吗?"她沉默着,全身发抖,心在紧身衣裹着的胸膛里激烈地跳动,仿佛要冲出来似的。"在这儿多坐一会儿,玛丽,休息一下,尽量平静下来。"他说完便走开了。心里想,这不是追问她的地方:每分钟都可能有某个女仆到勒努阿夫人的房间里来(这房间就在隔壁)取台布什么的,这一类的事情、这一类的东西难道还少吗?他回到自己房间,随后便打发伊万·安东内奇离家去办他随意想出来的某一件事。现在这里再不会有人妨碍了。只要对其他仆人说一声:"我有事,不要进来。如果有人来,就说我不在家。"那么他们就不会没事来探头探脑了。只有伊万·安东内奇一个人有权进他的卧室和办公室,只要他忽然想起,就要十遍八遍地查看是不是都安排得很妥帖,是不是还有东西需要收拾,是不是哪儿还有灰尘。

维克托·李沃维奇想,应该和玛丽谈一谈。她有些奇怪:她在担心、痛苦,或者有类似的心思,她在进行着某种内心斗争。要说她想玩儿什么把戏,这是不可能的:她是一个非常聪明、完全正派的姑娘。当然,最好是请勒努阿夫人同她谈一谈。但她惊呼:"千万不要!"这倒也是。女人随时都准备训斥人。另外,玛丽虽然和莎尔洛塔·奥西波夫娜相处惯了,而且很爱她,但莎尔洛塔·奥西波夫娜终究是外人。而他却是自己人,最好还是他同她谈一谈。

这是他的职责。只要他见到了,只要他力所能及,他对为他服务的所有的人,从来都忠诚尽到责任,成为给他服务的那些人的保护人、参谋、朋友。他不能不尽这种义务。伊拉东采夫家族的感情历来如此。他不愿做自己父亲、祖父的不肖子孙。如果他可以忘记这一责任的话,那也不应该是对玛丽。她的一家全心全意为伊拉东采夫家族服务了几十年。她的祖母曾经做过他的乳娘;她的父亲和母亲在临死的时候,请求转告他,留下这孤儿托付给他了,他们也有充分的理由要求他关心这姑娘。再说,她本人又这样尽心地照料他女儿,而且她又是一个非常聪明、可爱、美好的姑娘。

她坐在娜金卡的小床上,依旧是他离开时所看到的那种姿势,大概她由于想心事而完全忘记了自己,如果不是因为想心事而忘掉一切的话,她不会继续这样坐着,而会好好整理一下自己小姐的被褥。她坐着,倚在小床的靠背上,双手交叉在胸前,闭着眼睛,仿佛是在打瞌睡。面色的苍白还没有褪尽,但已经不再发抖了,交叉在胸前的双手随着深沉的,但却均匀的呼吸,一起一落。使人感觉到她仿佛是睡着了,但她没有睡:他走在地毯上的脚步声很难听见,他离她还很远很远,但她却睁开了眼睛,站了起来,脸上泛起了红晕。"我来叫你,玛丽,"他说话很温存,但并没有走得很近,免得握起她的手或者爱抚她一下,使她由于害羞而心慌意乱,但若真的走到近前的话,他会爱抚她一下的,她在羞涩之中显得那样可爱,"我来叫你,玛丽,跟我来吧。"他转身走出屋去。他走过几个房间,发现听不见她的脚步声,而在这几个房间里,在没铺地毯的拼花地板上,他应该听得见这脚步声,他回头望去,是的,她没有跟他来。于是他又回到女儿的房间。玛丽仍然站在原地,保持着原来的姿势,仿佛长在那里似的。脸色白一阵红一阵。他拉起她的手:"咱们走吧,玛丽。""不。"她悄声地说。"走吧。"他拉着她的手微微地推动着她,她既不反抗,也不自己主动向前,她机械地听任他的手推她前进。"对,就是这样,玛丽。你在前面,我跟在你后面。"他拉着她的手走了几步,然后把她推到前面,自己留在后头。她走着,起初的步子犹疑不稳,好像是违背她的意愿,她的两个肩膀垂得很低,身子也没有挺直,好像微微地弯着腰,但渐渐地挺直了身躯,步伐也变得坚定而轻快。她走进他的办公间。"坐到这个沙发上吧,玛丽。"他说着,随手关上了门。她听到他说话,才在屋子当中停住脚步,本来像是要穿过这屋子的样子。现在她回转身来。她的脸色显得很平静,但却红得很厉害;胸部呼吸也很均匀,但却十分深沉;心儿怦怦地跳,跳得紧身衣都一鼓一鼓的。她就这样停下脚步看着他向她渐渐移近。她的眼睛张得大大的,闪着光亮,但这光亮很快就黯淡了。他走近前来,拉起她的手,想把她领到沙发前,让她坐下。"我们坐下来,玛丽。"她的眼睛黯然无光,嘴巴张开着。他领着她走,她动了几步就停住了:她难于迈步,像喝醉了酒似的摇晃着。他仍然没有感到这里面有什么特殊的情况,他以为这是胆怯所引起的激动,胆怯是因为她将要承认有了某种不够谨慎的举动,或许就是私下的幽会:一个成熟了的姑娘，尤其容易发生恋情。他用一只手挽住她的腰身，免得她倒下去："你不要怕，玛丽，我保护你。"他说。她立刻瘫软下来，倒在他怀里，她闭上了眼睛，脸上显出慵懒的满足表情。现在再不能继续错误地理解她激动的性质了。虽然他知道，他的接触会使她极度兴奋，但他不能扔下她不管，因为她自己站不住，马上就要摔倒在地上。他只好把她抱起来，她在他手上全身发抖，她整个身躯偎在他怀里，搂住了他，全身颤抖着，喃喃地呻吟着："我这是怎么的了？我爱……"说不定有谁会从大厅走过，可能听见。他把她抱到另一个房间，抱进他的卧室，把她放到自己的床上，此外没有别的地方可放：这里没有沙发，也没有大座椅，他把她放到了自己床上。她继续像痉挛似的抖动着，紧紧地抱住他，他怕推开她会使她的狂热变为绝望的冲动。他依然不动，俯身向着她，没有松手放开她，她吻他，他只好接受她的吻，并且也主动吻她。他觉得他的思想有些迷惘了。但她精疲力竭了、沉静下来了，她悄声说着："啊，多么甜美啊！我以为我会死过去的！最大的享受，我想也想不到，我过去就已经在爱了。我没有想什么礼物、什么穿戴，我想的仅仅是爱！啊，我还从来没有体验过，这有多么甜美啊！"她再吻他就已经变得很温柔，她的手也松开了。他现在可以放下她了，继而小心翼翼地脱开身子，坐在床边。现在他怎么向她说呢？怎么能让她感到失望呢？她躺着，闭着眼睛，困乏无力。他很高兴他有时间可以认真考虑一番。如果她要在这里睡着了，可怎么办呢？叔父要回来的，这还不要紧：到办公间里一坐，锁上这个门。伊万·安东内奇从不要求解释，也不会想到要找侄女：她在那里，像往常一样，在住宅的另外一边，他不必挂心。但是勒努阿夫人和娜金卡要回来的，她们首先要问：我们的玛丽上哪儿去了？可是玛丽好像已经睡着了……她是要睡着了，但突然间爬了起来，走到镜子前面，把头发梳理好。

"我应该走了。啊，您知道，我该有多么幸福啊：您竟然允许我爱您！"她满脸含羞，泛起了红晕。

"我还不是你的情夫，我可爱的、好心的玛丽。"他感到如果等到另外一个时候再表白的话，他或许会爱上她。他坐在她床边时曾经想到过，叫她失望会使她更轻松些。但他想得更多的却不是这个，他想她有多么美，他想她对他的爱不是为了金钱交易,于是在他脑际闪过一个念头:"如果她睡着了,就让她睡吧,倘若勒努阿夫人回来了,倘若大家猜到玛丽在这里,那样就有必要让我来做她的情夫了。"他心里明白,在他还来得及不但使她、同时也使自己失望的时候,应该快些这样做。"我的可爱的玛丽,我和你彼此很友爱,但我们还不是情夫和情妇。"

"我知道这一点,维克托·李沃维奇,"她说道,脸红得愈加厉害,"但我也知道,我不是贵族小姐,维克托·李沃维奇,因为我听了很多事,所以在我的思想当中已经无所谓贞洁了,但为了您,我愿我是一个贞洁的少女。请原谅我不是一个贵族小姐。"她流着眼泪说出了这些话。刚才面对那阵狂热的冲动,他还能够保持冷静,但现在却忽地站起来要去拥抱她,然而还是强作努力,朝办公间的门走去。"我们到那个房间去吧,玛丽,在那里即使有人看见我们,也不碍事。"

她把一只手放到前额上,然后又用双手捂住脸。"维克托·李沃维奇,您说什么?是说在那里即使有人看见我也不碍事?是要他们不知道我爱您吗?我不该爱您吗?我的天哪,我的天!这就是为什么我还不是您的情妇的原因!可是我还以为,这是因为我的身体太弱了,您担心我真的会晕死过去,那时我即使没有这些,也已经神志不清了。我的天哪,我的天!"她喃喃地低语着,声音刚刚可以听得见。"我的天!"她猛地尖叫一声,仿佛她的胸膛撕裂开来,随后便跑了出去。

他很遗憾,这件让她失望的事办得这样唐突,他没能够向她详细解释,为什么她必须继续做一个端庄正派的姑娘,那样的话,他的拒绝就不会使她感到难堪,大约也不会这样令人伤心了,因为这当然是一种幼稚的迷恋,可以很容易使她清醒过来。但无论如何他还是感到庆幸,竟这样快地了结了这件事。忘记自己责任的危险已经成为过去。他应当成为这个姑娘的保护人。为了她的亲人的忠诚服务,若用凌辱这姑娘作为酬报,未免太卑鄙了。将来一有机会就要和她谈谈,向她说明白,他不愿做她的情夫仅仅是为了她好。

吃中饭的时候,她听勒努阿夫人说,玛丽不舒服;大夫来过了,他说病情不重,但是要求病人静心休养。病人到自己房间卧床休息去了。她自己有一个单独的房间,在叔父房间的隔壁。"怎么才能到她那儿去呢?"维克托·李沃维奇想。他自己找到借口见了医生,找到了机会顺便加问一句玛丽的情况,并且亲自听他说病情不重。后来又继续听到过这种话。没有必要莽撞行事,还是找一个适当的机会吧。

过了五六天,找到了一个机会。在这以前也随时可以找到同样的机会,因为伊万·安东内奇无条件地相信自己的主人做事诚实。但在这以前,他觉得为时尚早。有个想法拦住了他:玛丽的心情可能还过度烦乱。但是现在她大概能够接待客人了。他走进伊万·安东内奇的房间,说想看看病人,陪她坐一会儿。伊万·安东内奇对这种关怀充满了感激之情,他领着维克托·李沃维奇去看病人。玛丽坐在那里。叔父说,她不光能坐起来,而且已经能走动了。她说,她刚才还躺着,听到维克托·李沃维奇的声音就起来了,但这丝毫不会使她感到疲倦:她并不那么虚弱。叔父赶忙说,现在她脸上的红晕好像也比以前多些了。维克托·李沃维奇开始问起身体情况、用药情况,她一一回答,神态自若。叔父也照着维克托·李沃维奇的样子坐了下来。坐了五六分钟,见维克托·李沃维奇越说话越多,很可能会在这儿久坐,因此就去完成维克托·李沃维奇事先想好交给他的任务:"您说过,维克托·李沃维奇,要我十二点以前出发,所以请您原谅,我要走了,不然会晚的。"说着便十分放心地走开了。

"玛丽,你不生我的气吗?"维克托·李沃维奇说。

"不,维克托·李沃维奇,我现在明白了,您那时做得非常高尚,"她说道,虽然有些难为情,但口气坚定,"我只是为自己感到害羞。"

"那些想法的确不够明智,玛丽。然而,你过去是一个端庄正派的姑娘,现在仍然还是一个端庄正派的姑娘。你并没有卖弄风情。你没有什么可以害羞的。可是现在你明白但是你是想要毁了自己吗?"

"我明白了,维克托·李沃维奇。"

她现在这样明白事理,出乎他的意料之外。他开始对她说,她将来的前途要比那些变得不理智的姑娘的命运好得没法比:她们为了得到短暂的欢乐,要付出代价,痛苦一辈子。她将来会嫁给一个一生都衷心爱她的人。她将来的那种生活会有更多的乐趣。当然,不会很豪华,但一定很富足。她将受到普遍的尊重。

"我明白这些,维克托·李沃维奇。我感到羞耻,我竟然忘记了这些。看见您我都感到羞耻。天哪,我怎么会有这种不好的想法!"她哭起来:"啊,我曾经想成为一个多么不好的姑娘啊!"

"这还不是什么坏想法,不能因为有这想法就说你是一个不好的姑娘。这仅仅是不理智,正像现在你自己所看清的一样。"

"不,维克托·李沃维奇,这件事并不是出于不理智,所以就更坏……"她开始泪流满面地向他承认,她是受了财富的诱惑,她想的仅仅是豪华的生活。他非常清楚地知道,这些的确并不好的想法可能仅仅在最起初的时候有过,后来燃起了真挚无私的感情,以至所有不好的东西都在这种感情中化为灰烬了,剩下的是纯净的爱情。但是,若把这些话都说出来是很不适宜的。他仅仅说,既然她现在这么聪明地明白了这一切,那么她最好再不要想起这些。

"我会忘记这些的,维克托·李沃维奇,可是现在我还有什么脸面见您呢?我想,我不该再留在您这里了,我可怎么见您呢?我推说有病就是因为这个缘故。我根本就没病。我对医生就直截了当地说我没有病,只是不想走出自己的房间。这样做是为了免得看见您,免得到娜杰日达·维克托罗夫娜那边去遇见您。我的天哪,真丢人,我怎么会这样突然感情发作呢!我这样突然感情发作,您会把我看成是一个什么样的人呢?"

他回答说,他已经不算年轻了,在他这样一个不算年轻的人面前,她不必感到难为情。他对他所见到的这一切只有一种感想:打情卖俏的女人的举止不是这样,轻佻的女人与此截然不同。他一向认为,她是一个很正派的姑娘,现在依然认为,她是一位极其难得的正派的姑娘。他对她的看法就是这样,她不该再躲着不见他。她没有必要感到羞耻。她到底什么时候重新开始同娜杰日达·维克托罗夫娜一起玩儿呢?

"我不知道,维克托·李沃维奇。"她回答说。在他们两个人在一起的这一段时间里,她从未抬起头来看他一眼。维克托·李沃维奇很清楚,这种腼腆不仅仅是由于羞涩,同样还由于,或者更多是由于她心中本应熄灭的爱情的火花还没有完全熄灭,因此他越加确信,他不应超过需要的限度,说话的口吻不应更温柔,坐的时间也不应太久。他说,他确信,这件事很快将成为过去,他仍将像以前那样,看见她高高兴兴地在娜金卡身边。说完便走开了。

对于他来说,这一段小小的浪漫史就这样结束了。他顺便到勒努阿夫人那里去了一下,使她能从他本人口中听到这次探访病人的事,而不是听饶舌的伊万·安东内奇的传话,并且让她看到:他没有什么不便对人言的,这不过是他对勒努阿夫人宠爱的人一贯的友善关怀而已。我想,即使没有这一番防患未然的举动,勒努阿夫人也不会想到什么。她大约认为维克托·李沃维奇是一个性格软弱的人,但她知道,他为人正直,不会放任自己去追逐一个受他保护的姑娘。勒努阿夫人尤其不怀疑玛丽的行为端庄和头脑理智。家里所有的人也都这样认为。大夫说过:"她有病。"她也的确面色苍白、消瘦。她的生病没有引起任何怀疑。

如果在她心中还存有一线希望的话,那么这次探望应该能彻底驱散幻想。过了一段时间之后,维克托·李沃维奇开始使她习惯于正眼看他,每当勒努阿夫人当着他的面说起:"我去看看玛丽。"他就会说:"我也去看看,"说完就跟勒努阿夫人一道走去。渐渐地玛丽就习惯于正眼看他了,随之也不再离群独处了。——这便是维克托·李沃维奇讲的故事。他的讲述给我留下了深刻印象,尽管其中只有一点对我来说算是新消息:玛丽的第一次钟情原来就是对如今已经成为她情夫的这个人的钟情。诚然,这也是这一故事的全部关键之所在,对我那可怜的玛丽来说,也是一个有力的证据,说明她是无辜的。当然,这一事件的细节在我听来也是新消息,玛丽不可能向我讲起这些细节,她不让我知道是在什么样的环境中发生这一切的;是在谁的房间里发生的,当然,她也不让我知道,那个人是谁。这些细节也是很有意义的:这可怜姑娘的心灵的纯洁使人深受感动!她朝思暮想,爱情的火在她胸中燃烧,但她并没有说出一句勾引的话,没有放出一丝打情卖俏的眼神,她只是晕倒在他怀里,口中喃喃自语,而后又说:"我明白,维克托·李沃维奇。"明白不应该爱他……但是,到睡觉的时候了,明天再继续写。我原来想今天写完它。可是明天又能不能写完呢?为什么我写得这么起劲,这么详细呢?玛丽的性格发展具有很高的心理学价值,除此以外,我很乐意让我的思想集中在我这可怜的,但仍然是美好、高尚的朋友身上。可是为什么当我比现在更深情千倍地爱着她的时候，反而写她写得极少呢？那时节想她不须求助于笔墨，而现在却贪恋着笔墨，因为离开笔墨便很难使思想专注于这个虽然仍旧可爱，但已不十分可爱的人物了。

以下摘自过去同她的一次谈话。"玛丽亚·德米特里耶夫娜，您说过，您的第一次的爱情被人拒绝了。""这有什么呢？""没什么，但是这件事本身使人觉得奇怪。"她笑了。"您以为，我在那遥远的时光，一定会是一个非常迷人的姑娘吧？我的确是一个迷人的姑娘。然而过于年轻的姑娘都不善于让别人爱上她们。我当时还是一个幼稚的女孩子，羞怯得很。这是一个极大的错误。我完全没有经验。我不知道他在拒绝我的时候心情是动摇不定的，不知道只消我丢给他一个眼神，他就会匍匐在我的脚下。""我要问："他怎么能拒绝您呢？""他是一个诚实、正直的人。好像我已经对您讲过，我开始想到情夫的时候，完全不是对爱的追求，而是向往过荣耀显赫、豪华奢侈的生活。由于想入非非而产生了爱情，由于产生了爱情而忘掉了考虑一切铜饰、车马之类。然而选择情人却还是根据我原来的需要，根据一些天真的、幼稚的关于花边和宝石的欲念。他是一个非常有钱的人。我要对您再说一遍：他还是一个十分诚实正直的人。正因为这样他才拒绝了我的爱情。"她沉思了一会儿，"受到这次打击之后，我有好长时间不能恢复元气。但很快我就明白了，他不是鄙视我，而是出于对我的真诚好感而饶过了我，他对待我心地善良、态度宽厚。我应该熄灭自己火热的情欲，然而对他的柔情却长时间地存留在我的心中，这仿佛是某种虔敬，是为了报答他的宽厚所必需的某种非常热烈的感念。我对他的柔情也波及我对所有与他亲近的人，于是我就无限忠诚地爱上了他们。"她把一切都告诉我了，毫无隐讳。只是她没有勇气说出他的名字来。后来我还看到，当必不可免地要说出他的名字时，她是多么痛苦啊！她不想对我隐瞒她的意图。她多次打开话题来进行这一痛苦沉重的自我表白，然而每次都像这次谈话一样，在自惭形秽的重压之下精疲力竭了。啊！这个无情地毁掉了自己清白的人！

以下摘自昨天同她的谈话。"我为自己惋惜已经为时太晚了，弗拉基米尔·阿列克塞伊奇。命运对我过分地无情。它在我心中没有留下任何可以使我感到惋惜的东西。命运之神为什么把我可以用来赢得尊敬的一切都化作了使我降低人格的东西呢？为什么它在我的心中放进了这么多的端庄正派呢？只要我是一个稍微有几分轻佻的女人，我就会明白，维克托·李沃维奇那时候会愿意接受我的爱情的。当他来安慰我的时候，只消我说一个字，送一个秋波，他就会把开导和安慰都丢在脑后。可是当时我为什么就不明白呢？后来，当我反复捉摸终于想明白了的时候，又为什么那么怯懦，为什么那么羞涩呢？要知道有很长时间，我想是一直到我们分手为止，他都处在我的掌握之中。只消送一个秋波，他就会投入我的怀抱，于是我也就幸福终生了，也就能够尊重自己了；因为我把自己献给了我衷心热爱的人，并且在爱情的狂热过去之后，我还依然忠诚于他，对他怀有真挚的好感。再有，既然命运有意安排，让我的初恋遭到拒绝，那么为什么命运又给了我那么多的力量和理智，使我终于抑制住自己的这种情感，使我的破碎的心重新愈合，而后又在我心中复活了爱情的理想呢？既然命运有意安排不让这些理想实现，让它们复活、复活，但永远不能实现，那么为什么命运又给了我勇气，让我在没有爱情的享乐里去寻求幸福呢？再有，既然命运有意这样降低我的人格，那么它为什么又向我灌输了这种真正的荣誉感呢？为什么这种荣誉感不时地苏醒，为了我的耻辱的过去和现在一直折磨我呢？一个由于绝望而沦于放荡借以忘怀一切，同时又深知这是何等的道德沦丧的少女，这样的少女是无须为自己感到惋惜的。"我曾经记下了她一再十分不公正而又十分执拗地提到的这些际遇。

　　以下摘自今晨同她的谈话。"这种意图（据您看来是一种极为恶劣的意图）是逐渐地、一点一滴地具备了自己那些恶劣特征的。最初的想法很单纯，并且同您现在所要求的十分吻合，所以我很乐意回答您的问题。您知道，我曾经尽情地寻欢作乐过；但是如果仅止于此的话，显然我就不会想到要抛弃自由了，可是我的愚痴的心却继续渴望着依恋的感情，而且是怎样一种依恋的感情啊！是一种带有伤感意味的，几乎是柏拉图式的依恋之情。您说可有什么办法呢？只要我刚刚用寻乐驱散了内心的苦痛，我就又爱上了。真心实意地爱人，对任何女人说来都是坏事。对虽然很勇敢却无力自卫的女人来说,对虽然依您之见当时依然心地善良。但却并非无可指摘的女人来说,尤其是坏事。说心地善良,那只是您一个人的看法,绝非其他任何人的看法。在口头上也许有很多人会同意您所说的。但他们的内心感觉却不是这样。一个少女不举行婚礼就委身于某个男人,她在这男人本人的眼里就是一个道德败坏的姑娘。他就用这种态度来对待这姑娘。在他看来,这姑娘轻佻或者无耻。对她的话不能信以为真。她是一个骗子,或者准备成为一个骗子。差不多是一个女贼。他就用这种态度来对待这姑娘。他可能会吻这姑娘的手和脚,他可能由于一时感情冲动,自己欺骗了自己,仿佛是并不鄙视这姑娘似的。然而只消最初的热情刚刚过去,这姑娘如果不是十分愚蠢、头脑简单的话,就立刻能够看清:他并不信赖她,并不尊重她。她会从他那里听到出于鄙俗的猜疑而说出的不逊之词。随之而来的是各式各样的侮辱。请您相信我,弗拉基米尔·阿列克塞伊奇,您之所以要鼓吹女人的恋爱自由,仅仅是因为您很少知道在没有正式受到约束必须尊重女人的时候,男人们是什么样子……我是一个很骄傲的人,我不能容忍这样一种关系,于是断绝了这种关系,但我的心却痛苦万分。最后我终于对这一切开始感到厌烦了。让我抛弃这种狂乱的生活吧。宁可没有爱情也还是清静些好。当然,和情夫在一起生活是可以没有爱情的。既无痛苦,也不受侮辱,把他掌握在手中,当你不爱他的时候做到这一点是很容易的。这期间我已经不需要外表的豪华以炫耀于人。十七岁的时候,我还是一个黄毛丫头,不了解自己的身价,我的鉴赏能力还没有充分发展起来。但如今,我早已蔑视所有那些无谓的浮华,我不想要什么金刚宝石,说实在的,它们丝毫不比并不值钱的人工钻石好,甚至还远远不如几乎不值钱的绦带,也远远不如完全不值钱的花花草草。如果您见过我有时为了参加郊外舞会而打扮的那副样子,您就不会像现在可能想的这样,认为我说不想要圣刚宝石仅仅是在自吹自擂。您就会知道,一个标致的女人是不是需要用宝石来装扮!啊,我是很会打扮自己的,弗拉基米尔·阿列克塞伊奇!唉,现在不比从前了!我的心已经苍老!我不知为什么没有想起来为您打扮一番,虽然我是很爱您的。或许是虽然想起过,但没有空闲时间;或许是忘记了;或许是懒得打扮。但当初我是为谁而打扮呢?当然不为任何人。有时候我爱上了谁,那期间就在梳妆镜前整整坐一个小时,那当然是很无聊的。但是当我无事可想,也无人可想的时候,啊,那时我是很会打扮的啊!不为任何人而打扮,因为为了所有的人就意味着不为任何人,而仅仅是为了自己,是的,借以自娱。

"这仅仅是两年前的事!您看,即使在二十岁的时候,我也是一个头脑简单的黄毛丫头,但已经知道自己的身价了,并且不再追求那虚幻的浮华了。"①

---

① 手稿至此中断。